吉林省教育厅人文社会科学重点研究基地基金资助
吉林省教育厅"十三五"社会科学项目研究成果

深度学习视域下
校长教学改革领导力研究

SHENDU XUEXI SHIYU XIA XIAOZHANG JIAOXUE
GAIGE LINGDAO LI YANJIU

张　旺◎主编

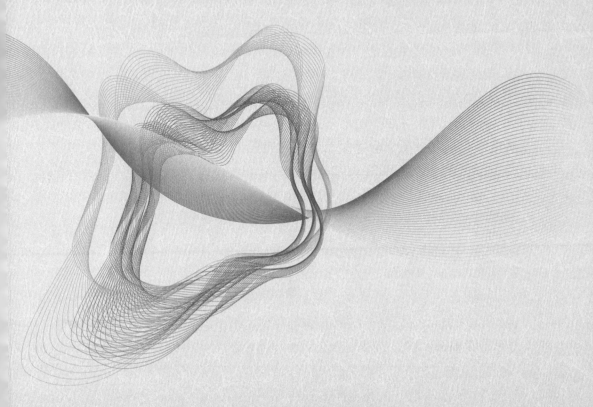

吉林人民出版社

图书在版编目（CIP）数据

深度学习视域下校长教学改革领导力研究 / 张旺主
编. -- 长春 : 吉林人民出版社, 2020.11
ISBN 978-7-206-17777-4

Ⅰ.①深… Ⅱ.①张… Ⅲ.①中小学—校长—学校管
理—研究 Ⅳ.①G637.1

中国版本图书馆CIP数据核字（2020）第227268号

责任编辑：王一莉
封面设计：子　衿

深度学习视域下校长教学改革领导力研究
SHENDU XUEXI SHIYU XIA XIAOZHANG JIAOXUE GAIGE LINGDAO LI YANJIU

主　　编：张　旺
出版发行：吉林人民出版社（长春市人民大街7548号　邮政编码：130022）
咨询电话：0431-85378007
印　　刷：长春第二新华印刷有限责任公司
开　　本：787mm×1092mm　　　　1/16
印　　张：24　　　　　　　　字　　数：360千字
标准书号：ISBN 978-7-206-17777-4
版　　次：2020年11月第1版　　　印　　次：2020年11月第1次印刷
定　　价：58.00元

如发现印装质量问题，影响阅读，请与出版社联系调换。

序①

  在加快实现教育现代化、建设教育强国的征程中，中小学教育肩负着十分重要的职责，中小学校长是学校教育的掌舵人和引领者，是人才培养和学校改革发展的重要力量。"一个好校长就是一所好学校"，这句话充分表明，校长是学校教育的灵魂和关键人物，要想成为一所好学校，没有一个好校长是不可能的。校长直接影响和决定学校教育的方向、人才培养的质量、规格和学校未来发展的水平。学校办学的理念、思路、格局、站位、视野关键在校长，新时代的学校教育对校长的素养和能力提出了更高的要求，培养德智体美劳全面发展的社会主义建设者和接班人要紧紧依靠校长的引领和推动。

一、充分认识新时代中小学校长的光荣使命

  中国特色社会主义进入新时代，校长要深刻把握新时代的重要特征，站在把我国建设成为富强民主文明和谐美丽的社会主义现代化强国，实现中华民族伟大复兴的中国梦的高度，理解和把握必须加快推进教育现代化，建设教育强国的重要意义。深刻认识教育发展的时代要求，牢固树立新时代先进的教育理念，担负起校长光荣而神圣的使命，领航学校奋进新时代。

  进入新时代，我国将加快发展经济、政治、社会、文化、生态文明等事业，教育要提供人才、智力支撑和保障，教育的基础性、先导性、全局性地位和作用更加突出。

  新时代我国将加快建设创新型国家，快速向创新型国家前列迈进，当今世界科技创新正在引领社会生产变革和经济发展，创新能力是一个国

---

  ① 此文原载于《吉林省教育学院学报》2020年第7期，原文题目为"核心素养目标指向的教学改革与校长教学领导力"，在此略作修改。

家的真正实力。我们要努力实现前瞻性基础研究、引领性原创成果重大突破，以及关键共性技术、前沿引领技术创新，建设科技强国、质量强国。教育必须面向未来积极变革，以适应我国经济社会发展、建设创新型国家的需要，抓紧培养能够引领未来的大批拔尖创新人才。实现我国科技水平从跟跑、并行向领跑的转变，必须依靠教育的人才培养，需要实现教育理念、培养目标和教学方式的重大改变和创新。

新时代我国将实现向经济强国跨越，加快建设实体经济、科技创新、现代金融、人力资源协同发展的产业体系，建设知识型、技能型、创新型劳动者大军。国家将加大人力资源投资，大力开发人力资源和人才资源，学校要加强社会实践和劳动教育，使学生德智体美劳全面发展。基础教育要坚决改变应试教育导向，打破单纯以分数论高低的固化培养模式，为培养国家未来各行各业需要的多样化人才奠定基础。

新时代我国社会主要矛盾发生变化，已经转化为人民日益增长的美好生活需要和不平衡不充分的发展之间的矛盾。国家要着力解决好发展不平衡不充分问题，大力提升发展质量和效益，更好推动人的全面发展、社会的全面进步。教育工作的发展不平衡不充分的问题集中体现在质量和公平问题上，要通过提高教育质量、促进教育公平，满足人民群众的新需要、新期待，把办好人民满意的教育落在实处，加快发展更高质量、更加公平、更具个性的教育。

新时代我国正在加快建设社会主义文化强国。社会主义核心价值观是当代中国精神的集中体现，要以培养担当民族复兴大任的时代新人为着眼点，强化教育引导、实践养成，使其转化为学生的情感认同和行为习惯。要发挥学校教育在培育和践行社会主义核心价值观的主阵地作用，落实立德树人根本任务，培养社会主义合格的建设者和接班人。

中小学校长要将服务中华民族伟大复兴作为教育的重要使命，学校教育要坚持为改革开放和社会主义现代化建设服务，大力推进教育理念、内容、方法、治理现代化，为建设教育强国、办好人民满意的教育作出应有贡献。为此，新时代的校长在教育理念上要更好地把握如下几个方面内容：

一是更加注重以德为先。全面落实立德树人根本任务，把理想信念、爱国主义、思想品德教育放在首位，把立德树人融入思想道德教育、文化知识教育、社会实践教育各环节，强化全员全过程全方位育人，把立德树人作为检验学校一切工作的根本标准。要加强理想信念教育，教育引导学生树立共产主义远大理想和中国特色社会主义共同理想，坚定中国特色社会主义的道路自信、理论自信、制度自信、文化自信，肩负起实现中华民族伟大复兴的中国梦的时代重任。要加强爱国主义教育，加强中华优秀文化、革命文化、社会主义先进文化教育，增强学生爱国情感、民族自豪感和民族自信心。要加强思想品德教育，持之以恒培育和弘扬社会主义核心价值观，用社会主义先进文化哺育学生成长，使他们成为社会主义核心价值观的坚定信仰者和模范践行者。

二是更加注重全面发展。新时代要大力推进和深化素质教育，将素质教育推向深入、落到教育教学的实处。从培养担当民族复兴大业人才的高度，促进学生在德育、智育、体育、美育和劳动教育方面全面发展。把"综合协同育人"作为根本途径，构建德智体美劳全面培养的教育体系。着力培养学生意志品质、思维能力、创新精神等综合能力和素质，促进学生身心健康发展。全面强化学校体育工作，增强学生体质、健全学生人格。加强和改进学校美育，开足开齐美育课程，提高学生欣赏美、发现美和创造美的能力。弘扬劳动精神，教育引导学生崇尚劳动、尊重劳动，树立劳动最光荣、劳动最崇高、劳动最伟大、劳动最美丽的思想观念。强化实践动手能力、合作能力、创新能力的培养。

三是更加注重因材施教。牢固树立人才多样化现代教育理念，要适应学生个性化、多样化的学习和发展需要，努力创造适合每一个人发展的教育，使不同性格禀赋、不同素质潜力、不同兴趣特长的学生都能受到个性化的教育、得到适合自己的发展，促进学生积极主动学习、释放和发展潜能，培养国家和社会需要的各类人才。深化教学改革，推行"自主、探究、合作"的教学方式以及走班制、选课制等教学组织模式，保护和激发学生的好奇心和学习兴趣。探索和发现具有特殊才能和潜质学生机制，为拔尖创新人才的培养提供有利条件和环境。充分利用现代信息技术，推进课程个性化、多样化，加大微课程、在线课程、讲座式课程、综合实践课程等的开发和使用力度。

四是更加注重知行合一。以能力为重，强化实践环节，以知促行、以行促知，提高学生的创新精神和实践能力。将教育与生产劳动和社会实践相结合，开展劳动和职业启蒙教育，完善学生实训和社会实践保障机制，促进学生把学习、观察、实践与思考紧密结合。积极推进中小学生到图书馆、科技馆、博物馆、纪念馆、少年宫等地参加学习、参观、实践等活动，开展校内外结合的科技活动，加强中小学与科研机构、高等院校等协同培养青少年科学素质工作。

二、深刻理解核心素养作为育人目标的内涵和价值

"培养什么样的人"是教育的根本问题，党的十八大报告指出，"坚持教育为社会主义现代化服务、为人民服务，把立德树人作为根本任务，培养德智体美全面发展的社会主义建设者和接班人"，明确强调了教育的本质功能和真正价值，回答了"教育要培养这么样的人"这一根本问题。2014年教育部出台了《关于全面深化课程改革落实立德树人根本任务的意见》，明确提出要研究制定学生发展核心素养体系，用于统领课程改革，为制定学业质量标准、修订课程方案和课程标准提供依据。核心素养是"教育要培养什么样的人"的具体化，落实核心素养是培养德智体美劳全面发展的社会主义建设者和接班人的重要举措。党的十八届三中全会要求，"加强社会主义核心价值体系教育，完善中华优秀传统文化教育，形成爱学习、爱劳动、爱祖国活动的有效形式和长效机制，增强学生社会责任感、创新精神、实践能力。"核心素养就是把这些宏观的方针政策具体化、系统化、细致化，体现学生应该具备的、适应终身发展和社会需要的素养要求。核心素养体现了"以学生发展"为核心的理念，是对素质教育内涵的深化和具体化，是对学生发展的核心素养体系的全面系统的凝练，使素质教育的推进有了遵循和依据。

2016年，中国学生发展核心素养总体框架正式发布，它以"全面发展的人"为核心，从文化基础、自主发展、社会参与3个方面，凝练出人文底蕴、科学精神、学会学习、健康生活、责任担当、实践创新6个维度的核心素养，这六个维度又具体化为18项内容的指标体系，即人文积淀、人文情怀、审美情趣；理性思维、批判思维、勇于探究；乐学善学、勤于反思、信息意识；珍爱生命、健全人格、自我管理；社会责任、国家认同、国际理解；劳动意识、问题解决、技术运用。这一中国学生核心素养的总体架构，为培养中国学生21世纪应具备的核心素养提供了遵循，也为制定各学段、各学科核心素养奠定了重要基础，提供了总体方向和宏观思路。

2018年，教育部颁布了普通高中各学科课程标准，凝练了普通高中各学科核心素养，把中国学生发展核心素养体现在了各个学科上，是党的教育方针的具体化、细化。新的课程标准指出，"为建立核心素养与课程教学的内在联系，充分挖掘各学科课程教学对全面贯彻党的教学方针、落实立德树人根本任务、发展素质教育的独特育人价值，各学科基于学科本质凝练了本学科核心素养，明确了学生学习该学科课程后应达成的正确价值观念、必备品格和关键能力，对知识与技能、过程与方法、情感态度价值观三维目标进行了整合。"学科核心素养是基于学科本质凝练的，是一个人能力、品格和价值观的体现，能力、品格和价值观构成了一个人创造性、能动性和内发性的本质力量。深入分析和准确把握学科核心素养的内涵、特征，对于落实核心素养要求、深化课程教学改革具有十分重要的意义。综观普通高中各学科核心素养，其内涵分别指向了学科的深层本质、学科方法论、学科价值观。

指向学科本质是学科核心素养的重要特征之一，学科深层本质体现在学科思想、学科观念、学科基本特征上。数学学科的核心素养"数学抽象"是数学的基本思想，是指通过对数量关系与空间形式的抽象，得出数学概念及其关系的过程，反映了从具体事物中抽象出一般规律的数学本质特征。物理学科核心素养"物理观念"主要包括物质观念、能量观念、运动与相互作用观念等，这些观念是学生通过对头脑中已有的物理概念和规律的提炼和升华，是对诸多物理概念和规律的整合，是对学科本质更高层次和更为深刻的认识，具有物理学科的统领性。化学学科核心素养"宏观辨识与微观探析"是指从宏观和微观相结合的视角分析与解决实际问题，反映了化学学科的本质特征，强调从元素和原子、分子水平认识物质的组成、性质、结构和变化，在学习过程中形成"结构决定性质"这一反映化学规律的重要观念，是学生学习化学后应形成的重要素养。"变化观念与平衡思想"是化学学科的重要思想观念，是唯物辩证法思想在化学学科的体现，化学变化的本质特征是有新物质生成并伴有能量转化，要使学生能从多角度较全面地分析物质的化学变化，能从多个视角进行分类研究，能从动态平衡的观点考察化学反应。生物学科的核心素养"生命观念"是生物学的重要观念，是在整合诸多生物学概念基础上形成的，是对生命现象及其相互关系或特性的抽象，如结构与功能观、进化与适应观、物质与能量观等，反映了生物学的基本规律。

语文学科的核心素养"语言建构与运用"揭示了学习语言的基本规律，这里面强调了学习语言"建构"与"运用"的重要作用，要在实践中进行积累、梳理和整合，掌握语言文字特点和运用规律，在活动中形成良好语感，在积累中建立联系，在探究中掌握规律。"审美鉴赏与创造"是学习语文应该形成的重要品格和关键能力，是学习语文中形成的审美意识、审美情趣和鉴赏品味，是能够发现美和创造美的水平和能力。学生能够感受、体验、欣赏、评价美，能够表达审美体验，表现和创造自己心中的美好形象，是语文学习所应达到的层次和境界。历史学科核心素养"唯物史观"是马克思主义的历史唯物论，是揭示人类历史客观基础及发展规律的历史观和方法论，是学习和研究历史的重要指导思想，是透过复杂表象认识历史本质的科学、正确的立场、观点和方法。地理学科的核心素养"人地协调观"是人们对人类与地理环境之间所持的正确价值观念，是学习和研究地理的重要指导思想，面对人口、资源、环境和发展问题，协调好人类与地理环境的关系十分重要，人类必须尊重自然，与自然和谐发展，认同人地协调对可持续发展的重要意义。"地理实践力"是学习地理应形成的重要能力，是人们在地理实践中具备的意志品质和实践能力，考察、实验、调查等实践活动是研究和学习地理的重要方式方法。英语学科的核心素养"语言能力"是学习英语应形成的重要能力，是以听说读看写等方式理解和表达意义的能力，特别强调了在学习过程中学生要形成语言意识和语感。艺术学科的核心素养"艺术感知"反映了艺术类学科能力与品格的特殊性，更加强调感受和认知，不像自然科学和社会科学门类更多的强调的是理性，是指学生在学习和实践活动中对艺术语言、思想情感和艺术形象的感知，通过多种感观感知各门艺术要素，学习艺术其"感知能力"显得尤为重要。

指向学科方法是学科核心素养的另一个重要特征，学科方法包括学科思维方式、学科思想方法、学科研究方法等。数学学科的核心素养"数学建模"是指用数学方法构建模型解决问题，数学建模经历了在实际情境中发现和提出问题，建立模型、确定参数、计算求解、检验结果和改进模型，最终解决实际问题的过程，是数学应用的重要形式和方法，是应用数学解决实际问题的手段，对于学生感悟数学与现实之间的联系、用数学语言表达现实世界具有重要意义。"直观想象"是理解和解决数学问题的重要方法，是借助几何直观和空间想象建立形与数的联系、描述问题、理解问题、认识事物的手段，发展学生几何直观和空间想象能力，运用数学直观的方法，在具体的情境中感悟事物的本质具有重要意义。物理学科的核心素养"科学思维"是物理学重要的思维方式，反映了学科对事物本质及规律的认识方式，主要包括抽象和概括物理模型、分析综合、推理论证、对不同观点和结论的质疑批判、检验和修正、提出创造性见解。"科学探究"是物理学的研究程序和方法，主要包括提出物理问题、形成猜想和假设、设计实验和方案、获取信息、得出结论、交流评估等，科学探究的每一个环节和步骤都对学生科学研究的能力提出了较高的要求，都需要在具体的物理问题探究当中加以培养。化学学科核心素养"证据推理与模型认知"是学习和研究化学的重要思维方式和方法，要求学生能够基于证据提出可能假设，通过推理论证加以证实或证伪，建立认知模型，建立解决复杂化学问题的思维框架，描述和解释物质的结构、性质和变化，预测可能结果。

语文学科核心素养"思维发展与提升"是根据语文学科特点发展学生思维能力提出的要求，语文学科要重点发展学生直觉思维、形象思维、辩证思维、逻辑思维和创造思维等思维方式，提升深刻性、灵活性、批判性、敏捷性和独创性等思维品质，使学生在语文学习中获得对语言和文学形象的直觉体验、发展联想和想象思维、探究和发现问题，提高语言运用能力。历史学科核心素养"时空观念"是学习和研究历史的特定思维方式和思维框架，任何历史事物都是在特定的时空条件下发生的，因此必须在特定的时间和空间中对事物进行观察、分析，要求学生能够在不同的时空框架下，建立事件、人物和现象之间的联系，对史事作出合理解释，对认识对象进行考察。"史料实证"是学习和研究历史的重要方法，也是科学精神与求实态度在历史学科的体现，史料实证是指通过史料的搜集、整理和辨析认识历史，要通过历史学习使学生能够掌握搜集史料的方法，辨析史料的真伪与价值，从史料中提取有效信息，提出自己的历史认识，培养科学实证精神。地理学科的核心素养"综合思维"是指运用综合的观点认识地理环境的思维方式，综合思维适应地理环境是一个综合体的特点，使人们能够全面、系统、动态地分析和认识地理环境。"区域认知"是学习地理的又一重要思维方式，强调运用空间—区域的观点认识地理环境，是一种将地理环境划分成不同尺度、不同类型的区域加以认识的方法。艺术学科的核心素养"创意表达"是人们从事艺术活动中创造性思维的展现、创造性成果的表达，归根结底是艺术创作的方法，体现了学生在艺术实践中的想象力、表现力和创造力。

指向学科价值观也是学科核心素养的重要特征，包括学科学习应培养的情感、态度、价值观等。思想政治学科的核心素养"政治认同"强调政治认同是青少年创造幸福生活的精神支柱、价值追求和道德准则，使学生牢固树立中国特色社会主义理想信念，成为社会主义合格建设者和接班人。语文学科核心素养"文化传承与理解"要求学生在语文学习中继承和弘扬中华优秀传统文化、革命文化、社会主义先进文化，理解和借鉴不同民族和地区的文化，提升中国特色社会主义文化自信。历史学科的核心素养"家国情怀"体现对国家的情感，历史学习中要培养学生对国家的高度认同感、责任感和使命感。物理学科核心素养"科学态度与责任"是指在物理学习及认识科学本质的过程中，形成研究和探索科学的内在动力，实事求是、严谨认真、努力拼搏的科学精神与态度，保护生态环境的社会责任感。化学学科核心素养"科学态度与社会责任"是指要培养学生具有严谨求实的科学态度、崇尚真理的科学精神、保护环境的可持续发展意识，能够对有关化学的社会热点问题做出正确价值判断。生物学科的核心素养"社会责任"是指学生通过生物学的学习形成造福人类的态度和价值观，能够运用生物学知识方法，参与讨论热点社会问题，做出科学的理性解释，积极开展本地科学实践，解决现实生活中的问题。

三、深度学习是落实核心素养和深化教学改革的重要途径

学科核心素养明确了各学科的培养目标，要落实到教学当中就要进行教学模式创新，只有深刻把握了学科核心素养的深层本质、学科方法、学科价值观的三维指向，才能创造适合核心素养培育的教学方式和方法。怎样把核心素养这些深层次的学科本质、知识背后的学科方法、学科内在的价值观念，转化为学生的关键能力、必备品格以及正确的价值观念，需要教学实践的积极探索、大胆创新，需要在深刻把握和准确理解核心素养内涵及价值的基础上，努力探索落实核心素养目标的路径和方法。这就要求教师的教学理念、教学设计、教学行为要进行变革，从发展学生核心素养目标出发，重新定位教学目标、教学内容、教学过程和教学评价。近年来关于"深度学习"的探索，其核心理念和价值追求十分契合了核心素养的育人目标和教育理念。

深度学习强化以学生为中心的教育理念，以发展学生批判性思考、创造性思维、沟通、协作能力、实践创新能力、学科思维与方法等素养为根本追求，是落实核心素养的重要支撑。应试教育引导下的教学是知识的记忆的教育，是解题技能的训练，是机械化的讲授、复述知识的教育。学生记忆的定理、定律、性质、条文、规则、理论、模型、符号等与现实生活关联性不强，这些知识脱离情境和碎片化，在学生头脑中是割裂的、孤立的、分散的、没有联系的，学生无法建立知识的结构、大概念和学科观念，形成学科思维方式方法，因此难以迁移应用。深度学习倡导自主、探究、合作的学习方式，以及个性化、参与式、实践性的学习，强调深度理解、创造性解决问题和不同情境下的迁移应用。深度学习是学生在探究问题的过程中，特别是围绕具有挑战性的学习主题，全身心投入进行思考与实践而获得的有意义的学习。这种有意义的学习是指学生头脑中已有的知

识、经验与新知识之间建立起非任意的和实质性的联系，是新旧知识不断碰撞，在学生大脑中不断进行理解、解释，不断改变大脑原来的认知结构，从而产生新的认知结构、生发出新的意义的过程。当然，这种有意义的学习是在教师的引领下进行的。通过深度学习，学生能够理解和把握学科本质，掌握学科思想方法，形成正确价值观，成为具有独立性、批判性、创造性，且想象力丰富、实践能力、合作沟通能力强的时代新人。

深度学习的"深"在于教学要触及学科本质、要触及学生心灵、要促进学生持续建构。触及学科本质意味着学生的学习不是满足于简单的知识获得和行为的强化，必须改变知识的简单接受和行为的重复训练的常规教学模式，要按照核心素养的目标要求，将教学推进到学科本质中去，推进到学生心灵中去，要激发学生的兴趣、情感和思维，引导学生深入到学科本质、学科方法、学科价值观深处，使学习的过程成为建构知识和生成意义的过程，这是深度学习的本质属性和根本价值。

进行深度学习的教学关键在于发挥好教师的主导作用，首先，需要教师把握住学科本质即学科核心素养，把握学科核心知识、结构框架、思维方法及主要观念、大概念等，这是能否落实核心素养以及开展深度学习的基础和源头。其次，教学还要触及学生心灵，特别是要了解和把握学生兴趣、情感和思维这些涉及人的心灵深处的状况，这样才可能调动学生所有积极性，使学生深度参与、积极投入，所谓深度学习首先深在人的精神境界上、深在人的心灵里。最后，教师要把握住学科本质与学生心灵的连结处，这样才可能在学生全身心的积极参与下，理解和把握学科本质。学科的本质不会通过简单的讲授就能使学生获得或把握的，而是要在学生持续建构的过程中才能获得的，需要教师引领下的指向学科本质的持续建构，这就需要教师要以问题为引领、以活动为载体、在情境中激发学生的兴趣、情感和思维，使他们持续建构知识的本质和意义，以逐步形成学科核心素养。深度学习就是通过教师引导学生深切体验和深入思考，帮助学生达到对学科本质的深刻和深层次理解，引导学生建构知识的意义和自我生命的意义。

可见，问题引领、情境创设和活动设计是进行深度学习的关键，是落实核心素养、开展深度学习的三个实践维度。学生对知识的持续建构是在问题的引领下进行的，学生在对问题的思考、探究和解决的过程当中产生对知识的持续建构，这就需要教师设计出指向学科本质的系列问题，这些渐次提升的学习阶梯和问题支架使学生步步深入地探讨学科知识本质。深度学习就是学生在有难度、有挑战的问题和学习任务面前，成为解决问题和完成任务的主体，自我操作和探究，积极主动学习。维果斯基的"最近发展区"意指在学生的现有的水平与较高的未来水平之间形成的一个区域，这个区域是教师引领学生发展的区域，也是学生以主体的地位从事学习活动、获得发展的区域，强调教学过程不是"记忆""训练"和"强化"，而是教师通过设计有一定难度的问题，促进作为主体的学生去挑战问题、克服困难，从而在解决问题的过程中从现有的水平积极主动地走向未来的水平。教学内容是外在于学生的一种客观存在，深度学习就是要使外在于学生的知识通过问题与学生建立起联系，否则外在于学生的知识只能靠简单记忆和重复训练而习得，不可能产生把握学科本质的深度学习。深度学习就是要教师设计出指向学科本质、触及学生心灵的问题，这些问题能够使学生感到困惑、产生认知冲突，促使学生为达到新的认知平衡而积极探索，达到把握学科知识本质、理解学科深层意义、优化认知结构的目的。

　　任何知识的创生都是在具体的情境中进行的，离开了具体的情境不可能产生抽象的人类认识结论。因此，在教学过程中把具体的情境抽象掉，仅仅剩下知识结论，学生没有知识建构过程，不可能达到深度学习的目的，而教学情境的创设正是创造与知识产生或应用具有相似结构或形式的环境，使学生在参与、体验的过程中发现问题、探究问题、解决问题，从而把握学科本质、形成核心素养。教师创设的情境要与知识的产生与来源、事物的本质与规律、学科的思想与方法、知识的关系与结构、知识的作用与价值等密切相关，要与这些内容与要素具有同构性和启发性，使学生能够直观地理解、发现和创造知识，在情境中增强学生的体验，在体验中增强学生的感受力、理解力和创造力。深度学习正是在情境中加深学生的理解与体验，使学生洞悉问题的实质，发现解决问题的路径，将文字、符号、概念、理论等与客观生活世界建立起联系，在心灵深处产生对事物本质的深刻体验和准确把握。

活动的设计是开展深度学习的重要环节，把教学过程变成学生完成任务的活动是落实核心素养的重要手段。深度学习就是问题引领教学，活动搭建平台，学生在具体的情境中体验和把握事物的本质。问题因理解学科本质而提出，活动则为解决问题而设计，问题为活动提供目标，活动为问题探究搭建平台，二者相互建构、相互支持。活动调动了学生的大脑、眼睛、耳朵、嘴和手用自己的身体去经历和感悟，学生自己观察、实验、操作、分析和思考获得知识和结论。我们所说的教学活动更加强调完成某项任务的活动，学生在完成具体任务的过程中，带着问题去体验和感悟。体验和感悟是学生身体、心理、精神等的生命全面参与，是活动的意义和本质，如此获得的知识才是深刻和有意义的，才能在此过程中形成学生核心素养，这个素养是伴随学生终生的、能够随时迁移的能力和品格。任务化学习要突出挑战性和实践创新性，如开展基于问题的专题研究、项目研究、产品制作、课题研究、作品创作等，问题要来源于生活实际，产品和作品要有社会应用价值。

四、全面提升新时代校长教学改革领导力

教学是学校的中心工作，教学改革领导力是校长的关键领导力，在诸多校长领导力中处于核心地位。如何履行新时代校长光荣使命，落实核心素养育人目标，把握深度学习理念和价值追求，深化教学改革，培养德智体美劳全面发展的社会主义合格建设者和接班人，是提升中小学校长领导力的关键问题。围绕这样一个主题，新时代中小学校长应努力提升如下几方面的关键能力：

一是把握正确的政治方向的能力。提升校长教学改革领导力首先要解决的是办学方向的问题，"为谁培养人、培养什么样的人和怎样培养人"是校长办学首先要明确的重大问题。习近平总书记在全国教育大会上提出的"九个坚持"，深刻地回答了"为谁培养人、培养什么样的人和怎样培养人"的问题。"坚持党对教育事业的全面领导"是根本保证。"坚持把立德树人作为根本任务"是根本方针，揭示了德育在学校教育中的突出地位以及德育与人的全面发展的辩证关系，强调立德树人是人才成长的根本规律，要加强理想信念教育、社会主义核心价值观教育、中华优秀传统文化教育和劳动实践教育，要求教师做"四有"好老师、"四个"引路人，要统筹推进学生全面发展。坚持优先发展教育事业是战略部署。"坚持社会主义办学方向"是根本方向，我们的教育要坚持教育"为人民服务，为中国共产党治国理政服务，为巩固和发展中国特色社会主义制度服务，为改革开放和社会主义建设服务"。"坚持扎根中国大地办教育"是道路特色。"坚持以人民为中心发展教育"是价值追求。"坚持深化教育改革创新"是要求动力。"坚持把服务中华民族伟大复兴作为教育的重要使命"是神圣责任。"坚持把教师队伍建设作为基础工作"是重要保障。作为校长要深刻理解和把握"九个坚持"，并贯彻落实到日常教学实际及学生培养活动中。校长要具有坚定的政治信仰、政治立场、政治原则、正确的政治思想、敏锐的政治观察力和鉴别力。要认真学习政治理论，特别是习近平新时代中国特色社会主义理论。将政治意识融入自己的思维方式和管理工作，把贯彻落实党的教育方针与自身各方面素质及能力的提升紧密联系在一起。

二是理解掌握和贯彻执行政策的能力。随着教育改革的不断深入和发展，国家和地方政府陆续出台了一系列新政策、新规定，以适应学校教育中出现的新情况、新问题。校长只有较好地理解和把握政策才能登高望远，对学校全局工作进行系统思考和顶层设计，校长只有主动提升政策能力，才能适应新时代对学校发展的新要求。《义务教育学校校长专业标准》将校长的管理工作分为六个方面：规划学校发展、营造育人文化、领导课程教学、引领教师成长、优化内部管理、调适外部环境，这六个方面的管理工作都需要校长对政策的深入理解、认真执行和有力落实。因此要求校长要坚持自主学习政策，并能建立个人的政策知识体系，做到运用政策得心应手，使学校工作有法可依、有效运转。

三是凝练先进理念和办学思想的价值引领的能力。办学理念和办学思想体现了一所学校的共同价值观，是一所学校的价值取向，是落实立德树人的校本表达。价值观的引领是学校发展的方向，价值观的共识是凝聚人心的基础。校长要把全校教师的价值追求统一起来，使大家围绕学校的价值追求共同努力，有明确的价值观引领是校长领导力的关键和首要的问题。校长要能够用学校的共同价值观规约、整合和引领个体价值观，从而形成合力，努力实现学校共同发展愿景。学校价值观的凝练要符合国家主流价值观，贯彻党的教育方针，落实立德树人根本任务；要具有当代人才培养价值观的先进性、科学性；要彰显特色，要体现自己学校独特的价值追求，充分考虑学校的历史积淀、所在区域、自身定位等特性，一个好的价值观的凝练需要有校长的个人的独特创意。校长的价值引领力要落地，就必须与学校办学和教学改革有机结合起来。

四是领导富有特色的课程建设和教学改革的能力。落实核心素养是当前课程建设和教学改革的基本遵循，课程的顶层设计是关键，思想观念的引领和整体规划的设计是校长课程领导力的首要表达。校长要善于在学校办学历史中找寻课程建设的底气、根基、特色和方向，要在学校的文化之根中找到亮点并赋予其新的时代内涵。引领构建具有本校特色的课程体系是校长教学领导力的重要表现，要能够开发足够数量的和较高质量的校本课程，善于将国家和地方课程本土化。具有整合资源的课程开发力是课程建设的关键，校长要具有把校内外教育资源组合与深度对接的能力，争取高校和科研机构等的支持，创建本校富有特色的课程体系。打破学科壁垒，实施选课走班教学，创建的课程体系要具有学科间的贯通性、学科知识的前沿性、时代性、多样化的选择性、提升学生思维能力的创造性。校长还要培养教师的课程领导力，把优秀的教师及时充实到学校课程领导团队中来，鼓励教师进行教学改革，在深度学习的核心理念引领下积极探索多样化的教学方式。

五是引领务实有效的校本教研的能力。校本教研是学校课程建设和教学改革的基础，校本教研开展的如何、水平怎样是衡量卓越校长的重要指标。校长要能引导教师积极参与校本教研，使教师有积极的热情和内在的动力开展校本教研，要为教师确定发展目标，引导教师自我发展并促进学校发展，还要发挥好校本教研评价的作用，激励教师认真开展校本教研。校长在校本教研中要发挥好榜样示范作用，校长只有积极参与到学术研究当中才能将学校的办学理念转化为具体的教育实践，才能发挥学术研究的龙头作用，校长的学术研究思想观念、方法能力、态度精神都能够影响和带动广大教师积极投入校本研究。校长的教研引领首先是方向引领，要善于把国家的宏观政策吃深吃透，转化为本校的教学实践，其次是能够进行专业引领，从国家需要和学校发展出发，基于教育规律，为学校所有学科制定发展目标和研究方向，还要借鉴先进经验，从实际出发，积极创新教研方式。

六是优化组织设计与提高组织效能的能力。学校的组织机构是学校正常运转的保障，这里主要涉及到组织设计与执行力的问题，前者是基础，包括组织机构、制度、程序等。校长要清楚学校哪些职能是核心职能，哪些属于基本职能，在此基础上设置部门、配置职能。学校管理制度要科学规范，学校管理要程序公正。只有优化组织设计和提升执行力才能使教学改革工作顺利实施。

七是激扬教师生命活力的能力。教师是学校人才培养的主力军，教师的工作积极性和热情直接影响学校立德树人根本任务落实的成效。一个有理想、有追求的教师在实现自我生命价值的过程中，也在激扬学生的精神生命，反之，消极的教师也会扼杀学生的生命潜能。校长要帮助和引领教师树立正确的人生观、价值观，追求有价值的教育理想，用振奋人心的学校的共同愿景点燃教师激情、激发教师活力。校长要创新评价激励方式方法，调动教师在工作中努力自我实现的积极性，使他们获得成长与进步的成就感，校长还要努力搭建更多、更宽广的舞台，为教师提供更多的发展机会和空间，信任每一位教师，让每一位教师都能释放出独特的价值。

八是推动学校教学和管理信息化的能力。在信息化时代，校长要主动适应和运用信息技术促进学校管理和教学变革，信息化会带来课程教学的多样化和个别化以及学习的混合化，图文结合、视频与虚拟现实结合的知识呈现方式，评价的过程性和个性化等，校长要把握信息化给教育可能带来的变化，推动信息技术在教学改革中的应用。校长要明确学校信息化发展方向，制定学校特色规划，依靠高科技企业推进建设，围绕教学核心问题应用信息技术。校长要努力推动师生信息化素养提升，运用信息技术促进教学多样化发展，为培养学生创新精神和实践能力搭建平台，为学生德智体美劳全面发展提供技术支持。

　　以上是我的一点认识和思考，是为序。

张　旺

2020年10月于长春

目　　录

绪　　论

　　信息时代的教育应该面向教育现代化、面向教育未来，应该是在教育本质、教育目的和教育功能上发生翻天覆地变化的教育。信息时代的教育应该使受教育者最大程度地获取能力而不是知识，应该使教育从人生某个阶段走向终生，在激发创造潜能的同时，教育应致力于挖掘隐藏在个体内部的财富，实现个体的全面发展。教育的功能也必须有所扩展，它必须从原初的政治功能、经济功能、文化功能延展到更多、更广阔的领域，为完成新世纪教育的崇高使命服务。在促进社会发展方面，信息时代的教育正一步步渗透进社会经济发展的各个环节，成为决定国家经济发展和核心竞争力的关键要素。学校不再是信息来源的主要渠道，学校需要学会利用和吸收更广泛的优质资源，让学生掌握区分和面对大量信息的素养和能力。在经济增长过程中，教育既要最快速、最有效的为受教育者提供最新的知识和技能，应对因技术进步而不断发生变革的社会环境，同时还要为受教育者带来新的能力和希望，使他们能够勇往直前，积极应对挑战。

一、研究背景

（一）信息时代对人才培养提出新的要求

　　21世纪人类步入信息时代。伴随着云计算、大数据的应用，信息技术的迅猛发展对传统的教育理念和教学模式产生了巨大的冲击，信息化普及的今天，优化课堂教学，全面推进素质教育，培养适应时代需要的有创新精神和创新能力的人才是21世纪教育的主题。提高国民的信息素养，培养信息化人才是国家信息化建设的重要目标，也为教育现代化的实现提供了技术支撑。在全球化加速推进和信息化迅猛发展的背景下，面向2030的教育核心目标是助力人的全面、自由、个性化发展，更加重视学生的个性化和多样性。①信息时代区别于工业时代，在人才培养上，不能再批量生产、制造"标准化"的人才，应该逐步满足创新型社会发展的需要，培养大量个性化、创新型人才，在培养人的差异性、多样性、独立思考性上下功夫。美国教育智库组织21世纪学习联盟提出的"21世纪学习框架"指出，信息时代的学生需要掌握的核心课程除了3R（指读、写、算Reading、Writing和Arithmetic）之外，还包括生活与职业技能、学习与创新能力、信息媒体与技术素养等。②这些新的要求和理念，使教育必须立足以学生为中心的教育理念，不断从以教为主向以学为主转变；从以讲解为主向探究学习转变；从以课堂为主向课上课下混合式学习转变；从以结果评价为主体向以过程性评价转变。这一系列的转变必然推动教育系统内部发生结构性变革，推动信息技术支撑下的学校人才培养体系的重构和变革，只有这样才能适应信息时代人才培养的新需要。在这一过程中，教育者应该重点探讨的问题是如何通过支持以学生为中心的深度学习的课程改革，不断汇聚优质教育资源，完成个性化教育，实现创新性人才培养的目标。

（二）落实核心素养是深化课程改革的目标

21世纪初，教育部颁布《基础教育课程改革纲要（试行）》，标志着我国启动第八次基础教育课程改革。这次课程改革是对传统教学中把基础知识和基本技能作为中小学教学内容核心的课程理论的再完善与再创造，它是在全国范围内追求以课程为核心，以"知识与技能、过程与方法、情感态度价值观"的三维目标统整为目的的课程新标准设置，以建构主义理论为支撑，倡导自主、探究、合作教学方式的学校课程改革。"第八次基础教育课程改革从课程目标、课程结构、课程内容、课程实施（教学）、课程评价、课程管理六个方面提出了十分明确的目标与任务"③，不断推进我国素质教育和人才培养方式的变革。不可否认在历经17年的变革和发展后，我国基本形成了一套有中国特色的基础教育课程改革体系，吸纳和借鉴了国际较为先进的教育理念，一些学校能够

---

① 杜占元. 面向2030的教育改革与发展［J］. 教育研究，2016（11）.
② 杨宗凯. 高校"互联网+教育"的推进路径与实践探索［J］. 中国大学教学，2018（12）.
③ 刘月霞，郭华. 深度学习：走向核心素养［M］. 北京：教育科学出版社，2018：3.

主动创新教学方式，教师教育观念和教学行为正悄然发生改变。但面对信息时代人才培养的新要求，课程改革需要有所突破和超越，需要将改革目标投射到提升人的必备品格和关键能力上来，将改革的本质放置在以人为本的目标上来。

2014年教育部发布《关于全面深化课程改革落实立德树人根本任务的意见》指出"基础教育课程改革仍然面临严峻挑战，表现在重智轻德，单纯追求分数和升学率，学生的社会责任感、创新精神和实践能力较为薄弱；教师育人意识和能力有待加强"，并要求："要根据学生的成长规律和社会对人才的需求，把对学生德智体美全面发展总体要求和社会主义核心价值观的有关内容具体化、细化，深入回答'培养什么人、怎样培养人'的问题，研究提出各学段学生发展核心素养体系，明确学生应具备的适应终身发展和社会发展需要的必备品格和关键能力，各级各类学校要从实际情况和学生特点出发，把核心素养和学业质量要求落实到各学科教学中。"①2014年12月，教育部正式启动我国普通高中课程标准的修订工作。本次修订工作旨在贯彻落实立德树人根本任务，通过研制我国核心素养体系，将基于核心素养的学业质量标准融入课程标准，引导和促进学习方式和育人模式的根本转型，从而实质性推动和深化我国基础教育课程改革。②2016年9月《中国学生发展核心素养》正式发布，它以"全面发展的人"为核心，从文化基础、自主发展、社会参与三个角度，综合提炼出六大素养，即人文底蕴、科学精神、学会学习、健康生活、责任担当、实践创新，同时细化为国家认同等18个基本要点。2016年底，基于学科核心素养的高中新课程标准修订稿在全国征求意见，核心素养引领下的基础教育课程改革迈入新的历史时期。核心素养的理论架构是信息时代实现我国基础教育改革总体目标和学科教学目标的关键环节，它为各学科在课程目标、内容和学习机会上的深度融合提供了目标依据，也为跨学科学习主题的确定提供了理论基础。以核心素养为框架的现代课程标准，解决了传统课程

---

①《教育部关于全面深化课程改革落实立德树人根本任务的意见》教基二〔2014〕4号.
②杨向东. 核心素养与我国基础教育课程改革的关系〔J〕. 人民教育，2016（19）.

改革中"三维目标"割裂的问题，促进学习方式和教学模式的变革，以立德树人为根本任务的核心素养，不断反思学科本质和学科育人价值，重塑基础教育阶段的学业质量观，以学生核心素养的培育为目标的学校课程改革，是实现人的终身发展和可持续发展的重要途径和手段。

（三）实现深度学习是21世纪学校教学改革的关键

科技的飞速发展，使教育面临前所未有的机遇与挑战。数字时代所需要的人才素养与以往任何一个时代的要求都有着极大的差别，传统课堂教学脱离真实生活情境的碎片化学习，概念与技能无法迁移，学科知识的断裂，都难以让学生形成全面、整体性的认知。传统教学模式已经无法满足第四次工业革命对21世纪人才的需要，因此学校的教育方式和学生学习方式必须发生更深层次的变革。面对新技术时代的挑战，教育领域需要思考如何培养21世纪学生所需要的知识、技能与情感问题。而这一系列培养目标需要借助深度学习来完成，可以说是信息时代技术的迅猛发展，是技术在学校课堂教学中的深度融合与应用，为深度学习的发展提供了可能。深度学习被看作是能够关联多种素养的有效手段，它是掌握精确严密的学科内容，使学生学会主动思考、解决问题，能够进行有效协作与积极交流，富有责任心和道德感的融合渠道。它相对于浅层学习，是通过教师新的教学理念、教学行为、教学模式和多以信息技术为支撑的教学方法，让学习真正发生，使学生不仅形成学科思维模式，还养成了批判意识、合作精神、创新思维、公民素养和实践能力等。深度学习是互联网+时代新的教学理念，它能够有效推动以学生核心素养培养为目标的学校教学改革。深度学习在课堂教学中的实现，可以帮助教师反思和检验教学目标的确定，教学内容的选择，教学方法的适切，教学过程的设计等环节，能够检验教师以学生为本的教学贯通性，以及对学科知识、教学知识的掌握程度和运用能力。总之，实现真正的深度学习，能够有效提高课堂教学的质量和水平，是21世纪学校教学改革的关键。

（四）新时代对校长教学改革领导力提出新挑战

校长作为学校教学改革实施中的关键因素，对学校的发展、学生的成长发挥着重要影响。在传统工业社会的课堂教学中，形式化、表层化问题突出。一些教师不尊重教育规律，忽视学生的认知特点和学科特点，将课程目标简单停留在教案上；将灌输式教学改为满堂问式教学，学生批判性思维、创新性思维的培养极为有限，学生在教育和学习中的主体地位没有得到真正体现。当改革的目标和任务必须依靠校长观念的转变和教师教育行为的系统变革来实现时，学校教学改革显得十分苍白无力。这些问题的出现，直接反映出学校课堂教学改革实施中，校长领导能力和教师专业素养的薄弱。

2019年中共中央、国务院印发的《中国教育现代化2035》提出了到2035年我国教育发展的目标，即"建成服务全民终身学习的现代教育体系，总体实现教育现代化，迈入教育强国行列，推动我国成为学习大国、人力资源强国和人才强国"。在这样一个过程中，为了顺应信息时代人才培养和教育发展的需要，学校教育、教学势必要经历一场系统性的变革，才能走出传统育人瓶颈，使教育迎来大踏步的发展契机。因此，新的时代对校长的领导能力和领导水平提出了更高的挑战。校长需要顺应时代发展要求，不断提升教育改革领导力，落实改革任务，满足新时代人才培养需要，促进学生的可持续发展。在新的时代背景中，校长应该具备关键能力，即准确把握国家最新方针、政策，掌握教育教学改革发展趋势，引领学校教育教学改革的步伐，以清醒的头脑找准育人方向，用先进的理念指导学校教学改革。以高标准、高站位、高效能的领导魅力，引领教育改革方向，完成教育改革和人才培养目标。在校长诸多领导能力中，校长教学改革领导力可以使学校教学活动创新运转，帮助学校实现预期教育目标；可以引领教师的教学行为，督促教师采用合理的教学方式，帮助学生更好的获取知识、提升能力；可以助力学生的学业成就，促进学生核心素养的生成，这无疑成为新时代校长领导力的核心。同时，探讨和研究基于深度学习的校长教学改革领导力问题，成为新时代学校教学改革无法回避的问题，也是实现学生积极的参与式学习，理解、迁移应用知识和创造性的解决问题的有效途径和根本保障。当然在基于深度学习的学校教学变革中，需要教育人的觉醒与参与，需要教育变革者具备变革的责任与使命，能力与勇气。

二、研究对象与概念阐释

（一）研究对象

本论著的研究对象是吉林省公办中小学校长。研究将主要针对吉林省内8个地区的15个县级市以及1个自治州的中小学校长开展基于深度学习的学校教学改革情况进行调查研究、比较研究，个案研究、思辨研究。每个地区完成校长调查问卷400份，教师问卷600份。在研究中，不但会采用实地考察走访、调查研究、个案研究等形式，了解不同省份中小学基本情况，分析和研究不同地区校长基于深度学习的课程教学改革现状、问题与经验，同时还将对目标地区的校长进行调查和访谈，以便更好把握研究问题和方向。

（二）核心概念阐释

1. 核心素养

对"核心素养"概念的界定，首先需要探讨"素养"的含义。学者余文森认为，"素养"是一个人的"精神长相"，它体现个人的学识、智慧、道德、态度、品格、思想、精神等。"素养"是一个人的"品格"，是个人在先天和后天各种因素交互作用过程中形成的内在动力组织和相应行为模式的统一。"素养"是一个人的"行为习惯"，是人行为方式的自动化，是不需要思考和意志努力的行为方式。"素养"是一个人的"思维方式"，是人认识世界、思考问题的方式。余文森认为，"素养"具有综合性、广泛性、稳定性和一致性，"素养"是一个人的精神财富，是人生意义、人生价值、人生幸福的支撑。[1]用"素养"这个概念能够比较好的体现人才培养中的"全面发展"和"立德树人"理念与国家教育改革方针政策相一致。

"核心"这个概念在《现代汉语词典》中被定义为"中心，（事物的）主要部分"，指事物最要紧的部分；对情况起决定作用的因素。[2] "核

---

①余文森. 核心素养导向的课堂教学［M］. 上海：上海教育出版社，2017：6—11.
②现代汉语词典（第5版）［C］. 北京：商务印书馆，2005：500.

心素养"中的"核心"一词具有基础性，是其他素养发展的基础；具有生长性，可以生发出其他素养；具有共同性，是每个人必备的素养；具有关键性，对人的成长至关重要，同时一旦错过了关键形成期，就很难再形成。①

教育部在《关于全面深化课程改革落实立德树人根本任务的意见》中，明确把"核心素养"的内涵定义为"学生应具备的适应终身发展和社会发展需要的必备品格和关键能力"，是知识、技能、情感、态度、价值观等多种能力要求的结合体。"核心素养"是个体在面对复杂的、不确定的现实生活情境时，能够综合运用特定学习方式所孕育出来的（跨）学科观念、思维模式和探索技能，结构化的（跨）学科知识和技能，以及世界观、人生观和价值观在内的动力系统，进行分析情境、提出问题、解决问题、交流结果的综合性品质。②

2. 深度学习

我国著名教育理论研究者黎加厚教授认为，"深度学习是在理解学习的基础上，学习者能够批判性地学习新的思想和事实，并将它们融入原有的认知结构中，能够在众多思想间进行联系，并能够将已有的知识迁移到新的情境中，做出决策和（进行）解决问题的学习"。③因此，在深度学习过程中，学习者能够批判性地学习新的思想和事实，并将它们融入原有的认知结构中，在众多思想间进行联系，将已有的知识迁移到新的情境中，做出决策和解决问题。这与传统课堂机械、被动地接受知识，浅层学习截然不同。深度学习影响下的课堂教学有效性并不取决于教师的教，而关键取决于学生的学，课堂教学的本质在于对学生学习质量和效力的分析，在于对学生通过学习而生成的对知识的建构与迁移等方面能力的培养。本研究认为，"深度学习"是指在教师指导下，学生围绕具有挑战性的学习主题，通过积极地探索实践，深刻地掌握学科核心知识并运用知识解决实际问题的过程。在此过程中，学生不仅形成了学科思维模式，还养成了合作

①余文森. 核心素养导向的课堂教学［M］. 上海：上海教育出版社，2017：6-12-14.
②余文森. 核心素养导向的课堂教学［M］. 上海：上海教育出版社，2017：6—15.
③何玲，黎加厚. 促进学生深度学习［J］. 现代教学，2005（5）.

精神、创新意识、公民素养、实践能力和责任担当意识及能力。

3. 校长教学改革领导力

在探讨"校长教学改革领导力"之前，应该先探讨"校长领导力"的含义。本研究认为，"校长领导力"就是校长在推动学校发展的过程中，通过与全校师生及各方教育相关人员的相互作用，领导学校不断实现各项发展目标的能力。"校长教学改革领导力"是"校长领导力"的下位概念，是将领导力的重点，放在了学校教学环节中。"教学是教师引起、维持或促进学生学习的活动，是师生相互促进、共同发展的过程。构成要素为教师、学生、教学中介（如教学内容、教学手段等），具有课内、课外、班级、小组、个别化、网络等多种形态。从时间序列看，教师和学生课前的准备活动，共同进行的课内活动，课后的作业批改、练习、辅导、评定等都属于教学活动。教学活动一般通过教师和学生开展的各种直接交往进行，也可通过印刷、广播、电视、网络、录音、录像等远距离活动进行"。[①]在具体的学校教育实践中，伴随着信息时代教育改革的不断推进，学校教学的目标发生巨大变化。教学不仅仅只停留在教师的教，更要关注学生的学，要在重视学生学业成绩的同时，将重点放在通过知识促进学生主动发展、成长中。因此信息时代的教学是师生双边互动的教学，通过教学激发学生潜能，体现育人的价值。因此，本研究中"校长教学改革领导力"是指校长在学校这一复杂情境中，以专业的管理素养与领导精神为支撑，与教师和学校教学团队交互作用，实现激发学生潜能、体现育人价值的学校教学系统性变革和长期稳定发展目标的能力。校长教学改革领导力包括校长教学改革的战略性内驱力、校长教学改革的洞察与决策力、校长教学改革的支配和执行力等方面。而深度学习视域下的校长教学改革领导力就是指为了实现深度学习的学校发展目标，校长应具备的一系列改革学校教学系统的领导能力和综合素质。

---

①杜成宪，郑金洲. 大辞海·教育卷［M］. 上海：上海辞书出版社，2014：124.

三、国内外研究现状

（一）国内外关于核心素养的相关研究

对于核心素养问题的研究，国内教育理论研究者经历了多个研究阶段。首先是在2013年左右，北京师范大学林崇德教授团队，开展针对"我国基础教育和高等教育阶段学生核心素养总体框架"的重大项目研究，这意味着我国教育决策层高度关注核心素养研究，并正式启动核心素养体系的构建研究。在这一过程中，国内学者不断开展对国外核心素养研究的相关分析和研究。有学者在研究中介绍了联合国教科文组织有关核心素养的观点，即基于人本主义、关注弱势群体、从学生终身学习的视角展开研究。①（张娜，2015）有学者对欧盟核心素养的实施、评价以及遇到的问题进行分析。②（刘新阳，裴新宁，2014）国家组织和各个国家相继出台相关文件，如美国的"21世纪技能"、日本的"21世纪能力"都从新世纪究竟要培养什么样的人的角度，展开对学生核心素养的研究。各国提出的核心素养体系也存在诸多相似之处，都将社会发展与科学、信息技术发展的最新趋势列入研究视域，突显新世纪人才培养的国际视野、信息素养、创新性、沟通性、合作性，参与性与自我规划管理性等。这为我国研究核心素养体系，提供了及其重要的借鉴。2014年，教育部正式下发《教育部关于全面深化课程改革落实立德树人根本任务的意见》，提出"研究制订学生发展核心素养体系和学业质量标准"的要求。2016年9月，《中国学生发展核心素养》在北京发布，确定了人才培养的三大维度、六大素养和18个基本要点，构建中国学生发展的核心素养。

在中国学生核心素养体系构建完毕后，国内学者展开基于核心素养的课程体系建构研究。有学者认为，国家核心素养与课程体系相互关系大致呈现三种模式：核心素养独立于课程体系之外的美国模式，在课程体系中

①张娜. 联合国教科文组织的核心素养研究及其启示［J］. 教育导刊（上半月），2015（7）.

②刘新阳，裴新宁. 教育变革期的政策机遇与挑战—欧盟"核心素养"的实施与评价［J］. 全球教育展望，2014（4）.

设置核心素养的芬兰模式以及通过课程标准内容设置体现核心素养的日本模式。[①]（辛涛，2016）我国学者普遍认为，课程是培养学生核心素养、落实核心价值观教育的根本途径，应将核心素养融入课程教学之中。有学者提出，从符合学生生长发育的规律和学科体系出发，认为应该把不同阶段核心素养的培养和学科逻辑融合，并长期贯彻落实。[②]（牛超，刘玉振2015）有学者认为，学生核心素养与课程设置所处年级的水平相适应，结合教学，将教学模式改变为预习、共学、延学相结合，进而培养学生适应社会的各种能力；将教学内容与实际生活整合，将所学的知识用来解决实际问题；改革课时设置，一方面形成以基础课程与特色课程相结合的课程设置，一方面形成不同课程长度的课程。[③]（窦桂梅，胡兰，2015）如今，我国普通高中课程标准修订工作正在进行，数学、语文、英语等学科已研制出符合本学科特点和学生培养目标的核心素养，并列出具体表现水平，非常强调学科领域素养的重要性。同时，许多理论研究还涉猎了核心素养评价问题。有学者通过对西方国家学生核心素养评价研究进行比较，认为通过真实情景解决现实问题，再将解决问题的结果作为评价内容，更能科学评价出学生核心素养水平。[④]（刘晟等2016）

通过分析可以看出，国内外学者针对核心素养的研究呈现以下几方面特点：首先是理论研究过多，实践研究不足。从核心素养概念被提出之后，围绕核心素养的概念辨析、理论分析过多，真正扎根课程改革的实践研究显得不足。建议在未来的研究中，应将研究重点放在核心素养与学科教育、课程改革的深度融合上，有效促进新时代人才的培养。其次是应不断深入探讨基于核心素养的跨学科研究，整合多学科教育资源与教育手段，使学生核心素养的培养成为综合性的教育目标与教育行为。再次是核

---

①辛涛，姜宇，王烨辉. 基于学生核心素养的课程体系建构［J］. 北京师范大学学报（社会科学版），2014（1）.

②牛超，刘玉振. 试论地理核心素养的内涵、特征及其培养策略［J］. 天津师范大学学报（基础教育版）. 2015（4）.

③窦桂梅，胡兰. 基于学生核心素养发展的"1+X课程"建构与实施［J］. 课程·教材·教法，2015（1）.

④刘晟，魏锐，周平艳等. 21世纪核心素养教育的课程、教学与评价［J］. 华东师范大学学报（教育科学版），2016（3）.

心素养的评价体系研究还有待深入，怎样评价学科课程是否有效促进了学生核心素养的生成，应建立科学的评价体系进行测量。最后是应不断提高教师专业素质，探索新时代如何提升教师能力，使教师转变观念，利用先进技术手段，勇于进行课程改革，提高学生核心素养的相关研究。

（二）国内外关于深度学习的相关研究

1. 国外关于深度学习的研究

国外对深度学习的研究主要围绕以下研究主题展开：

（1）将深度学习与浅层学习进行对比分析，将深度学习看作是一种高水平认知加工的方式。1976年瑞典教育学家费伦茨·马顿（Ference Marton）和罗杰·塞里欧（Roger Saljo）首次提出深度学习的概念。他们基于对学生学习过程的研究，指出学生在学习过程中采用深度学习和浅层学习两种不同的学习方式会产生不同的学习效果。深度学习主要以联系和理解为途径，而浅层学习以机械重复记忆和孤立的信息为途径。[①]（Ference Marton，Roger Saljo，1976）随后，约翰·比格斯（John Biggs）等多位学者研究指出，深度学习是一种高水平和主动的认知加工过程，浅层学习则是采用低水平的认知加工，如简单记忆或机械记忆。[②]（Biggs，1979）恩特维斯托（Entwistle）认为深度学习是一种以理解为目的的主动学习方式，而浅层学习则是以完成作业或考试为目的的被动学习方式。[③]（Entwistle，2000）美国学者格兰特·威金斯（GrantWiggins）也认为，深度学习就是让学生能够实现对学习内容的理解，并将理解分为解释、释义、运用、洞察、移情、自我认识等六个不同层面，是学生在达成理解后的不同表现。（GrantWiggins，2017）

（2）对深度学习作为一种学习过程的研究。詹妮弗·弗雷德里克斯（Jennifer Fredricks）认为深度学习是一种参与和高度投入的学习过程。

①Marton F，Saljo R. On Qualitative Differences In Learning：I-Outcome and Process ［J］. British Journal of Educational Psycology，1976（46）.

②Biggs，J，B. Individual differences in the study process and the quality of learning outcomes ［J］. Higher Education，1979（8）.

③ Entwistle N. Promoting deep learning through teaching and assessment：Conceptual frameworks and educational contexts ［J］. Higher Education Academy，2000（5）.

多方位提高学生的学习投入需要从学生的行为，情感和认知等方面展开研究。（Jennifer Fredricks，2015）

（3）对深度学习作为一种能力培养的研究。随着研究的深入，许多研究者从深度学习者获得的效果的角度来阐述深度学习。布朗·布兰斯福德（Brown Bransford）认为，深度学习是让学生深度理解课程内容，并在不同情境下解决新问题。（Brown Bransford，2000）富兰（Michael Fullan）也将深度学习定义为一系列的技能，这些技能包括品德、公民素养、有效沟通、批判性思考和问题解决、协作以及创造力和想象力。富兰认为这些技能能够让学习者具有终身的创造力、问题解决力以及幸福感。（Michael Fullan，2012）2012年美国国家研究委员会（National Research Council）发布了《为了生活和工作的学习：在21世纪发展可迁移的知识与技能》，指出认知能力、自我能力、人际能力将成为与深度学习紧密联系的21世纪技能。通过迁移的手段，学生能够将学习的知识和技能从一种情境应用到另一种情境中。（National Research Council，2012）

2. 国内关于深度学习的研究

国内对深度学习的研究起步比较晚，2014年以后，研究成果逐渐丰富。相关研究主要从以下几个层面展开：

（1）有关深度学习的理念、本质、内涵的研究。黎加厚教授认为深度学习是建立在学生理解基础之上的批判性学习，是将所学知识与原有知识进行重组和整合，将已经掌握的知识迁移运用到现实情境当中，做出判断、决策并解决实际问题的学习。（黎加厚，2005）有学者认为，深度学习的基本特征，即注重批判接受、信息整合、知识建构、迁移应用、问题解决以及主动学习、终身学习等。（张浩、吴秀娟，2012）有学者从学习者主动性视角总结了对深度学习的理解，认为深度学习是一种主动探究性的学习方式，要求学生进行深度的信息加工、主动的知识建构、批判性的高阶思维、有效的知识转化与迁移应用及问题的解决。[①]（曾明星、李桂平等，2015）有学者从实践的视角总结了对深度学习的理解，提出深度学习是以"促进有效学

---

①曾明星等. 从MOOC到SPOC：一种深度学习模式建构［J］. 中国电化教育，2015（11）.

习"、践行"知行合一"为目的的特殊研究领域，是在学习者强烈内在动机指引下的积极学习，是通过学习者、环境、人工制品的相互交流和作用，引发以概念转变、整合理解与创造性认知重组为特征的"意义生成"性学习。[①]（张琪，2015）有的学者从美国2012年《为了生活和工作的学习：21世纪发展可迁移的知识与技能》报告出发，探讨了深度学习与21世纪技能的融合，并分析了深度学习的本质与要素、学科中深度学习的呈现、深度学习的实施策略以及对中国教育实践的启示。[②]（孙妍妍，祝智庭，2018）

（2）深度学习理论支持的课堂教学与学习方式变革研究。有学者认为，课堂变革总是与学科领域和学生学习密切相关。深度学习的教学设计在学科本质和学生学习的理解之间架起桥梁，将教学设计和实施过程指向以学科核心内容为载体的学生高级思维的培养。[③]（马云鹏，2018）有学者以学习者的视角提出了教育者在深度学习时间时可以采取的一些策略：第一，建立高阶思维发展的教学目标，引导学生深度理解；第二，整合意义联接的学习内容，引导学生批判建构；第三，创设真实的深度学习情境，引导学习者积极体验；第四，落实过程性评价，引导学生深度反思。[④]（安富海，2014）有学者提出构建学习共同体、创建真实的深度学习环境与即时评价学习者的表现对促进学习者深度学习至关重要。（张发信，2015）有学者从"深度学习何以优化翻转教学、深度学习如何优化翻转教学、深度学习优化翻转教学效果如何"三个核心问题展开研究，深入探讨了构建深度学习视域下的翻转课堂教学模型，深度学习优化翻转教学的效果与教学设计原则等问题。[⑤]（卜彩丽，2018）

通过以上对国内外有关深度学习的相关研究梳理可以看出，国外针对深度学习的研究已经构建起了一个比较完善的理论研究体系，对深度学习

---

①张琪. e-Learning环境中大学生自我效能感与深度学习的相关性研究［J］. 电化教育研究，2015（04）.

②孙妍妍，祝智庭. 以深度学习培养21世纪技能——美国《为了生活和工作的学习：在21世纪发展可迁移的知识与技能》的启示［J］. 现代远程教育研究，2018（3）.

③马云鹏. 深度学习视域下的课堂变革［J］. 全球教育展望，2018（10）.

④安富海. 促进深度学习的课堂教学策略研究［J］. 课程·教材·教法，2014（11）.

⑤卜彩丽. 深度学习视域下翻转课堂教学理论与实践研究［D］. 西安：陕西师范大学，2018.

的内涵、本质、评价等方面的研究比较深入。但国内对深度学习的已有研究在理论上比较零散，更多的是对国外深度学习理论研究成果的引介和解读，无法从科学的理论架构和实践探索角度，根据中国教育的本土实际，进行理论创新和实践性本土化探索，理论和实践研究存在不足。

（三）国内外关于校长教学领导力的研究

1. 国外关于校长教学领导力的相关研究

国外校长教学领导力的研究主要围绕校长领导力模型的构建以及校长教学领导行为的影响要素等重要问题展开。1982年，莱特伍德（Leithwood）就提出，有效的学校都有一个共同的特征，就是校长重视对学校课程与教学的领导。这些不同领域的研究都证实：校长的领导力是促进课程成功变革、提高学校效能和学校发展的重要因素。[1]埃德蒙兹（Edmonds）指出，有效的校长教学领导力，表现在他运用教育学知识，建构课程，促进教师专业发展，督导新的学习方法在教室里的落实。[2]（Edmonds，1979）美国学者菲利普·海林杰（Philip Hallinger）指出，校长教学领导力应集中体现在以下几个方面：第一，创设有助于实现高期望、创新与改进教育的文化；第二，分享愿景；第三，有效激励，促使学校发展目标与教师与学生的目标相一致；第四，组织活动，促进教师智慧积累与专业持续发展；第五，教育学知识与技能。[3]（Philip Hallinger，2003）美国教育行政学者托马斯·J·萨乔万尼（Thomas Jgiovanni）主张校长在教学领导中应以"五种领导模式"即技术领导、人际领导、教育领导、象征领导及文化领导为主。美国范德堡大学的墨菲教授主张以学生学习和发展为中心，从校长领导行为的"关键环节"和"核心内容"两个维度理解校长教学领导力。"关键环节"涉及计划、实施、支持、倡导、沟通和监控等常规教学领导活动，"核心内容"则聚焦于学生学习，从"学生学习

---

① Leithwood，K. Poplin，M（1992）．The move toward transformational Lead ship．Education Leadership．49（5）．

②Edmonds，R．（1979）．Effective schools for the urban poor．Educational leadership，37．

③Hallinger，P．（2003）．Leading educational change：Reflection on the practice of instructional and transformational leadership．Cambridge Journal of Education，33（3）．

与发展的高标准"严谨的课程内容设置""有效教学""学习文化与学习共同体""与家长、社区的联系""系统的绩效问责"等六个方面理解与分析教学领导力行为。[1]（Marks H.M，2003）阿伦德（R.I.Arends）认为，校长的"支持性行为"的构成要素是：第一，利用一切机会，向教师说明教育革新的目的、活动、功能，使教师认识这种革新是值得努力的。第二，促进教育革新的组织明确角色关系。第三，排除来自校内外的反对舆论，为教育革新辩护。第四，致力于推进教育革新的资源（时间、空间、资金、地位等）的整合和提供。赫尔曼（J.J.Herman）和史蒂文斯（G.stevens）指出的，校本管理（SBM）包括课程领导中的校长应当拥有四个条件即自律性、权限、责任、学区和上级的支持。

2. 国内关于校长教学领导力的相关研究

国内有关校长教学领导力的研究主要围绕以下问题展开：

（1）关于校长教学领导力的内涵研究。国内学者认为，教学领导力是校长通过对学校教学活动和教学主体的领导，促进教师发展和学生发展的能力，是校长应具备的核心能力，主要表现为理念引领和实践指导。[2]（赵茜，刘景2010）有学者认为，校长教学领导是校长根据自身的教学理想和信念，通过引领教师开展教学改革，制定学校教学目标和教学愿景，促进教师专业成长，鼓励教师参与各种教学活动，创造良好的教学氛围和文化以及提供教学支持等领导行为，以对教师的教学和学生的学习产生影响力，目的是提升学校的教学品质和促进学生发展。[3]（杜芳芳，2011）有学者指出，相对于校长课程领导力而言，校长教学领导力探讨的还不多，已有研究成果似乎也不太深入。他认为校长教学领导力指校长在学校领导实践中提出教学愿景、引领教学变革、促进师生发展的影响力。[4]（郑金洲，2012）有学者认为，校长教学领导力的核心是对校内教学活动进行有效的

---

[1] Mark，H．M．Printy．S．M．（2003）．Principal leadership and school performance；An integration of transformational and instructional leadership．Educational Administration Quarterly，39（3）．

[2] 赵茜，刘景. 我国校长领导力模型研究［J］. 中小学管理，2010（3）.

[3] 杜芳芳. 校长教学领导：内涵、特征和培养策略［J］. 基础教育，2011（3）.

[4] 郑金洲. 校长教学领导力初探［J］. 河北师范大学学报（教育科学版），2012（11）.

示范与促进。这意味着校长需要依据国家教育方针和政策，通过学校发展目标的战略性规划，为全校师生明确相应的教学改革方向，制定科学有效的教学改革计划并付诸行动，创造良好的校园风气和特色文化，长期有效地示范、研究、组织、考核、评价各类教育教学活动。[①]（徐新民，2018）

（2）关于校长领导力的构成要素研究。有学者认为，可以把校长教学领导力区分为教学价值观的塑造力、教学总目标的设定力、教学核心问题的捕捉力、教学组织的指导力、教学条件的保障力、教学质量的评估力。（郑金洲，2012）校长教学领导力的基本要素或者条件可以概括为学习、实践、反思和知识共享。其中，学习是校长教育观念变革的前提，实践是校长教学领导力提升的基本途径，反思是教学领导实践性知识形成的必由之路，知识共享是校长分有领导智慧的必然要求。（赵茜，2010）

（3）关于校长教学领导力提升策略研究。有关校长教学领导力提升策略的研究我国学者大都是以理论研究为主，对实践中的校长教学领导力的可行策略研究的较少。有学者认为，教师和学生是校长提升教学领导力的关键，认为以学生为本，注重学校制度和文化建设，把教师看作第一资源是校长提升教学领导力的策略与原则。[②]（程红兵，2009）有学者认为，校长教学领导力的提升需要校长把握好三个关键词，即认识你自己，增强自我修养，注重实践锻炼。（郑金洲，2012）有学者认为，校长教学领导力的提升需要围绕以下方面，第一，校长自我提升教学领导力；第二，教育主管部门搭建提升平台，创造提升环境；第三，教育测评机构使用标准化测评工具，加强对校长办学能力的科学评估。[③]（徐新民，2018）

通过对国内外有关校长教学领导力的相关研究梳理可以看出，国外针对校长教学领导力的研究相对丰富，但国内的研究更多是校长领导力研究，针对校长教学领导力的相关研究稍显不足。而且相关研究成果研究方法比较单一，研究多停留在文献梳理和宏观理论思辨上，大多以一些领导力模型或理论为指导，对校长教学领导力的改进给予相关建议，走理论指

[①]徐新民. 中小学校长教学领导力的内涵及提升路径［J］. 教育理论与实践，2018（5）.
[②]程红兵. 价值思想引领：校长课程领导的首要任务［J］. 教育发展研究，2009（4）.
[③]徐新民. 中小学校长教学领导力的内涵及提升路径［J］. 教育理论与实践，2018（5）.

导理论的模式，综合运用多种研究方法，对校长教学领导力进行调查和科学分析的研究稍显不足，研究的层次性和系统性不足。同时，将校长教学领导力置于当今互联网+时代大背景下，探讨为实现深度学习而进行的校长教学改革领导力研究尚属空白。

四、研究设计

（一）研究意义

1. 学术价值

在信息时代的大背景下，基于深度学习的校长教学改革领导力研究成为当今学校管理研究中的重要命题。本研究在对已有校长教学领导力研究梳理的基础上，抓住教育变革和发展的大趋势，探讨和构建基于深度学习的校长教学改革领导力理论框架，从深度学习的视角探讨校长教学改革领导力的组成要素和结构，影响因素和实施策略，努力描绘出满足当今时代所需的校长专业成长理论框架，既丰富和拓展了学界针对校长领导力和专业发展的理论认知，也为进一步完善学校管理理论和变革理论提供一定的借鉴意义。同时，本研究所构建的基于深度学习的学校教学改革愿景模型，努力探索我国本土特色的学校深度学习系统性理论，有助于直面基于深度学习的学校教育改革理论研究前沿，为我国深度学习研究在正式学校环境中落地提供了研究基础，拓宽了研究视野，也顺应了深度学习理论发展的需要，具有一定的前瞻性，可以为后续理论研究者进行更深入的研究提供参考。

2. 应用价值

本研究拟采用多种研究方法，深入现场获取一手资料，从而整体把握深度学习视域下校长领导力的基本现状与问题所在，并尝试提出改进与发展建议，从而为具体的一线学校管理工作改进，提供建设性的知识、观点和见解。可以说，本研究的应用价值主要体现在政府、学校和教师三个层面。就政府层面而言，本研究提出的深度学习视域下校长教学改革领导力提升建议将为教育行政部门研制和开发信息时代中小学校长专业标准，改革和完善中小学校长考评、选拔、任用、管理体制提供重要的参考和借鉴。就校长层面而言，本研究所构建基于深度学习的校长教学改革领导力目标体系，能够更好的辅助校长理解深度学习的内涵和要旨，培育和生成校长教学改革相关领导力要素，不断改进校长教学领导工作提供支持，为校长变革学校教育模式，提升学校教育质量，带来直接的行动策略和实施路径。就教师层面而言，本研究探讨的基于深度学习的学校教学改革离不开教师，教师在其中扮演这重要的角色，承担着重要的作用。本研究所勾勒的学校教学改革框架将直接引发教师的教育理念、课堂教学行为以及教师角色的变革，将为教师深刻理解深度学习的理论内涵和实践要求，提供重要的应用性指导和借鉴。

（二）研究问题与结构

1. 深度学习视域下中小学校长教学改革领导力现状研究

重点围绕深度学习视域下中小学校长教学改革领导力的现实状况展开研究。通过采用调查研究与深度访谈、座谈相结合的方式，呈现不同地区基于深度学习的学校教学改革现状和存在的问题以及教学改革领导力的影响因素，比较分析地区之间存在的差异，借鉴优秀经验，深度探究问题背后的原因，为深度学习视域下校长教学改革领导力的构建提供实证支持。

2. 深度学习视域下学校教学改革愿景模型构建研究

研究和探索信息时代基于深度学习的学校教学改革愿景模型。深度学习作为刚刚引入我国中小学教学改革的热点理论，许多研究者和中小学校长还无法清晰理解并掌握深度学习视域下中小学教学改革的基本框架，基本规律和深度学习的实施路径等问题。通过理论反思和前期实证研究结果，基于以下研究内容即深度学习的学校教学改革本质、深度学习的学校教学改革核心问题、深度学习的学校教学改革目标、深度学习的学校教学改革支撑条件、深度学习的学校教学改革实施策略和路径等方面，构建起信息时代深度学习视域下的学校教学改革愿景模型，为基于深度学习的校长教学改革领导力目标体系的构建提供理论支持。

3. 深度学习视域下校长教学改革领导力目标体系构建研究

基于深度学习视域下的学校教育教学变革视野，立足学校教育领导的实践理性追问和理性实践立场，聚焦校长领导学校教育教学应然诉求、实然需求和能然追求，以深度学习真正落实学生在教学中的主体地位为基调原则，以校长专业标准为基准框架，深入开展校长教学改革领导力的目标探究。理实结合、思行并重系统构建了以内驱力"领航"价值领导愿景、决策力"导航"教学领导变革、执行力"护航"组织领导落实为三个整体目标维度取向，以"文化营造生态化""发展规划过程化""课程教学品位化""教师引领团队化""学生素养生长化""校本评估促变化"为六个具体目标定位要素的深度学习视域下校长教学改革领导力"三维六化"目标体系。

4. 深度学习视域下校长教学改革内驱力的提升与实现研究

深度学习是推进学校教学改革的有效路径，开展深度学习成为学校发展过程中要面对的新的挑战，更是深化教学改革的迫切需要。校长身为学校教学改革的带头人，带领学校师生积极主动地探索适合自身深度教学和深度学习的有效方法，是校长应尽的责任和使命。激发校长开展深度学习教学改革的内驱力，调动他们积极、热情、主动地组织、领导并实施教学改革，是深化学校教学改革，促进学校发展的强大动力。这一章通过对校长教学改革内驱力的内涵分析，从认知、使命和价值实现三个方面解读校长教学改革内驱力的构成，通过增强专业知识、确立价值追求、强化教育反思、挖掘自身的兴趣点、营造学校组织创新氛围提升校长教学改革内驱力。

5. 深度学习视域下校长教学改革决策力的提升与实现研究

深度学习视域下校长教学改革决策力贯穿于学校发展的整个过程。中小学校长针对教学改革的大背景和学校发展的具体情况，对本校的教育教学做出决策，领导学校进行教学改革。校长决策力考验校长教学改革能力，中小学校长要对学校事物进行分析，判断可行方案，集思广益，优选方案，最后由校长做出决策。这需要校长有较高的领导力，因为最优决策只能有一个，如何选择最优，需要校长高瞻远瞩。通过阐述校长教学改革决策力的内涵与本质特征和校长教学改革决策力的构成要素，探讨深度学习视域下校长教学改革决策力的提升策略。

6. 深度学习视域下校长教学改革执行力的提升与实现研究

该问题分三个模块研究。第一模块介绍了校长教学改革执行力的内涵和本质特征。阐述了什么是校长教学改革执行力，其核心特征为国家意志性、育人本质性、领导者任务性。此外还具备办学思想性、实践生成性、探索主动性、变革阻力性、执行策略性等实践特征。第二模块从领导者的素养与思维、管理者的魅力与权威、团队中的文化与沟通、校园管理的制度与流程、改革创新的环境与工具五个方面分析了校长教学改革执行力的构成要素。第三模块介绍的是校长教学改革执行力的提升策略。从教学观转型的格局和定位，课程计划的融合设计与渗透实施，课堂教学结构的变革与重构，学校教学管理的模式创新与深化和教师专业发展的内涵挖掘和驱动五个领域进行阐述。

7. 深度学习视域下校长教学改革领导力实践研究

基于"深度学习"与"校长教学改革领导力"相关理论，以吉林省内多个地区基础教学改革实践为例，通过访谈和实地考察等形式，形成相应的个案研究。研究对象包括名优校长、骨干校长及新任校长，学校涵盖城市与乡村、公办与民办以及小学、初中和一贯制。个案主要涉及中小学校长在教学改革领导实践中，关于教学教研引领、课程体系构建、理念文化创新、区域内涵发展等方面的典型做法及经验，通过叙议结合的呈现，以期对深度学习视域下校长教学改革领导实践提供策略性的指导和交流。

8. 深度学习视域下校长教学改革领导力提升的保障研究

在前文论述校长教学改革领导力的内在主体养成的基础上，对外在办学环境进行的探索和思考，以帮助校长更加有效的开展深度学习教学改革。主要从政府、学校及社会三个层面系统阐释了提升校长教学改革领导力的保障条件和具体路径。为促进校长教学改革领导力的提升，教育行政部门应进一步重视学校教学改革和校长专业发展，着力于政策、制度、培训等方面的完善和改进，加强统筹规划和顶层设计，夯实教学改革和校长发展的基础保障。同时，良好的学校组织环境与社会合作也在有效提升校长教学领导力方面发挥着支持性作用。结合我国教育发展的现实条件，可通过优化学校组织结构、创建团队文化，加强社会参与和监督等方式助推校长教学改革领导力的提升。

（三）研究方法

本研究秉持科学的研究理念和求真的研究精神，采用归纳与演绎、定性与定量相结合的研究方法，根据吉林省实际情况组织调查研究。通过对吉林省校长的调查研究，个案研究了解信息时代中小学校长教学改革领导力实施现状，总结经验，分析问题，从而论证并构建深度学习视域下的学校教学改革模型和中小学校长教学改革领导力目标体系，并提出积极的政策建议。主要研究方法归纳如下：

1．文献研究法

文献法是本研究的重要方法之一，通过人工查阅和网络检索大量相关资料，包括国内外教育期刊、专著、报告会的论文、重要博硕论文及国内外教育网站等，进行认真梳理、分析与综述，了解和掌握国内外深度学习视域下中小学校长引领学校开展教学改革的研究成果和存在的问题，从中获得新论据，找到新视角，提出新观点，形成新认识，拓宽研究视野，指导研究实践的展开与深化，构建研究的理论基础与框架，并在研究思路和核心观点上获得有益启示。

2．问卷调查法

在文献研究的基础上，本研究以访谈和问卷调查为主。调查对象集中在吉林省内8个地区的11个县级市以及1个自治州，将针对400位中小学校长和600名教师基于深度学习的教学改革领导力实施现状和相关问题进行调查研究。在调查研究中，将重视数据的真实性和代表性，特别关注深度学习视域下学校教学改革呈现的新问题、新实践、新方向，使研究更具针对性和价值。

3．访谈研究法

访谈法是指研究者通过问答和谈话的方式，从被研究者那里获取一手资料的研究方法。本研究拟对部分中小学校长进行访谈研究，了解中小学校长对基于深度学习的学校教学改革理念、方法、策略等问题的认知程度和认知评价，以及本校实施基于深度学习的教学改革的现实状况，校长教学改革领导力的一般状况和存在的问题。采取重点学校教师座谈的方式，了解教师对深度学习理念的认知，以及个人和学校实施教学变革的状况，以便更好把握研究问题和方向。

4．比较研究法

本研究将采取比较研究的方法。通过比较吉林省发达地区和欠发达地区校长基于深度学习的学校教学改革不同数据，分析地区差异，深度探究差异背后的原因和影响因素，借鉴优秀经验，提出改进方案，为深度学习视域下学校教学改革愿景模型的构建提供实证支持。

5．个案研究法

个案研究是本研究的重要研究方法。研究围绕吉林省基于深度学习的教学改革典型校的校长进行长期的个案跟踪研究。在个案跟踪研究的过程中，了解和分析典型校实施教学改革的成功经验，探索和挖掘基于深度学习的校长教学改革领导力实施途径、呈现效果、学校内外部反馈与收益以及有待改进的问题，为相关研究做好铺垫，并形成基于深度学习的校长教学改革领导力典型案例成果。

（四）研究思路与技术路线

1．本研究的基本思路

本研究将遵从理论与实践相结合的研究理念，首先对研究的背景和相关概念进行分析和界定，通过文献梳理，对深度学习的理论基础和相关基本问题进行研究，在此基础上，结合调查省份的基本情况，制定校长、教师、学生调查问卷，考察和分析深度学习视域下中小学校长教学改革领导力现状与问题，探究问题背后的原因，了解当下基于深度学习的校长教学改革领导力现状，为构建深度学习视域下学校教学改革愿景模型奠定基础和数据支持。其次探索和构建深度学习视域下学校教学改革愿景模型，主要从深度发学习的改革本质、核心问题、改革目标、支撑条件、实施路径几个方面对基于深度学习的学校教学改革模型进行全方位设计。针对基于深度学习的校长教学改革内驱力、决策力和执行力进行集中分析和探讨，重点把握三力的本质内容，影响因素，实施路径和实施策略，为一线校长实践基于深度学习的课程教学改革提供现实路径。同时，对基于深度学习的教学改革典型校的校长进行长期的个案跟踪研究。通过个案研究，验证深度学习视域下学校教学改革领导力的合理性和科学性。最后探索基于深度学习的中小学校长教学改革领导力提升建议和政策导向。为决策层提供意见和建议，使基于深度学习的校长教学改革领导力真正得到改进和提升，促进我国基础教育的改革与发展。

　　2. 具体研究技术路线图如下：

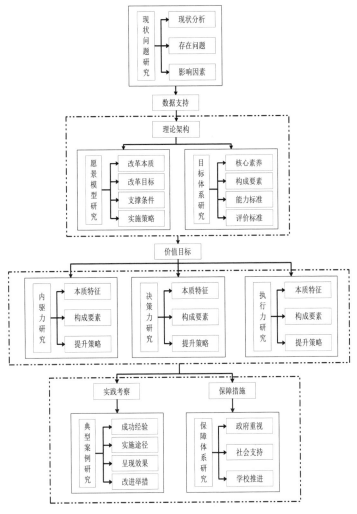

深度学习视域下校长教学改革领导力研究技术路线图

第一章　深度学习视域下校长教学改革领导力现状及影响因素

　　深度学习视域下教学改革的推进，对我国中小学校长教学改革领导力提出了新的要求和挑战。中小学校长的教学领导力是否能满足深度学习视域下教学改革的要求呢？我们通过访谈、座谈、问卷调查、整理相关文献及数据材料等方式进行实证分析与质化研究，发现在深度学习的背景下，当前中小学校长的教学改革领导力与深度学习视域下的教学改革还不完全适应，虽然有一些中小学校长的教学改革领导力有较大提升，但也有一些校长对于适应教学改革和学校发展的要求还存在差距，其有效领导还存在很大的上升空间。

一、校长教学改革领导力现状分析

　　本章的研究采用的是量化研究和质性研究相结合的方法。资料的收集采用的是访谈、问卷、观察等方法。对资料的分析采用的是文本分析、统计分析等方法。

　　样本范围：本研究是在吉林省范围内的一项调查，样本在吉林省8个地区的11个县区和一个自治州选取。通过多种访谈形式及对问卷数据进行收集，样本具有较充分的代表性。为了保证调查研究的信效度，我们还对同一访谈对象进行了N次接触，对小组座谈中的受访者进行了多次电话追访。

　　访谈工具：本研究采用的是自编的访谈提纲，是半开放、框架式的访谈。所以在访谈过程中，除了对访谈提纲中的问题进行提问的同时，还结合多种访谈形式（如：小组座谈等）对与之相关的问题做了进一步的追问。

　　访谈对象：参见表1.1.1。

表1.1.1　受访校长及其学校基本信息

编号	性别	初始学历	学校学段	任职年限	学校规模	学校区域	学校校龄
N01	男	专科	中学	2年	346	乡镇	34
N02	男	中师	中学	1年	372	乡镇	46
N03	男	本科	中学	7年	931	县城	72
N04	女	本科	中学	6年	1145	市区	65
N05	男	本科	中学	8年	972	市区	34
N06	男	本科	中学	11年	1321	市区	70
N07	男	专科	小学	3年	523	乡镇	55
N08	男	中师	小学	2年	379	乡镇	48
N09	男	本科	小学	5年	1027	市区	64
N10	女	中师	小学	3年	754	市区	49
N11	女	中师	小学	2年	485	乡镇	53
N12	男	专科	小学	4年	633	县城	61

问卷调查：本研究的实证部分还采用了问卷调查，通过自编问卷收集相关数据，对调查结论进行相应的检验，进而提升研究资料的可信度。

调查问卷的编制借鉴了2013年2月4日国家教育部正式颁布的《义务教育学校校长专业标准》（以下简称《标准》），《标准》明晰了作为新时代校长专业发展的基本要求。基于课题组对"深度学习视域下校长教学改革领导力"的调查需求，以《标准》为理论框架，对中小学校长就《标准》中的6方面专业职责，即校长在"规划学校发展、营造育人文化、领导课程教学、引领教师成长、优化内部管理，调适外部环境"等方面的问题，进行了问卷调查，参见图1.1.1。

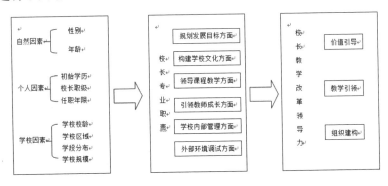

图1.1.1　问卷设计思路

　　本部分的现状调查是以访谈和问卷为主，调查对象为吉林省内中小学公办学校的正校长、教学副校长、副校长、教导主任和一线教师。本次调查采用问题回答方式和随机抽样方式，共抽取8个地区的11个县级市及1个自治区的400位校长进行问卷调查，回收有效问卷309份，回收率为77.25%。因考虑到校长在调查问卷上的判断会存在一定的自我优化，在一定程度上很难对校长教学改革领导力现状进行客观的分析，难免会对校长教学改革领导力的诊断有失偏颇，所以再次抽取了8个地区的600位教师并发放问卷，回收有效问卷514份，回收率为85.67%。还利用两次校长研修班培训的机会进行了两次小组座谈（共41位中小学校长），并对来自不同地区的12位中小学校长进行了个人访谈，作为佐证相关问卷调查结果的一个补充及对客观现存问题的诊断，期望在一定程度上反映校长教学改革领导力的真实情况。经分析，样本具有一定代表性，能客观反映中小学校长在深度学习视域下的教学改革领导力，在不同层面间分布差异的实然情况，样本总体情况见表1.1.2、表1.1.3。

表1.1.2　校长样本总体情况

项目	分项目	人数	百分比	项目	分项目	人数	百分比
性别	男	231	74.76%	校长职级	特级	3	0.97%
	女	78	25.24%		高级	205	66.34%
年龄	≤34岁	33	10.68%		中级	101	32.69%
	35岁≤i≤49岁	195	63.11%	学校性质	公办	309	100.00%
	≥50岁	81	26.21%		民办	0	0.00%
初始学历	中专/中师	64	20.71%	学段分布	小学	160	51.78%
	大专/高职	126	40.78%		中学	149	48.22%
	本科及以上	119	38.51%	学校区域	乡镇	176	56.96%
任职年限	≤9年	211	68.29%		县城	30	9.71%
	10年≤i≤19年	73	23.62%		市区	103	33.33%
	≥20年	25	8.09%	总样本		309	100%

表1.1.3　教师样本总体情况

项目	分项目	人数	百分比	项目	分项目	人数	百分比
性别	男	108	21.01%	教师职级	高级	102	19.84%
	女	406	78.99%		中级	237	46.11%
教龄	≤5年	70	13.62%		初级	175	30.05%
	6年≤i≤19年	184	35.80%	学校性质	公办	514	100.00%
	≥20年	269	50.58%		民办	0	0.00%
初始学历	大专及以下	106	21%	学段分布	小学	222	43.19%
	本科	397	77.24%		中学	292	56.81%
	研究生	11	2.14%	学校区域	乡镇	203	39.49%
校龄	≤20年	49	9.53%		县城	150	29.18%
	21年≤i≤59年	253	49.22%		市区	161	31.32%
	≥60年	202	41.25%	总样本		514	100%

通过访谈、问卷等方式对校长在6项专业职责上的作为表现进行了调查，其现实情况具体表现如下：

（一）规划发展目标方面

《标准》中要求校长要认识到规划学校发展的重要性，并建立学校发展的共同目标，形成学校的共识愿景，进而形成发展合力。这是校长引领学校实现可持续发展和全校师生共同行动的纲领和专业职责。校长要在分析学校发展历史和规划学校未来的基础上，切合实际地融进自己的教育思想、发展目标和办学理念，把握学校发展的总体方向。

调查显示，有381（74.12%）位教师认为校长重视学校的发展规划；对于在"学校发展规划的制定或改进有否组织教师、学生、家长参与或征集多方建议"这一选题上，有213（41.44%）位教师选择了"较少、从未"；对于"在制定学校每学期或学年的工作计划"问题上有313（60.89%）位教师选择了"经常、总是"。N7校的陈老师表示，关于学校的发展规划与目标制定的事，都是领导班子直接定了，基本上没和教师座谈过，就是有也是走过场，老师在这方面不会有太多的话语权，这事还需要家长参与吗？

在两次校长座谈中，关于"您怎样理解制定学校发展规划的重要性""您理解的学校规划有哪些内容；是否重视教师专业发展项目，对不同的教师群体提出不同要求""分析学校发展现实明确办学理念"及"确立办学目标，拟定教学目标"的问题交流中，有36（87.80%）位校长认为制定学校发展规划对学校发展至关重要；有13（31.70%）位校长对规划内容人云亦云摇摆不定；有21位（51.22%）校长认为学校发展规划应该偏重学生的发展；还有6位（14.63%）校长认为规划中要注重提升学生成绩；有1位（2.45%）校长表示还未参加过学校发展规划。

表1.1.4　办学理念是否在学校办学过程中真正落实

X\Y	1.从未	2.较少	3.基本	4.经常	5.总是	小计
A.县城	0（0.00%）	9（30%）	3（10%）	16（53.33%）	2（6.67%）	30
B.乡镇	0（0.00%）	70（39.77%）	39（22.16%）	65（36.93%）	2（1.14%）	176
C.市区	0（0.00%）	51（49.51%）	16（15.53%）	35（33.98%）	1（0.97%）	103

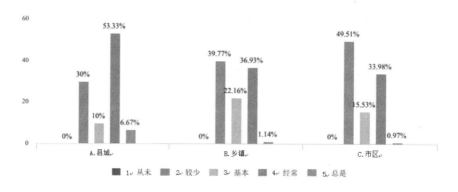

图1.1.2　校长问卷

对于"学校在树立办学理念，有明确定位"一题的调查中，有279（54.28%）位教师认为学校比较重视办学理念和育人目标的引领；有181（35.21%）位教师认为可能有吧，具体也说不上来；有54（10.51%）位教师认为没有，不知道；有167（56.31%）位校长认为"总是或经常"；有96（31.07%）位校长认为办学特色和办学理念都差不多；有39（12.62%）位校长认为没有办学理念。

N2主管教学的陈副校长说，大家对外都说有自己的办学思想理念、校训等，但实际上我们也是照抄别校的，改几个字就拿来用，大致知道啥意思，但具体也说不清，也不知道，我看都差不多，最后都得用成绩说话。

N9赵校长表示，我校的办学理念举的是"寓教于乐"之旗，倡导快乐幸福教育、优美校园的品牌学校，努力办成学生满意、家长满意、社会认可的特色校。

综合数据分析显示，有2/3的校长认为还是比较关注学校发展规划的，普遍认为自身有规划学校发展的理念意识，也知道学校的发展规划都是围绕着办学理念和培养目标来设计和实施的，但是在规划学校发展目标内容上不够清晰，在办学理念上表现的也不稳定。有1/3的校长表示学校发展规划方面不够完整，在其过程只是分析调整学校近况及发现学校所面临的一些问题，缺少实施计划、步骤和保障举措等内容，对学校发展很少或没有起到引领作用。从数据分析的结果来看，校长对学校发展规划上的理解都没有大问题，但是在规划学校发展内容上的界定不够明确，校长在教育教学实践中的作为明显有差别，尤其是以办学理念和培养目标为核心，提出系统的学校发展规划时，县城、乡镇学校的校长与市区学校中的校长在规划学校发展目标方面的领导水平存在差异。

（二）构建学校文化方面

每个学校的历史背景和办学现状不同，所创造和积淀的文化也各不相同。事实上，每所学校都有其文化传承，校长通过塑造学校的优质文化形成软规范，再将这种文化的力量转化为领导力，从而影响全校师生的价值观、信念和行为，潜移默化地改变着被领导者内在的和外显的行为变化。但现实中校长在构建学校文化方面的作为并不乐观。调查发现，大部分校长尤其是乡镇学校的校长没有根据自己学校发展的历史和传统来挖掘独具特色的学校文化，大部分学校文化建设呈现出浅表化、形式化、普遍化的现象。缺乏校本文化的特色，甚至部分学校文化是"PS"和"拷贝"出来的，并不是我们所诠释的是经过历届校长传承和探究创建的，是以自身学校的传统和现实为基础的一种内在的价值和信念体现，是扎根于学校自身核心理念体系中的自我与文化的价值共识。调查发现，大部分校长在如何建构学校特色文化方面界定模糊。

表1.1.5　学校是否具有特色文化

X\Y	1有特色	2没有特色	3说不清楚	4感觉都差不多	小计
A、乡镇	45（25.57%）	28（15.91%）	12（6.82%）	91（51.70%）	176
B、县城	2（6.67%）	3（10%）	2（6.67%）	23（76.67%）	30
C、市区	50（48.54%）	19（18.45%）	6（5.83%）	28（27.18%）	103

　　调查中发现，在学校文化建设方面，有的学校文化具有鲜明的特色，有的学校文化氛围较为淡薄，有半数校长认为自己的学校文化缺少特色。部分校长在建构学校文化时着力点还是以物质为载体。如布置走廊、校歌、校训、学校庆典、文艺活动拉条幅等等，这些物质文化建设本身没错，但都是校园文化建设松散的表现，欠缺人文关怀。在访谈的12位校长中，多数校长在谈到建设学校文化方面的具体做法和想法时，几乎都说不上来。N2汪校长表示在学校文化建设上不用太费心思，大致规划布置一下就可以了，抓学习成绩才是主要的。还有一位来自乡镇中学的关校长在座谈中表示，他们学校的领导班子想的最多的就是尽量把学校规划建设的好一点，这里说的规划建设就是说要把办学条件搞的好一点，抓好教学质量。座谈中部分校长处在无意识的状态，多数校长意识里对学校文化的认知还停留在表层，经过座谈交流，校长们开始关注到了学校文化建设是推动学校发展的重要力量，也认识到了学校文化的建构不能只停留在物质文化建设上。在进校考察时，发现部分学校缺失能够渗透迁移到教师和学生理念及行为中的精神文化。部分校长忽视了这种精神文化的力量恰恰是全校师生认同的文化愿景，它将与学校的办学理念、发展目标的建构紧密联结，进而与组织成员达成学校文化价值共识，使全校师生在文化机制中促进育人的功能。

　　N10校长表示，我们校园不大，但很干净、优美，就是办学经费太紧张，干点啥都得报备，搞文化建设那得用钱，我们学校文化理念的宣传板、校训都挂在这，还有学生才艺演出台、读书转角台等，但是总感觉缺点啥，看来还是精神文化层面做的不够，通过这次培训，我感觉我们学校在文化建设上没有体现自己的教育观念和价值观念，说实在的，虽然经费有限，硬件也跟得上，但文化的理念和核心内容并没有真正落实下去，当然也就没有达到全校师生得以潜移默化熏陶的效果和境界。

N12校长说，由于我之前在这方面没有意识，对于一些观念性的文化还有理念也没思考过，所以在学校文化建设这块做的不好，看来只把学生成绩搞上去、引领好教师成长是不够的，还要进一步挖掘本校特色，凝练出自己的学校文化，这次培训回校后要重新审视自身对学校育人文化建设的引领。

在调查中还发现，有的学校因经费不足、场所不够、设施不完善等因素，校园文化建设陷入困境。如布局不合理、考虑不周全、艺术性不强等问题，起不到实质性的推动作用。跟风式的盲目照搬或复制所谓名校的"他山之石"的现象普遍存在。校长对学校文化建设的认识不够也导致学校在文化建设方面存在不鲜明的现象。通过校长座谈显示，在学校文化建设方面，确实存在过于注重校园硬件设施的建设而忽略精神文化创设的现象。

（三）领导课程教学方面

校长对课程教学的领导水平直接关系到学校的教学质量，也是校长必须履行的专业职责。这项专业职责指的就是校长对学校课程教学实施的有效领导，领导课程教学是校长重要的工作任务，也是校长的核心工作。那么，校长引领学校教师落实义务教育课程标准的同时还要在落实国家课程、地方课程和校本课程的基础上，深入课堂、建立听评课制度，开展教研活动来推动校本课程开发及与教学实践相关联的领导行为，来进一步实现深度学习视域下的教学改革。但在调查中发现，中小学校长把大部分的时间和精力都用在了行政管理上，在领导课程教学方面得分最低，校长作为上明显存在不足，尤其是在听课、评课及对教师进行指导和评价方面的作为有待加强。

表1.1.6 校长在听评课过程中对教师课堂行为能否做到有效指导

X\Y	1从未	2较少	3基本	4经常	5总是	小计
A.县城	4（14.77%）	11（35.23%）	6（18.75%）	4（13.64%）	5（17.61%）	30
B.乡镇	21（11.65%）	62（34.95%）	29（16.5%）	38（21.36%）	27（15.53%）	176
C.市区	10（10%）	58（56.67%）	17（16.67%）	10（10%）	7（6.67%）	103

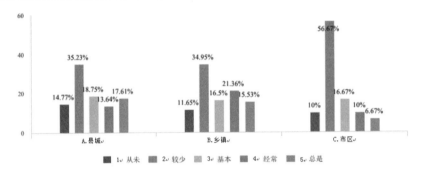

图1.1.3 校长问卷

调查显示，在"校长了解并掌握学校各个阶段的课程标准和培养目标"一题上，有255（49.6%）位教师认为经常或总是；有329（64.0%）位教师认为学校在整合三级课程的内容上明显有重复交叉的现象，主要体现在校本课程上；从校本课程的评价来看，有230（44.8%）位教师认为校本课程增加学生的学业负担；对"校长提倡校本课程的开发"一题中，有104（33.62%）位校长认为较少，有61（19.74%）位校长认为从未。

在实地访谈的12所学校中，有3所学校开发的校本课程已非常成熟；4所学校落实上表现一般，2所学校落实方面不理想；有3所学校没有校本课程。访谈中个别校长闪烁其词，明显不愿意多讲。调查还发现，小科课程难以开全开足的现象普遍存在，尤其是在乡镇学校表现的比较突出；有184（63.01%）位中学教师认为主科课程经常占用音体美等小科课程；167（75.22%）位小学教师认为不会占用小科课程，除非有大型活动、迎检情况或考试前一周才有可能占用小科课或窜课。有的学校只有一、二级课程，完全忽视了校本课程，即便是很多学校在课表上有所体现，但在具体落实中有很大缺失，存在落实不到位的现象。还发现部分学校虽然构建了完善的校本课程，但是并没有与其他课程紧密结合，或者是并没有围绕核心素养的目标理念，同样缺少校本特色。作为对国家课程、地方课程补充的校本课程在实际落实中，存在没有逻辑、没设计、没理念，应付检查等现象。基于现状分析，部分学校校本课程的开发和整合有待提高。

N6孙校长说，我们学校有定期的校本研讨和集中备课，也有教学管理制度，这不是要人性化管理嘛，老师们都很自觉，我们一直坚持教学反思、学习交流、推门听课；这些工作都有专门管教学的副校长负责，他下面还有教务主任、教研组长，得放手让下面的人来管，我负责学校的全局，没时间管那么细，课程教学是学校工作的核心，我所做的就是为保障教学活动的顺利进行，处理与之相关的事务，哪有时间听课啊。再说我们学校也算是中等规模，不像有些规模比较小的学校，一把手校长会亲自抓教学管理方面的工作。

N5中学的唐教师说，感觉我们学校的校长每天都在开会，在走廊里看见都是匆匆忙忙说是开会或接待，几乎不参加我们的教研活动，校长们很少参与学校组织的教研组及同行间开展的教学和教研活动，就是参加了，也是接待领导或是主持活动，基本上不参加讨论，更不用说抓我们的教学工作了。

N5崔校长表示，我几乎每天都有会，有事务性的、党务的、传达上级精神的、应付检查的，平均一周大概有5、6次会吧，说实话与教学相关的会议真不多，确实少有时间和精力去管教学。我也不愿意这样，没办法。

调查显示，在问"平均下来校长每周课堂教学能有多少节"和"您带班兼课吗"这两道题上，有152（49.19%）位校长表示在带班兼课，至少上一门课。但实际了解的情况是，一把校长基本上都不上课，校长在座谈中就这一问题还真有点供认不讳的意思，大多数校长还表示，就是有兼课的教学副校长大多也是兼比较轻松好上的课程，如科学、法制与道德课、阅读课等，遇到特殊情况的时候如果校长没有时间，就由同科组的老师代上。

表1.1.7　校长是否担任教学任务（兼课）

X\Y	1从未	2较少	3基本	4经常	5总是	小计
A.乡镇	26（14.77%）	62（35.23%）	33（18.75%）	24（13.64%）	31（17.61%）	176
B.县城	3（10%）	17（56.67%）	5（16.67%）	3（10%）	2（6.67%）	30
C.市区	12（11.65%）	36（34.95%）	17（16.50%）	22（21.36%）	16（15.53%）	103

　　N7程校长说，我这学期听评课确实少了，其实我是愿意听评课和参与教学教研活动的，我本身就是从教师岗位走出来的，我们对自己也有听评课次数的要求，但经常是正听着课呢，一个电话就得走出课堂，上面各项评估检查太密集，行政事务又太多，没办法，分身乏术啊。

　　基于研究目标的界定，教学领导是校长的核心工作，校长要承担学校教和学的领导职责，就必须把教学工作放在学校整体工作中的首位，然而在调查中发现，部分校长在领导课程教学方面的行为参与不多。对课程教学的领导没有反映在接触第一现场上，更多的是通过常规工作体现出来，间接地领导课程教学的现象。校长是学校老师中的老师，应在日常教育教学过程中进行规范或改善教师教学行为。但现状是校长很难对教学活动中的教师和学生做出准确的指导和评价，这一现象普遍存在。

（四）引领教师成长方面

　　教师是一个学校发展的核心力量，学校教学活动就是通过教师的工作来凸显的。调查发现，只有94（30.42%）位校长认为能拿出50%的时间用于教学领导，而大部分校长投入在教学工作的时间尚不过半，甚至有的还不到10%。大部分的时间都用于行政事务的协调管理上了，如处理校内事务、大小会议、接待领导、校外化缘等。这部分的内容在问卷题项中的得分最低，分别是"（82，26.54%）校长通过听课、评课方式来检查教学活动中的问题，进而了解教与学的情况并予以反馈建议"和"（153，49.51%）学校重视教师专业成长，创设条件为教师走出校门参加培训"。不难看出，校长在教学实践中对教师教学行为方面的引领存在问题，在帮助并促进教师专业成长方面也是任重道远。

表1.1.8　学校有没有实行类似"请进来、走出去"的培训

X\Y	1.从未	2. 较少	3.基本	4.经常	5.总是	小计
A.县城	9（5.83%）	71（47.57%）	34（22.33%）	26（17.48%）	10（6.8%）	150
B.乡镇	8（3.98%）	86（42.61%）	43（21.02%）	54（26.70%）	12（5.68%）	203
C.市区	11（6.67%）	64（40%）	16（10%）	54（33.33%）	16（10%）	161

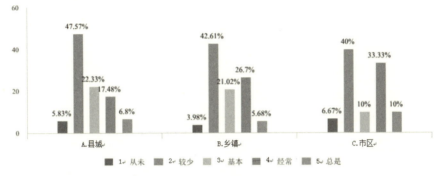

图1.1.4　教师问卷

调查发现，校长们与教学活动相遇的行为非常少，很多校长表示很少兼课和听课，虽然有的校长不兼课但会选择听课，有的因学科专业不一致，听完课没法做到专业评课，所以多数校长以巡视课堂来实现监控教学情况，以示其不可替代的角色行为；座谈中还有部分校长表示，即使不去听课也能抓好这项工作，我们可以请教研员来听评课，这样我们在掌握教师教学情况的同时也促进了教师的专业成长。

N4贾校长说，我也知道教学工作是学校的主脉，作为学校一把手，我也是把教学放在首位，我们所做的一切也是为教学服务的，我们有教学副校长、教务主任主抓课程教学、校本教研、校本培训、集体备课、定期研讨、总结交流、教学反思等教学活动，但是我确实没有时间去听课，再说了，我不提倡去听老师的课，老师放不开，影响课堂效果。

N11韩校长说，我刚到这个学校任职不到一年，要处理和衔接的事务好多，很难调动老师们的积极性，乡村学校的经费有限，一是缺钱，二是缺人，对教师培训这一块确实欠缺，我压力很大。

N8胡校长表示，让我们借助社会各种教育力量，请教研员、优秀教

师、专家进校指导，现在的专家不给钱能请来吗？我也想办法让教师尽量走出去参加各类教学培训，但是学校的师资不够，一走这课就没人上了，有的老师一人兼好几门课，（我一直带班兼课）再说资金从哪里出呀，更不用说设立奖罚举措激励教师了。

在引领教师专业成长方面，大多数一把校长都是通过主管教学的副校长、德育副校长或教导主任这一层面的管理人员在"教学常规引领、教学目标管理、学生发展引领"上发挥着教学领导力作用，进而在校长的引领下形成团队领导力。很明显，校长对教学实施的不是直接领导。在"激发教师的学习力和工作热情"上，校长存在明显差异；但是在"关注教师专业发展，组织教师外出培训学习"和"关心教师身心发展"这两道题项上，有286（55.64%）和225（43.77%）的教师选择了"经常、总是"。从教师问卷数据上看，教师对校长的评价并不高，一方面说明校长引领教师专业成长方面存在不足，另一方面说明校长教学领导力水平有待加强。

（五）学校内部管理方面

学校内部管理就是校长处理学校办学过程中的一些问题，实质就是用处理问题的思路、方法去面对学校每一天所遇到的问题，做出的正确决策，内容包括学校发展战略、学校组织制度、教师学生发展、学校课程教学及学校安全公关关系方面的管理。本研究在此仅对教学管理制度方面进行调查阐述，通过数据整理发现，在调查范围内的中小学校为了保障教学工作的顺利进行都设有相对完善的教学管理制度。各类教学制度占比均在79%以上，其中"针对课堂方面，听评课制度占比87.24%"；"针对学生方面，多元化的测评制度占比79.51%"；"针对教师方面，日常教学过程评价制度占比79.94%"。可见，在教学管理制度的设立方面，绝大多数中小学校都设立了较为完善的教学管理制度。

N7周老师说，我们可能有吧，我不是很清楚教学管理制度这块，平时都是老师互相检查备课和教案，学校在期末作为行政例行检查进行评比，这些都是日常教学要做的，还真不知道有啥是必须执行的制度。有没有教学管理制度都不影响开展这些教学工作。

N10朴校长表示，我们都有相互听评课数的具体要求，每学期还有推门听课并进行评价。我们教研组还有研讨课、写教学反思等。一开始执行几次，老师们都能在规定时间内交上，但后来发现老师们几乎全都是在网上抄来抄去的，浪费时间不说还没有实效性，导致有些制度没有实际意义。还有好多现象具体的我还有点说不太清楚了，总的来说，完成教学工作最重要，至于学校的教学管理制度大多都是靠老师们自觉，但是学校教学管理的基本制度还是要有的，再说检查还需要呢。

N12张校长就学校内部管理制度这方面表示压力有些大，她说，学校的领导班子体系不健全，分工也不明确，根本不成熟，啥事都来找我，我每天面临的都是琐事一堆，哪里还顾得上管教学。

表1.1.9　学校是否设立或完善教学管理制度

X\Y	1.从未	2.较少	3.基本	4.经常	5.总是	小计
A.县城	0（0.97%）	4（13.59%）	10（32.04%）	10（34.95%）	6（18.45%）	30
B.乡镇	1（0.57%）	23（13.07%）	43（24.43%）	76（43.18%）	33（18.75%）	176
C.市区	0（0.00%）	14（13.33%）	17（16.67%）	48（46.67%）	24（23.33%）	103

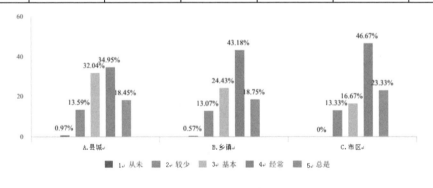

图1.1.5　校长问卷

然而在访谈中，N4和N7的两名校长都是老校长，对学校的领导班子都有明确分工，在学校内部管理上也比较民主。通过对访谈和座谈中资料的整理发现，校长们在学校内部管理方面的领导有明显差别。在教师问卷中，对于"注重团队领导"，有319（62.06%）的教师认为总是如此。对于"制定并实施民主的教学管理制度及相关规章"题项，84%的教师选择了经常、总是如此。座谈中隋校长表示，我们通过多种形式组织多样化的课外活动，我认为，学校工作第一位是教学，第二位就是完善管理制度，俗话说，没有规矩不成方圆嘛。学校的工作都是围绕"教"和"学"开展的，校长基于学校的办学理念和育人目标对学生实施管理，主要是通过组织多样化的常规性的课外活动和培养学生的行为习惯，比如通过社团活动、班队会、升国旗、节日、生活会等促进学生的德育习惯的养成。调查发现，有347位（67，51%）教师认为校长强调学生行为习惯的养成，71%的教师认为学校组织课外活动。可是在调查中我们还发现，有275位（89.32%）校长认为在学生管理工作中，安全第一，成绩第二。在"为了促进学生管理工作，建立学生评价体系"的选项中，有214（41.63%）位教师表示不认同。

调查发现，学校的教学管理制度和具体细则落实比较难，也没有具体的执行标准，有没有教学管理制度对学校日常的教学影响都不大。大部分的学校都有具体详实的学校管理制度，但是多数教学管理制度在具体的教学实践中还没有发挥其作用，仍停留在表面上，存在制度是制度、与教学实际脱节的现象，进而反映出在制度保障方面存在表面虚化的现象。

（六）外部环境调试方面

校长在这方面的领导就是协调各种关系、各种力量和各种资源，来保障学校工作的有序进行。这部分主要针对的是校长与家长及周边社会关系沟通协调上的现状调查。校长的外部沟通能力体现了校长的沟通领导力，从调查数据中发现，校长大部分都能较好调动社会资源为学校发展服务，并与社会中有力于学校发展的资源机构保持良好的关系。如学生的社会实践基地、图书馆、学校的硬件设施、与大学建立基点校、安全法治等，都是源于校外良好的沟通。

N5崔校长表示，我们学校比较重视家校合作，定期开展家长进课堂活动。我们与社会上的其他单位也会保持良好的关系，一是体现咱的能力；二是为了学校多吸收一些社会资源为学校服务嘛。看我们教学楼上那块LED大屏幕，就是校外化缘解决的。

N3陈校长说，学校发展需要社会资源，但是我们乡村学校条件有限，经济条件也不行，家长的素质观念和对教育的理解也跟不上；还有就是不太愿意把精力和时间用在拉关系上，把教学搞上去比啥都强，我们就想整点实实在在的。

座谈中的张校长表示，现在的各种群都比较多，什么事都可以在群里沟通，我们有家长委员会，他们在学校和家庭中起到沟通桥梁的作用，我们也考虑用好家长这些资源。我校经常开展线上答疑活动，很多家长和老师都在线上沟通，有问题能及时解决，效果还是不错。

表1.1.10 校长争取各种资源来支持教学活动

X\Y	1.从未	2.较少	3.基本	4.经常	5.总是	小计
A.县城	0（0.00%）	3（10%）	7（23.33%）	11（36.67%）	9（30%）	30
B.乡镇	2（1.14%）	12（6.82%）	50（28.41%）	62（35.23%）	50（28.41%）	176
C.市区	1（0.97%）	12（11.65%）	23（22.33%）	38（36.89%）	29（28.16%）	103

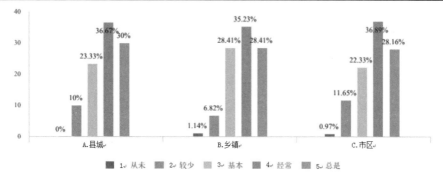

图1.1.6 校长问卷

访谈中还发现，校长和学生家长之间的直接沟通还是比较少的，一般的沟通方式都是以座谈会的形式，除非遇到重大事件，校长会与家长直接面对单独沟通。当下，网络如此发达，还是多少缩短了校长和家长之间的距离，比如说在家长会上，校长通过网络视频答疑方式与家长直接沟通对接。学校在取得家长支持这方面城乡还是有差异的，乡村学校大多是留守儿童或家庭贫困儿童，普遍存在的现象是家长有心而无力支持学校的教育教学工作。

基于《义务教育学校校长专业标准》，针对深度学习视域下校长教学改革领导力的现实境况，从价值引导、教学引领、组织建构三方面进行简要阐释。

价值引导是中小学校长准确把握教育的发展指向，有意识的运用学校的核心价值理念，规划学校发展目标，构建学校文化的能力。面对教育变革，作为学校领导者做好教育教学的价值引导。在深度学习背景下，激发有效的、自主的内动力形成全校师生的价值共识。价值引导包括规划学校发展和构建学校文化两个方面。

教学引领是校长的核心领导力。《标准》中强调校长既要领导课程教学又要引领教师成长，而学校领导五向度模型中就只强调校长要引领教师专业发展。在此基础上，教学引领包括引领课程开发及引领教师教学技能提升和教师成长方面。

组织建构是学校育人的机构，良好的机构运行需要制度保证。作为学校的管理者就要对学校的人、财、物合理而有效的分配和管理。因此，这里的组织建构包括学校内部管理和外部环境调试两个方面。

通过相关数据分析，在问卷中采用Link5点计分法计分，得到校长教学改革领导力的总分值3.74，均已超过理论平均值3，这表明校长教学改革领导力的整体水平处于中等水平。分析显示，校长教学改革领导力在各方面上的发展均不平衡。其中，价值引导方面得分最低，其次是教学引领方面，得分最高的是组织建构方面。参见图1.1.7和图1.1.8。

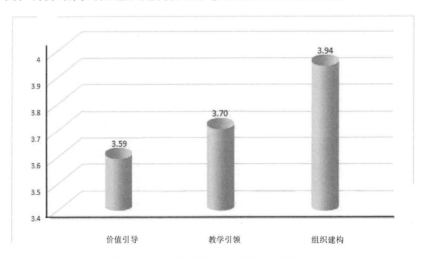

图1.1.7 校长教学改革领导水平比较

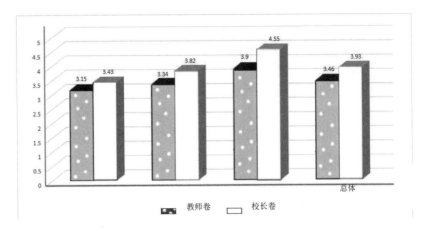

图1.1.8　教师卷与校长卷差异图

在领导力总体水平上，校长的价值引导水平和教学引领水平处于劣势，组织建构领导水平最高。市区学校校长教学改革领导力水平明显高于县城和乡镇学校的校长。校长各方面领导力发展都不均衡，要想校长教学改革领导力水平实现整体提升，势必均衡发展各方面的领导力，对得分较低的内容要给予更多的关注。在深度学习视域下，中小学校长的教学改革领导力水平呈现出不均衡的发展状态。虽然在调查中不乏看到领导力水平整体较高的校长，但他们在某一方面的领导力还不够完善，尤其是部分县城、乡镇学校的校长，教学改革领导力水平较为薄弱。总体来说，部分校长没有担当起教学领导责任的现象较为普遍。

首先，不同学历的校长教学改革领导力水平均存在明显差异。在访谈和座谈中均都呈现出本科及以上学历的校长教学改革领导力水平高于大专/高职学历的校长，也高于中专/中师学历的校长；而大专/高职和中专/中师学历的校长教学改革领导力水平没有明显差异，这说明就校长教学改革领导力水平来说，本科及以上学历的校长明显高于本科及以下学历的校长。

其次，不同地域学校的校长教学改革领导力水平存在较大差异。在价值引导、教学引领和组织建构三方面的领导水平上，学校所在区域不同，校长在各方面所表现出的领导力水平不相同，发展也不平衡。县城学校校长的各项领导力中，组织建构领导水平和教学引领水平相对较高，价值引导水平最低；乡镇学校校长的各项领导力中，组织建构领导水平较高，其次是价值引导水平，教学引领水平最低。市区中校长教学改革领导力水平明显高于县城和乡镇校长的教学改革领导力水平；县城和乡镇的校长其领导力水平没有明显差异。可见，乡镇校长教学改革领导力水平较低，应着力加强其领导力水平的提升。县城和乡镇中的校长，组织建构领导水平得分最高，其次是教学引领，价值引导水平得分较低。这一调查结论与访谈结论吻合，访谈中的校长也自认为如此。市区学校中的校长在教学引领方面得分较低，其次是价值引导，在组织建构方面得分最高。在对受访校长实际情况进行分析中发现，大多数的校长反应出在某个领导力维度上有突出表现；或是在几个领导力维度上相互组合发挥方面表现明显；有的校长也会尝试在领导学校教学改革进程中考虑在各个向度上的发挥。（参见图1.1.9）

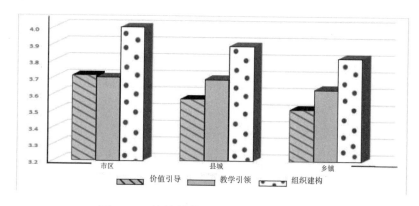

图1.1.9　校长教学改革领导水平地域差异

再次，学校所处学段不同，校长教学改革领导力水平也不同。在价值引导、教学引领、组织建构方面的领导水平上，市区中的中学校长，教学引领高于组织建构，价值引导方面得分最低。而县城、乡镇中的中学校长，组织建构高于教学引领，价值引导得分最低。市区中的小学校长，组织建构高于价值引导，教学引领得分最低；而县城、乡镇中的小学校长领导力，组织建构方面高于价值引导方面，教学引领方面得分最低。综上，中学校长在教学引领和价值引导方面得分较低，在组织建构方面得分相对高；小学校长在价值引导和教学引领方面得分相对低些，在组织建构方面上的得分相对高些。这说明需要特别关注中小学校长的价值引导和教学引领水平的进一步提升。

另外，学校层次不同，校长教学改革领导力水平也有着明显的差异。重点校的校长教学改革领导力水平明显高于普通平行校的校长教学改革领导力水平。不同规模学校的校长教学改革领导力水平也不同，在领导力总水平和三个维度水平上，规模较大学校（学生人数在≥1000人界定为大规模学校；学生人数在1000＜i＞500人以内的学校界定为中等规模；学生人数在500人≤i的界定小规模学校）的校长教学改革领导力水平高于规模小的学校校长教学改革领导力水平；中等规模的学校和大规模学校的校长教学改革领导力水平没有明显差异。

二、校长教学改革领导力存在的问题

通过调查分析，校长教学改革领导力的整体水平处于中等水平，也就是说，在目标调查基础教育校长在教学改革领导力方面还有很大的提升空间。当然，这些只是抽样调查的结果，只能代表部分校长教学改革领导力水平。以此，对问卷调查和个人访谈中出现的诸多现象进行梳理，发现校长教学改革领导力的表现在教育教学实践中存在差异，各类现象问题复杂交错，归纳发现，深度学习视域下的校长教学改革领导力现存的共性问题有：

（一）在价值引导和办学理念上

苏霍姆林斯基说："校长领导学校，首先是教育思想上的领导，其次才是行政上的领导。"他还强调"我们总是力求做到使学校全体工作人员都来实现教育思想，使全体人员都全神贯注这些思想。"①也就是说，学校的核心价值是校长在学校办学思想的基础上凝练和优化出来的。那么，我们把学校看作是一个有组织的共同体，有共同愿景、文化理念和对共识价值的追求。校长有明确的价值理念和引导意识，带领全校师生在形成价值共识和学校合力的基础上促进学校发展愿景。以此，我们可以理解为，校

①苏霍姆林斯基选集（第四卷）［M］．北京．教育科学出版社，2001：608，58．

长的这种领导能力水平就是衡量一所学校校长的办学水平，其水平决定着办学品质和学校的发展方向。然而分析发现，部分中小学校长存在价值引导不明和办学理念缺失等问题。

1. 价值引导不够明确

按照行为是受认知（思想）观念支配的观点，学校的全部活动都涉及价值观的问题。北师大石中英教授认为，真正的教育家都具有价值领导力，教育家型校长与普通校长的区别就在于前者具有较高的价值领导力水平，而后者不具备这种水平甚至存在价值领导力意识缺失。①根据《义务教育学校校长专业标准》要求校长要"明确学校办学地位"，"注重学校特色发展"，"注重学校发展的战略规划"。规划应凝聚师生智慧，建立学校发展共同目标，形成学校发展合力，即学校发展规划需要学校共同体成员的参与，确立"人人都是规划主体"的观念，人人参与规划的制定与实施。②这里主要强调的是校长带领或组织教师、学生等一起参与并制定学校的发展规划及形成价值共识的引领过程，并且定期评估适当调整学校规划，使之明确学校发展的具体目标及价值共识。调查中发现，有过半数以上的校长认为还是比较重视学校发展规划的，但校长普遍认为主动规划的意识并不强；部分校长表示，对于学校制定发展规划的主体主要还是校内领导班子或者外请专家，在其过程中确实较少有教师、学生、家长等参与其中，明显过于重视和依赖校领导班子成员在其发挥的作用，是标准的"自上而下"的方式。在其过程中只是分析了一下学校的近况及学校目前面临的某些问题；部分校长也表示，学校发展规划方面不够完善，存在办学思路不清、目标定位不准等问题。没有或较少思考过实施计划、步骤和保障举措等内容，对学校发展较少或没有起到引领作用。鉴于校长整天过多忙于行政事务的管理及其他因素，没有将思想的引导形成价值认同和行动引导，难以形成"学校内在的发展动力"，进而影响内驱力的实施有效性。

---

① 石中英. 谈谈校长的价值领导力［J］. 中小学管理，2007（7）.
② 陈建华. 中小学发展规划［M］. 北京：北京大学出版社，2013：20—22.

综上，如果说学校间的差异是校长价值引导上的差异，这就表明，中小学校长在提升价值引导方面有很大的进步空间。以此，深度学习视域下的中小学校长，在教学改革中的价值引导不明问题应值得关注。

2. 办学理念缺失

"校长的办学理念是学校经营的核心和灵魂，它贯穿于学校的全部经营活动之中，指导着学校发展方向，影响着学校全体成员的精神状态。"①特别是深度学习视域下的教学改革，提炼和优化办学理念对引领学校有效发展至关重要。我们都知道，一所学校的校训是对学校先进的办学理念和办学特色的提炼和总结，是对学校和全体师生具有规范和导向作用的行动口号，它体现的是一个学校的办学目标、文化底蕴以及学校全体师生共同追求的核心价值观。调查分析表明，少数中小学校长存在办学理念缺失，个别学校甚至没有办学理念，还有少数学校有办学理念但照抄照搬其它学校的现象严重，甚至有的校长不知道也说不清什么是办学理念、什么是办学特色，还有的校长认为都差不多。许多学校的办学理念有太多的雷同问题，如最能体现办学特色的校训，在字数和内容上几乎一样，雷同情况严重。许多学校校训写得很好，但当问到其内涵时，部分教师和学生对其解读的千差万别，明显对其没有准确的认知。在调查中还发现，少数校长习惯抓"形象工程"，在办学中缺失对办学理念的深化建构，在办学理念上普遍表现为过于关注物质文化建设而忽略学校精神文化建设。在座谈中，少数校长表示，有体现本校的特点和校训、校歌、校徽等办学理念的标志，并且通过庆典等活动来激发学校全体师生的价值共识，但形式的内容远远多于具体的内涵。

研究中还发现，少数学校的核心领导自身就存在的价值理念不够明确，办学目标不清晰，要办成什么样的学校、培养什么样的人、怎么培养人方面含糊其辞，人云亦云。对学校规划发展不明确、学校文化也不鲜明，留于表面；办学理念存在价值引领和实际作为不符问题，说一套做一套，难以形成全校师生的行为自觉，存在价值虚伪的问题。然而，目前学

---

①王铁军. 校长领导力修炼［M］. 上海：华东师范大学出版社，2010：31.

校的办学理念呈现多元化现象，看似各个学校呈现百花齐放的局面，越来越向素质教育特别是以发展核心素养为目标的深度学习理念靠近，实则存在盲目跟风、目标不稳定的现象。校长们在贯彻落实发展目标与学校核心理念中，存在实际做法与所宣传的内容不符、实然和应然相违背的问题。

一所学校要在激烈的社会竞争中立于不败之地，除了靠有效的教学领导外，还要靠学校精神所凝成的强大的集体合力，奋发向上的群体意识和学校成员的主观能动性，而不是生搬硬套一些品牌学校优质校的理念和经验，缺少校本化。可见，什么观念成为主导比什么人成为领导更重要，因为观念是行为、生活和制度的最终支配者。[1]在办学中更是如此。

以此，少数校长还没有依据自己学校的办学实际将教育教学思想和育人文化达成共识、作为核心价值融入到学校的办学理念中，进而形成学校自己的办学特色。可见，在深度学习视域下的教学改革，校长办学理念的缺失和价值引导不明问题值得深思改进。

（二）在专业水平和课程引领上

学校是落实课程教学改革的主阵地，校长是一所学校的灵魂，是学校教学改革的关键助推器。杨明全教授说："凡是课程变革与课程开发的地方、不论是国家、地方、学校还是课堂层面，都需要课程领导力的存在。"[2]那么，校长作为课程教学领导者的角色也相继突显出来，进而在深度学习视域下下的教学改革中，对校长的课程教学领导能力也提出了新的要求。《标准》在"领导课程教学"中明确指出校长要"了解课程编制、课程开发与实施、课程评价的相关知识、教材及国内外课程教学改革的经验"。校长不仅要履行新课程教学理念，参与课程改革的全过程，做好课程改革的评估，而且还要从专业的视角对教师的教学进行指导、评价和修正，促进教师不断进行课堂教学改革，进而促进教师专业成长，以保证校长在课程教学引领中的主导地位，而不是简单地对课程教学管理的现实表

---

①赵汀阳. 坏世界研究——作为第一哲学的政治哲学［M］. 北京：中国人民大学出版社，2009：39.

②杨明全. 革新的课程实践者——教师参与课程变革研究［M］. 上海：上海科技教育出版社，2003：134.

现。从调查分析看，校长在课程教学引领方面的作为得分较低，校长在课程教学方面的领导水平参差不齐，虽然也有校长在教育教学实践中课程教学领导水平比较高，但是大多数校长存在教育教学观念陈旧、知识匮乏和领导能力缺乏等问题应引起重视。

1. 专业素养不够高

中小学校长的整体素质和教学领导力虽有全面的提高，但校长的教学专业素养整体表现不高，校长个体素养发展和领导能力不均衡，特别是在实施新一轮课程改革并落实深度学习的今天，打破传统教育教学领导观念，提升校长教学专业素养水平尤为重要。

研究表明，少数地区的某些校长教学专业素养不高，教育教学观念陈旧，知识技能相对匮乏。校长的言谈举止中无不透漏着自身的文化底蕴、专业素养和影响力，校长要想实现可持续性成长，需要提升自身的专业素养才能身先垂范，做好师生的行动表率。校长要实现对课程教学的引领，必须具备专业知识、专业技能和专业精神。不能说都成为行家里手，但也要有较高的专业素养。校长教学引领能力的形成与发挥离不开专业知识的支持，这就需要校长在其专业化发展的道路上要不断学习，接触教育前沿知识，通过教育教学的理论知识来引领日趋复杂的学校管理和教学工作，以专业知识成就专业能力，以专业发展树立专业权威，以专业引领增强专业自信。校长的专业化不仅关系到校长自身专业素养的提高，同时也关系到学校教学改革的发展方向。

调查结果分析显示，少数校长的初始学历和自身素质并不高，其知识结构也不成体系，知识与新要求衔接不上，所具备的专业素养自然也就不高，更谈不上过硬的专业知识、先进的教育教学理念和娴熟的教学技能。这些都使校长无法站在专业的至高点上去引领课程教学，促进教师的专业成长以及引领教师走上变革之路。还有少数校长教学改革的主观意识不强，表面上是接受，实则因自身素养不高对深度学习下的教学改革理解不到位，对新课程改革理念认识也不透彻等等，这些问题都将制约校长教学专业素养水平及教学引领能力的提高。

访谈中12位校长几乎步调一致的表示，一线校长没有什么时间坐下来好好地学习读书、充电，每天都是处理学校繁杂的日常和迎检，有的连课堂教学都放弃了；特别是在对待新课程改革观念认识上，方向不够明确，主动改革意识不强；新观念和旧知识存在冲突；旧的教学观念和新的理念又对接不上；感到心有余力不足。

座谈中的黄校长表示，感觉知识不够用啊，自从走上学校领导岗位，多年教学的功力基本费了，哪有时间学习和上课呀。说实话，我们只要把学生的分数咬住，业绩和考核指标就上去了。

随着对深度学习视域下教学改革的不断推进，中小学校长的职业角色和专业职责也相继随之变化。研究发现，少数中小学校长和教师观念传统固化，习惯把校长视为行政官员，将教学领导界定为一般的行政领导，对校长的专业定位还停留在管理层面，认为学校领导人员只要懂得管理，把学校内外的行政事务处理好，能够保障正常的教育教学工作就可以了。这种强大的惯性和顽固的承袭使深度学习视域下校长教学改革领导力的认知与界定存在偏颇。还有少数校长和教师认为校长教学改革领导力就是校长对课程和教学的引领，认为这种领导力更接近或倾向"专业"；也觉得校长应该具有这种"专业"；但现实中的校长一心在管理行政事务和爬格子间游走，真正拥有这样"专业"的校长少之又少；很多教师和校长自身对校长可能具备或提供这样的"专业"，表示怀疑。

2. 课程引领能力欠缺

在2001年到2003年期间，教育部颁布了一系列有关基础教育新课程的相关政策和文件，构建了新课程改革的总体框架。新课程体现了素质教育的理念，注重"三位一体"，强调知识与技能、过程与方法、情感态度与价值观，其根本目的在于改变教育教学观念，突出以学生为本，改革的重点就是突出学生在教学活动中的主体地位，倡导建构的学习观，强调学生主动参与、探究发现、合作交流的学习方式，改变课程实施过程中被动学习、机械训练的观念。学校课程无疑就是实施素质教育，新课程作为突破口在其推进过程中，关键在于学校是否真正实施，现实存在不少问题，如：少数中小学校长观念滞后，对课程改革重视不够；还有的学校存在举大旗缺实干，形式主义至上；乡村中小学校因当地经济落后办学经费不足，有心无力；学校间合作交流的也少、资源不能共享等。但最为关键的是校长不到位的问题：对课程改革的观念转变慢、转变难，认识浅、理解偏；少数校长在其过程中或多或少出现过因理想和现实之间的差距而产生的心理冲突；少数校长在实际中难以区别"课程领导"和"课程管理"；还有少数校长自身修养跟不上，缺乏必备的专业知识或先进的教育教学理论等，课程引领能力现实表现不足。

研究又发现，多数校长对学校课程、课程校本化、国家课程、地方课程及校本课程之间的层次结构不够清晰，尤其是在第八次课改后，对课程认识存在问题。例如：如何处理校本课程与学生个体的关系？校长如何引领学校创建自己的课程体系？今天的课程怎么深入？校长如何引领课程教学等等。校长们对上述问题难以厘清，诠释的与课程本身的定义偏差甚远。可见，学校领导观念滞后，对课程改革的重视程度不够。

除了认识不够之外，由于受制于体制、文化的局限，少数校长在引领课程过程中，既无经验可循也无能力基础，这样势必导致课程资源整合与开发的乏力、泛化及过激化的问题；课程管理与目标不相匹配，执行课程计划的严肃性也不够；评价教师专业发展与课程改革的理念相悖，课程评价方法简单化。[1]2001年颁布的《基础教育课程改革刚要（试行）》指出："为了保障和促进课程适应地区、学校和学生的需要，试行国家、地方和学校三级管理。""学校在执行国家课程和地方课程的同时，应视当地社会、经济发展的具体情况，结合本校传统与优势、学生的兴趣和需要、开发或者选用适当的校本课程。"不难看出，课程改革将课程管理权力下移到校，给予学校更大的课程自主权，课程标准全国统一的设定下，校长对课程的引领多数都在"校本课程"的发挥上，虽发挥的空间有限，但如何构建自己学校的独具特色的课程无不考验着校长在课程领导上的能力。分析显示，少数学校在这方面做的还是比较好的，多数学校就显得无能为力了。少数校长还是按部就班的开足国家课程、地方课程，有的完全忽视了三级课程；对于校本课程的认识简单不到位，即便是很多学校在课表上有

---

①王越明. 有效教学始于校长课程领导的提升［J］. 中国教育学刊，2010（3）.

所体现，但在具体落实中还存在有很大缺失，这一问题普遍存在。如在乡村学校，由于师资和构建本校课程的能力所限，有些学校直接把旧教材换成新的（认为校本教材就是课程），有的在网上抄抄拼拼变成校本课程等等，应付上级教育行政部门的检查，少数中学还存在小科课程开不足、开不全的现象，问题尤为突出，多数小学在这方面做得就比较好，因没有升学的压力。有的学校虽然构建了完善的校本课程，但是仍然没有打破学科之间的壁垒，也没有与其他课程紧密结合，或者是没有围绕核心素养的目标理念，同样缺少校本特色。作为对国家课程、地方课程补充的校本课程在实际落实中整合三级课程内容上有重复交叉的问题。

教学改革的深入，有赖于校长对课程教学观整体的诠释和把控，立足课程标准的学科素养，倡导什么样的学习方式及教什么，并结合学校自身资源、环境、设施、学情等，进一步生成更具有校本化、特色化、个性化的学校课程。实则不然，作为培育学生的课程就真的不知该何去何从了。有什么样的课程就会培养出什么样的学生，多元化课程发展的今天，不是让学生适应课程，而是要让课程适应学生。课程改革带来诸多问题的同时，也带来了创新作为的可能。校长能否通过对学校课程的引领达到在学校的培养目标、教育理念、学校氛围、学校的特色优势等方面的体现，成为培养学生形成核心素养的突破口。实然是对校长课程引领能力的挑战。在深度学习下的教学改革，校长如何引领学校课程实现"学有所教"的教育本质。

综上，在国家课程体制下，少数校长因发挥空间有限，表现出无力引领课程教学，无力突破一般的行政管理职能。在深度学习下的教学改革，这些都将是无法回避的现实存在，同时也是影响校长教学改革领导力提升的现实困境。

（三）在职责定位和责任担当上

校长的领导工作包括教学领导和行政领导两个方面。学校的核心工作是教学，教学领导必定是学校领导工作的核心。调查中发现，校长的领导更倾向于"管理"职能的发挥，这是我国校长教学改革领导力的主要现实。多数中小学校长主观上还是善于、乐于、忙于行政工作的领导，因为业绩容易显见，而教学领导短期内看不到成效；还有少数校长将大量精力和时间投在学校的行政领导工作上，无暇顾及教学领导工作；也有少数校长教学、行政两手抓，但是感觉有心无力、分身乏术，到最后还是教学领导让位于行政领导。基于现存问题，少数校长之所以很少或尚未承担起教学引领的责任，主要是对校长专业职责定位的认知上存在偏差。

1. 职责定位不清

在深度学习视域下，学校教学改革的推进趋使新的专业内容进入校长职业范畴中，校长的专业职责也更为详尽多元。为促进中小学校长的专业发展，建设高素质校长队伍，教育部在《义务教育学校校长专业标准》中明确提出了校长作为学校教育领导者专业角色的"规划学校发展、营造育人文化、领导课程教学、引领教师成长、优化内部管理、调适外部环境"六项专业职责。其中在"引领教学、促进教师专业发展"的职责中，明确指出校长要秉承先进的教育理论和教学管理理念，在教育教学实践中将理论和实践相结合，担负起教学引领这一职责。

调查中发现，少数校长对《标准》中的基本理念和校长专业职责理解的还不是很全面，甚至有的根本就不熟悉。针对调查目标，在六大职责中得分最低的就是在课堂教学引领方面。大多数校长是从优秀教师提拔到领导岗位上来的，学科专业知识都比较扎实，但是当上校长之后，忙于行政事务的处理，少有行为发生在课堂教学上。我们在调查中就发现了校长直接参与教学活动的行为非常少，参与听课、评课及兼课的行为更是有限。我们都知道在教育教学实践中，听课、评课、巡课都是教学管理的直接手段，校长通过听课、评课、巡课、兼课等方式就是为了全面了解和掌握课堂教学情况，进而引领教师教学行为；然而现实是大多数校长因为这样那样的原因不能走入课堂，大多数校长是以巡课的方式来实现教学领导的，少数校长作为教学引领者的角色还没有从专业的视角把握课堂教学的方向，在"教"与"学"、"师"与"生"有效互动、共同成长的过程中给予适当的修正与指导，更不能对提高课堂教学和管理的有效性及保证素质教育的有效实施性进行有效领导。校长明显没有承担起教学引领的责任，其原因就是对职责定位不清。褚宏启教授认为，校长做的最正确的事就是走进课堂。校长进入课堂后，其教育者、领导者的角色才能很好地结合起来，其教学领导力的形象才能真实地呈现出来。[①]以此，一位称职的校长，势必要回归课堂，参与课程教学改革的全过程，以保证教学领导中的主导地位，引领并促进教师不断进行课堂教学改革。只有这样，我们才能认可校长发挥的是领导力，否则就单单是权利而已了。

N6孙校长受访时说："我就是一线教师出身，我当然知道教学的重要，我也不是不抓教学领导，确实行政事务压身，没有足够的时间和精力投入其中，我们学校有专门抓教学的副校长，他手下还有教导主任、学科组长，教学由她们管理就可以，一校之长的我，有太多行政工作等我去处理比如资金啊、协调关系啥的，把握学校发展的大方向。"

调查中少数校长认为，有主管教学的副校长和教导主任专门负责学校的教学工作，将教学领导权力下移，谁出问题谁负责，这样作为一把校长就不需要承担教学领导的责任，还可以抽身出来干些别的。可见，孙校长是这一类校长的代表，很明显认识到校长在教学领导工作上的重要性，但是没意识到校长是学校教学领导的第一责任人，是必须要承担起引领学校教学工作的重任。学校一把手领导教学发展和副校长、教导主任等人抓教学，话语的效果、校长身份的分量及教学领导的作用是不一样的。座谈中，孙校长把学校教学工作交给主管副校长或教导主任等，实际上就是为自己推脱教学领导责任找的理由。可见，孙校长对校长的专业角色定位不清，对校长教学引领这一职能认识存在偏差，忽视课堂教学在学校教学改革发展中的重要性。

N3陈校长说，我是教语文的，听听语文课还行，数学真的是不够专业，不便评课呀，到时候都尴尬。

在对访谈资料和相关文献整理中发现，有少数校长在指导教学实践活动时，存在对自己相同学科背景的教学引领有效，对于其他学科的引领上明显能力不足，甚至缺乏有效的领导，少数校长对教学引领还是不够

---

①褚宏启．刘景．校长教学领导力的提升——从"大校长"该不该进"小课堂"谈开去［J］．中小学管理，2010（3）．

重视，在教学实践中存在能力不足和责任担当不够的问题。学校的领导者是办学的担当者，也是课堂教学的领跑者，因为校长的首要职责就是对"教"和"学"的引领，在教育教学实践中，大多数校长并没有经常性的深入课堂听课、评课的现象普遍存在，多数校长在课堂教学引领上流于形式；虽然有少数校长深入课堂听课了，但是也无法给出合理而有效的指导。

调查发现，校长很少深入课堂，参与教学实践，所以很难掌握教师成长的第一手材料，也很难能帮助或指导教师解决教学中的实际问题。作为校长，未必都是教学的行家里手，也不一定是教育科研的专家，但教师专业发展需要校长的参与和领跑以及在政策上给予适当的倾斜与支持，这些都将直接影响教师的专业成长。现状反映的是多数中小学校长对教学的引领几乎都是间接性的，必然导致在优化师资、挖掘激活教师内驱力等方面存在责任担当不够的问题。

在校本培训方面，多数中小学校长知道校本培训"晒网的多，打鱼的少"这种现象一直存在，但无心也无力将其改变，存在学习资源浪费和态度问题，长期下去必会对学习风气造成不利影响。如何让校本培训真实发生，是学校领导者及相关的教育管理部门需要认真思考的问题。

N9赵校长表示，我在我们校也算是老人了，我做了15年的校长，行政事务太多，基本不上课，主要是协调校内外的一些事宜、参加各种会议、做报告等。学校教学方面的事都交给主管副校长和教导主任他们，这届领导班子成员相对年轻，有活力，放手让他们干，迟早都要培养他们，提前历练，有个过渡，挺好的。

座谈中发现N位"老校长"，就是我们常说的"老手校长"，在各个方面的表现比较成熟老道，其中以N9赵校长为代表的这类校长，以为了培养新生代领导班子为由，不知不觉地把教学领导的职责移交了，推卸本应该承担的责任，对"专业职责"认知不明、职责定位偏差、责任担当不够的问题表现得尤为突出。行政事务繁忙和就要退休都不意味着校长可以不管教学了，培养和历练新人与承担教学领导职责是两码事，再说这并不冲突。既是教学改革，校长就意味着要主动走出"舒适地带"，迎接变革。

作为学校教学领导工作的担当者、教学事务的决策者，本应在教学一线上以身作则、有始有终才是，但像这些所谓的老校长，从心里就抵触教学改革，还是习惯于停留在"舒适地带"，归其根本还是没有意识到教学引领的重要性，对校长教学领导专业职责认知不清，忽视在教学改革领导中的主体地位，明显的责任担当不够。目前这些现象都是中小学校长教学改革领导力的一大现存问题。

2. 责任担当不够

在问卷和访谈中还发现，有少数校长存在能认识到教学引领的重要性，但困惑的是不知在实践中如何协调教学与行政之间的领导工作；还有的是有意识无能力把握教学方向。在座谈中讨论最多的就是哪些方面干扰教学领导的实施，校长们反馈最多的就是"心有余力不足、行政事务太繁琐、精力和时间有限、上级行政机构部门的检查频繁任务重接待多等"。

N1关校长表示，我正在课堂中听课呢，手机响了，我就得出去处理事务。

N6孙校长说，我坚持代了一段时间的课，由于总和行政上的事冲突总调课，所以上课时间没法保证，大多数的课都由同科组老师代上，就更不用说参加一线的教学教研活动了。我每天工作至少在10小时以上，我也知道教学领导方面做得不够，在进行教学领导时总是被行政事务打乱，进行教研活动也是因为有重量级的专家或教育局的领导要来，我们需要陪同，否则基本上无暇参加，说实话就教学领导方面的工作就是走走过场的听课、简单的课外巡查就是了。

N12张校长表示，我也想"教学行政两头抓"，但是教学领导工作不是一时半会儿能看见效果的。

校长们应当明确一件事情，行政事务繁忙并不意味着校长可以不管教学，虽有主管教学的副校长或教导主任，但这些都是他们应该承担的最基本的教学工作，是不能作为一把校长不承担教学引领责任的托词的。所有校长都应当是教育教学领导工作方向的引领者、执行者，更是教学相关重大事务的最终决策者。中小学校长若能意识到教学领导的重要性与必要性，便不会轻易舍弃校长教学领导的责任及在教学领导工作中的主导地位。就因如此，校长还是缺乏兼顾教学领导工作和行政事务领导工作的协调方法。在教育教学实践中，往往舍弃在短期内不出成效的教学领导工作，而选择先行处理更能出彩、出业绩的行政领导工作。这样的问题在中小学校斯通见惯。校长在教学标准、管理、资源整合等方面的引领也存在能力不足等问题。

综上所述，深度学习视域下的教学改革，少数校长还没有摆正在教学领导这一职责上的定位，无力突破一般的行政管理职能，少数校长表现出要么义愤填膺地自残式反思，要么表现出"无目标、无愿景、无意识"状态，归其根本还是观念态度、责任担当不够的问题。学校的教学领导工作与行政领导工作本应是相互交融，但种种现象表明在教育教学实践中，校长缺乏兼顾教学与行政领导工作之间良好的协调方法。那么，校长如何厘清、平衡教学与行政之间的角色和工作，将成为校长更好推动学校教学改革的支持力量。

（四）在理论学习和实践变革上

随着教育教学改革的不断深入和学校内涵发展的不断变化，我国中小学校长越来越关注自身理论修养的提升及创新能力的形成。校长作为学校教学改革的领跑者和助推器，能否将改革在学校组织进行实施，主要在于校长对理论的理解和认同。调查显示，大多数校长还是能够承担起在深度学习视域下的教学改革的重任，但在教学变革过程中存在理论修养不深、实践变革不透的问题。针对这一现存问题，主要是"学习意识不强，实践能力不足"。

1. 学习意识薄弱

调查发现，少数校长学习意识薄弱或没有学习意识。有的校长有一定的理论基础，但与实践结合较差，指导性不强，很难跟上教学变革的节奏。一些校长不仅理论素养不高，思想观念陈旧，管理过于僵化，自身不但没有进步，还会直接影响到教师们的继续学习与成长，而教学变革需要的是教师的终身学习。作为学校教学改革的领跑人，在学习型社会中，校长更是应该紧跟时代变革的步伐，学习前沿的新理论、新理念、新举措。

调查中，多数校长继续学习的意识不强，校长们说的最多的就是"行政事务繁忙，没有时间学习"；还有少数"老校长"，以快要退休、培养新人为由，不再主动参与各项学习活动，自然在支持"教师走出去，专家请进来"培训学习的情况也不会好到哪儿去；还有少数校长以学校师资和经费紧张为由，硬是让一些一线教师错失了许多教学进修学习的机会，进而导致学校整体的教学教研不深不强。基于这两年在国、省培校长研修项目中担任班主任工作期间，发现少数校长需要"哄""引导"或"侧击"等方式，劝其亲自来参加培训学习，有的校长即使亲自来参加培训了也是心不在焉，以各种理由请假开溜，事务电话不断，搞得好像学校没他就要黄了似的……这些都是与终身学习理念背道而驰，直接指向"少数中小学校长的学习意识薄弱"。

孔夫子的"吾十有五而志于学"，就曾给我们留下了"韦编三绝"读书要勤奋的故事。荀子在谈劝学中的第一句话就是"学不可以已"。作为校长就更应该坚持读书学习。校长不仅要掌握教育学和心理学的知识，还要掌握哲学知识和管理学及领导学知识，这样就可以依据教育规律、人的身心发展特点来办教育；可以用哲学知识解决世界观和方法论的问题，对教育教学实践活动给予指导；校长还可以用先进的教育理念通过领导艺术和方法对教育实践中的管理工作实现制度化、规范化、科学化及人文化。当然，校长除了要具备这些专业理论知识，还要在道德修养、慎独自省、以身作则等诸多因素方面形成合力进而提升领导力。基于此，校长们的学习意识薄弱必然会导致自身修为不够、理论修养不深厚等问题。长此以往，便会导致校长的固步自封，纵然学校的管理制度再完善、自身领导意识再强，都无法解决教育教学实践中的具体问题及改变领导力现状的问题。学习意识薄弱、理论修养不深也是导致校长在教学变革实践中引领能力不足的一大成因。

2. 实践变革能力不足

校长在教育变革中还是很努力推进教育教学改革的，但是真正发生变化的却很少。

对于深度学习理论的把握，校长本可以通过培训、阅读、交流等学习方式获得，还可以通过指导、示范、鼓励等方式来引领或帮助教师对理论理解并将其运用在教学实践中。但在两次座谈和个人访谈中发现，中小学校长在推进教学改革的过程中，认为教学很难在短期内出成效因而产生对教学引领不够重视；有的校长本身就抵触教学变革，自己不能深入到教学变革中，还可能影响或制约教师不能全身心投入到教学变革的浪潮中，同时对学校整体的教学教研的氛围也产生了不良的影响；校长在变革推进中存在急功近利的问题，大有"走过场""形式大于内容"之势。我们在前文提到过，少数校长在实践教学活动中对和自己相同专业背景的学科能够进行有效的教学引领，而对其他学科就会缺乏正确而有效的引领，从中不难看出，校长在课堂教学活动中存在实践能力不足问题。虽然不同学科之间，知识体系存在差异，但是学科教学的价值是共同的，都是"育人"。这就需要校长引领各学科的共同发展。而目前的问题是校长存在对教学本质的把握及学科共通价值不明问题，还没有平衡好学校内所有学科的教学引领工作，这些都是导致实践变革不透的原因。

多数校长还是没有把理论运用到学校教学改革实践中。如在访谈中，少数校长不知道什么是"深度学习"；有的校长知道一点但理解不深；还有的通过培训学习知道"深度学习"，但在教育教学实践当中不知道怎么运用，更不知道怎么引领教师进行深度学习……校长所面临最大的问题就是怎么将抽象的理论和学校实际建立对接，有的对接了但是对接的又不紧密，很难做到"知行合一"，即实践变革不透。从根本上说，就是还没有认识到深度学习的理论价值，还不能将理论和实践进行相互转化。座谈中：

张校长表示，知道深度学习的理论，但是不知道在教育教学实践中怎么应用，如何对接。

周校长表示，知道，但是我自己没有这个能力指导教师进行深度学习。

贾校长说，知道"深度学习"理论在教学中的作用，但运用的很生硬，也开展了比如"项目式学习""STEM教学"，只是模仿，我们感觉没啥效果。

隋校长表示，不知道，不会是又要变革吧，教学改革是好事，我们不改也不行，但总感觉还没等学有三分像又要变了样。面对现实中鲜活的孩子们，变革中的深度学习还真是要深思啊。

基于在"深度学习"教学改进中出现的一些问题，一是校长已习惯已有的教育教学方式和教学行为，对深度学习带给教学的改变可以说是对传统教学的挑战，表现出抵触畏惧的情绪，使深度学习的理念很难被真正接受和落实；二是少数中小学校长对"深度学习"教学变革的推进中存在困惑，对深度学习能走多远、发展到什么程度感到茫然。[①]在全国深化教学改革的趋势下，为落实基础教育课程改革的目标和任务，促进深度学习，中小学校长不但要树立深度学习的发展方向，还要坚持终身学习、学会学习的意识及变革中的行动改进，继而提升校长的教学改革领导能力，拥抱变革中的教育，值得深思。

三、校长教学改革领导力的影响因素

学校是一个相对开放的教育系统，校长处于这个组织系统中，一方面通过对各个因素的领导促进学校教育教学改革的发展，另一方面校长教学改革领导力又受制于学校内部和外部诸多因素的影响。结合上述内容，对深度学习视域下校长教学改革领导力的影响因素进行如下探讨：

（一）个人差异

校长教学改革领导力实现的重要影响因素是校长的自身的综合能力。校长教学改革领导力存在的问题必然要从校长自身找起，在成为校长之前，每位校长的成长经历、教育背景等都不尽相同，千差万别。研究显示，我国中小学校长的学历水平存在差异，制约自身教学专业水平的发展。校长自身的能力素质导致教学领导水平存在不均衡的状态，制约校长教学改革领导力整体水平的提升。那么，校长内在的自身因素就是影响校

---

①刘月霞，郭华主编.深度学习：走向核心素养［M］.北京：教育科学出版社，2019：141—143.

长教学改革领导力的主要因素。

调查显示，校长的整体学历水平虽在达标的范围内，但是乡村中小学校长的初始学历起点还是比较低，大多数校长都是后经成人继续教育获得本科学历的；其中不乏少数校长初始学历虽然不高但在后期自身不断增强学习意识，不断拓展自己的视野和学习能力，自我跟进的比较好，提升了自己的领导能力，并反映在教育教学改革的实践中。但是大多数校长的学历水平并不高，这一点在访谈和座谈时再次得以显现。虽然学历不能完全等同于能力以及个体发挥出来的领导力，但是二者有着密切的关联，一个毫无知识储备的人，自身的发展和能力的培养就无从谈起。知识掌握是发展能力的基础，能力发展是掌握知识的重要条件，二者之间是辩证的相互转化的关系。就是说，校长的价值观、知识结构、文化观念等后天因素在一定程度上也反映出校长自身的专业素养水平、综合能力和思想品德的高低。研究显示，学历不同的校长在教学领导能力上存在明显差别，尤其是在价值领导力、教学领导力及结构领导力这三个维度上，学历较低的校长在教学改革领导能力上明显低于学历较高的校长。

调查与研究结果基本一致，学历不同的校长其领导能力水平也不同，尤其是在价值领导力、教学领导力、组织领导力三个维度上显示出显著差异：本科及本科以上学历的校长教学领导力水平显著高于大专/高职学历的校长，大专及以上学历的校长教学领导力水平显著高于中专/中师学历的校长；高师、中专和中师学历的校长教学领导力水平没有显著差异。这说明，我国义务教育学历在本科或以上学历的校长，教学领导力水平明显高于本科以下学历的校长教学领导力水平。基于此，学历较高的校长在这三个维度上的领导力都高于学历较低校长。如少数校长在学校价值引领方面没有足够的重视，导致学校办学理念欠缺，在一定程度上停留在"虚化"层面，在师生价值共识的营造和引领方面明显不足；还有校长因自身因素对学科共同价值不明、在课堂教学的指导上表现不到位或无效引领等。由此可见，校长自身价值取向是价值领导有效实施的关键因素。

在研究中还发现，校长生涯成熟期的校长，对教育的理解更加透彻，对学校整体规划有着更加系统的思考，也会投入更多的时间和精力放在教学领导上，这样他的教学领导行为在引领教师成长上就越频繁，这个时期的校长更容易向骨干校长、专家型校长转变。然而，处在校长生涯初期的新手校长就会把较多的精力和时间放在学校常规事务性工作的处理上，无暇顾及教学领导工作，为了保障学校有序正常运转，校长的领导目标多是放在学校行政领导和学生的学习成绩上。可见，管理成熟度不同的校长，教学领导力也表现不同。

基于上述分析，在深度学习视域下的教学改革中校长自身的教育背景、学历水平及管理成熟度等再次成为解读校长教学改革领导能力的核心因素。

（二）培训模式

中小学校长培训是以中小学校长作为培训对象的一种培训活动，是由有关部门提供有目的、有计划的学习，是现代中小学校长终身教育、继续教育体系的一个重要部分，旨在改进学校管理者、领导者的知识与技能，改变工作方式和态度，有效开发中小学校长这类人力资源。[1]从全面启动中小学校长培训以来，我国制定了一系列的规章制度来指导和保障培训活动进行。1989年，国家教委颁发《关于加强全国中小学校长培训工作意见》，从培训工作的基本要求、培训方式和内容、培训工作的主要措施三方面，对加强和改进中小学校长培训工作提出了意见。2007年3月，教育部公布《全国教育系统干部培训"十一五"规划》，明确提出干部培训取得的成效将作为干部任（聘）用的重要依据之一。2017年颁发的《中小学领导人员管理暂行办法》，指出要针对开展任职资格培训、提高培训、高级研修。[2]校长培训是提升校长教学领导力最直接的方式，随着培训的思路设计和实施策略的不断优化，目前局部地区的培训还存在一些现象和问题。1990年以来我国中小学校长培训课程不断完善，对于教育改革起到了

---

① 张国骥，赖阳春. 中小学校长管理制度研究［M］. 长沙. 湖南师范大学出版社，2010：146.

② 赵红娟. 中小学校长领导力研究——以河南省内乡县为例［D］桂林. 广西师范大学，2018.

不可替代的促进作用，但同时也存在实效性不足等突出问题，[①]亟待改进。

培训实效性就是使参培的中小学校长在培训过程中学到知识和技能或培训后内在的和外显的行为上的改变和结果。在座谈中，校长们表达了对目前培训的看法，认为传统的以专题讲授为主的培训形式不新颖，虽然也有考察、研讨模块，但都流于形式，没有针对性，纯粹理论的讲授和办学实践结合得不紧密。理论知识水平是有所提高，但是不能用所学的理论知识解决学校实际中的问题，对自己实际指导不大，实效性也不强。从调查的情况来看，校长的学习能力和培训实效性有待提升。

来自某镇初级中学的刘校长说道："讲授本无对错，问题是专题讲授的内容学科化，一些专家力求把教材讲透彻，对概念分条缕析，讲的入情入景，我却听得昏昏欲睡。这种以教材为中心和以预设为主线的讲授，对校长的需求缺乏考虑，缺乏对话的生成，这样的讲授法蒙上了一层'只管自我豪情讲，哪管别人难受听'的阴影。"[②]

来自某乡村中心小学的杨校长表示，学校工作千头万绪都快累死了，哪里有时间参加培训，没办法上面指派必须去，培训不就是认识点人儿，学点新鲜词儿，顺便溜达放松一下。相当一部分校长表示赞同，不难看出，部分校长把培训当成任务来完成，有的在培训过程中出现如上课睡觉、下课自拍、中途请假等现象，都折射出参培校长缺乏自主参与意识、学习意识及自我教育能力不足。

能造成中小学校长培训实效性不足的原因是多方面的，从校长自身来讲，需要前沿的教育教学管理方面的理论提升，但是他们更需要通过培训来提升自己解决教育教学实践中问题的能力。从培训内容来看，有些培训不是针对问题来进行，培训内容没有体现针对性和差异性，过于主张理论的学习，忽视能力的培养，忽略参培者所在学校的层次，使参培者学到的抽象的教育理论知识和实际搭建不起来，就是在现实中找不到依托。同时对高大上的学校又难以借鉴，所以一些校长不愿意参培或委派其他老师代

①褚宏启. 中小学校长培训课程的改革路径［J］. 教师教育研究，2009（6）.

②赵红娟. 中小学校长领导力研究——以河南省内乡县为例［D］. 桂林：广西师范大学，2018.

培的现象经常出现。参培流于形式，这也是很多参培校长的一个呼声。这些都是导致校长教学改革领导力改进方面低效的主要原因。

校长培训的目标是解决校长专业化发展中存在的问题，进而提升校长教学改革领导的有效行为能力。基于此，聚焦校长培训"实效性"这一问题，培训模式除了要有制度保障，还要清楚目标定位。基于此，以怎样的视角进行探索或变革才是思考的重点。

（三）管理体制

在"体制"中，校长受到各种制度的规约，一方面是考核评价，另一方面是事权、财权的限制。基础教育领域的校长负责制，将校长置身于学校安全和教学"第一负责人"的位置，但是由于外围工作繁多，要接受各种考核，校长在各种"条和框"的体制中感到无能为力。校长的人事权、财务权都受到教育行政部门的限制，校长在管理体制中感受到控制和压力。[1]也就是说教育行政部门的所有工作都需要校长亲自参与其中并得到相对重视，学校除了接受各种督导、检查等同时还要校长接受各种考核。各种的"条和框"限制了校长的权利，让校长无法将精力投入到教学领导上。这些体制的束缚也会直接通过校长影响到教师，教育的管理体制也试图加强对教学过程的控制，使教师在课程教学过程中越来越丧失自主性。[2]

到目前为止，我国已实施了八次课程改革，教育领域如何在改革深水区实现突破，校长起到重要的作用。然而现实是校长并不是改革的倡导者，他们往往不愿意改革，校长们深知置身于体制内，在试图改变目前状态的时候，总是能够感到处处碰壁，他们发现努力并无任何作用，改革难以实行，导致改革动机水平下降。在调查中发现，并不是所有的校长都愿意主动改革，更多的校长在上任之前就已经体会到了"体制"的强大作用，他们更不愿意逾矩。在集权的压力下，大多数校长不再甄别自己行为的对错、后果和意义，循规蹈矩进而形成集体无意识，在管理体制的约束

---

①［美］托马斯J萨乔万尼著，张虹译，冯大鸣校.校长学：一种反思性的实践观［M］.上海：上海教育出版社，2004：205.

②赵茜.校长教学领导力研究［M］.北京，北京师范大学出版社，2017：121.

下，校长的意志也随着制度摇摆或消磨。①

座谈中的于校长表示，要说民主测评就是让老师给校长打分，校长也是看分数来衡量在教师们心中的分量和威信，也有些人会借此机会泄愤，这种方式主观性太强了，不科学。

座谈中的张校长表示，就民主测评这块，现在老师给校长打分，看都不看就划好了，太假了。

座谈中的高校长表示，评价反馈回来就是个分数，哪里好哪里需要改进也不说明，我也不清楚这分数指的是啥，去年的评价到现在还没有结果呢。

随机访谈中，蔡老师表示，学校的校长都是上级行政部门直接任命的，只要不犯较大的错误都不会罢免，我们就是有意见，提了也改变不了啥，领导要是知道了日子还不好过，都是做戏给上面看，何必认真。

对校长的考核评价主要是教育行政部门推行的，要求教职工全员参与的过程，有的把学生的成绩作为评价校长的重要指标，其结果是对学校评价还是对校长进行评价自己也是模糊不清，评价结果就是数字排序或不了了之。认为通过评价反馈就能促进和激励校长的发展，其实不然。受制于体制之下，评价方法过于单一，不够多元，考评体系的不完善，校长工作的权责几乎都是执行政策与指令，多是向行政管理倾斜，现实中找不到考评发挥的作用和具体操作的方法，教育管理体制制约校长教学改革领导力的提升，这也是我国校长教学改革领导力的现实困境。

（四）经费支持

当前中国学校教育的变革，处于独特的历史文化之中，经费问题、体制问题、过多地干预和牵扯着校长的工作，并对学校内部改革形成至关重要的制约。也正是处于这一状态下，校长能否处理好与教育行政部门及相关机构、创设良好的外部环境，就构成校长非常重要的工作内容。

学校的教育经费主要是来自于当地政府。也就是说，学校的经费状况往往取决于当地的经济条件水平。经济条件越好办学经费越充裕，校长就

①赵茜. 校长教学领导力研究［M］. 北京，北京师范大学出版社，2017：122—123.

越愿意进行教学领导，就越愿意把精力实施在研究教学上，就越容易请到校外的教研员、高校专家等对教学进行更加专业的指导，校长就可以将更多的精力投入到学校的宏观管理层面。这就说明经费状况（经济因素）是校长教学改革领导力的重要影响因素。

访谈N11韩校长表示，我们是乡村学校，教育经费主要来源于当地政府，学校中有些教育设施是村里投资的，但很多方面需要校长去沟通协调，校长有时候还要为师资培训、待遇工资等筹措经费来保障正常办学。

座谈中的孙校长表示，我们办学的条件还不错，但是为了改善我们校的办学条件，我也要到处化缘筹措经费啊。

不难看出，不同经济条件下的学校，校长筹措经费的用途也不同，经济条件不好的学校，校长筹措经费多用于学校的基础性和保障性方面，而经济条件好的学校，筹措经费多用于改善性方面。综上，保障教学，获得经费支持是校长教学改革领导的重要行为。

经费投入不均衡导致城乡校长教学改革领导力的差异。学校经费在城乡之间发挥的作用存在很大不同。城市中校长领导行为受到学校经费状况的影响，而乡村校长的领导行为并未受到明显影响，他们并未因为学校经费条件的改善而改变领导行为，这与校长的经费支出观念有关。对于教育行政部门而言，加大教育投入是教育发展的重要手段，但是如果使教育经费产生更加良好的正向作用，需要改变经费的支出结构，尤其是校长的经费支出观念。对于学校而言，教学指导与管理更应该依靠专业外部力量，城市校长显然对这一点的认识更加深刻，乡村校长的观念仍需转变。[①]

（五）行政干预

校长置身于行政体制当中，必然受到体制带来的影响，办学自主权对校长教学改革领导行为有着明显的影响。校长在教育教学实践行为当中"教学指导与管理""招聘教师权""任命学校管理者"等受到教育行政部门的限制和影响。研究显示，在领导行为上，校长教学改革领导力越倾向或靠近教学方面，其受到外部环境的影响就越小，那么受到政策因素的

---

①赵茜. 校长教学领导力研究［M］. 北京师范大学出版社，2018：108.

影响和干预就越大；在人事任命权方面，有229（74.11%）的校长表示无权招聘教师；221（71.52%）的校长表示在任命学校管理者方面的权利受到限制。教育行政部门对于学校管理的干预达到了相当细致和深入的程度，干扰了校长的自主办学。①

N5崔校长表示，我们校级的领导是受区管的，然后是区里的组织部；主任是归当地教育局管的，我这一把手，还是要受到上面限制的，虽然是校长负责制但绝对不是什么都说了算的。

N10朴校长反映，上级教育行政部门干预的太多了，各种检查与活动密度太大。就说评"文明城市""未成年思想道德建设先进城市"和"全国卫生城市"，还有……，我们校从上到下所有人员全部投入到各种评比活动中，为了迎接检查，我们准备了两周。

座谈中的杨校长表示，也不知道教育局咋这么多会议，关联的不关联的都要求一把手列席参加，还有社区及相关部门有会也得去，我的时间都去哪了呀？学校事务还等着我呢，还有教学。

教育行政部门通过各种政策手段限制校长的办学自主权，校长不仅在任职年限上受到限制，在招聘教师方面和任命学校副校长等管理层人员上，甚至在工作内容上也会受到干预和限制。在中国，多数地方的校长仍然是"官员"，他们拥有与公务员一致的行政级别。副校长也与校长级别挂钩，所以学校副校长往往是教育行政机构"安置"的职位，不乏能力与职务不匹配的现象。这也就意味着，校长的管理团队会与自己的办学理念不一致，其精力会耗费在协调内部团队上，而不是进行教学改革领导上。加之任职年限的规定，一位校长在一所学校任职可能仅仅是一批学生从一年级开学到毕业的时间，有的地区甚至更短。②"带着枷锁的舞者"是众多校长在工作中不便言表的内心感受。

受制于体制，就得遵照上级教育行政部门的意见行事，这样必然导致对上级主管行政机构心存所谓的"敬畏之心"。因此，程序化的日常工作

---

①褚宏启. 教育行政专业化与教育行政职能转变［J］. 人民教育，2005（21）.
②赵茜. 校长教学领导力研究［M］. 北京师范大学出版社，2008：169.

干扰着整个教育教学。倡导校长改革，给校长的权限却很小，校长在实际中无法创新、展开拳脚开展工作，就是受制于各种权力的限制。如多数校长在对待教师考评、教师激励等方面的问题上就心有余力不足。这些都将直接影响领导力的发挥，也影响着校长的决策力和执行力。教育行政部门不断伸向学校的手将直接影响校长教学改革领导力的发展，进而影响教学改革。

研究表明，这些政策性的因素都体现了教育行政部门对学校管理干预的情况。教育行政部门如何依法行政，又如何处理好政校之间的关系，如何思考怎样更好地在深度学习视域下提升校长教学改革领导力，才应该是其关注的重点。

（六）现有条件

在诸多影响校长教学改革领导力的因素中，现有条件是相对固定的环境因素，不易在短期内发生变化。如地域位置、经济条件、学校经费、师资队伍及学生的家庭背景等因素带来的差异，必然导致校长在教育观念、能力水平上的差异。下面就从学校位置、学校规模及教师活力三个方面的因素探讨对校长教学改革领导力的影响。

1. 学校位置

学校所在的地域不同，校长教学改革领导力的水平也不同，其教学改革领导力必受到影响。学校特征也是主要的影响因素，学校位置越偏、学校层次越低，受制于管理的层级就越多，校长在人、财、物等方面的自主权受到的干预相对就越多；在教学领导上产生的"权力截留"的可能性就越大。

2. 学校规模

根据相关文献及调查显示，学校规模对校长教学改革领导行为的影响并不显著。也就是说，学校无论规模大小，校长对教学系统中对各个维度的领导都不可或缺。调查中发现，在规模小的学校，校长投入在教学改革领导上的行为就越多，教师间相对熟悉且不易产生矛盾与冲突，在人际关系调整上也就更能容易解决实际工作中的问题，人性化管理表现的就比较明显。相反，规模大的学校，校长在教学领导上发生的行为就相对少，不太容易关注教学，而在学校的组织结构和制度建设方面投入的精力和时间就越多，教师们的关系就相对复杂些，这就需要制度约束来平衡人际关系，制度管理的特点就相对突出。

3. 教师活力

座谈中，校长提到较多的就是教师职业倦怠问题，表现在工作中没有积极性，教师队伍老龄化、缺少活力及职称评定意见大等。校长面对这些问题常常疲于应付。校长缺乏奖励教师高效能绩效的权威，就成了限制领导行为的情境因素，而教师对校长给予的激励缺乏兴趣，则会使这种激励毫无意义。[①]教师活力属于情境因素，情境因素是影响校长教学改革领导行为的基本因素，以何种对策应对教师的职业倦怠及激发其活力值得我们深入思考。

---

① ［美］韦恩·K，霍伊，塞西尔·G. 米斯克尔. 范国睿主译. 教育管理学：理论·研究·实践［M］. 北京：教育科学出版社，2007：379.

第二章　深度学习视域下学校教学改革愿景模型构建

深度学习作为一种新的教育理念首先在国外兴起，如今已经在我国教育领域掀起了广泛的研究和实践热潮，并成为深化基础教育教学改革的重要推动力之一。教学改革是依据教学的基本原理来对社会历史实践要求的主动回应，是教学实践不断前进的必由之路，教学实践的发展和进步要由教学改革来实现，所以从某种意义上讲，教学改革是永恒发展、持续不断的实践过程。教学改革有三种类型，一种是由教育行政部门发起的自上而下的改革；第二种是由现实的教学实践中存在问题引发的改革；第三种是新的教育理论对传统教育理论的批判引导的改革。[①]一直以来，我国学校教学普遍存在的问题是缺乏深度，"形式化""浅表化"现象严重。学生在课堂教学过程中往往处于被动灌输的状态，造成学生对知识只是浅层理解、机械记忆、简单运用，浮于表面。重知识传授、忽视学生能力培养的倾向仍然存在，学生作为学习者的主体地位没有得到真正意义上的尊重。深度学习作为提升课堂教学质量的一种教学方式，是当前课堂教学改革向纵深推进的实质和方向。深度学习承载着变革课堂教学形式、提升学生素养的重要使命，是学校教育变革的推动力之一，因此学校实行基于深度学习的教学改革具有重要意义。

深度学习为我们提供了全新审视学校教学的视角，重新认识教学改革目标，科学认知教与学的关系，明确教学过程的核心要素和关键环节，并以此为基础重新理解教学过程，建构学校教学改革愿景模型。

---

① 郭华. 教学社会性之研究［M］. 北京：教育科学出版社. 2002：276—283.

一、基于深度学习的学校教学改革目标

（一）符合创新型人才培养的目标

创新是一个民族进步的灵魂，是一个国家繁荣富强的不竭动力。党的十八大作出了实施创新驱动发展战略的重大部署，十八届五中全会又提出了"五大发展理念"，其中创新居于首位，创新是引领发展的第一动力。创新归根到底是人才创新，人才是支撑创新发展的第一资源。创新型人才的培养已经成为当今社会各个领域重点关注的问题。

1. 新时代对人才质量提出更高要求

当今世界，全球化趋势深入发展，第四次工业革命如火如荼，科技的飞速发展正在重塑人类社会。创新已经成为经济向新的生产力水平发展的关键推动力。信息技术和创新的进步引领人类社会进入一个前所未有的变革时代，教育也随之发生变化，进入教育4.0时代。教育4.0是在新的经济环境中，通过建立新的教育制度、模式和系统，使学习者掌握生活技能和创新创造技能，通过人和技术相结合实现新的可能，以更好地适应未来的工作，满足生产力发展的需求的教育新模式。[①]

长期以来，我国由于对基础知识和基本技能的过分关注和重视，使我们忽略了对学生整体素质的培养，进而导致我国中小学生在综合素质上存在较严重的缺陷，尤其是在创新精神和实践能力方面存在明显的不足。这也是我国教育目前面临的主要问题。这直接影响学生的可持续发展和国家创新能力、综合实力的提高。

我国目前有将近14亿人口，劳动力总量居世界首位，但创新人才和高技能人才缺乏。根据 2016 年全球创新指数数据，我国每百万人员中研发人员数量在 128 个国家中排名第 46，处于中等偏上水平，在扩大高技能人力资源规模方面，仍有很大的发展空间。人才竞争力不强的问题仍然存在，创新人才培养成效不明显。与主要发达国家相比，具有国际影响力的重大

---

①王永固，许家奇，丁继红. 教育4.0全球框架：未来学校教育与模式转变——世界经济论坛《未来学校：为第四次工业革命定义新的教育模式》之报告解读［J］. 远程教育杂志，2020（3）.

原创成果少，引领科技潮流的大师级人物少，基础研究促进经济社会发展的作用少，教育在创新人才培养方面发挥的主导作用急待加强。[①]

2. 培养创新型人才已经成为基础教育的一个重要目标

基础教育是整个人才培养的基石，在培养学生创新能力、综合实践能力方面发挥着不可替代的重要作用，所以我们要继续深化教育改革，推进素质教育，创新教育方法，提高人才培养质量，努力形成有利于创新人才成长的育人环境。

解决当前我国基础教育阶段学生的创新能力相对不足问题，需要从教育评价导向、课程教学改革、教师素质提升、社会文化引领等方面综合入手。其中深化课堂教学改革是关键。要倡导以探究学习、讨论式教学为导向的课程组织方式和跨学科学习方式，将数学、科学、信息技术等学科有机地融合，拓展学生多角度思考问题和解决问题的能力等。通过深化教育教学改革，提升学生创新与综合实践能力。[②]

培养学生的创新精神、创造能力是提高人才素养的核心内容，而创新精神、创造能力的培养则需从培养学生的深度学习及问题解决能力开始。[③]深度学习的主旨在于促进学生问题解决能力和批判性思维能力的提升。

（二）促进学生核心素养的内化与生成

1. 核心素养的概念与内涵

进入21世纪以来，以经济发展为中心，致力于公民素养的提升，培养学生21世纪核心素养成为世界各国所面临的共同主题。国际经济合作与发展组织（OECD）、联合国教科文组织（UNESCO）、欧盟（EU）等国际组织先后开展关于核心素养的研究。受其影响，美国、英国、法国、德国、芬兰、日本、新加坡、中国台湾地区等也积极开发核心素养框架。

2014年，我国教育部在《关于全面深化课程改革落实立德树人根本任务的意见》（教基二[2014]4号）提出了"教育部将组织研究提出各学段学

---

① 中国教育科学研究院. 中国STEM教育白皮书［R］. 2017（6）：6
② 教育部基础教育质量监测中心. 中国义务教育质量监测报告［R］. 2018（7）：23.
③ 张立国，谢佳睿，王国华. 基于问题解决的深度学习模型［J］. 中国远程教育. 2017（8）.

生发展核心素养体系，明确学生应具备的适应终身发展和社会发展需要的必备品格和关键能力"的工作要求。教育部委托北京师范大学，联合国内多所高校近百名专家成立课题组，历时三年攻关，于2016年9月正式研究提出了中国学生发展核心素养框架。中国学生发展核心素养以科学性、时代性和民族性为基本原则，以培养"全面发展的人"为核心，分为文化基础、自主发展、社会参与三个方面，综合表现为人文底蕴、科学精神、学会学习、健康生活、责任担当、实践创新六大素养，涵盖了人文积淀、人文情怀、审美情趣、理性思维、批判质疑、勇于探究、乐学善学、勤于反思、信息意识、珍爱生命、健全人格、自我管理、社会责任、国家认同、国际理解、劳动意识、问题解决、技术应用共18个基本要点。

教育部核心素养研究课题组在充分的理论研究基础上，进一步明确了核心素养的概念："学生发展核心素养是学生在接受相应学段的教育过程中，逐步形成的适应个人终身发展和社会发展需要的必备品格和关键能力"。①核心素养概念的内涵包括以下四方面：

（1）核心素养是一个多维度的概念，它指向学生的能力和品格，内涵上涵盖了知识、能力、情感态度和价值观等层面；

（2）核心素养是学生发展中最关键、最必要的素养，也是每一名学生获得成功生活、适应个人终身发展和社会发展都需要的、不可或缺的共同素养；

（3）核心素养的发展是一个持续终身的过程，可以在学习和日常生活中得到培养和发展；

（4）核心素养具有多种功能，既可以帮助学生适应未来社会，促进其终身学习和成功生活，也有助于推动社会的健康发展。

2. 深度学习是发展学生核心素养的重要途径

深度学习是一种以促进学生批判性思维和创新精神为目的的学习，它强调学生对知识的应用和问题的解决。这与"中国学生发展核心素养"的基本内涵与要求是一致的。深度学习理念也正是以核心素养培育为出发点

---

① 教育部核心素养研究课题组. 中国学生发展核心素养［R］. 2016（9）：17.

和落脚点的，发展学生核心素养是深度学习的内在追求，而深度学习是发展学生核心素养的重要途径。

深度学习让教育与学习的意义在课堂上得以彰显，让知识的习得与核心素养的养成在课堂教学中得以融合。深度学习不是学习的全部，并不等同于夯实双基、拓展知识，而是走进学生情感、思维深处与核心素养，深度学习是指向学生核心素养的学习，它不只是知识内容的概念，还是学习目标、学习方式、学习评价等维度上的概念。①

2014年9月，教育部基础教育课程教材发展中心组织专家团队，着手研究开发"深度学习"教学改进项目，旨在通过改进教育教学，指导学生进行深度学习。经过4年的研究与实验，项目取得系列阶段性研究成果。"随着相关实践项目的开展与推进，深度学习在学生素养培育与发展中发挥着重要作用。"②通过对深度学习的研究和实践，可以帮助我们思考并理解什么样的学习内容更有价值——"让学生学什么"；什么样的学习目标更有意义——"学生应当学会什么"；什么样的学习方式更有利于学习目标的实现——"怎么学"；什么样的方式能更好地检验学习效果——"怎么评"。深度学习是当前我国深化基础教育课程改革和落实学生核心素养的重要路径。③

（三）助推学生学习能力的提升与发展

1. 学生学习能力的提高需要教师的有效引导

教学改革的目标应是支持学生的学习和发展。学生学习能力的提高需要教师在教学活动中进行有效的引导，要求学生能够主动探索，在发现并解决问题的过程中形成自身的逻辑思维与知识技能。教师应作为协助者在教学活动中对学生进行方向引导和学习帮助，教师要在对学生进行充分理解的基础上创设情境，并进行有效的师生合作与互动，促进学生独立自主地完成学习任务。

教师对学生学习活动的引导和干预需要建立在对学生的了解、对教育

---

①韩建芳等. 深度学习：走向素养深处的教学变革［J］. 教育视界，2017（4）.

②中国教育报刊社人民教育编辑部. 2019中国基础教育年度报告［J］. 人民教育，2020（2）.

③刘月霞，郭华. 深度学习：走向核心素养［M］. 北京：教育科学出版社，2018：3.

教学理论的深化体认基础上。这就在客观上表明，学生学习能力的发展提升需要教师对学习活动有着深入的理解。教师的深度学习、特别是教师对教学活动的深度理解和体悟反思是学生在教学活动中学习能力提升的重要保障。教师学习的方式和学习理念会直接影响到学生的学习，停留在表层学习的教师不能引导学生走向深度学习。

教师在教学中要真正落实学生在教学中的主体地位，实现经验与知识的相互转化，帮助学生通过深度加工把握知识的本质，在教学活动中模拟社会实践，引导学生对知识及知识的发现、发展过程进行价值评价，提高学生学习能力。

2. 学生学习能力的提高是深度学习的必然结果

在深度学习中，学习者通过一系列组织策略对知识进行理解，将新的知识同化或者顺应到学习者既有的知识结构之中，这是一种知识的迁移和建构过程。在此基础上，进一步将学习所获得的新知识跟以往学习或者生活经验之间建立联结，从而摆脱零散、浅显、分散的学习，逐步形成个人知识网络，以便在解决实际问题时能够迅速提取所需的知识。通过知识学习的迁移，学生不仅达到了对所需知识的深度理解，而且增强了运用知识迁移解决实际问题的能力，这反过来又提高了学生深度学习知识的兴趣，提升了其深度学习的能力。通过深度学习过程，学生的主动性得以持续关注和激发，学会利用高水平的认知方式去学习，学习过程中才会真正提高学习行为、情感和认知水平，即整体学习能力的提升。

（四）符合学科教学与信息技术深度融合的新要求

1. 信息技术正深度影响教育生态的转变

从20世纪90年代末互联网诞生至今，20多年来，人类从IT（信息）时代进入了DT（数据）时代，又从DT时代进入了AI（人工智能）时代。信息技术的更新换代推动了教育技术应用的不断深入，特别是以人工智能为代表的新一代信息技术的发展，对教育教学已经产生革命性的影响，正引发组织、空间、教育者、学习内容、学习方式、教育目标和评价体系等整个教育生态的变革。未来教育的形态将会是：个性化定制学习成为常态；学生学习场所不再固定；教师的教学计划整合学生的社会、情感和物理需求；课堂上开展的是差异化教学；学校和社会提供虚拟、不受限制的、多样化的学习资源；课程系统体现了生活的路径；在线学习平台支持线上线下混合学习等。这种影响主要是对教育带来的人才培养质量方面的冲击，对创新能力培养提出了挑战，同时也对教学带来了挑战，促使学科教学与信息技术需要实现深度融合与创新。

21世纪以来，我国政府始终不遗余力地推进教育的信息化，并强调以教育信息化带动教育现代化，实现了"校校通""班班通""人人通"三步跨越，基础设施建设走在了发展中国家的前列。截止到2020年5月，我国中小学互联网接入率达97.6%，学校多媒体教室普及率达93.4%，教学点数字教育资源全覆盖项目惠及边远贫困地区400多万名孩子，国家数字教育资源公共服务体系基本建立，超过60%的教师和近50%的学生开通网络学习空间，将逐步实现"校校用平台、班班用资源、人人用空间"。[①]从上可以看出，我国已形成了信息技术有力支撑教育教学的良好格局。

2. 信息技术与学科教学融合的时代要求

技术飞速发展，"面向未来"的教育必须回应挑战。教育信息化关键在"融合"、重点在"应用"。近年来，国家出台的系列文件都一再强调实现信息技术与学科教学融合的必要性和紧迫性。2018年，教育部《教育信息化2.0行动计划》提出：到2022年基本实现"三全两高一大"的发展目标。其中，"三全"指教学应用覆盖全体教师、学习应用覆盖全体适龄学生、数字校园建设覆盖全体学校；"两高"指信息化应用水平和师生信息素养普遍提高；"一大"指建成"互联网+教育"大平台。《教育信息化2.0行动计划》进一步提出"持续推动信息技术与教育深度融合，促进两个方面水平提高。促进教育信息化从融合应用向创新发展的高阶演进，信息技术和智能技术深度融入教育全过程，推动改进教学、优化管理、提升绩效。全面提升师生信息素养，推动从技术应用向能力素质拓展"。2019年国家出台了两个指导基础教育未来发展的重要文件，其中《关于深化教育

---

①陈宝生. 中国的人工智能教育——在国际人工智能与教育大会上的主旨报告［EB/OL］.（2020-5-16），[http://www.makeryun.com.cn/maker_new/201905/00001620.html].

教学改革全面提高义务教育质量的意见》提出要推进"教育+互联网"发展，促进信息技术与教育教学"融合应用"。《关于新时代推进普通高中育人方式改革的指导意见》也再次强调，要推进信息技术与教育教学"深度融合"。2019年4月，教育部印发《关于实施全国中小学教师信息技术应用能力提升工程2.0的意见》，突出强调提升广大教师的信息化应用能力，提出到2022年要实现"三提升一全面"的发展目标：即校长信息化领导力、教师信息化教学能力、培训团队信息化指导能力要显著提升，信息技术与教育教学融合创新发展要全面促进。

3. 深度学习离不开信息技术的支持

美国《新媒体联盟地平线报告：2014年基础教育版》认为，深度学习是驱动学校应用教育技术的关键趋势之一。在深度学习的过程中，信息技术可以起到三大方面的作用：一是作为媒介，用多样的模式来展现任务和概念，促进知识的迁移过程。二是作为辅助环境与工具，打破时间与空间的限制，为问题化学习、协作学习等多种促进深度学习的教学模式提供支持。三是辅助形成性评价，通过大量的数据来描述学生学习过程，以便教师进行教学决策。[①]

学校要注重信息技术与教育教学的深度融合，用科技赋能教育，利用新技术重构教育流程，促进教、学、考、评、管以及家校合作的各个环节更加方便、快捷、高效，为每个学生学习需求提供精准供给，整体提升学校教育教学质量和育人水平。

二、基于深度学习的学校教学改革本质

（一）重新思考学生学习的本质与目的

1. 关于"学习"的词源学考察

在中文中，"学习"两个字是分开来用的。许慎《说文解字）中称

---

①孙妍妍，祝智庭. 以深度学习培养21世纪技能——美国《为了生活和工作的学习：在21世纪发展可迁移的知识与技能》的启示［J］. 现代远程教育研究. 2018（3）.

"学"字原本写作"斅"，篆文中省去了"攴"，意思是"觉悟"，清代段玉裁对该字作注："学然后知不足，知不足然后能自反也，按知不足所谓觉悟也。""教人谓之学者，学所以自觉，下之效也，教人所以觉人，上之施也，故古统谓之学也。"由此可以看出，"学"是一个由不知到知的过程，是一个自觉的过程，同时也是一个与教者的"觉人"互动的过程，"学"与"教"是相互联系的。在《说文解字》中，"习"的解释是"数飞也"，意思就是小鸟反复试飞。清代段玉裁对该字作注："引伸之意为习熟"，即通过练习实践变得熟练。[①]

通过对"学习"一词的词源分析，我们可以看出，"学习"在本原上特别强调人的能动性与实践性。"学习"蕴含着知识运用、践行与实践的过程，它不仅要求平日里对知识多加省思，而且强调能够面向社会生活，躬行实践。学校教育兴起后，学习出现了一些背离本原的现象，甚至变成了一种被动灌输行为。

2. 当代学习理论的演变

学习理论是西方心理学各流派研究的焦点，并形成相互对立的三大主流传统：[②]第一种传统是认知主义心理学的观点，它把学习描述为一种简单、机械的记录，知识的获取通过一个随时待命的、"空白的"、始终专注的大脑来进行，学习被看作知识传递的直接结果。在教学中，这种传统表现为一整套相关信息的常规介绍。第二种传统是行为主义心理学的观点，它认为学习是建立在训练的基础上，而这种理念最后成了一种原则。在这一传统下，学习者所要做的实际上就是形成条件反射。学习同时还受到"奖励"（正强化）的促进或"惩罚"的修正。第三种传统是人本主义心理学的观点，它从个体自发的需求和"天然"的兴趣出发，提倡思想的自由表达、应变、自主发现和探索。在这种传统中，重要的是个体要观察、要比较、要推理、要创造、要记录。其中第三种传统关于学习的理论影响巨大，推动了20世纪初以来世界范围内的多次教育变革。

---

① 中国科学研究院未来学校实验室. 中国未来学校2. 0：概念框架［R］. 2018：10—11.
② ［法］安德烈·焦尔当著，杭零译. 学习的本质. 上海：华东师范大学出版社. 2015：21—22.

世界各国许多教育家和心理学家受人本主义心理学学习理论影响，并使这一学习理念得到不断的丰富和完善。日本教育家佐滕学认为：[①]学习是相遇与对话，是与客观世界对话（文化性实践）、与他人对话（社会性实践）、与自我对话（反思性实践）的三位一体的活动。也即"学习"是建构客观世界意义的认知性、文化性实践，建构人际关系的社会性、政治性实践，实现自我修养的伦理性、存在性实践。真正的学习是一种对话与修炼的过程。业已懂得、理解的东西即便滚瓜烂熟，也不能称为"学习"。学习是从已知世界出发，探索未知世界之旅；是超越既有的经验与能力，形成新的经验与能力的一种挑战。

联合国教科文组织（UNESCO）2015年出版的《反思教育：向"全球共同利益"的理念转变？》一书，对于知识和学习进行了重新定义："可以将知识广泛地理解为通过学习获得的信息、认识、技能、价值观和态度。知识本身与创造及复制知识的文化、社会、环境和体制背景密不可分。……学习可以理解为获得这种知识的过程。学习既是过程，也是这个过程的结果；既是手段，也是目的；既是个人行为，也是集体努力。学习是由环境决定的多方面的现实存在。"

3. 深度学习的本质和特征

（1）深度学习的本质

深度学习以建构主义、分布式认知理论、元认知理论、情境认知理论等认知理论为基础。它鼓励学生积极地探索、反思和创造。深度学习是指在理解学习的基础上，学习者能够批判地学习新的思想和事实，并将它们融入原有的认知结构中，能够在众多思想间进行联系，并能够将已有的知识迁移到新的情境中，作出决策和解决问题的学习。[②]深度学习不仅强调原有知识与新知识之间的联系，而且强调学生在知识和技能的探索中，对知识进行深度加工，产生高层次的思维。深度学习是一种主动的、批判性的学习方式，也是实现有意义学习的有效方式。

---

①黄洪霖. 佐藤学的合作学习理论及其镜鉴［J］. 福建基础教育研究. 2017（5）.
②何玲，黎加厚. 促进学生深度学习［J］. 现代教学，2005（5）.

深度学习的理论不是某一流派的理论演绎，而是历史上优秀教育理论成果及优秀教学实践经验的汇聚与提炼，是对学生学习与发展的一般道路的现实探讨。[①]深度学习不是一个全新的革命性的概念。深度学习所关心和强调的东西很多都已经在现有的理论框架以各种形式被研究和实践着，并可以用现有理论和研究体系来进行解释。深度学习不是现在突然冒出来的一个名词，它是针对浅层学习提出来的。浅层学习就是学习比较低端的知识、记忆性的知识和简单的理解。深度学习则是指培养高端的能力包括高级思维能力、创造能力和分析问题解决问题的能力。深度学习的表现形式千变万化，但都具备如下几个核心要点：[②]深度学习是教学中的学生学习而不是一般的学习者的自学，必须有教师的引导和帮助；深度学习的内容是有挑战性的人类已有认识成果；深度学习是学生感知觉、思维、情感、意志、价值观全面参与、全身心投入的活动；深度学习的目的指向具体的、社会的人的全面发展，是形成学生核心素养的基本途径。

（2）深度学习的特征

深度学习是一种以促进学生批判性思维和创新精神发展为目的的学习，它不仅强调学习者积极主动的学习状态、知识整合和意义联接的学习内容、举一反三的学习方法，还强调学生高阶思维和复杂问题解决能力的提升。深度学习不仅关注学习结果，更加重视学习状态和学习过程。深度学习有如下特征：[③]

第一，注重知识学习的批判理解。深度学习是一种基于理解的学习，强调学习者批判性地学习新知识和思想，要求学习者对任何学习材料保持一种批判或怀疑的态度，批判性地看待新知识并深入思考，并把它们纳入原有的认知结构中，善于在各种观点之间建立联系，要求学习者在理解事物的基础上善于质疑辨析，在质疑辨析中加深对深层知识和复杂概念的理解。

第二，强调学习内容的有机整合。学习内容的整合包括内容本身的整合和学习过程的整合。其中内容本身的整合是指多种知识和信息间的联

---

①刘月霞，郭华. 深度学习：走向核心素养［M］. 北京：教育科学出版社. 2018：62.

②刘月霞，郭华. 深度学习：走向核心素养［M］. 北京：教育科学出版社. 2018：31.

③安富海. 促进深度学习的课堂教学策略研究［J］. 课程教材教法. 2014（11）.

接，包括多学科知识融合及新旧知识联系。深度学习提倡将新概念与已知概念和原理联系起来，整合到原有的认知结构中，从而引起对新的知识信息的理解、长期保持及迁移应用。学习过程的整合是指形成内容整合的认知策略和元认知策略，使其存储在长时记忆中，如利用图表、概念图等方式利于梳理新旧知识之间的联系。而浅层学习将知识看成是孤立的、无联系的单元来接受和记忆，不能促进对知识的理解和长期保持。

第三，着意学习过程的建构反思。建构反思是指学习者在知识整合的基础上通过新、旧经验的双向相互作用实现知识的同化和顺应，调整原有认知结构，并对建构产生的结果进行审视、分析、调整的过程。这不仅要求学习者主动地对新知识作出理解和判断，运用原有的知识经验对新概念（原理）或问题进行分析、鉴别、评价，形成自我对知识的理解，建构新知序列，而且还需要不断对自我建构结果审视反思、吐故纳新，形成对学习积极主动的检查、评价、调控、改造。建构反思是深度学习和浅层学习的本质区别。

第四，重视学习的迁移应用。所谓迁移学习，是指人类的思维可以将一个领域学习到的知识和经验，应用到其他相似的领域中去。所以当面临新的情景时，如果该情景与之前的经验越相似，那么人就能越快掌握该领域的知识。深度学习要求学习者对学习情境的深入理解，对关键要素的判断和把握，在相似情境能够做到"举一反三"，从而实现原理方法的顺利迁移应用。如不能将知识运用到新情境中来解决问题，那么学习者的学习就只是简单的复制、机械的记忆、肤浅的理解，仍停留在浅层学习的水平上。作为一种建构性学习，深度学习不仅要求学习者懂得概念、原理、技能等结构化的浅层知识，还要求学习者理解掌握复杂概念、情境问题等非结构化知识，最终形成结构化与非结构化的认知结构体系，并灵活地运用到各种具体情境中来解决实际问题。2012年，美国国家研究委员会（National Research Council）发布了题为《为了生活和工作的学习：在21世纪发展可迁移的知识与技能》报告指出，将21世纪技能与深度学习联系在一起的正是"迁移"这一经典概念，即使用先前所学知识来支持学习新知识或在相关文化情境中解决问题的能力。深度学习强调知识内化及知识迁移能力形成的过程，是培养学生21世纪技能的重要途径，也是信息化时代智慧教育发展所需要的核心支柱。①

第五，着重发展高阶思维。按照布卢姆认知领域学习目标分类所对应的"记忆、理解、应用、分析、评价及创造"这六个层次，浅层学习的认知水平只停留在"知道、理解"这两个层次，主要是知识的简单描述、记忆或复制；而深度学习的认知水平则对应"应用、分析、评价、创造"这四个较高级的认知层次，不只涉及记忆，还注重知识的应用和问题的解决。因而，浅层学习处于较低的认知水平，是一种低级认知技能的获得，涉及低阶思维活动；而深度学习则处于高级的认知水平，面向高级认知技能的获得，涉及高阶思维活动。高阶思维是深度学习的核心特征，发展高阶思维能力有助于实现深度学习，同时深度学习又有助于促进学习者高阶思维能力的发展。

（二）教师要充分把握和理解学科育人的价值

1. 理解学科对学生成长的价值

2014 年，《教育部关于全面深化课程改革落实立德树人根本任务的意见》指出："统筹各学科，特别是德育、语文、历史、体育、艺术等学科，充分发挥人文学科的独特育人优势，进一步提升数学、科学、技术等课程的育人价值。"自此，学科育人被普遍关注。学科育人是指学习者在学习学科知识和发展学科能力之外，在心智能力、情感态度、思想品德、社会责任等方面的发展。我国基础教育已迈入全面提升育人质量的新时代。教师要将工作重心从"学科教学"转向"学科育人"。学科教学的组织与展开必须体现学科的本质和育人功能，理解学科核心素养的内涵，这也是实施深度学习的关键基础。叶澜教授提出：每个学科对学生的发展价值，除了一个领域的知识以外，从更深的层次看，至少还可以为学生认识、阐述、感受、体悟、改变这个自己活在其中，并与其不断互动着的、丰富多彩的世界和形成、实现自己的愿望，提供不同的路径和独特的视角、发现的方法和思维的策略、特有的运算符号和逻辑；提供一种只有在

———————

① 孙妍妍，祝智庭. 以深度学习培养21世纪技能——美国《为了生活和工作的学习：在21世纪发展可迁移的知识与技能》的启示［J］. 现代远程教育研究，2018（3）.

这个学科的学习中才可能获得的经历和体验；提供独特的学科美的发现、欣赏和表达能力。学科教学必须给学生独特的经历和体验、独特的任务和要求。只有抓住所教学科的精神特质，才能真正彰显这门学科对于学生的发展和育人的价值。教师在教学活动中应充分体现任教学科的特点和需要，体现特定学科的精气神。学科的独特育人价值要从学生的发展需要出发，来分析不同学科能起的独特作用。[①]唯有进入学生情感、生命、灵魂深处的教学，才能内化为学生高尚的道德生活和丰富的人生体验，这样，学科知识增长的过程也就成了人格健全与发展的过程。

每个学科都是整个人类文化的不同阶段或不同侧面，展示着每个学科特有的价值。不同的学科对于人的成长和发展发挥不同的作用。叶澜教授提出："要实现现有学科的育人价值，首先要认真地分析本学科对于学生而言独特的发展价值。"基于此，我们把基础教育各学科课程的独特育人价值提炼梳理如下图：[②]

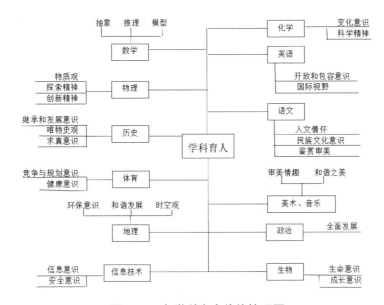

图2.2.1　各学科育人价值梳理图

①叶澜. 重建课堂教学价值观［J］. 教育研究. 2002（5）.

②王磊，张景斌. 学科育人的理论逻辑、价值内容与实践路径［J］. 教学与管理，2019（10）.

每个学科在整个育人体系中发挥各自功能，同时，各个学科特有教育价值的实现是融入于学科教学全面育人的活动中的，是与其他学科育人价值的实现紧密相连的。

2. 明晰学科课程标准的内涵

（1）课程标准的定义和功能

我国从2001年开始进行了第八轮基础教育课程改革，在这次改革中，用规定国家对国民在某一方面或领域应该具备的基本要求为特征的"课程标准"代替了只重知识传授、内容偏难偏深偏窄、只强调教学过程、刚性过强为特点的"教学大纲"。

什么是课程标准：

在顾明远主编的《教育大词典》中，把课程标准定义为：课程标准是确定一定学段的课程水平及课程结构的纲领性文件。……课程标准的结构一般包括课程标准总纲和各科课程标准两部分。前者是对一定学段的课程进行总体设计的纲领性文件，规定各级学校的课程目标、学科设置、各年级各学科每周教学时数、课外活动的要求和时数以及团体活动的时数等；后者根据前者具体规定各科教学目标、教材纲要、教学要点、教学时数和编写教材的基本要求等。

课程标准的功能：

课程标准是国家课程的基本纲领性文件，是国家对基础教育课程的基本规范和质量要求。国家课程标准是教材编写、教学、评估和考试命题的依据，是国家管理和评价课程的基础。

课程标准规定的是国家对国民在某方向或某领域的基本素质要求，因此，它毫无疑问对教材、教学和评价具有重要指导意义，是教材、教学和评价的出发点与归宿。

课程标准中规定的基本素质要求是教材、教学和评价的灵魂，也是整个基础教育课程的灵魂。

世界各国都十分重视课程标准的研制，投入大量的人力物力经费进行各科课程标准的研制。

（2）课程标准的时代内涵

课程标准描述了一个社会或一种教育体系规定在不同学段、不同的学科领域应该获得的成绩、行为以及个人发展，以使学生为丰富完满的生活做好准备。其内涵体现为：

①课程标准主要是对学生在经过某一学段之后学习结果的行为描述，而不是对教学内容的具体规定，它不直接规范教材，而是通过对学生学习结果的描述间接影响教材的编写。

②课程标准是国家制定的某一学段的共同的、统一的基本要求、基本的学习水准，由此保证绝大多数学生都能达到规定的教育教学目标，体现课程标准的"共性"。并在追求学生发展的共性的基础上，突出学生个性化发展的要求。

③课程标准的实施促使教师不再是教教材，而是用教材教，赋权给教师，促进自身专业发展，成为课程资源的开发者和创造者，并在教学设计、教学方法、评价方式等方面做出改进。

④课程标准规定下的教学目标更加具体，学生学习结果行为的描述应该是可理解的、可达到的、可测量和可评估的。

⑤课程标准的范围应涉及作为一个完整个体发展的认知、情感与动作技能三个领域，而不仅仅是知识方面的要求。

随着时代的发展，课程标准的内涵也将不断发生演变。

（3）基于核心素养的课程标准特点

为全面贯彻党的教育方针，落实立德树人根本任务。2013年，教育部启动普通高中课程修订工作，努力构建具有中国特色的普通高中课程体系。2018年正式下发《普通高中课程方案和各学科课程标准（2017年版）》，并于2020年进行了修订。2017年版高中各学科课程标准，是基于中国学生发展核心素养构架编制的，在总结提炼并继承已有经验和成功做法的基础上不断发展完善，并反映了时代要求。其基本特点为：[1]

---

①教育部. 普通高中课程方案（2017年版2020年修订）［S］，北京：人民教育出版社，2020：4—5.

①凝练了学科核心素养。中国学生发展核心素养是党的教育方针的具体化、细化。为建立核心素养与课程教学的内在联系，充分挖掘各学科课程教学对全面贯彻党的教育方针、落实立德树人根本任务、发展素质教育的独特育人价值，各学科基于学科本质凝练了本学科的核心素养，明确了学生学习该学科课程后达成的正确价值观、必备品格和关键能力，对知识与技能、过程与方法、情感态度价值观三维目标进行了整合。课程标准还围绕核心素养的落实，精选、重组课程内容，明确内容要求，指导教学设计，提出考试评价和教材编写建议。

②更新了教学内容。进一步精选了学科内容，重视以学科大概念为核心，使课程内容结构化，以主题为引领，使课程内容情境化，促进学科核心素养的落实。结合学生年龄特点和学科特征，课程内容落实习近平新时代中国特色社会主义思想，有机融入社会主义核心价值观，中华优秀传统文化、革命文化和社会主义先进文化教育内容，努力呈现经济、政治、文化、科技、社会、生态等发展的新成就、新成果，充实丰富培养学生社会责任感、创新精神、实践能力相关内容。

③研制了各学科学业质量标准。各学科明确学生完成本学科学习任务后，学科核心素养应达到的水平，各水平的关键表现构成评价学业质量的标准。引导教学更加关注育人目的，更加注重培养学生核心素养，更加强调提高学生综合运用知识解决实际问题的能力，帮助教师和学生把握教与学的深度和广度，为阶段性评价、学业水平考试和升学考试命题提供重要依据，促进教、学、考有机衔接，形成育人合力。

④增强了指导性。本着为编写教材服务、为教学服务、为考试评价服务的原则，突出课程标准的可操作性，切实加强对教材编写、教学实施、考试评价的指导。大部分学科增加了教学与评价案例，同时依据学业质量标准细化评价目标，增强了对教学和评价的指导性。

3. 提升学科核心素养的落实水平

学科核心素养是育人价值的集中体现，是学生通过学科学习而逐步形成的正确价值观、必备品格和关键能力。以数学学科为例，数学学科核心素养是数学课程目标的集中体现，是具有数学基本特征的思维品质、关键能力以及情感、态度和价值观的综合体现，是在数学学习和应用过程中逐步形成和发展的。数学学科核心素养包括：数学抽象、逻辑推理、数学建模、直观想象、数学运算和数据分析。这些数学学科核心素养既相对独立、又相互交融，是一个有机整体。[①]

学科核心素养的培育，通常基于学科教育与养成教育实践。一方面，课程教学需要针对学科特点有目的地培养学生的知识、能力和综合素质；另一方面，学生需要具备深度学习的心向和学力，积极主动内化知识、习得能力，通过深度思考与研修，形成科学的思维方式和合理的素养结构。所以说，学生深度学习能力的发展与其学科核心素养的落实密切相关，深度学习的发生离不开学习个体的学科背景；而学科核心素养的培育在很大程度上需要通过深度学习来实现，即需要学习者通过思考、探究、推理、反思等深度学习过程的直接和间接的学习体验与感悟，形成个体的知识结构、专业智慧和解决问题的实际能力以及稳定的学习品格。深度学习是培养学生核心素养的重要途径，也是解决当前学习浅层化、功利化等问题的迫切需要。教师需要理解深度学习的内涵及培养学生掌握深度学习的途径，以此不断引导学生进行深度学习，进而培养学生的核心素养。要真正落实核心素养，就需要学生在教师的引导下，积极主动地进行深度学习，发展各方面的能力，创造性地解决复杂的现实问题。

（三）明确教师在深度学习教学中的转变

1. 教师教学观念的转变

①从"以知识为中心"的学科教学向以"核心素养为中心"的学科育人转变

深度学习不是指无限增加知识难度和知识量，不是对知识的表层学习、表面学习和表演学习，不是对知识的简单占有和机械训练，而是基于知识的内在结构，通过对知识完整处理，引导学生从符号学习走向学科思想和意义系统的理解和掌握，是对知识的深度学习。深度学习强调为理解

---

①教育部. 普通高中数学课程标准（2017年版2020年修订）〔S〕，北京：人民教育出版社，2018：4.

而教、为思想而教、为意义而教、为发展而教，不再仅仅把知识作为教学的对象，而是把学生作为教学和促进的对象，教学过程要由以知识为中心转向以学生发展为中心，提升学生的核心素养。切实体现教学的过程价值，丰富学生的课程履历和学习过程，引导学生深度学习。

②从以教为主向以学为主的转变

在对待教与学的关系上，传统教学片面强调教师的教，形成了以教师为本位的教学关系。以教为中心，学围绕教转。教师是知识的占有者和传授者。没有教师对知识的传授，学生就无法学到知识。教学关系是单向灌输的过程。以教为基础，先教后学。学生只能跟随教师学，复制教师讲授的内容。这种以教为本位的教学关系，完全把学生定位在依赖性层面上，低估、漠视学生的独立学习能力，忽视、压制学生的独立要求，从而导致学生独立性和创新性的丧失，不能促进学生发展。深度学习要求把学习的权力和责任还给学生，培养和引导学生学会自主学习和自我教育；要建立让学生的潜能得以充分发挥出来的教学文化和教学方式，同时构建以学为主线、以学为本的课堂教学体系和结构。

③从单向灌输向双向互动转变

教学不是教师教学生学、教师传授学生接受的过程，而是教与学交往、互动的过程。在这个过程中，师生双方相互交流、相互沟通、相互启发、相互补充。教师与学生分享彼此的思考、经验和知识，交流彼此的情感、体验与观念，丰富教学内容，获得新的发现。教学是一个发展的、增值的、生成的过程。传统意义上的教师教和学生学，将不断让位于师生互教互学，彼此将形成一个真正的"学习共同体"。正如叶澜教授所指出"教师只要思想上真正顾及了学生多方面成长、顾及了生命活动的多面性和师生共同活动中多种组合和发展方式的可能，就能发现课堂教学具有生成性的特征。"

2. 教师教学方式的转变

在互联网的环境下，每个学生可以成为一个独立的学习主体，可以通过网络选择和得到有效推送符合其自身特点的学习资源；学习者的交流对象不仅有教师，而且有网络社区空间的所有相邻、相近、相知的同伴，学习者的自主交流成为广阔有效的重要渠道。学习者既是信息的获得者，也是信息的输出者，既是学习的发起者也是学习的受益者，不再是教师教什么、怎么教，学生就学什么、怎么学，而是学习者希望学什么就能获得什么，学习者希望怎样学就可以安排怎样的进度和方式学，"以学定教"将代替"以教定学"，并向先学后教，多学少教转变。

3. 教师教学行为的转变

教师要转变角色和教学行为，成为学生学习活动的组织者以及课堂信息的重组者，不断地捕捉、判断、重组课堂教学中从学生那里涌现出来的各种各类信息，把有价值的新信息和新问题纳入教学过程，使之成为教学的亮点，成为学生智慧的火种，对价值不大的信息和问题要及时地排除和处理，使课堂教学回到预设和有效的轨道上来，以保证教学的正确方向。教师要有意识地对自己的课堂教学行为进行审视和反思，即时修订、更改、充实、完善自己的教学设计和方案，使教学活动成为生成教学智慧和增强实践能力的过程。

4. 教学评价理念的转变

教育评价是指挥棒，有什么样的评价导向就有什么样的教育。在核心素养时代，评价重心应从"知识导向"向"核心素养导向"转变。不仅要评价学生掌握知识的多少，更应关注学生核心素养的发展水平，以及学生学习过程中的参与度、积极性和创新能力等。国家在政策导向上也做了明确规定，《国务院办公厅关于新时代推进普通高中育人方式改革的指导意见》（简称《高中育人方式改革意见》）提出要"深化考试命题改革"。《教育部关于加强初中学业水平考试命题工作的意见》（简称《考试命题意见》）规定："将义务教育课程设置方案所设定的除综合实践活动外的全部科目纳入初中学业水平考试范围"，即俗称"全科开考"，这将促使全面育人落到实处。《高中育人方式改革意见》要求考试内容要"重点考查学生运用所学知识分析问题和解决问题的能力"，《考试命题意见》规定"试题命制既要注重考查基础知识、基本技能，还要注重考查思维过程、创新意识和分析问题、解决问题的能力"。这意味着耗时费力、死记硬背、低效重复的"题海战术"可能失灵，促使广大教师切实改革教育教学模式。

　　深度学习将评价作为教学的一个部分，把形成性评价和终结性评估相结合，并增大形成性评价的比例。形成性评价是促进学生形成深度学习的重要工具，不仅有助于教师知道学生知道什么和能做什么，而且要给予学生反馈。总结性评价通常发生在教学之后，利用作业或考试的方式检查或总结学生通过一定阶段的学习所掌握的知识和技能。总结性评价是一种"关于学习的评价"（assessment of learning），目的是对教师的教学效果和学生的学习结果做出判断。在学校层面往往被异化为通过考试对学生进行成绩排名，并以此来评价教师的教学水平。形成性评价是一种"为了学习的评价"（assessment for learning），它通过及时诊断与学习目标相关的内容并对教与学进行反馈，进而做出改进。这种评价不再是游离于教学过程之外的一个孤立环节，它本身就是教学的有机组成部分。深度学习强调学习者在真实问题的主动探究中、在对问题解决过程的不断反思中提升元认知及创造性问题解决等高阶能力，更需要通过形成性评价及时地对深度学习过程和结果做出价值判断，以便对学习目标进行反思和修订，对学习过程进行适当调整。

三、实施深度学习的核心策略

（一）深度学习的发生路线

　　美国学者 Eric Jensen 和LeAnn Nickelsen 在《深度学习的7种有力策略》（2010）提出了一条完整的深度学习路线（Deeper Learning Cycle，DELC），基本步骤包括：设计标准与课程、预评估、营造积极的学习文化、预备与激活先期知识、获取新知识、深度加工知识、评价学生的学习。学者王永花在此基础上，进一步研究设计了深度学习的教学框架。[1]

---

①王永花. 深度学习理论指导下的混合学习模式的实践与研究［J］. 中国远程教育，2013（4）.

1．设计学习目标和学习内容

在学习之初，教师通过研究课程目标和课程内容，确定出概念、技能和要点问题，然后，根据知识的内聚学习顺序，将相似或相关的对象安排在一起，从而能够创造出有意义的教学单元和学习目标，将其呈现给学生，使学生在学习一开始就明确要努力的方向，这样设计的学习内容和学习目标对学习者更有意义。

2．对学生进行预评估

预评估包括对学生学习风格、学习偏好和先期知识的了解。预评估的过程让教师更好地了解学习者，有助于教师确定学习起点并设计激发学生深度学习的差异化策略，以便更好地满足他们的学习需要。教师在研究课程及学生的基础上，确定学习者应掌握的知识、技能，确定教学目标，目标难度设定要适中。

3．营造积极的学习文化

学生需要微妙的情绪平衡以顺利地进行学习，无力的感情（厌烦、冷漠或超然）不是理想的情绪，有活力、轻松但灵敏的求知欲才是理想的学习状态。为学生营造一个良好学习环境，有安全的学习环境、良好的生生关系、友好的师生关系，学生才能在乎学习，从而在后续的学习中能全身心地投入到学习中去，保持最佳的学习状态。

4．预备与激活先期知识，获取新知识

学习就是将习得的新知识联结到学习者现有的知识结构之上。根据预评估结果，教师采用多种途径补充先期知识或激发学习者已有的背景知识，并在已有知识与新知识之间搭建桥梁，以便学生在已有知识与新知识间建立联系，实现新旧知识的整合，使学生在理解的基础上去学习。

5．深度加工知识

在一定的教育背景中，学习者通过巩固、转换和内化等过程将原始信息加工成完整的、有意义的知识。要让理解的新知识达到专家知识程度需要精细加工，使学习者不仅能阐述、解释知识，更重要的是能应用和迁移，能在不同的实际场景中应用所学知识去解决问题，真正达到掌握的水平，即深度学习的目标。

6. 评价学生的学习

评价和反馈在任何教学中都是必不可少的环节。评价贯穿整个学习过程，通过采用多元评价方式，如教师评价、同伴评价、自我评价等方式，适时地给予学生反馈，可以不断修正精细加工，促进他们更深入地学习。

（二）实施深度学习的核心策略

深度学习倡导单元学习。它要求教师建立好学科核心素养与学科核心内容之间的关系，依据课程标准和教材，选择利于培养学科核心素养的教学内容和情境素材，制定学习目标、选择学科内容、设计学习活动、开展课堂教学、进行学习评价。基于此，深度学习的核心策略概括为四个环节。

1. 确定导向学科核心素养的学习目标

深度学习是以学科核心内容为线索的教学设计，主要的目标在于通过对核心知识的理解与掌握的过程，培养学生的学科核心素养。基于深度学习的教学变革应当是从学科的本质出发，针对学生学习和发展的需求，以及学科内容的本质特征提炼学习主题，确定学习目标，将教育学、心理学的理论与方法整合到学科和学科的具体主题的教学研究之中，设计有针对性的具体的呈现方式与教学策略，形成具有个性化的教学方案。

单元学习目标是指在完成单元学习之后，学生应获得的学科核心素养的学习结果，包括能灵活应用相应的知识、技能、策略，掌握能反映学科本质及思想的方法，具备解决问题的综合能力，以及经历一定困难后学生获得的愉悦心理感受，还有学生对学科的好奇和期待。[①]确定单元学习目标，一要考虑课程标准要求；二要考虑单元学习主题与核心内容；三要考虑单元所承载的学科核心素养的进阶发展；四要考虑学生的学习基础和发展需求。

确定单元学习目标的步骤：第一步是围绕单元学习主题，依据课程标准要求，立足学科核心素养发展，明确学生应该学习的内容和达到的水平标准，整体设计单元学习目标；第二步是分析学生已有学科水平、现阶段

---

①刘月霞，郭华. 深度学习：走向核心素养［M］. 北京：教育科学出版社. 2018：81—82.

思维特点和发展需要，明确单元总体目标和每个课时目标；第三步是开放研讨，多方论证，修订完善，最终确定单元学习目标。

2. 整合加工学习内容

深度学习实质上是结构性与非结构性知识意义的建构过程，也是复杂的信息加工过程，须对已激活的先前知识和所获得的新知识进行有效和精细的深度加工。深度学习的内容特点是基于问题的多维知识整合，在进行教学内容分析和设计时，需要教师全面地分析教材、深入地挖掘教材、灵活地整合教材，即将教材的内容打散重新组合，可以是学科内知识点的整合，也可以是跨学科知识点的整合，使内容具有"弹性化"和"框架式"特征，将孤立的知识要素联接起来，帮助学生在新旧知识之间建立多元联接，将学得的知识整合到相互关系的概念知识系统之中，并引导学生将知识以整合的、情境化的方式存储于记忆中。这样不仅有利于学生进行有意义的知识建构，还有利于知识的提取、迁移和应用。这就要求教师不仅要深入了解学生的先前经验、理解新知识的类型，指导学生在新旧知识、概念、经验间建立联系，还要引导学生将他们的知识归纳到相关的概念系统中，并在批判反思的基础上建构属于自己的新的认知结构。

3. 创设问题情境和探究活动

有意义的问题情境应当体现所学内容的学科本质，引发探究与思考的"大问题"，引起学生的认知冲突，使其成为深度探究之源。其基本的特征包括：[1]

一是与学生学习该内容的前概念密切相关，学生现有的知识与方法可能有助于其对新知识的理解，也可能使学生产生混淆或干扰，设计问题情境时，要充分考虑可能会影响学生对新知识的理解，又不应该绕开的前概念，针对这样的前概念创设问题情境就会引起学生的认知冲突，激发学生的学习欲望；二是体现学习内容的学科本质，针对核心内容的学科本质创设问题情境有助于引起学生的探究与思考，促进学生对所学内容的真正理解，也会产生举一反三的效果；三是有助于发展学生的核心素养，深度学

---

[1]马云鹏. 深度学习视域下的课堂变革［J］. 全球教育展望，2018（10）.

习的目的在于促进学生综合素养的提升，问题情境引发的深度探究不仅指向知识技能，更应促进学生深度思考，培养学生的核心素养；四是引起全体学生的积极参与和持续探究，问题情境不是面对少数人的高深的情境，是全体学生都能参与探究，并且不断产生新的问题，引起深度思考，从中获益的情境。情境认知理论认为，学习的终极目标是要将自己置于知识产生的特定情境中，通过积极参与具体情境中的社会实践来获取知识、建构意义并解决问题。这就要求教师要根据学习内容的特点、教学目标的要求、学生思维的发展状况适时创设出促进学生深度学习的课堂情境，让课堂和生活实际相关联，让生活的情境在课堂中重现，教师与学生构成学习共同体，积极体验学习情境，最终达到将所学知识与情境建立联系并实现迁移的目的。

教师要根据学习主题和目标、学生已有知识和经验，设计出具有辨析性、探究性和实践性的学习活动。活动可以是多样的，可以是不同方法的组合，但活动要体现内容的学科本质，要围绕认知冲突，实现教学目标。教学要让学生经历从不懂到懂的过程。学生的学习活动方法千差万别，可以是情境化的、项目式的、问题化的、协作式的等等，每一种方法都有其独特之处，教师可以根据教学进程的需要选择使用。但是一定要给学生独立思考的时间，让学生靠自己的想法来解决问题，暴露不同学生的想法。最后要聚焦发展学生的能力或者核心素养。核心素养不是刻意去追求，而是在精心设计的教学过程中自然地体现出来。只有这样，我们才能够把教学引向深入。

4. 开展持续性学习评价

持续性评价是深度学习中教师教学、学生学习不可或缺的环节。持续性评价将评价的关注点从教师的教转向学生的学，注重学生学科核心素养的发展水平，以及学生在学习活动中的参与度、积极性和突破原有框架的创新能力。开展持续性评价可以随时了解学习目标达成情况、监测与调控学习过程、反馈与指导改进教学。持续性评价更多的是形成性评价，贯穿学习始终，随着教学进程的推进，通过评价唤起学生的元认知，让学生始终记得学习目标是什么，并自主监控学习的目标是否达成，主动反思和调控学习的进程，使学习不断深入。形成性评价既包括诊断，也包括促使学生达到既定目标的行动。形成性评价的一个特点是强调学生的自我效能，即鼓励学生对自己的学习负责。学生必须明确理解对自己的期望，并获得可以使他们理解并突破自己学习障碍的反馈。

持续性评价、及时反馈是引导学生深度反思自己的学习状况并及时调整学习策略、实现深度学习的有效途径。它不仅可以促进学生深入理解学习内容，改进学习策略，还可以帮助教师及时调整教学策略，增强课堂学习的实效性。深度学习要求教师一定要重视持续性评价在学习中的价值，关注学生的学习进展并及时给予反馈，引导学生深度反思，对自己的学习活动进行自我监控、自我检查，以判断自己在学习中所得是否符合预期的目标，进而引导学生根据自己的学习状况调整他们的学习策略。

四、指向深度学习的学校教学模式

通过前面的研究，我们知道深度学习是基于项目、基于真实情境、自主建构和合作的学习，是培育学生创新精神和批判性思维的学习，是一种触及学生心灵深处的学习。与其说深度学习是一种教学改革理念，确切说它更是一种方法、策略和导向。深度学习与目前世界范围内流行的翻转课堂模式、项目学习模式、情境教学模式和合作学习模式等有着千丝万缕的联系。

（一）翻转课堂模式

翻转课堂作为一种教学理念和教学模式正在影响和改变着传统的课堂教学。它利用互联网技术和信息化手段，突破了传统课堂的边界，拓展了课堂教学的时间和空间，优化了学生的学习过程，增强了学生的学习能力，实现了信息技术与课程教学的深度融合，它的主要价值在于促进了学生的深度学习。

1. 翻转课堂的缘起和演变

翻转课堂（Flipped Classroom，也可译为"颠倒课堂"），是近年来新兴的一种教学新模式。一般认为，翻转课堂起源于2007年科罗拉多州"林地公园高中"两位教师乔纳森·伯尔曼和亚伦·萨姆斯的教学实践。他们把录制的视频上传到网络，以此为缺席的学生补课。不久他们进行了更具开创性的尝试，逐渐以学生在家看视频、听讲解为基础，在课堂上，教师主要进行问题辅导，或者对做实验过程中有困难的学生提供帮助。并推动这个模式在美国中小学教育中的使用。随着互联网的发展和可汗学院的影响，翻转课堂模式逐渐在美国流行起来。在我国，各地中小学也相继开始了翻转课堂的教学实验。

翻转课堂的历史演变。有学者把翻转课堂归纳为三个发展阶段：第一代为杜郎口模式，使用导学案，课本和习题册。缺少微视频和信息技术支撑环境，是一种课前导学模式；第二代为可汗学院模式，是一种视频支持下的在线学习模式。这一模式极大推进了全球范围的"翻转"风暴；第三代为目前这种基于微视频和信息技术支持下的线上和线下相结合的混合学习模式。这三种模式共同特征是都实现了教学流程的"翻转"。有学者认为杜郎口模式和可汗学院模式不能算作真正意义上的翻转课堂，理由是如果这种在线学习不能与课堂教学完全结合起来，就不能称之为严格意义上的翻转课堂。

2. 翻转课堂的定义和特点

翻转课堂是一种传授知识在课外、学习内化在课堂的教学模式。翻转课堂是使传统的"课堂上听教师讲解，课后回家做作业"的教学模式发生了"颠倒"或"翻转"，变成"课前在家中观看教师的视频讲解，课堂上在教师指导下做作业（练习或实验）"。通过翻转，重新调整课堂内外的时间，将学习的决定权从教师转移给学生。在这种教学模式下，课堂内的宝贵时间，学生能够更专注于主动的基于项目的学习和问题的学习，从而获得更深层次的理解。教师不再占用课堂的时间来讲授信息，这些信息需要学生在课前完成自主学习，他们可以看视频讲座、听播客、阅读功能增强的电子书，还能在网络上与别的同学讨论，能在任何时候去查阅需要的材料。教师也能有更多的时间与每个人交流。在课后，学生自主规划学习内容、学习节奏、风格和呈现知识的方式，教师则采用讲授法和协作法来满足学生的需要和促成他们的个性化学习，其目标是为了让学生通过实践获得更真实的学习。翻转课堂式教学模式引发了教师角色、课程模式、管理模式等一系列变革。

表2.4.1　传统课堂与翻转课堂各要素比较表[①]

	传统课堂	翻转课堂
教师	知识传授者、课堂管理者	学习指导者、促进者
学生	被动接受者	主动研究者
教学形式	课堂讲解+课后作业	课前学习+课堂研究
课堂内容	知识讲解传授	问题研究
技术应用	内容展示	自主学习、交流反思、协作讨论工具
评价方式	传统纸质测试	多角度、多方式

3. 翻转课堂的特点

（1）教师角色的转变

翻转课堂使得教师从传统课堂中的知识传授者变成了学习的促进者和指导者。当学生需要指导的时候，教师便会向他们提供必要的支持。教师成为学生便捷地获取资源、利用资源、处理信息、应用知识到真实情境中的"脚手架"。在翻转课堂中，学生成为了学习过程的中心。他们需要在实际的参与活动中通过完成真实的任务来建构知识。这就需要教师运用新的教学策略促进学生的学习。教师通过对教学活动的设计来促进学生的成长和发展。在完成一个单元的学习后，教师要检查学生的知识掌握情况，给予及时的反馈，使学生清楚自己的学习情况。及时的评测还便于教师对课堂活动的设计做出及时调整，更好地促进学生的学习。

（2）学生角色的转变

随着技术的发展，教育进入到一个新的时代。教育者可以利用网络、云平台等技术工具高效地为学生提供丰富的学习资源，学生也可以在网络资源中获取自己所需的知识。在技术支持下的个性化学习中，学生成为自定步调的学习者，他们可以控制对学习时间、学习地点的选择，可以控制

[①]张金磊，王颖，张宝辉. 翻转课堂教学模式研究［J］. 远程教育杂志. 2012（8）.

学习内容、学习量。然而，在翻转课堂中，学生并非完全独立地进行学习。翻转课堂是有活力的并且是需要学生高度参与的课堂。在技术支持下的协作学习环境中，学生需要根据学习内容反复地与同学、教师进行交互，以扩展和创造深度的知识。因此，翻转课堂是一个构建深度知识的课堂，学生便是这个课堂的主角。传统的面对面教学过程中，是"以教师为中心"的一对多的形式，而翻转课堂则完全改变了这种形式。不管是学生在家观看教学视频，还是在课堂上师生面对面地互动交流，都是围绕着"学生为中心"展开。学生可以掌控自己看教学视频的进度，可以提出自己的问题、想法，与教师或同伴交流，从而获得了学习上的主动权。

（3）重构学习流程

翻转课堂对学生的学习过程进行了重构。变化为：课前预习，课中辅导，先学后教，当堂训练。"信息传递"是学生在课前进行的，教师不仅提供了视频，还可以提供在线的辅导，学生之间也可以进行网上互动交流；"知识内化"和迁移应用是在课堂上通过互动来完成的，教师能够提前了解学生的学习困难，在课堂上给予有效的辅导，同学之间的相互交流更有助于促进学生知识的吸收内化过程。翻转课堂一个重要的改变是课堂不再需要太多讲解，教学的内容学生在课前已经通过视频进行学习掌握了。大多数的教学视频都只有几分钟的时间，比较长的视频也只有十几分钟。每一个视频都针对一个特定的问题，有较强的针对性。在课内，教师需要根据课程内容和学生观看教学视频、课前练习中提出的疑问，总结出一些有探究价值的问题。学生根据理解与兴趣选择相应的探究题目，并依据所选问题进行分组协作探究。教师对小组合作交流进行指导，帮助学生选择正确的合作策略，保障小组活动有效开展。学生经过协作探究学习之后，形成个人或者小组的成果。小组代表需要在课堂上进行汇报、交流学习体验，分享作品制作的成功和喜悦。最后还要接受教师和其他同学的提问和评价。翻转课堂中的评价体制是多维度、多方式的，评价主体不再单纯是教师，还包括学生自己、同伴及家长等；评价内容包括针对性练习的成绩、提出问题的情况、课堂独立解决问题的表现、在小组协作探究式活动中的表现、成果展示等。

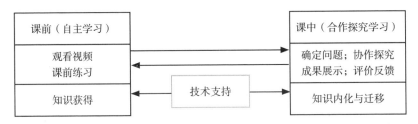

图2.4.1　翻转课堂教学模式流程

4. 翻转课堂与深度学习

随着信息技术在教育领域的融合应用，翻转课堂作为课堂变革的有效途径之一，在全球范围内掀起了师生角色翻转的课堂模式变革的新浪潮，翻转课堂依托了现代信息技术来对学生知识的构建进行重新安排，变先教后学为先学后导，成为重新定义课堂教学的新型教学模式。翻转课堂的本质在于在课前初步完成浅层学习目标，充分发挥面对面教学的作用，在课堂上实现知识的内化以及高阶思维能力的培养，从而促进深度学习。翻转课堂不仅仅是一种有效的教学方式，还需要学生更深层次的理解和参与。翻转课堂最重要的效果是让教师离开讲台，课堂焦点不再是侧重于信息传播，课堂时间主要用来帮助学生解决困难的概念和扩展更深层次的学习。基于深度学习的翻转课堂教学模式能充分体现"教师主导作用，学生主体作用"的教学理念，调动学生的自主性、积极性，引导学生发现问题、分析问题、解决问题，培养学生自主、探究、合作、讨论的学习方式，让学生对所学知识能深入的理解、掌握、应用，有利于学生自主学习能力及创新思维的形成。

从现有的国内外对翻转课堂的研究以及所取得的效果来看，现存的对于翻转课堂的研究和实践多注重于翻转的形式，而未能实现学习过程的联系性和交互性，导致了教学资源与学习效果不匹配。同时，信息化学习也存在着知识获取的碎片化和浅层化的弊端，只拓宽了学习的广度，而对于学习的深度挖掘还有所欠缺，致使学生很难进行有效的深度学习。翻转课堂不应该看重将学习前移为课前视频自学，而应该更重视课堂中发生的活动，为课堂教学建立适合深度学习的环境。因此，翻转课堂应当同深度学习的理念相融合，从浅表走向深层，进行基于深度学习的翻转课堂是未来趋势。

（二）项目式学习模式

1. 项目式学习的概念

项目式学习（Project-based Learning，PBL）理论及实践起源于美国，早在20世纪初，杜威就从理论上论证了科学探究的必要性，强调学生自主探究学习的实践重要性。教育家基尔帕特里克（Kilpatrick）于1918年首次提出了基于项目的学习（Project-based Learning，PBL）这一概念。项目（project）是在有限时间内完成创造特定产品或服务的任务。在教育教学领域，项目式学习则是学生围绕某个与现实需求相关的课题，应用学科概念或原理，借助多种资源进行合作研究和设计，在有限时间内解决一系列的相关问题的探究型学习模式。学生的学习成果大多以丰富多彩的作品来呈现。高质量的项目式学习包括关键知识、21世纪技能（核心素养）、驱动性问题、深度探究、知识需求、意见和选择、回顾与反思等8个要素。其中，关键知识和21世纪技能位于教学的核心，学生在项目研究中学习和应用课程标准所规定的学科重要概念和技能，发展批判性思维/问题解决、合作与交流以及创造/创新思维能力等21世纪核心素养。在学科教学中，尽管不是所有单元都必须或者能够结合一个项目，但当项目方法适合于一定的学习主题时，将会极大地推动学生的深度学习。基于项目的学习更多地应用于跨学科主题的学习当中，如STEM课程、创客课程等。项目式学习是培养创新型、复合型、解决未来问题人才的重要学习方式。

STEM教育是一种典型的运用项目式学习的学习模式。STEM教育源于美国，如今已在世界范围内引起广泛影响。STEM是科学（Science）、技术（Technology）、工程（Engineering）和数学（Mathematics）四门学科的简称，强调多学科的交叉融合。STEM教育并不是科学、技术、工程和数学教育的简单叠加，而是要将四门学科内容组合形成有机整体，以更好地培养学生的创新精神与实践能力。STEM教育的提出，使传统的理工科教育不再停留在单一学科内部，通过加强科学、技术、工程、数学等学科之间的联系，打通学科壁垒，采取更加灵活的学习方式，让学习者在真实情境下开展深度学习，有利于创新人才和高水平技能人才的培养。

2．项目式学习的特征

基于项目的学习主要有如下特征：

（1）驱动性问题。项目学习都要有一个驱动或引发性的问题，问题是用来组织和激发学习活动的，学习活动则是有意义的基于项目学习的主体。

（2）真实情境。基于项目的学习要求学生对现实生活中的问题进行探究，强调在真实情境中开展探究活动。学生通过探究获得学科知识的核心概念和原理，从而掌握一定的技能。

（3）多学科知识。来源于现实生活的问题是一种多种学科交叉的问题。在学习过程中，面对现实生活中的问题，学生需综合运用多种学科知识来理解和分析，单纯地依靠一门学科知识则无法解决所遇到的问题。

（4）强调合作。在基于项目的学习中，教师、学生以及涉及该项活动的所有人员相互合作，形成"学习共同体"。在"学习共同体"中，成员之间是一种密切合作的关系，建构对知识共享的理解，一起解决问题。

（5）最终产品交流。学习最终会有一个或一系列最终作品，而且学生之间要就作品制作进行交流和讨论，从而在交流和讨论中得出结论和发现一些新的问题。

（6）具有社会效益。基于项目的学习能促使师生与广大的社区进行联系，学生的作品，如学习过程所需的文献资料和学生的最终作品都能够与教师、家长以及商业团体进行交流和分享，学生制作的作品可以提供给商家在市面上销售，从而获得一定的经济效益。

（7）学习技术支持。在学习过程中，学生会使用各种认知工具和信息资源来陈述他们的观点，支持他们的学习。这些认知工具和信息资源有计算机实验室、超媒体、图像软件和远程通讯等。

3．项目式学习的操作流程

项目式学习从真实的问题出发，教师引导学生通过自主探究、小组协作等学习方式，借助信息技术以及多种资源开展探究活动，在一定时间内解决一系列相互关联问题，并将结果以一定形式发布。一个项目式学习活动主要包括提出问题（Propose），规划方案（Plan），解决问题（Execute）和评价与反思（Judge）4个关键环节。如果再进一步细化，一个完整的项目学习的流程包括：学生以团队协作的形式，完整地经历提出问题、规划方案、修订方案、解决问题、形成成果、展示交流、评价改进等环节。在持续互动中，经历复杂推理、思辨决策、远端迁移等综合性、复杂性的问题解决过程，创生意义，获得知识与技能，实践应用能力、迁移创新能力、跨领域合作沟通能力等不断发展，学科观念、思维方法逐渐形成。

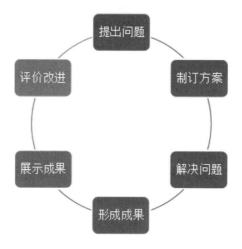

图2.4.2　项目式学习的操作流程

4. 项目式学习与深度学习

项目式学习的目标是促进学生21世纪能力、核心素养、综合素养的发展，关注学生的高阶思维能力的发展，包含创新、问题求解、决策和批判性思维能力，这与深度学习的目标是一致的。

深度学习是追求有效迁移的高投入学习，它培养学生的创新思维和批判性思维。项目学习致力于"创新本位"和"能力本位"，以跨学科思维解决真实问题，注重反思迁移，为深度学习的实现提供可能。虽然学习者原有的知识经验能够为解决问题提供"脚手架"，但外部的真实问题情境更容易激发学习者的兴趣和深层学习动机。项目式学习借助体验式学习和沉浸式学习，学习者可以关注更广泛的背景信息和材料之间的内在关系，从而激发深度学习。在解决具体问题时，学习者运用不同学科知识，与教师和学习同伴不断交互、头脑风暴并进行自我反思，以一种融合的高阶思维来整合信息，更易将知识点理解透彻。不同的学科知识融会贯通、相互影响，促进了学习者的深度思考。以STEM教育为代表的项目式学习实施过程注重小组合作与同伴交流，而和谐共享开放的学习氛围不仅能使学习者达到愉悦放松的身心状态，更能拓宽学习者的思路，促进不同学习者的思维发生碰撞，进而为知识体系的建构与发展提供支持。所以我们说，项目式学习也是一种指向深度学习的教学模式。

（三）情境学习模式

1. 情境学习的概念

情境学习理论是当代西方学习理论领域研究的热点，也是继行为主义"刺激——反映"学习理论与认知心理学的"信息加工"学习理论后的又一个重要的研究取向。这一理论对我们反思传统教育，重新认识人类的学习，具有革命性的影响。威廉姆J·克兰西（Clnaecy W·J）在其论文《情境学习指南》中指出，情境学习不仅仅是一种使教学必须"情境化"或"与情境密切相关"的建议；情境学习是有关人类知识本质的一种理论，知识是基于社会情境的一种活动，而不是一个抽象具体的对象；知识是个体与环境交互过程中建构的一种交互状态，不是事实；知识是一种人类协调一系列行为，去适应动态变化发展的环境能力。①学习知识的最好方法是在情境中。情境学习就是将问题解决融入真、美的境界，以情促思，通过任务驱动在探究活动中发挥知识的功能价值，达成素养目标。情境是知识的载体，问题生成的源泉，素养表现的对象，实施情境学习符合新课标理念，有利于激发内在学习动机，发挥学习者的能动性，促进自主学习的形成。情境学习理论广泛运用于教学实践，并发展出了认知学徒制、抛锚式教学、交互教学和实践共同体等系列教学策略。

2. 情境学习模式的关键特征

情境学习不同于以往传统的教学方式，具有以下特征：

（1）真实性。应提供真实与逼真的境域以反映知识，真实生活中的应用方式；提供真实与逼真的活动，为理解与经验的互动创造机会。实际教学的情境虽常受时空的限制而难以与真实的情境相同，但也应在语言情

---

①叶海智，丁楠. 关于情境学习理论与PBL 的关系的思考［J］. 教育探索. 2007（11）.

境、实物情境与视觉情境的营造上下功夫，这样才能实现情境学习的预期目标。学习者最好能融入真实情境中，实际参与真实的学习活动，这样才有真正效果。

（2）参与性。情境学习的目的之一是要让学生融入学习的情境中，主动观察模仿情境中所隐含的知识与技能，进而能培养独立思索的能力，以解决实际面临的各项问题，所以非常注重学生在学习过程中的参与程度，才能有效地达到教学目标。

（3）指导性。在学习的关键时刻为学习者提供必要的指导与搭建"脚手架"。在情境教学的实施中，在情境教学环境中教师的角色是十分重要的，自始至终都需要教师有效地组织管理，督导学生并给予激励指导，其角色应属于"教练""导演"，这意味着教师只能担任指挥与引导的工作，负责帮学生指点迷津与导正方向，学生才是学习活动的主角，教师不可逾越其本分而影响学生的学习空间。

（4）应用性。情境学习的目标是希望让所获得的成果能与真实的工作环境结合，使学生能灵活应用所学得的知识技能，所以应鼓励学生创新思考，将所学所得与实际生活互相对应，务实学习内容，避免知识僵化无用。

3. 情境学习的实施策略

围绕情境学习的九大设计要素，Herrington，J.，& Oliver，R（2000）归纳了不同学者所提出的情境学习的实施策略如下：[1]

（1）提供真实的学习场景。具有反映知识被实际应用的物理情境，设计丰富的情境性支持以保证情境的真实性，通过大量资源支持学习者从不同视角进行反馈检查。

（2）真实的学习活动。活动是与真实世界相关的、非良构活动，可以转化为让学生调查的复杂的任务，也是能够被整合到交叉学科中的任务。

（3）提供接近专家及其工作过程的机会。通过与具有不同专家水平的学习者合作，可观察与模拟专家思维与建模过程，并分享叙述的过程和故事。

（4）提供多元化的角色和视角。提供穿插于学习环境中的多元情境和

---

①李翠白. 西方情境学习理论和发展反思［J］. 电化教育研究. 2006（9）.

角色，从不同视角透视主题的不同方面，通过协作相互表达不同的观点。

（5）通过协作构筑知识。组织小组合作学习，建立促进整个小组绩效的激励机制。

（6）借助反思形成抽象思维。提供学习者与专家进行比较、对话的机会，在不同的作业水平上提供学习者相互学习的机会，学习者在需要的时候返回到程序中进行基于反思性行动。

（7）借助表达令知识清晰化。建立促进学习者个体社会化的合作学习小组，通过公开性的演示与答辩，以表达促进学习。

（8）教师在关键时刻的提供指导与支架。提供一个复杂的、开放的学习环境，使更多学习者获得支持、支架和指导的协作学习。

（9）在任务中整合对学习的真实性评估。评价与活动无缝链接，使学生认识付出时间与精力与他人进行合作的重要性，评价包含决策与由多维复杂任务引起的非结构化挑战，给学生表现所获得知识并进行修改的机会。

台湾学者徐明志创建的情境学习模式，其具体的实施步骤如下图：

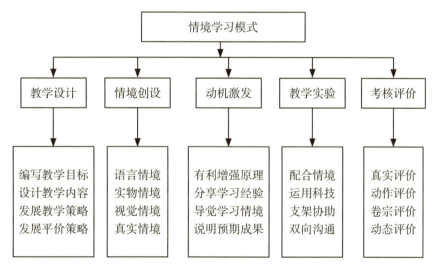

图2.4.3　情境学习模式的实施步骤

4. 情境学习与深度学习

情境承载着使知识素养化的功能，是素养表现的平台。情境学习是新课标倡导的教学转变方向，实施情境学习是发展学生核心素养的重要途径。深度学习需要有基于深度学习的教学设计，创设激发学生高阶思维的核心问题情境，将学习者带入到深度学习模式中，在探究活动中解决问题，最终达到迁移应用的目的。问题情境设计是实施深度学习的关键环节，是素养输入和输出的中枢，决定着素养发展水平和学习力增长的程度。情境设计的内涵和外延要体现宽度、广度和深度，既能让学习者参与系统学习的研究历程，又能感受到挑战任务的深度体验，促进高阶思维。情境是深度学习的动脉，深度学习是情境的气质表现，情境学习与深度学习结合会相得益彰。

（四）合作学习模式

1. 合作学习的概念

合作学习是以异质学习小组为基本形式，系统利用教学动态因素之间的互动来促进学习，以团体成绩为评价标准，共同达成教学目标的活动。[①]合作学习是 20 世纪 70 年代由美国著名教育家戴维·库恩斯（David Koonts）首先倡导和实施的，是一种富有创意和实效的教学理论与策略。合作学习倡导的就是自主学习，体现了学生在学习过程中的主体地位，通过师生、生生的交流与合作，促进学生人际交往，让学生主动地去获取知识和提升能力。合作学习是小组成员之间通过相互沟通与交流，进行平等的竞争与合作以及共享讨论结果的活动形式。合作学习是当下诸多教学研机构惯用的启发式教学模式之一，也是诸多学生乐于接受的一种引导式教学活动形式。在课堂中，小组合作的形式能够让教师迅速掌握学生的学习程度以及调整教学内容，推进教学进度，提升教学效果。而学生则能够通过"头脑风暴"的形式，认识到多种认知方式和学习方法，从不同的解题思路或观点中认知到自身与别人的差距，更加自觉地弥补不足，使得学生自我提升的动力更强，在合作互动中不断提升自我。如今，关于合作学习方法研究已经相当成熟，从概念的界定、理论基础到实施策略等已形成了一个较为完整的体系。

2. 合作学习的基本要素

---

①王坦. 合作学习的理念与实施［M］. 北京：中国人事出版社，2002：9.

　　合作学习的方法和策略种类繁多，彼此虽然表现形式和侧重点不同，但一些基本的要素是共有的。合作学习有以下5个基本要素：

　　（1）混合编组。在组建合作学习小组时，应当尽量保证一个小组的学生各具特色，能够相互取长补短，即小组成员是异质的、互补的。对学生进行混合编组，保证了小组成员的多样性，从而使小组活动中有更多、更丰富的信息输入和输出，可以激发出更多的观点，使全组形成更深入、更全面的认识。

　　（2）积极互赖

　　积极互赖是小组成员之间一种促进性的相互关系，每个成员都认识到自己与小组及小组内其他成员之间是同舟共济、荣辱与共的关系。简而言之，积极互赖意味着每个人都要对自己所在小组的其他同伴的学习负责。

　　（3）个人责任

　　所谓个人责任是指小组中每个成员都必须承担一定的任务，小组的成功取决于所有组员个人的学习。在缺乏明确的个人责任时，小组就会嬗变为学生逃避学习责任的"避风港"。为了鼓励每个组员参与活动，必须制定小组活动规则明确组员的个人责任。

　　（4）社交技能

　　导致合作学习中学生不合作的原因往往不是学生缺乏合作的愿望，而是学生缺乏合作的方法——社交技能。为了在小组中与他人友好而有效地合作，学生需要掌握必要的社交技能。这些技能分为三类，即组成小组的技能；小组活动的基本技能和交流思想的技能。

　　（5）小组自评

　　为了保持小组活动的有效性，合作小组必须定期地评价小组成员共同活动的情况，这就是"小组自评"。小组自评的目的是帮助小组成员学会怎样更好地合作。小组自评包括：总结有益的经验并使之明确；分析存在的问题及相关的原因；明确发展的方向和目标。

　　具备以上五个基本要素的小组学习才是真正的合作学习。教师可以根据学生的特点，在实际教学中以上述五个基本要素为原则，主动创造自己的合作学习方法。

3. 合作学习的基本方法

如今，合作学习已广泛应用于各个学科的教学，根据学科和课程的不同特点呈现出不同的教学模式。其中，共学式（LT）适用性最广，可针对所有年级和所有学科；小组分割记分法（STAD）和小组游戏竞赛法（TGT）适合于大多数学科和年级水平的一般教学技法，小组辅助个人法（TAI）专门适用于3–6年级数学教学，合作性读写一体化法（CIRC）专门适用于3–6年级阅读与写作教学；小组调查法（GI）是组织班级在某些学科运用不同合作学习策略的一般性计划；结构法（SA）（斯宾塞·卡干）和切块拼接法（JIGSAW）将焦点聚焦独立的小组学习，其学习材料可被再分，以适应不同的年龄组。这里仅选取其中几种基本方法加以介绍。

（1）小组游戏竞赛法（TGT）

合作学习小组由4–5人组成，教学分四个环节进行：教师全班授课，小组学习，教学比赛，成绩评定。合作学习小组的主要作用在于同学之间互教互学，保证所有成员都学会教师讲授的内容，为通常每周举行一次的教学竞赛做准备。比赛时按原有学习水平抽取各组成员组成能力同质的各个竞赛小组，每个学生代表各自的小组、在三人一组的"竞赛桌"旁参加教学竞赛。这种方法有一个不断调整的程序，它依据每次竞赛中学生的成绩，对学生竞赛桌的安排每周进行一次调整，使竞赛趋于公平。每个竞赛桌的优胜者都为其所在小组赢得相同的分数，而不管是哪一个桌，这就意味着高学业成就者与低学业成就者有均等的成功机会。最后将每个成员的成绩相加作为小组总分，教师对最好的小组和各竞赛组的优胜者予以表彰。

（2）小组分割记分法（STAD）

STAD法与TGT法相似，只是由小测验代替了教学竞赛。学生的测验得分用来与他们自己以往测验的平均分相比，根据学生们达到或超过自己先前成绩的程度来计分（也叫提高分计分体制）。然后将小组成员的个人分数相加构成小组分数，达到一定标准的小组可以获得认可或其他形式的奖励。小组每隔5–6周改编一次，可为每个学生提供与其他学生合作学习的机会，也给成绩低的小组成员提供新的机会。

（3）小组辅导个别化（TAI）

通过测验，按能力分组，每组4人。各小组以他们自己的速度学习不同的单元。小组成员彼此帮助，并检查学习情况。最后一个单元的测试是在没有小组帮助的情况下进行的。根据标准分和单元测试通过的次数来颁发小组奖。由于学生把大量的时间花在他们小组内部的相互学习上，教师就能与那些需要额外辅导的小组在一起。

（4）切块拼接法（JIGSAW）

首先将学生安排在由6人构成的小组中，学习事先就已经分割成片断的学习材料。然后，各个小组中学习同一内容的学生组成"专家组"在一起共同讨论他们所要学习的那部分内容，直至掌握为止。接着，学生们分别返回各自的小组，轮流教他们的组员自己所学习的那部分内容，然后测试每个学生对全部内容的掌握程度，根据学生的进步作出评价。后来，斯莱文（R.E.Slavin）对此进行了改良，形成了它的修正型，与TGT和STAD一样，在这种方法中，学生在5或6人小组中进行学习，代之以分配给每个学生一部分学习内容，但每个学生都要就某个部分学至精熟成为"专家"，学习同一部分内容的学生汇集在专家组中展开讨论，然后回到各自的小组中将其所学教给他们的小组成员。然后各自参加测验，依据STAD的计分方法来计算小组得分，达到预定标准的小组将获得认可。

（5）小组调查法（GI）

合作学习小组由2-6人组成。学习任务被分成不同的部分，小组在全班都要学习的单元中选出一个子课题后，再将子课题分割成个人任务，落实在每个小组成员身上，并在小组内展开广泛的讨论和研究，学生共同收集、整理、解释有关信息，通过分析、综合，推导出适当的结论，形成小组报告。接下来，在全班交流小组讨论的结果，使全体学生形成对某一课题的深入认识，最后师生共同评价各小组对班级学习的贡献。

（6）共学式（LT）

由4-5个能力不同的学生组成一组，成员们被指定扮演特定的角色，一起学习某个任务。小组只上交一份作业单，并且以组为单位记分。这种方法强调学生共同学习前的小组组建活动和对小组内部成员活动情况的定期讨论。

（7）小组教学法（SGT）

在这种方法中没有特别的程序，学生享有较大的自主权。小组成员围绕某课题共同探讨解决方略，力求达成一致的结论或选择最佳方案。这样小组讨论的结果便成为集体智慧的结果，它将每个成员的贡献有机地结合为一体，从而使合作性贯穿于学习过程的始终，而不是仅仅局限于学习的方式。

4. 合作学习与深度学习

关注学习者深层理解的深度学习要求学生不仅要获取知识，还要能够与他人合作性地解决各类问题，能够运用越来越多样化的新媒体表达与交流观点和想法、学会管理自己、应对学业与生活中各类困难与挫折、有能力面对各类挑战等等。

深度学习注重"合作与交流"。合作学习对于学生的学习与人生发展具有积极价值，能够更好地满足学生的交往需要，使得学生与学生之间、教师与学生之间获得更多的交流机会，有助于增进同伴友谊和师生情谊，大力促进学生社会性发展。同时，合作学习方式有利于大力促进学生在与教师和不同学业水平的同伴交往情境中不断促进自己的最近发展区动态变化与提升，有利于激发并维持学生的内在学习动机。[①]

深度学习强调"活动与体验"。因此，合作学习走向深度学习，也应重视合作学习教学组织中的活动性，关注学生合作学习中的内在体验，凸显合作学习中学生的主体性，促使学生对学习活动全身心投入，这需要学习者对合作学习具有内在动机。

合作学习教学方式常常使人质疑其存在目的不明、形式空洞、过程随意、引领不足等问题。如何通过合作学习方式促进学习者的深度学习是一个值得重视并探讨的研究问题。我们需要基于深度学习的要求优化合作学习的教学效果，学生层面需要考虑重视激发学生合作学习的内在动机、习得并提升自身的自主学习策略；教师层面要基于建构主义理念重视教师

---

①张冬梅. 深度学习视角下合作学习教学效果的优化策略［J］. 教学管理. 2019（6）.

在合作学习课堂教学组织中的支架作用，提升教师组织开展合作学习的能力；学校层面要重视网络建设，提供信息技术的支持，拓展合作学习的方式与途径，优化教育管理，营造支持性校园文化，促进合作学习走向深度学习。

五、基于深度学习的学校教学改革支撑条件

（一）校长改革理念的变革

校长是一所学校的核心，校长的办学思想、管理理念和教育理念对学校的工作和发展有着不可估量的影响。一所学校教学改革的成功与校长的正确引领与决策有着十分紧密的联系。

1. 确立育人为本的理念

2018年全国教育大会以来，中央相继印发了《关于学前教育深化改革规范发展的若干意见》《关于深化教育教学改革全面提高义务教育质量的意见》《关于新时代推进普通高中育人方式改革的指导意见》3个文件，对基础教育改革发展作出重大部署，这也标志着我国基础教育迈入全面提高育人质量的新阶段。2018年5月，习近平总书记在与北京大学师生座谈时指出：要把立德树人的成效作为检验学校一切工作的根本标准，真正做到以文化人、以德育人。《义务教育学校校长专业标准》提出，校长要坚持育人为本的办学宗旨，把促进每个学生健康成长作为学校一切工作的出发点和落脚点，扶持困难群体，推动平等接受教育；遵循教育规律，注重教育内涵发展，始终把全面提高教育质量放在重要位置，使每个学生都能接受有质量的教育；树立正确的人才观和科学的质量观，全面实施素质教育，为每个学生提供适合的教育，促进学生生动活泼地发展。校长只有把育人作为自己的办学理念，落实立德树人根本任务，才能保证教学改革的顺利进行。

2. 积极进行基于深度学习的教学改革

教学水平的高低和教学质量的优劣是衡量一所学校好与坏的最重要的指标。所以，校长要有敢闯敢干的开创精神，积极寻求教学改革，谋求发展。校长不仅是"管理者"和"协调者"，更应该成为真正的"教学改革

领导者"。《义务教育学校校长专业标准》提出：校长作为学校改革发展的带头人，担负着引领学校和教师发展、促进学生全面发展与个性发展的重任，要以专业的理解、专业的知识和专业的能力领导课程与教学，积极推进教学改革与创新。深度学习是当前我国深化基础教育课程改革和落实学生核心素养的重要路径，在学生素养培育与发展中发挥着重要作用。校长作为学校教学改革的总设计师和引领者，要学习并理解深度学习理念及实施策略，统一思想，凝聚共识，建立共同愿景，深化教学改革，提高课堂教学效率，培养学生适应终身发展和社会发展需要的正确价值观、必备品格和关键能力。

（二）调动教师和学生教学改革的积极性

1. 调动教师的改革热情

教师是基于深度学习教学改革的关键。改革要取得成功首先要激发教师工作的积极性和主动性。要让教师认同学校办学理念，在专业成长中能获得有效支持，在工作中有知情权、表达权和参与权，对学校有强烈归属感和认同感。学校要加强对教师的培训，包括国家教育改革政策、教育教学新理念、学科教学理论素养、学科专业素养和教学技能等方面的培训，厚积专业知识和专业能力，促进教师专业发展。建立教师发展共同体，让教师在团队互帮互促中不断实现专业成长。

2. 引导学生主动参与

教学改革要想取得成功，单纯依靠教师的努力是不够的，还需要学生的支持与配合。学校教学改革要将学生作为主人公来设计，学生是学校改革的最大推动力，同时也是学校改革的最大的理解者。只有将学生作为主人公，校长、教师和学生同时配合，学校改革才能取得成功。深度学习不仅关注教师的"教"，更加关注学生的"学"，注重学法指导，鼓励学生自主发展、个性化发展。所以，学校在开展教学改革时，应该从学生成长需要出发，考虑学生立场，引导学生主动参与教学改革，让学生成为学习者、探究者、发现者，成为改革的主人。

（三）获得家长和社会的认可与支持

学校的教学改革首先要从内部开始，但为了把改革顺利推行下去，学校内部的改革必须需要外部的支持。这是因为，教学改革并非一朝一夕就能实现，需要多年探索和实验。基于深度学习的教学改革需要社会、家长的参与，让家长理解、体验当下教育改革的实践，使家长在了解当下教育发展走向的基础上理解、接纳社会之于教育发展的改革需求，从而为学校教育教学改革与发展营造更好的社会环境。健全家校沟通机制，拓宽家校共育的途径和渠道，是深化基础教育改革发展的内在要求。

学校要做好广泛宣传，营造改革氛围。教育教学系统的开放性正日益呈现，家校合作共育的需求日益强烈，学校应在教学改革的实践进程中，更多地向家长宣传深度学习理念。引导家长树立正确的教育观念，让广大家长理解党的教育方针和政策，支持和配合学校开展教学改革和育人工作，让家校真正协同起来、同向同行。学校要充分认识到家校协同育人对推进教育教学改革的极端重要性，这也是构建现代教育治理体系的必然之举。同时，建立与社区、机关团体、文化馆所等的协作机制，统筹协调各方面社会资源支持服务学校教育，推动家庭教育、学校教育、社会教育有效衔接，形成三位一体的育人格局。

（四）学校信息化教学手段的改善与更新

1. 提高学校信息化水平是教学改革的必要条件

目前，信息技术与学科教学融合模式的教学方法逐渐成为主流教学模式，并在更高层次得到应用和推广。基于信息技术的教育资源和教学手段日新月异，正在改变着教与学的方式。2017年7月，国务院印发《新一代人工智能发展规划》，提出利用智能技术加快推动人才培养模式、教学方法改革，构建包含智能学习、交互式学习的新型教育体系。开展智能校园建设，开发智能教育助理，建立智能、快速、全面的教育分析系统。2019年，我国政府先后印发了《中国教育现代化2035》《加快推进教育现代化实施方案（2018-2022年）》，其中都对信息化时代的教育蓝图进行了谋划：建设智慧校园；建构新型教学模式；推进智慧教育创新发展等等。

基于国家政策要求，有条件的地区和学校，要借助"互联网+"、大数据、人工智能、5G等现代信息技术手段优化学校教育生态。利用在线教育平台，改善教师教学方式，促进学生线上线下混合学习，使得学习更加丰富多彩和生动有趣，实现课堂教学的精准化、高效化和个性化，提高学生的学习效率。利用新的技术手段测量学生的认知特点和学习特征，设计个性化的学习推送方案，探索不同技术条件下的差异化教学策略，因材施教、因能施教，促进信息技术与教育教学的深度融合。

2. 深度学习的实施需要学校信息化支撑环境的支持

深度学习的学校信息化支撑环境既包括软件系统和硬件系统。软件系统包括几个方面：一是学习资源发布系统；二是交互系统；三是学生学习的智能诊断系统；四是远程支持与服务系统；五是大数据统计分析系统；六是管理系统。硬件系统包括三个方面：一是师生有可以上网的PC、移动终端和穿戴设备等；二是网络带宽能够保证平台系统的稳定运行；三是服务器必须具有足够容量和并发能力等。

六、基于深度学习的学校教学改革愿景模型

愿景是希望看到的情景，是一种由组织领导者与组织成员共同形成，具有引导与激励组织成员的未来情景的意象描绘，具有激励和导向作用。美国管理学家彼得·圣吉认为，愿景是人们心中一股令人深受感召的力量。以本章前面的论述为基础，在这里，我们尝试构建基于深度学习的学校改革愿景模型（见图2.6.1），为学校勾画教学改革的发展蓝图。

（一）学校内部教学改革愿景模型

教学改革的目标是促进学生的全面发展，提高育人质量。所以，我们应把全面育人作为学校教学改革的核心，学校所有改革工作都要以全面育人为核心，围绕育人来进行。

1. 学校深度学习教学改革领导小组——顶层设计者

学校要成立以校长为首、教学副校长和教务管理人员等共同组建的深度学习教学改革工作领导小组。校长是教学改革实施和教学质量管理的第一责任人，带领领导小组以问题为导向，确定改革目标，凝聚全校共识，形成发展愿景，以国家关于育人方式改革的方针政策和深度学习等先进教学理念为指引，对学校教学改革进行顶层设计，制订学校整体实施方案，

指导监督调控改革过程，整合校内外资源，创造性地引领学校教学改革平稳推进，特色化发展。

2. 学科教研组——专业团队

学科教研组要充分发挥学科团队的力量，要依据国家课程方案、课程标准与教材、学校愿景等为学生按学段编制学科教学改革实施方案。要整合学科教研组内部和其他学科教研组之间的资源，为教学改革实验推进提供专业引领，通过适时的组内交流研讨、集体备课等，共同解决随时出现的各种问题。

3. 条件保障组——辅助团队

教学辅助部门要为学校教学改革提供软硬件支持，特别是丰富的信息技术手段的支持尤为关键，包括多媒体、智慧教室、大数据分析、智能化设备和网络平台等，为教学改革提供良好的条件保障。

4. 学科教师——实施者

学科教师是实施深度学习教学改革的直接责任人和实施者，负责执行实施学校和学科组的规划和方案，具体实施基于深度学习的单元教学模式，并在实验推进过程中不断反思，修正教学行为，完善实施策略。教师在改革实验过程，通过学习—研究—实践—改进等环节，不断促进个人专业成长。

5. 基于深度学习的单元教学模式——改革重心

（1）确定单元学习目标

依据课程标准、教材、单元核心内容、学科核心素养和学生水平确定单元学习目标。

（2）整合教学内容

站在学科整体的角度，以大概念、知识群的视角重新整合单元学习内容，实施学科内的跨教材单元、章节的整合和跨学科的内容整合。

（3）设计学习活动

依据单元学习主题和目标、学生水平，设计具有辨析性、探究性和实践性的学习活动，并通过问题化、情境化、项目式和协作式的策略来进行。

（4）开展持续性评价

在学习活动开始之前，运用诊断性评价对于学习者自身的认知水平、知识技能、情感态度等状况进行的预测。在学习活动进行的过程中，运用形成性评价，对每一步骤的效果做出评价，并及时反馈改进。在深度学习活动告一段落后，进行总结性评价，了解学生学习的最终效果，即学习目标是否达成、问题是否得到解决、深度学习是否发生等。

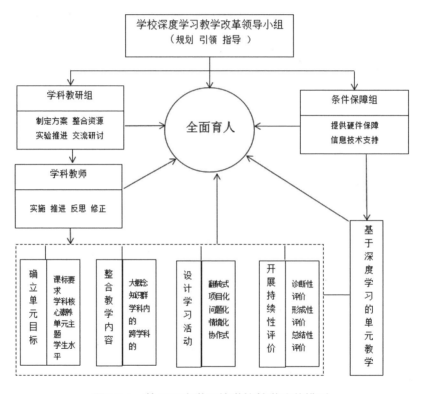

图2.6.1 基于深度学习的学校教学改革模型

（二）学校外部教学改革支持系统

学校内部的改革如果没有外部支持，改革同样无法持续。学校开展深度学习视域下的教学改革同样需要外部环境的支持。2017 年，中共中央国务院颁布《关于深化教育体制机制改革的意见》，指出"要加强学校教育、家庭教育、社会教育的有机结合，构建共同育人的格局"；2018 年，习近平总书记在全国教育大会上指出：办好教育事业，家庭、学校、政府、社会都有责任。国家的顶层政策明确了家庭、学校、政府、社会协同对学生健康全面发展的重要意义，对推动家庭、学校、政府、社会有效衔接，形成四位一体的育人格局，提供了方向指引和政策保障。在这里，我们鉴于教科研机构对学校改革的专业支撑作用，构建了如下以学校为中心，政府、教科研机构、家庭和社会四位一体的学校改革外部支持系统（见图2.6.2）。

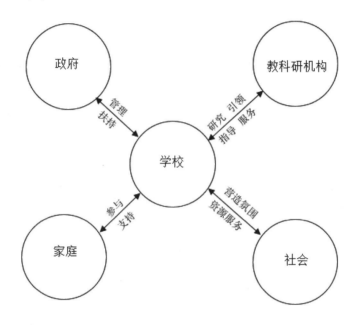

图2.6.2　学校教学改革的外部支持系统

1．政府

政府应扩大学校办学自主权，支持有条件的中小学积极进行教学改革，要加强宏观管理，减少微观干预；加强间接指导，减少直接管控；还需要根据学校层次水平，分类引导、分类评价、精准支持。

2．教科研机构

教科研机构是学校发展前行的重要专业支撑力量。学校要积极加强与教学研究机构、教师进修院校、教育科研院所和高校等的沟通与合作，寻求学校改革的智力支持；这些院校和机构可以为中小学校提供理论引领、教学研究、专业指导、教师培训等服务。

3．家庭

学校要根据实际情况，完善家校对话机制，通过家委会、家长学校、家长会、教学开放日、节日活动、微信群、QQ群和网络平台等方式，加强学校和家庭的沟通和对话，彼此建立互信关系，增强家长参与学校教育的意识，提升家长对学校工作的理解支持和协同参与力，更好地落实家校协同育人目标。

4．社会

学校教学改革既要契合校情，体现学校价值主张，还要深度挖掘和利用地方的各种资源，彰显地方特色，寻求社区、科技馆、博物馆、科研院所和企事业单位等的支持。良好的教育生态要求社会关注学校教育，为学校营造良好的尊师重教的社会氛围，并对学校的办学行为给予监督，为学校良性发展建言献策。

第三章　深度学习视域下校长教学改革领导力目标体系构建

　　新时代赋予了基础教育进一步深化强调内涵质量、全面发展、转型变革等新内涵。学校教学改革的关键在于课堂，这最终反映在学生学习方式的变化上。深度学习聚焦真正落实学生在教学中的主体地位，指向更具广度、深度、关联度的学生学习过程和学习成效研究，其研究内容的建设性与借鉴性和研究成果的丰富性与推广性为学校教育整体变革、课堂教学具体诊改提供了更具适应性、针对性、实效性的思行启示。聚焦深度学习有效顺应新时代学习变革的呼唤，满足持续优化教育服务的质量要求，切实推进现代化教育教学理念的校本转化，充分提升学校质量治理与内涵发展水平，是校长以教学改革领导力为抓手，优效新时代高品质学校建设的应然诉求、实然需求和能然追求。

　　中小学校长是推进基础教育教学改革的关键少数和领军力量。某种意义上来说，校长"怎么看？""怎么干？"直接影响着学校教育的样态和教学改革的质效。新时代的中小学校长不仅要"懂教育"，以立德树人为根本任务，坚守教育理想、率领教师不断提升专业素养；要"会管理"，以学校负责人的身份，贯彻落实党的教育方针、国家的教育政策，立足学校办学实况，以质量治理为核心，以制度建设为载体，基于适合方式的智慧探寻，全面、全过程、全方位保障学校工作有序开展与系统运行；更要"善领导"，将个体专业发展与学校改进发展有机融合，以德为根成就自己、以和为重读懂教师、以终为始研究学生、以智为径领导教学、以实为是谋求创新、以行促变引导变革，率领全校师生共创学校发展愿景、共谋学校发展战略、共探学校愿景的达成路径与策略，引领学校办学正确把握方向与方位，指导学校改进方式与方法的正确运用，动态优化、持续提升学校教育质量本质与特色品质。校长领导力不仅是校长专业质素的外在诉求与辨别标识，更是影响学校教育教学改进发展的重要因素与关键力量。相关校长领导力，比较普遍的看法是校长作为学校教育领导者的综合素养，既包含校长履职所需的知识经验、多维能力，也包含校长个人的价值取向、个性品格、行事方式、职务赋权等。教育改革与发展的时代背景、内涵要求，对学校教育领导提出了兼具机遇与挑战的专业发展诉求。2013年2月4日，教育部正式出台了《义务教育学校校长专业标准》，聚焦校长作为学校教育领导者的专业角色立场，基于校长的价值领导、教学领导、组织领导三个领导维度，明确提出了校长专业履职"规划学校发展、营造育人文化、领导课程教学、引领教师成长、优化内部管理、调适外部环境"六项专业职责，有效明晰了新时代中小学校长领导力关键素养的基本标准框架。

本章重点对校长领导力目标体系构建进行研究，基于深度学习视域下的教育教学变革视野，积极构建了以校长专业标准为基准框架，以真正落实学生在教学中的主体地位为基调原则，以内驱力"领航"价值领导愿景、决策力"导航"教学领导变革、执行力"护航"组织领导落实为三个整体目标维度取向，以"文化营造生态化""发展规划过程化""课程教学品位化""教师引领团队化""学生素养生长化""校本评估促变化"为六个具体目标定位要素，系统构建深度学习视域下校长教学改革领导力的"三维六化"目标体系，形成如下深度学习视域下的校长教学改革领导力目标体系示意图。

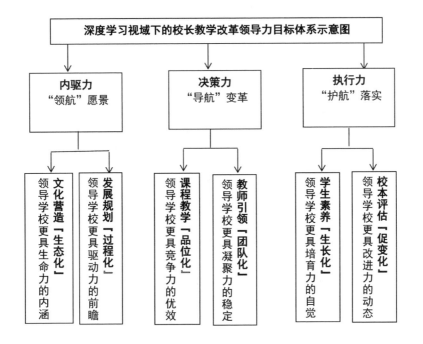

一、基于深度学习的校长教学改革领导力目标基本取向

校长领导力研究不是一个新的课题，但却是一个伴随着动态的时代变迁、持续的教育改革，经常能够唤起重新思考的问题。作为一个具有较为综合多元研究视角的常态化研究命题，研究校长领导力，首先需要明确界定相关研究的立场定位、聚焦站位与内容选位。本部分的研究重点不在于立足校长领导力先行研究的系统总结和综述分析，探析校长教学改革领导力的目标框架结构。重点在于以深度学习为研究视角，基于学校教育领导实践立场，聚焦校长领导学校教育教学应然素养和实然品质，理实结合深化探究校长领导力的能然目标取向。

深度学习不仅是学习方式的变革倡导，更具有深刻的学校有效改进教育意蕴。高动能的校长领导是高品质学校建设的主体责任人，在深度学习视域下，聚焦校长应对新时代教育变革、推进校本化教育教学改革的学校领导诉求，审思校长领导力应立足价值领导、教学领导、组织领导的校长专业领导立场，优效把握价值愿景、教学变革、组织落实的领导力关键词，积极领导推进学校教育治理从强调控制转向注重服务、从关注投入转向重视绩效、从粗放外延转向精细内涵、从经验立场转向科学本位、从个体领导转向群体智慧。总体而言，深度学习视域下，内驱力"领航"价值领导愿景、决策力"导航"教学领导变革、执行力"护航"组织领导落实是校长教学改革领导力目标的基本维度取向。

（一）内驱力"领航"愿景

"价值领导是通过价值构建与沟通对教职工施加影响的领导方式。"①与行政控制相比，该领导方式由于价值取向明确、人文关怀充分，更有利于凸显育人目的、调动教职工的积极性，进一步提升育人质量。回顾我国基础教育改革历程，从"应试教育"到"素质教育"，从"双基"到"三维目标"再到"核心素养"，从"有学上"到"上好学"，正处于转型发展阶段，迫切需要中小学校长准确把握教育的发展指向。同时，面对多项改革政策、诸多改革项目，身处一线的老师们往往目不暇接，不少人面对无数新奇且矛盾的观念迷失方向，甚至是无所适从，亟需领导者做好教育现场的价值引领。

内驱力本质上是价值观的内生愿景与驱动落实。从深度学习的角度来看，当前学生自主学习和有效学习的内在动力越发受到了关注。新的基础教育课程改革已实施推进了十余年，取得了非常丰实教科研思行成果，但对于大部分学校而言，课堂教学尚未形成维持当下、颠覆过去、开创未来的良性动态循环，实质性的教学模式变革和系统性的教学诊改尚未成为常态。究其主要原因是应试教育体制下的学生学习与教师教学没有发生根本性变化。深度学习，作为一个指向学生学习状态与学习效果的重要命题，有助于让学生实现真正意义上的有效学习与自主学习，有益于学校教育教学改革顺应形势、立足实况树立新支点。聚焦深度学习，我们认为校长领导的内驱力应以价值领导"领航"，深度把握教学改革的育人航向，积极把握以价值生成为重点的愿景领导理念目标取向与以价值转化为重点的驱动领导行动目标取向。

---

①张平. 学校变革视野下的校长领导力研究［D］. 上海：华东师范大学，2009.

1. 愿景生成的校长内驱力理念目标取向

校长内驱力，价值领导是其核心要义。从哲学的角度来看，"价值是指客体（事物或人）满足主体（个人主体或集体主体）需要的关系。"①从这个意义上讲，价值反映了对象的客观属性和主观需求、偏好和理想。整合这种可能的价值分配，解决隐藏的或明显的价值冲突，并培养大多数学校组织成员所共有的内生价值观念是校长内部驱动力的主要目标。

"愿景领导是校长带领学校成员基于现实，共同设计未来，不断沟通自己的教育理想追求，传递自己教育使命，实现自我生命价值和意义的过程。"②愿景领导者应激发并赋予学校组织成员向上追求的力量与向下追问的勇气，以价值领导促生组织愿景与个人愿景的有机融合，同向同行共创学校教育更为美好的明天。

"所谓愿景，激发的是人内心底的需求和发自内心的意愿。是人的内心对周遭世界的一种价值判断以及这种价值判断对未来的作用和影响，从而改变影响人对现实世界的观点和行动。"③愿景的本质与人的主观需求密切相关。人的思想境界与思维方式的差异导致了对客观事物的不同主观需要。愿景领导力的关键是以组织核心价值观促进组织成员集聚生成共识性的主观认同。这需要领导者不仅能够充分适应组织个体成员差异需求，更要以具信服力的学校精神引领需求。遵循教师教育的规律与特征，尊重教师专业成长的阶段特质与差异，以道德领导引发群体智慧，内生激发组织成员对学校的忠诚与热爱，以人文关怀深化契约治理，促进组织成员和谐共进、团结协作，根植教育服务为学校的事业发展自觉贡献力量，以积极心理共同面对学校改进中的挑战和困难。

学校发展愿景不只是校长或者少数校级领导中层干部的决策，而是大多数组织成员达成的共同认可的学校教育价值取向共识。校长需要基于时代发展、教育变革的敏锐的洞察力，立足学校发展思行经验总结与实况问题反思，以把握全局为基础、以凝聚人心为重点、以优效表达为依托，

---

① 石中英. 谈谈校长的价值领导力［J］. 中小学管理，2007（7）.
② 赵中建. 学校文化［M］. 上海：华东师范大学出版社，2004：12.
③ 张佳丽. 领导力与学校教学绩效［D］. 上海：华东师范大学，2019.

以激发自觉为导向，内生驱动学校的动态改进与持续发展。具体而言，适需、求实、助行、促变是愿景领导视域下校长内驱力理念目标的基本取向。

（1）适需：把握全局，彰显愿景理念的适合底线

学校愿景积极传递、有效表达了学校整体发展的美好愿望和前景。校长设计学校愿景，需要把握全局，基于政治意识与政策能力把好学校发展的正确方位，立足教育改革发展的内涵要求把好学校发展的任务方位、面向未来前瞻规划以及学校发展的变革方位。愿景理念的生成需要教育的理性诠释，但更为关键的是生成适合校本发展的实践感召。这种适合的探寻，需要校长要充分立足学校现状实况的分析与教育教学优质经验的传承，注重科学、传统的基础上，充分挖掘学校发展的优势，促生兼具内生性与可行性的发展路径。

学校是社会的教育服务组织。人才培养的工具价值是社会对学校发展的现实需要，基础教育的基础性决定了学校素质教育的服务本位价值。面对现实与理想的博弈，学校的愿景理念作为引领学校发展的精神旗帜，不能单纯做出简单的取舍，更要做到适需的融合。以人为本、尊重人才，准确把持学校以成全成长为本体理性，以成绩成才为附加价值的教育逻辑秩序。校长作为学校教育领导者，需要在着眼未来、立足当下之间，适需建构能够达成的愿景通途。在强调学校理想发展的同时，实时关注学校教育教学现实问题的思行突破，注重愿景理念传递责任与使命的同时，更要充分重视以教育领导者的远见卓识引导学校教育的现实改进，以群体和谐感与个体幸福感为中介促生组织发展的同步脉搏。

（2）求实：凝聚人心，彰显愿景理念的聚合底气

组织是群体的组织，个体是群体中的个体。愿景作为学校组织成员的共识蓝图，需要领导者高度组织个体人与人心智融通的有效沟通与交流，进而达成凝聚人心，共同发展。这就需要校长能够将标准化引领与差异性尊重相结合，共性诉求与个性演绎相结合，切实以愿景激发组织成员个体在群体中的价值归属，充分驱动个体理想与组织理想方向同步，扬长集聚每一组织个体的优势力量，共同致力于学校教育品质的卓然独立、越而胜

己的纵深发展。

诸多因素导致了不同的学校组织成员间必然存在差异的现实。不同的老师面对同样的事务会做出不同的价值判断与理解进而生成不同的行动。让组织成员真正融合到一起，需要学校愿景的凝聚和引领。因而，愿景领导要高度重视凝聚人心，以大公的真心服务每一个组织成员的发展，以公平的视角扶持弱者，以公正的视角善待强者，求实激发组织成员为教育奉献、为学校发展、为学生负责、为校长分忧、为自己努力的思行自觉。

（3）助行：优效表达，彰显愿景理念的契合底色

愿景的表达是愿景领导的重要环节。以愿景帮助组织成员指明发展方向的关键前提是校情、师情、学情、生情等状态的调研分析。这是校长以教育理性的前瞻规设驱动学校教育实践现实诊改的重要基础。优效表达愿景的前提是聚焦助行立场共同理解愿景，这就需要校长以工作过程和行动导向为抓手，立足不同个体的岗位职能与履职实况状态，基于不同组织成员生涯发展、专业成长的不同阶段，有针对、具实效的引领组织成员共同探究学校教育治理的行动方向与问题。在源头上就形成学校组织愿景的共识积淀，进而为愿景表达奠定坚实基础。

愿景必须被清楚地表达，否则很难形成组织成员的通识性理解，更难转化为行动化落实。在组织成员能够初步理解愿景的基础上，愿景的优效表达需要校长能够对愿景的主旨背景、结构框架、内涵要素等做出兼具理性诠释高度与实践感召深度的显性清晰表述，并运用多元的领导智慧促生隐性的潜移默化。进而，让不同层面不同类型的组织成员都能从表达中明晰理解愿景的基本要义，并立足自身工作激发问题反思，从同化接受走向自觉认同，以同向思想和同行姿态，个性化达成组织愿景的自我表达与内生性演绎。

（4）促变：激发自觉，彰显愿景理念的整合底蕴

"在瞬息万变的世界加速变化时代，有时很难知道事情会朝着怎样的方向发展。但始终工作在第一线的教育者对自己的教育愿景必须充满信心，这些信心来自于对教育关键问题的把握，知道哪些因素最重要，知道如何去实践教育的愿景。即使在困难危机中也知道自己必须做什么，毫不

放弃自己志向，雄心勃勃，坚持自己的追求，形成学校自我的核心价值和精神。"①

内生组织愿景的最终价值在于驱动促变。愿景领导需要校长切实激发组织成员的自觉，不断引导学校师生内生把握、主动探寻学校教育教学变革的重点和关键点。愿景驱动学校和组织成员的变革，关键在于以问题自省为基础促生认知自信，以认知自信为基础促生探究自主，以探究自主为基础促生改进自觉。校长不仅要让组织成员能对愿景驱动学校和自身的发展方向知其然，更应让组织成员对学校与自身的发展诊改知其所以然，进而，将愿景理念切实转化为组织与成员内生变革的原动力。

2. 愿景转化的校长内驱力行动目标取向

回顾教育管理及领导理论的发展历程，价值领导越发受到重视。当前，教育领导已经由注重领导的影响和控制为主，逐渐过渡为强调价值领导特别是价值转化为其主要特征。学校领导正在从注重维持秩序、履行计划、过程监控、奖惩依赖等传统的行政控制范式，转向通过明确使命责任、建立共同愿景，进而激活内在潜能、实现教育变革的价值落实范式。正所谓行胜于言，相比于价值生成的内生愿景，价值落实转化的愿景驱动更是校长内驱力的关键所在。"所谓'落'基本上具有三层含义。一是归属，有效生成组织成员的价值认同转化。二是下降，切实达成组织成员的价值分解转化。三是留下，充分促成组织成员的价值演绎转化。"②深度学习视域下，势实结合、知智结合、稳问结合是校长引领与指导教育教学改革的内驱力实现内生愿景生成向愿景驱动转化的重要行动目标取向。

（1）势、实结合：向上追求与向下追问并重，生成价值认同转化

深度学习引发了学校教育教学改革向上的追求，这是一种相对宏观导向的共性诉求，但是每个学校师生发展、管理机制、文化氛围等现状实况的差异，导致了每所学校的办学理念与教学模式等呈现出了校本化、特色化、个性化的样态与范式。这决定了学校发展的愿景规划与营造，校长的

---

①张平.《学校变革视野下校长领导力研究》[D].上海：华东师范大学，2009.

②李政涛. 交互生成：教育理论与实践的转化之力[M].上海：华东师范大学出版社，2015：98.

价值领导需要在有效适应教育教学改革变的形势，切实坚守教育教学不变的规律的同时，积极立足向党的教育方针、国家教育政策的共性化向上追求，充分把握学校校情、师情、生情等实况特征的个性化向下追问是促生学校价值领导的愿景认同转化的必要基础。

校长不应是站在队伍最后握着鞭子的人，而应是站在队伍前面高举旗子的人。如果校长单纯以领导者的官本位自居，很难真正生成有效的愿景领导价值认同，实践转化更是难以谈起。单纯以教育者的经验本位为主导，容易缺乏愿景缺乏宏观的教育治理全局视野，致使愿景窄化、偏化，很难在教育治理的视野下获取专业认可、促生行动落实。只有真正聚焦教育领导者的立场，兼具领导者的决策视野与教育者的实践智慧，校长的愿景领导才能真正转化为行动落实。在愿景领导的行动转化过程中，有效的沟通交流是其重要的质效保障。在当前，很多学校的愿景更像是一种教育理论概念的阐释，缺乏以实为是的和而不同校本特色。本质上来说，愿景应是一种教育行动理念。这需要校长真正深度聆听教师、学生的声音，进而充分保证愿景领导的教育理性思维具有实践意识，教育的实践探索具有理性意识，兼顾愿景的主观能动性与客观需求性。通过沟通交流不仅有助于校长进一步反思调整自身对学校发展的愿景规划设计，更有助于组织成员形成愿景理解的理性认知与情感认同基础。因而，校长要将愿景领导切实转化为行动，不妨尝试积极立足师生视角，采取教代会、主题汇谈、个体访谈、校长信箱等多元方式充分集聚群体智慧和集体合力，势、实结合积极促生愿景价值落实、落小、落细为具体的行动。

（2）知、智结合：面向他人与朝向自我融合，达成价值分解转化

价值愿景要切实转化为行动，既要关注如何引领学校组织成员做正确的事情，也要注重如何指导组织成员把事情做正确。形而上的愿景的认知理解很重要，但更为重要的是形而下的愿景实践分解。因而，深化知其然的理念影响基础上，激发知其所以然的行动智慧，对驱动愿景的价值转化具有关键的意义。校长内驱力对师生的行为引领，需要立足教育教学工作过程行动导向，实现聚焦实践转化的面向他人群体领导与根植内心的朝向自我个体激发行动改进有机融合。在工作的具体开展中分解、消融价值愿

景，切实达成内驱力的愿景驱动价值。

学校的核心价值观从内生愿景的理念层面向愿景驱动的实践层面转化，具体体现在学校的办学理念、教学模式、发展规划、制度规范、行为方式以及环境建设等行动过程。"为了促进变革的发生，领导者需要参与其中，需要展示组织价值，并建立对目标的承诺。在办公室撰写文件是不能将改革的紧迫感传递出去的，价值沟通和传递需要通过行动来完成。"①立足工作过程行动导向的价值分解，有利于引导教职工进一步理解学校核心价值观与个人需要、尤其是自我价值实现、责任使命担当等的联系，进而理解其意义所在，并在进一步的认同与接受中，为价值践行奠定认知及情感基础。在此过程中，潜移默化的语言化、换位思考的视角化、赋权增能的自主化等都是较为有效的价值分解转化路径。例如，授权增能。充分授权是使某人能够做某事，以确保学校形成一种鼓励冒险、个人贡献、接受挑战的氛围，从而使个体和组织受到鼓舞、挖掘最大潜能。授权也使人们不再需要外部领导，校长因此有了更多的时间和精力去做更为重要的事情，尤其是赋予组织核心价值、责任使命以更加丰富的内涵，为下一段旅程提供明确而持续的方向；他同时还强调要把权力交给与组织核心价值观一致的人，这将有利于解决管理走向放任的实践困惑，同时揭示了价值引领与授权的内在关系。

（3）稳、问结合：稳中求进与守正出新兼蓄，促成价值演绎转化

愿景树立了大多数学校组织成员共识的卓越追求与奋进取向。所谓卓越真正的含义可能不仅仅在于一种横向的比较，更是一种明天比今天好，今天比昨天好的进取。学校愿景的价值驱动落实是一个不忘本来、吸收外来、面向未来的动态改进过程，这需要校长与组织成员共同形成根植服务的教育自觉，并在其基础上促生稳中求进与守正出新兼容并蓄的持续化价值演绎转化。所谓创新于教育而言，更多的当是立足优质、稳定探寻独特的一种微创新。相比于从无到有，从有到优、从优到精是更为重要的价值选择。

---

①迈克·富兰. 变革的力量—透视教育改革［M］. 北京：教育科学出版社，2004：74.

学校核心价值转化过程中需要充分发挥制度机制、流程、标准等管理手段的支持作用。促进价值转化，需要学校在已有经验的传承基础上构建学校核心价值观，立足发展本位、问题本位、实践本位的经验反思，积极促生组织成员价值转化的行动改进与实践表达。切实的制度保障与有效的方式运用是愿景转化为行动的重要中介。分工协作的团队化、制度驱动的契约化、思维变革的理性化等都是学校愿景由共性价值生成转化为个性价值演绎的积极载体。例如，学校的团队建设。有助于学校加强合作型工作模式的建设，并围绕组织核心价值培育团队精神，充分发挥团队在关系凝聚、智慧共享、价值传递与提升等方面的积极作用。教师之间通过合作并体验着依靠集体力量获得成功的过程，最终会使他们成了自我领导者。通过团队的培育来渗透和转化学校主流价值，有效将价值渗透与制度约定紧密结合，是基于愿景促生群体智慧与个体发展和谐统一的重要途径。

（二）决策力"导航"变革

"教学领导是校长领导力效能本质与专业品质的集中体现和具体反映。"[1]有效的改革、动态的改进和有意义的发展，是校长领导学校的关键动力。校长的决策力关键是校长引领教学变革与指导教师发展的决策能力与决策影响。随着基础教育课程改革的不断深入，校长领导决策能力的深度和广度，特别是在教学中的决策意识和领导观念的培养，得到了显著提高。从深度学习的角度来看，学校需要从教学生知识转变为教他们学习的方法，并提升学生的自学技能和培养学生学习习惯。面对知识的快速更新，学校不仅在灌输知识，而且还在教学生如何学习、如何思考、如何处理问题、激发学生的兴趣以及学习和学习对知识的渴望，需要再次确定焦点：技能和习惯、观察、倾听、表达观点、学习提问、思考问题、解决问题并进行独立学习。教师领导力的"探索"充分揭示了教师改革的潜力，是校长决策领导力的主要目标取向。

---

①陈玉琨. 一流学校的建设［M］. 陈玉琨教育讲演录［M］. 上海：华东师范大学出版社，2008：33.

1. 聚焦教学变革领导的校长决策力理念目标取向

变革即改变与改革。"变革是组织根据时代的需求,用人之智慧将新的元素引入到现实的局面中进行创新,激励组织成员通过变革打破旧有的体制,建立新的机制和策略的过程,把自上而下和自下而上同时发生的创新结合起来致力于问题的解决与创造。"[①]因此,变革的本质就是创新中解决问题。学校是教育服务的组织,教学是学校应该同时也是能够提供的服务产品,直接决定着学校育人的品质与办学的品牌。聚焦教学变革的决策是校长作为学校教育领导者的决策内涵所在,而引领教学变革关键则是思维的变革。

(1)不忘本来:以教育化思维决策教学变革

"校长作为学校教育的领导者,需要以教育化思维,在教育教学的实践变革中对教育'为什么?是什么?做什么?'等本质性问题给出积极的实践智慧应答。"[②]教育的美好在于社会化工具理性视角下生命价值彰显与个性化视角下的人文理性生命质量提升的和谐统一。校长以教育化思维决策学校教育教学实践变革,关键性前提是不忘本来立足成全成长的基础性育人本位价值,进而探寻成绩成才的附加性工具价值。基于科学的教育价值秩序选择,切实把握好课程中共性与个性的关系,教学中主体与主导的关系,积极探寻课程与教学服务的外在助力转化为学生素养培育与潜能生长内生动力的优效变革路径。

校长教学领导变革的决策力,首先在于明确教学的使命。这种能力反映了校长的教育视野和教育理念。具有教学领导力的校长应该能够设定学校的教学目标,并通过传播这些目标使之成为教师和学生的理想选择。当然,为了设定这一教育目标,校长应广泛咨询老师和学生,并充分考虑学校的特点,使学校能够向学生提供清晰可衡量的学术目标,并就确定的教育目标与学校成员进行沟通。

---

①张平. 学校变革视野下校长领导力研究[D]. 上海:华东师范大学,2009.

②陈玉琨. 一流学校的建设[M]. 陈玉琨教育讲演录[M]. 上海:华东师范大学出版社,2008:21.

（2）吸收外来：以现代化思路决策教学变革

知识经济时代，整个社会将更加走向多元、开放。变化的世界需要变革的组织。在世界经济、科技高速发展时代，世界各种组织无时无刻不在发生着变革。面对变化的新时代给教育带来的突破与创新的新机遇和可能会产生的失却与偏激的新挑战，校长需要以更为开放、包容、民主的现代化思路，在适应教育教学变化现象与坚守教育教学不变规律的博弈融合中，以新视角面对新形势，在深度学习视域下，充分吸收学习方式变革促生的建设性与实践性启示，积极地以现代精神和制度为载体的现代学校教学领导变革决策。

2019年2月，国家颁布了《中国教育现代化 2035》。对我国教育事业的现代化建设发展提出了整体规划、基本遵循和重要依据。"推进教育现代化是一个系统工程，《中国教育现代化 2035》提出了十项战略任务，其中的关键环节在于全面落实立德树人根本任务。"①对于学校教育领导而言，助力教育现代化落实，最为关键的在于以现代化的思路决策育人目标、课程结构、教学模式的变革创新。育人目标的现代化变革决策，需要校长以教育实践理性有效认知与理解立德树人的教育根本任务，以教育理性的实践探寻与回应培养什么人、怎么培养人、为谁培养人的教育根本问题。以人的现代化为教育现代化校本建设的核心动力，充分激发学校育人的办学活力，立足学生发展与学科核心素养的实践探索，将国家宏伟的育人目标具体化分解、行动落实到学校的各项教育教学工作之中。课程结构的现代化变革决策，需要校长立足德智体美劳"五育"并举融合的审思，基于学校课程建设的现实状况与理想状态的理性分析，优效调整课程结构、充分整合课程资源，引导学校国家、地方、校本三级课程一体化融汇贯通，持续提升以课程建设为核心竞争力提升学校的教育教学品质。教学模式的现代化决策，关键需要校长以深度学习等现代化教育教学理念引导和促生校本教学诊断改进，充分吸纳国内外相关教材、教师、教法、教研等方面教

育科研新成果的建设性启示，立足学校教育教学的问题实践突破，有效生成校本化移植与创新探索。另外，在当前教育信息技术已经较为普遍和深入地融入了学校的教育教学之中。校长需要切实提升基于校本理解和价值判断的信息化素养，以行动为核心领导学校教育教学的信息化建设。

（3）面向未来：以专业化思想决策教学变革

面向未来，全球化和信息化的双重挑战赋予了校长领导力新的历史使命与发展契机。尤其是，随着大数据、人工智能等信息技术在教育教学中的运用及价值的不断凸显，新时代背景下校长专业如果还只仅限于外部推动或倒逼下的"发展"已经无法充分和主动地适应学校体系的变革。专业发展应迈向更加注重发挥校长主体性和自我规划能力的专业学习。"对于教育工作者而言，当下比起以往任何时候都更需要不断学习和自我提升。只有通过持续地学习，教师才能成长为知识型的劳动者，而校长则能引领学校向学习型组织转型。"[①]

向深度学习转变是21世纪世界范围内基础教育教学变革的重要趋向。当前，我国的基础教育已经进入了"素养时代"。校长应该思考也是能够思考的重要问题是以深度学习推进学生发展与学科建设核心素养的校本教学落地。这需要校长以更为专业化的教育教学思想指导学校教育教学更为专业化的实践探索。具体而言，校长的教学领导需要在两个方面重点提升专业化思想水准。一是深度把握教学工作的育人价值。"每当社会发生重大转型时，人们对教育的批判，往往是从价值批判和重新认识教育的价值与目的始，并且以此为依据和出发点，再对现实的教育活动作出更具体的评析，提出新的原则、方案乃至方式方法。"[②]校长需要立足学校教学质效现状，特别是学科教学的课堂实况，专业审思学校教学的核心价值观及其衍生的教学过程观、评价观等具体教学改革问题。面向未来，基于深度学习的个性化教学、项目化教学、问题导向教学、混合式教学等将对课堂教学提出更多、更高、更深的专业要求。推行课堂革命需要校长不仅具有

①王娟. 中小学校长领导力评价指标体系研究［D］. 上海：华东师范大学，2016.

②叶澜."新基础教育"论——关于当代中国学校变革的探究与认识［M］. 北京：教育科学出版社，2006：247.

应对教学模式变革的专业实践智慧，更需要具有坚守育人价值的专业理性智慧。二是深化推进核心素养落地。近年来，有关"核心素养""全球素养""关键能力"的研究渐成热点。从联合国教科文组织、欧盟，到中国等，都先后提出了自己的核心素养框架和要素。[①]素养时代背景下，学校教学诊断和改进已然成为了常态化的教育实践研究热点。校长需要切实基于学校教学教学的学段特征、学情特质、教学特点等具体问题的专业实践理解与理性认知，"探索理念引领，进行顶层设计，组建项目团队，彰显学科特征，提炼课堂要素，注重课例研究，组织校际联盟"[②]力争以专业化品质的思行探索，有效推进学科核心素养与校本化学生发展核心素养的落地。

2. 优效领导教学变革的校长决策力行动目标取向

深度学习视域下，立足实践导向与行动本位，基于优效变革教学操作化视角，校长决策力行动转化目标集中体现在对教师队伍的学习化、标准化、校本化专业建设要素之中。

（1）构建教师队伍学习型组织

管理学大师彼得·德鲁克提醒管理者要经常问自己三个问题：我们的事业是什么？我们的事业将是什么？我们的事业究竟应该是什么？在这三个经典提问的启发下，我们建议，每一位校长也要经常问自己三个类似的问题：我校的教育教学现在怎么样？我校的教育教学将会发展成什么样？我校的教育教学应该发展成什么样？深度学习视域下，校长的教学领导变革决策，应聚焦内生的专业立场，而非是行政指令的驱动。学习型组织建设是校长领导学校教育教学诊断与改进的重要载体。具体而言，校长需要以教学思想为引领，以课堂教学为阵地，以校本教研为载体，以教学文化为目标积极建构校本教师的学习型组织。一是教学思想的引领。校长需要树立教师第一的教学工作理念，遵循教师教育、学校所在学段的教学规律与特征，聚焦学校的办学理念和育人目标，联实际、促实践、具实效系统化建构人文精神与科学理性并重的教学工作思想。二是以课堂教学为阵

[①]师曼，刘晟，刘霞，周平艳，陈有义，刘坚，魏锐．21世纪核心素养的框架及要素研究[J]．华东师范大学学报（教育科学版），2016（3）．

[②]韩建芳，孙学东．深度学习：核心素养落地的教学实践[J]．江苏教育，2019（35）．

地。课堂是学校贯彻教育方针政策、落实人才培养目标的主阵地，校长如果不常态化、深入化走进课堂，一切的领导都会失去真正的意义。校长走进课堂的关键意义是对教师教学实践进行专业指导。特别是在新课改的背景下，校长对教师课堂教学的指导，更应注重教师学标、贯标、用标的现实状况与存在问题，同时应注意教师的教学风格可能不同，但教学的思想需要与学校教学改革思想同向，教学中教师对共性诉求的个性表达，教与学的主体与主导关系把控、课程思政与素养培育的体现等都是重点指导的内容。三是校本教研。校本教研是校本教师队伍学习型组织建设的优效载体，校长应切实关注以学科或年级等为单位的校本教研组织机制建设与活动组织实施。切实发挥校本教研过程本位服务于学校教育教学质量提升与问题诊改的助力功能。四是教学文化建设。目前很多学校很重视校本的精神、制度、行为、校园等结构层面的文化建设，但是真正具有建设性启示和实效性借鉴的课堂文化、教学文化建设实践探索还不够深入。校长营造学校的课堂教学文化，需进一步加强质量本位、发展本位、问题本位、自觉本位等专业品质视角下的思行改进。

（2）注重标准引领教师专业成长

基于国际视野的借鉴与启示，根植本土的审视与进取，2012年2月，教育部教师工作司，系统颁布出台了《中学教师专业标准》、《小学教师专业标准》、《幼儿园教师专业标准》等3个教师专业发展官方正式教育文件。不仅为教师专业发展、自主发展提供了要素指南，而且为教师队伍建设提供了行动依据。专业标准将教师专业素养划分为专业理念、专业知识、专业能力三个基本维度。其内涵简要而言，专业理念是教师专业发展的前提，立足愿不愿的问题，重点促生的是教师专业发展的动力。专业知识是教师专业发展的基础，立足会不会的问题，重点促生的是教师专业发展的实力。专业能力是教师专业发展的核心，立足行不行的问题，重点促生的是教师专业发展的行动力。校本教师队伍建设应在国家的标准框架引领下，立足实况进行落实转化演绎。以四有好教师为整体的目标取向，聚焦学校核心价值观，具体把握教师立足自我更新的内在发展取向，做"真"的追寻者，提升理想信念自觉感。立足德行引领的主动发展取向，做"善"的传播者，提升道德情操归属感。立足终身学习的动态发展取向，做"美"的创造者，提升扎实学识的幸福感。立足育人为本的持续发展取向，做"爱"的践行者，提升仁爱之心的成就感。对于校长而言，需要立足学校核心价值观，积极引领教师养之有素的专业发展。"大其愿"引导教师生成赤城的教育情怀，"坚其志"引导教师生成理性的思维模式，"谦其心"引导教师生成开阔的文化视野，"柔其气"引导教师生成高雅的情趣追求。

（3）强调校本核心价值观引领下的教师队伍建设

正确的校本核心价值观当是国家时代教育应然价值、学校教育组织实然价值、校本育人能然价值的集中体现和具体映射。教师是学校推进教育教学改革的核心人力资源和重要的未来社会潜在人力资源开发者。校长教学领导的决策，最终需要的是教师执行落实。正如钟启泉教授所言，"教育改革的核心在于课程，课程改革的核心在于课堂，课堂改革核心在于教师。"在当前，聚焦"立德树人，办好人民满意教育"的宗旨性诉求，国家应该说已经切实加强了教师队伍建设的重视程度与支持力度。2018年1月20日，中共中央国务院颁布了《关于深化新时代教师队伍建设改革的意见》，为未来我国的教师建设指明了发展方向，更提供了支持保障。但是不可否认当下我们的中小学教师还存在一定的现实窘境，工作负荷量越来越大，专业要求越来越高，但是相关待遇提升还有待于进一步深化落实。面对这样的现实问题，校长作为学校教育的领导者，如何加强教师队伍建设？提升学校的"软实力"呢？靠经济手段引进吗？靠行政手段淘汰吗？可能对大多数学校而言都不太现实。基于学校核心价值观的教师队伍建设当是一个适合的理性选择。对于校长而言，关键的问题是如何将学校核心价值观有效内化渗透到教师的教学工作之中。这需要校长切实以尊重性的领导艺术驱动，丰实教师的幸福成就归属。对于教师而言，很多实践性智慧都是在想错、再想、再错、再想中才能生成，校长要有祝贺失败的修养。在当前，很多校长可能更为关注教师教的怎么样等工具性价值问题，相对缺乏"欣赏"和"留白"的目光，相对忽视了教师教的累不累等"人本性驱动"问题。这可能也导致了教师的职业幸福感相对较低。教师的职业幸福感往往是来自于职业的成就感。因而，校长需要通过教学领导的决策变革，重点从教师的教化体验感、专业认同感、生涯存在感等方面提升教师的成就感和幸福感。

（三）执行力"护航"落实

再伟大的思想如果不能转化为行动也不会成为壮举。组织领导是校长保障学校管理有序实施和有效发展的重要基础。学校之间的竞争，不仅在于愿景方向、决策方位的正确与否，更取决于行动落实的程度如何。即使有好的愿景和决策，如果不付诸实施，也仅是一纸空文。校长的执行力关键在于保障学校愿景与决策付诸实施，这既是校长的职责，也是提升学校竞争力的关键所在。深度学习视域下，校长的执行力需要立足学校教育教学改革的内驱愿景与变革决策，有效彰显推进与践行的质量与效能。

1. 思为行之始的校长执行力理念目标取向

"没有健康的人格和思想，就没有健康的行动。相反，没有健康的行为，人格和思想就无法改善。"①思为行之始是深度学习视域下校长执行力护航落实组织领导的理念目标重要取向。学校要真正实现内涵发展，聚焦执行力的组织领导保障是不可或缺的重要环节。组织领导应系统化、实时性把握校本人才培养的行动现状、需求与发展，以深化质量为核心、优化实践为导向、强化创新为动力、内化素养为保障，重点依托组织制度建设，持续优化学校质量治理，动态建立健全内部质量保证制度体系。通过质量生成过程的分析，寻找教育教学质量的关键控制点（环节），通过制度规范、程序支持、文化自觉等，实现质量持续改进和提高。以执行力护航落实，促生校本改革发展愿景与决策付诸实施，优效把持内涵建设的组织领导目标站位，切实提升校本教育品质的竞争力。具体而言，在深度学习视域下校长的组织领导执行力，需重点把握好宏观导向与质量取向两个方面的目标站位。

（1）以终为始：强调组织领导的宏观导向

"教育领域全面深化综合改革，推行'管办评'分离，必须加快

---

①张平. 学校变革视野下的校长领导力研究［D］. 上海：华东师范大学，2009.

健全学校自主发展、自我约束的运行机制。"①对于学校教育领导者而言，首先应先明确依法赋予教育治理各方的主体责任。在当前，国家的教育治理整体形成了政府主导统筹管理、学校自主办学、利益相关方合作联动评价的机制体系。学校作为人才培养质量的第一责任主体，需要校长作为学校教育领导者充分适应教育治理制度化、民主化、科学化的趋势，紧密围绕校本人才培养的办学理念与育人目标，以校本内涵建设的执行力为保障，优化完善组织领导的行动目标站位。切实发挥充分参与、促进教育治理过程的自觉性、内生性和实效性。校长要以终为始高度强调组织领导的价值与理性，充分保障领导学校的价值领导内驱力愿景和教学领导决策力变革，切实转化为组织领导的行动。具体而言，在深度学习视域下，校长的组织领导需要立足组织成员不同的岗位职能，聚焦学校的教育教学质量提升，提出更为有效、具体的行动问题追问。首先作为校长应立足学校教育教学全局治理的质量，追问当前学校的发展愿景是否明确？办学定位是否准确？办学理念有没有真正对学校的教育教学实践起到引导和驱动作用，还是陷入了文化概念的包装丛林？学校教学领导决策是否科学合理？校本管理制度是否有效？等相关问题。引导学校中层干部基于学校人才培养的整体设计与具体实施，立足岗位职能工作实况，追问管理工作是否把正确的事情做的正确？学校核心的教育教学工作要求和举措是否在岗位职责内落实到位？学科育人价值是否在有效转化？学科、年组的课程结构设计、教学模式改进等还存在什么样的问题，能够提出什么建议等问题。引领教师立足课堂教学追问我们的课堂教学是否立足实况，把握了教学诊改的"应然"价值导向？是否立足实践，把准了教学诊改的"本然"内涵品质？是否立足实效，把稳了教学诊改的"实然"思行要素？是否立足实时，把持了教学诊改的"能然"问题反思等问题。进而，动态促生组织领导优化保障价值领导、教学领导落实的执行力目标体系。

---

① 教育部. 关于深入推进教育管办评分离促进政府职能转变的若干意见（教政法〔2015〕5号）〔Z〕. 2015-5-4.

（2）以实为是：强调组织领导的质量取向

行动是检验思想的载体，没有行动的领导，就算不上真正的领导。践行组织领导需强调行动。通过实践可以验证理念的有效性和可行性，还可以检查组织运作中的问题和缺少的元素。深度学习视域下的校长组织领导，需要把握好校本教育教学治理的内部质量取向目标站位。明晰教育教学内部质量保障的结构与要素，明确职责定位与职能分工，从经验治理走向科学治理，从制度治理走向文化治理、从科层式治理走向扁平化治理，从主观化治理走向信息化治理，积极建立健全校本现代化教育教学治理体系。具体而言，需要深化强调以下三方面内容。首先是强调组织领导的价值理性。组织领导的价值在于保障组织愿景与决策的落实，这既是领导者的义务与责任，更是学校提升竞争力关键所在。深度学习视域下的组织领导，需要立足学校教育的本质属性坚持科学理性，立足人才培养的校本传承探索坚持传统理性，更要立足学校学科建设、教学诊改等方面的独特优势，坚持创新理性。以组织领导促生与保障教育教学理念转化为更为扎实、成熟的教育教学实践。其次是强调组织领导的执行效率。当前，信息技术已经为教育服务提供了较为丰实、多元的便利途径。教育信息化平台管理已然逐步走向了常态化。教育教学状态数据的收集与分析，成为更为有效的内部质量治理手段。深度学习视域下的组织领导应以更为精实的信息化素养，动态掌控校本人才培养的状态数据与关键指标，以结果量化分析与过程质性判断相结合，切实提升组织领导的执行与效率。最后是强调组织领导的人本服务。学校作为社会的教育组织，最终指向的是服务人的综合素养与全面发展。人本服务始终是组织领导的核心动力，深度学习视域下组织领导需要以机制规约为保障，更需要强调人本的共识契约驱动落实。

2. 行为思之成的校长执行力行动目标取向

深度学习视域下校长的组织领导执行力应充分聚焦学生素养发展，推进行动探索。学生的进步是衡量学校效能的关键标志。学校组织成员的态度和行为能够也应该为所有的学生提供公平而有质量的学习平台并为其学业质量承担责任和义务。为实现学校教育服务的有效性，学校应进一步重视和强调组织成员的协作计划和伙伴关系。学校组织的共同目标、团结气氛、知识和思想的共享意识等是有效组织的重要因素。为此，校长的组织领导力，要强调通过协调与服务来创造组织成员的支持性环境，以组织中团队协作和分享氛围的创设，充分激发学校的办学活力，积极促进学校组织行为的改进和协作发展能力的提升，切实帮助成员个体的自主发展和自我实现，进而为学生全面发展和综合素质提升提供支持和帮助。

（1）自强修身，提高校长自身的专业素养

中小学校长是办好人民满意教育、促进基础教育事业健康发展的关键少数和有效依托。聚焦"立德树人，办好人民满意教育"的宗旨性诉求，基于素质教育校本化、个性化、特色化的追求性倡导，近年来，国家进一步加强了对高素质、专业化的中小学校长队伍建设与校长专业发展的重视程度与支持力度。2013年以来教育部系统出台了《中小学领导人员管理暂行办法》《关于加强中小学党的建设工作的意见》《义务教育学校校长专业标准》《义务教育学校管理标准》《关于进一步加强中小学校长培训工作的意见》等系列化的上位引领相关文件。特别是2018年1月中共中央国务院颁布了《关于进一步全面深化教师队伍建设改革的意见》，进一步明确指出："努力造就一支政治过硬、品德高尚、业务精湛、治校有方的中小学校长队伍"。为中小学校长专业质素提出了更为明确的要求。

引领雁群飞行的原因不是头雁叫声，而是头雁自身的飞行轨迹。校长作为学校教育的领头雁，有效满足社会对优质学校教育的诉求，引导学生素养发展与教师专业成长，关键的前提在于自强修身。好的校长不是培养培训出来的，而是实践锻造出来的。组织领导是校长专业履职的重要维度，校长的组织领导首先是对组织成员的思想领导。本质上来说，教育是成人之道。"成长"学生是校长促进学生发展的使命；"成全"教师是校长促进教师发展的使命；"成就"学校——即校长促进学校发展的使命。这需要校长作为学校教育领导者，不仅要明确需要承担的教育责任是什么，更要对如何践行责任有清醒的自觉，不仅要将教育责任作为外在的客观要求，更要将其作为内在的主观追求。其次是对组织成员的行动领导。在新时期，学校教育关注的是每一个学生个体的发展。学生个体发展的多元需求，决定了新时期学校教育的个性化发展需求。进而对校长产生了新的要求。尽管校长提出的办学理念和办学实践形式各不相同，但却有着共性的规律，即基于学校发展和师生发展的需要。要更好的满足新时代学校教育高品质诉求，校长以组织领导切实促生和推进组织成员的行动改进是关键所在。这对校长自身提出更高的要求，校长应努力实现可持续性成长，持续精进素养，力求走向卓越。不能只是埋头抓管理，更要抬头思方向，低头抓教学，以有为求有位，在其位谋其政创造性地开展学校组织领导工作，做到永不满足，自强不息，不断完善自己，超越自己，努力实现可持续性发展和成长。身先垂范，做好师生的行动表率。

（2）和谐驱动，加强学校管理制度建设

制度是理念转化为行动的必然中介。对于校长的组织领导而言，制度建设是学校管理改进的重要抓手。具体而言，深度学习视域下校长加强学校管理制度建设应进一步深化聚焦管理理念、管理机制、管理行为、管理效能等基本取向推行行动改进。

管理简单说即管事与理人。学校作为社会的教育组织，后者比前者更为重要。在当前很多学校运行的是传统的科层制管理。这种管理方式是行政型的管理，很容易做到人人对上负责，层层对上负责，但是很难达成层层对下负责。但学校本质上来说是服务学生的组织，不是服务校长的地方。因而，校长的组织领导首先需要在学校中明确树立人本服务的管理理念，以相应的管理制度促生和达成组织成员教育服务的自主契约，为学校愿景的达成、教育教学改革的执行落实，提供高效能的行动保障。其次校长需要优化组织领导的管理机制。在当前学校的制度管理大致可分为三个境界：一是强调控制，追求管理"零缺陷"，二是强调赋权，追求效能"零损耗"，三是强调激励，追求成员"零抱怨。"[①]对于校长而言，组织领导需要立足激励导向进一步强化发挥管理制度对组织成员的驱动功能。立足教师发展与学生成长的现实需要，系统化建立健全学校管理的理念、过程、评价等相关机制，促进学校管理服务教育教学的功能创新与结构创

---

①郑杰. 给校长的建议［M］. 北京：教育科学出版社，2010：164.

新。

二、基于深度学习的校长教学改革领导力目标具体要素

深度学习立足如何在教学中真正落实学生学习自主地位关键问题深化追问，有效激发了学校教育根植立德树人教育根本任务，聚焦培养什么人？怎样培养人？为谁培养人？教育根本问题视野下，如何提升育人质量、促进办学改进、推进教学改革等学校内涵发展与效能改进相关问题的反思自省。校长作为学校教育领导者，需要对这些问题给出切实、有效的教育实践理性诠释与感召应答。

基于前面探讨的深度学习视域下校长教学改革的内驱力（以价值领导"领航"的愿景领导力）、决策力（以教学领导"导航"的变革领导力）、执行力（以组织领导"护航"的践行领导力）"三维"整体目标取向。本部分重点立足校长专业发展与学校改进发展并重的视角，以文化营造生态化、发展规划过程化、课程教学品位化、教师引领团队化、学生素养生长化、校本评估促变化为基本框架，具体建构校长教学改革领导力的"六化"目标要素。

（一）文化营造"生态化"

英国曾经进行过一项有趣的研究。结果显示，人在刚去世时，体重会平均下降21克。据此有人戏称21克是人灵魂的重量，正是因为有这21克，人才是活生生的人。那么，对于学校教育而言，这21克是什么呢？陶西平先生曾经进行过这样的解读："当是学校的文化，校长无论是执掌百年的老校还是领军新生学校，都应该认真思考如何让这21克保增几多。"[1]从中，不难意会文化建设对于学校的重要性。文化是历史的积淀、智慧的聚合、灵魂的坚守。作为新形势下的新常态，文化建设既是教育应然关注的问题、学校实然重视的问题、更是校长能然改进的问题。深度学习视域下，校长需要以生态化的学校文化氛围营造为价值领导的核心载体，以内

---

[1]康万栋，邵喜珍. 校长与学校发展［M］. 保定：河北大学出版社，2012：23.

在的力量凝聚、激励师生，以独特的氛围影响、引导师生，实现教育教学变革的共识性价值认同生成与自觉性落实转化，促进学校更具生命力的内涵发展。

1. 基于深度学习的学校文化建设生态化内涵审思

让学生从学会到会学，培育深度学习的素养已经成为基础教育发展的新趋势。深度学习视域下，营造能够助力师生素养自主成长与自觉发展的人才培养文化生态是新形势下对学校文化建设的新期待。

文化是一个语境宏阔，语意深远的概念。不同学科与学者相关研究阐述很多。但是究其词性本质，应有两方面的基本认知。一是文化作为名词，指的是价值取向影响下的生活方式。其核心不仅在于客体客观的本质属性，更反映出了主体主观的价值选择。二是文化作为动词，即以文化之。对于学校而言，简单说，所谓"文"指的是"办学理念"即学校精神，价值观念，所谓"化"指的是"办学实践"，即思行的转化，价值落实。无论是名词还是动词，价值观都是学校文化的核心所在。当前，相关于学校文化的主流观点阐述和辨析，基本上也是聚焦于此进行的衍生与拓展。综合分析其概念的共性表述，有三方面的基本特征一是学校文化生成于学校教育教学的实践过程。二是学校文化聚焦在教育目的价值的追问。三是学校文化体现为立足校本的表达方式。我们认为学校文化的内涵理解为"学校文化是学校教育教学实践和变革中生成的教育价值与目的追问的校本表达方式"。相关于学校文化的结构要素，很多先行研究成果已经较为成熟，例如我们比较熟悉的"洋葱模型""冰山模型"等。一般而言，精神文化、制度文化、行为文化、物质文化是学校文化建设的四个基本维度。深度学习视域下学校文化生态营造，校长要避免价值领导的虚化与俗化，需要立足学校发展实况，进一步深化加强对学校文化内涵与要素的自省追问、自主思考、自信表达、自觉探寻。有效激发学校文化促生学校内涵发展的生命力。

（1）精神文化建设——朴实而不贫瘠，有价值的重量

"精神文化是学校文化建设的核心，是一个学校全体教师员工所共有的对世界事物最一般的看法和判断是非、决定取舍的价值准则，它决定了

学校文化的其它内容，它的确立，成为学校全体教师员工为实现学校目标在整个教育、管理活动中的基本信念，常常对学校的教育行为产生重大的影响，它决定着学校精神的基本格调和整体面貌，左右着学校教育活动的方向，同时还决定着学校道德的内容，调整教师之间、学生之间、教师与学生之间的关系文化。"①学校精神文化当是一种刻在心里的文化，朴实而不贫瘠，有价值的重量是其重要的内涵特征。关键在于培育大多数学校组织成员共同认可的价值共识，进而有效整合价值分歧、化解价值冲突，让学校教育核心价值春风化雨深入人心。

（2）制度文化建设——丰富而不堆砌，有深化的延展

制度文化是学校成员以学校制度来建构的生活方式，是连接学校精神文化、行为文化、物质文化的桥梁。学校文化真正要"化"到学校的每一项工作中去，先要在管理制度上实现转化。在当前，很多学校的制度文化更多强调的是强调控制或赋权管理的规约功能，而相对忽视了强调人本激励的契约功能，进而导致了学校制度文化存在重管事、轻理人、重经验、轻理念、重结果、轻过程等现实问题。制度文化作为一种写在纸上的文化，丰富而不堆砌，有深化的延展是其关键内涵特征。校长引导高效能的制度文化建设需要应然诉求与实然需求相结合，有共同愿景的根基。群体引领与个体引导相结合，有规约意识的土壤。外在助力与内在动力相结合，有契约精神的灵魂。质化效果与量化效能相结合，有评价驱动的感召。

（3）行为文化建设——活跃而不喧嚣，有秩序的自由

学校行为文化，是指学校组织成员在教育实践过程中产生的活动文化，是学校面貌风气（校风、教风、学风等）、制度规章、人际关系的动态体现，是学校精神文化的诠释、制度文化的检验、校园文化的折射。学校行为文化作为看在眼里的文化，活跃而不喧嚣，有秩序的自由是其积极的内涵特征。校长领导学校的行为文化建设，关键是标准的引领。具体而言，学生的行为文化建设，应注重思行习惯养成，加强自主生长的行为助

---

①程红兵. 心听校园［M］. 成都：四川教育出版社，2005：19.

力。教师行为文化建设，应关注内生动力激发，加强专业行为的认同归属。干部行为文化建设，应强调赋权增能，加强管理行为的质效修炼。

（4）物质文化建设——创造而不盲从，有新意的变化

学校是开展教育活动的直接场所，并且是教育活动顺利进行的空间支持和资源基础。所谓学校物质文化，是指学校教育等一系列实际活动的物质和文化形式，是学校文化存在的数据库和保证，是学校精神文化，制度文化和行为文化的明确载体和支持成果。是追求学校的教育理念，美学吸引力和价值。主要包括学校的地理环境，校园环境的设计与布置，学校的基础设施，校服，校徽，校旗等元素。在学校建设材料和文化时，不要盲目地遵循创造，创新的变革很重要。当前很多学校的物质文化建设往往是单纯为了做一件事而去做一件事，把物质简单等同于了物质文化，存在机械移植多，内在创生少的现实状况。校长需要认真思考如何凸显学校物质文化在教育性、实用性、人文性等方面的高品位。有效、充分发挥学校以物质为载体，折射学校精神氛围的育人功能。

2. 促进深度学习的学校文化建设生命力反思提升

深度学习赋予了校长聚焦学校文化本质、立足校本实况，进一步强调发展本位愿景、质量本位变革、问题本位改进的新内涵审思。当下，聚焦立德树人，办好人民满意教育的宗旨性诉求，基于素质教育校本化、个性化、特色化的追求性倡导，很多校长已然显著提升了对学校文化建设的重视程度和认知水平，但是同时也较为普遍的存在着一些实践导向的理解困惑和实效取向的行动困境。特别是深度学习视域下，以教学改革为核心的学校内生性、自主性改进越发受到了关注和重视。但是很多学校的文化建设，教学文化、课堂文化建设尚未成为实质主流，重硬件、轻软件、重移植、轻校本、重形式、轻内涵、重课外、轻课内等现象问题在学校文化建设中仍较为普遍的存在。聚焦深度学习引发的学校教学改革思考，校长需要基于先行的校本文化建设优质稳定经验总结与问题反思，进一步深化把握、优化引导、强化突破学校文化建设的实践进取。具体建议如下。

（1）深化建构办学理念，动态提升学校精神文化生命力

能否以科学、先进的办学思想，引领扎实、成熟的办学实践，应该

说不仅是校长自身专业质素的外在诉求与显著标识，更是学校实现优质内涵发展的核心动力和关键载体。所谓办学理念是在教育规律和教育价值认知和追问的基础上，在教育实践中对教育是什么？教育为什么？教育怎么做？等问题的实践应答。在当前校长的办学理念建构应该说已然不是一个新话题。本质上来说，既是学校教育改革新形势下的新常态外在诉求，更是学校改进发展新常态下的新期待内生动力。

适应学校教育改革的外在诉求，办学理念应凸显有质量的教育过程公平。长期以来，质量和公平一直是教育变革的核心主题。质量相对易于把握，追求的是标准引领下的内涵品质与优效发展。但是公平，往往是一个多元评价标准的融合问题，很难达成一致的认同。绝对的公平很难存在，相对的公平是一种普遍的认同。校长建构学校的办学理念需要立足质量与公平的融合视角。一方面是质量。国家倡导的是培养社会主义合格建设者（关键能力的素养问题）和可靠接班人（必备品格的价值观问题）这是学校育人的整体质量标准取向。另一方面是公平。教育具有"时间差"的特征。换句话说，我们总是利用昨天和今天的知识来培养明天的人才。因此，真正的公平通常来自于过程不是开始或结束的事实。办学理念体现了学校的愿景价值取向和精神价值实质。校长建构办学理念应该追求同时也是能够追求的教育质量与公平当是有质量的教育过程公平，这是真正办出正教育、真教育的重要基点所在。作为学校改进的内生动力，办学理念应是聚焦教育价值实践的校本诠释表达。价值是在学校生活中建立学校思维和创新的关键内在驱动力。在当今时代，有必要考虑学校教育的价值。关于人力资源，教育，特别是基础教育，已成为人力资源开发的嵌入式路径。学校教育的价值取决于国家和社会价值。它将决定民族和社会价值观的重点。当前，基础教育领域中面对素质教育追求教育人本理性价值与应试教育追求教育工具理性价值的博弈，导致学校教育中出现了种种"异化"现象与问题。不让一个孩子掉队——好像异化为成绩至上了；办好人民满意的教育——好像异化为家长至上了；人人有学上，人人上好学——好像异化为择校至上了。学校到底是培养人重要还是人才重要？学校成功的标志到底是什么？——是成全成长，还是成绩成才？等等问题值得我们深思。面对这些问题，校长建构办学理念，应不忘本来、吸收外来、面向未来，聚焦科学的教育价值追问给出成熟的教育实践校本诠释表达。

深度学习引发的学校教学变革，需要学校文化特别是办学理念引领下的学校精神文化生态滋养，才能更真正落地生根，更为有效深入、切实持续的践行。如果只是单纯的把其视为实现各种新任务的功利手段，深度学习将成为形式主义的狂欢，而非内涵发展的助力。因而，在深度学习的视域下，校长深化建构办学理念需要进一步明晰把持关键性基本取向。具体而言，可以概括为四个字。

一是"温"。关注共性诉求的个性演绎。温反映出的是对度的把握，这是一种中庸哲学。对于学校教育，向上的追求，往往都是共性的。例如，上位教育文件的颁布，提出的都是共性诉求。但是向下的追问，往往是个性的。学校与学校不同，校长与校长不同，在共性的诉求下，往往有着质效不同的向下追问与个性演绎。办学理念的建构，往往需要将向上的追求与向下的追问的有机融合，只有向上的追求，办学思想容易假、大、空，只有向下的追问，办学思想容易迷失方向、缺乏高度。

二是"文"。关注隐性经验的显性凝练。校长往往具备非常丰厚的实践经验智慧。容易身教，却很难言传。即我们知道怎么做，但不知道怎么说。隐性经验重要还是显性表达重要？办学理念好像是一棵树。隐性经验让其"根深蒂固"，显性凝练则方显"枝繁叶茂"。但是我们看到一棵树，怎么才能知道这到底是什么树呢？首先看的还是显性的枝叶，而非隐性的根蒂。因而，我们需要立足自我与超越自我相结合，将隐性经验的显性凝练，做到质、效相顾。在此，需要强调的一点是，办学理念应避免陷入"教育概念"的丛林。近些年，中小学校办学理念越发多元泛化，多样化特色化办学是好事，但是校长建构学校的办学理念建构并非是文字的游戏，外在的表达形式很重要，实质内涵更重要。办学理念凝练表达，关键在于以实为是，坚守科学、传统，凸显实践特色的校本优势。

三是"稳"。关注散性思考的统性整合。在办学过程中，校长往往会面临很多现实的问题，为了解决这些问题，往往会形成很多的零散思考，但是却很少能将这些零散的思考系统整合。就像是我们常说的只看树木，未见森林。办学理念的建构，则需要不只看到树木更要看到森林。有效立足过去、当下之实，切实把握未来之势。

四是"问"。关注感性意识的理性升华。从心理学的角度，理念的形成，需要感性意识的理性思维加工。校长建构办学理念首先当然需要校长内心火热，但是更需要校长头脑冷静。校长的感性意识，往往是基础，需要立足教育领导者的感召意愿和态度，校长理性思维则是关键，需要校长立足教育实践者的诠释求证与升华。办学理念应彰显"诠释性"高度和"感召性"深度，方能思行相融，更具丰实、厚重的意蕴。

（2）强化管理的激励功能，有效提升学校制度文化生命力

制度文化，往往生成在管理的变革之中。制度不能仅仅是文本的堆砌，更应该注重内涵的渗透。以规约意识为基础促生契约精神是学校制度文化建设的质效关键。校长管理学校，需要善于把握管（管事）与理（理人）的共融关系，以优化内部管理为重点，保障学校有序、高效发展，以调试外部环境为助力促进学校与家庭、社区、社会等组织的合作共性，形成教育合力促进学校和谐发展。深度学习视域下的现代学校管理改进，校长更应重视从知识中心到育人中心、从强调控制到注重服务、从关注投入到重视绩效、从粗放外延转到精细内涵、从经验立场到科学本位、从个体领导到群体智慧等方面的现代化转向。特别是学校制度管理，应进一步强化管理质量的激励功能，充分凸显高效能、讲人道、可持续的优效特征。具体而言，校长强化学校管理的激励功能，应有效思考以下四个基本取向。

一是以服务性的管理理念立场，加强共同愿景诠释。所谓"基础教育"，国际上较为公认的理解是，联合国教科文组织，于1977年提出的："向所有人提供并为一切人共有的最低限度的知识、观念和社会准则和经验。"基础性是基础教育理念与实践的本位价值。在当前，基础教育不基础，可以说是一个较为普遍的现象，很多学校更多的关注的是来自上级学段的附加价值，即能否输送更多的优质生源。当然这也是基础教育的重要价值，但是我们不应因此，就忽视了基础性的本位价值。学校是教育服务组织，如何提供适当的服务是学校教育管理的出发点和归宿。学校管理理

念以基础教育的基本本质价值为基础，遵循学生成长和教师教育的规律，强调学校管理教育服务的特点，并以管理体系为载体来意识学校管理教育服务，需要有效地产生共识来服务共同愿景。

二是以自主性的管理目标定位，增进人本价值渗透。所谓管理，即"管事+理人"。后者更为重要，通俗地说管理就是"让别人，努力达成你的目标"。校长作为学校教育领导者，学校管理的首要目标是要发展好一所学校，但是如果只有校长在努力，老师们都不努力，不是一种好的管理。自主管理是有效的管理方式，我们现在的学校大多运行的都是"科层制"管理。这种模式类似"金字塔"，但有一个问题。对学校来说，学校是为学生服务的地方，不是为校长服务，而这种方式是人人对上负责，层层对上负责，做不到层层对下负责，很多先进理念不能实现。校长授权让教职工自主管理，但这种管理不等同于放任自流。自主应介于规约和契约之间，关键在于制度作为可度量的标准，能否充分兼容工具的效率评价价值与人本的内生发展价值。

三是以激励性的管理行为驱动，丰实幸福体验归属。大多数人的幸福不一定来自成功，但大多数人的成功通常基于幸福的经历。教师是学校发展的第一资源，学校管理系统必须充分强调有上进心的教师的职业幸福感。对于教师而言，职业认同感和成就感是实现职业幸福感的重要中介。校长在管理中应注重通过激励性管理行为，引领教师积极体验专业人能够专注于专业事，有效率、有目的做有意义事情的充实体验，而非只是让教师们陷入单纯忙碌之中。同时校长对于教师的教育，体验是关键要素。没有体验就没有教育，很多时候校长作为教师之师，指导教师专业发展在有效把握局外人指点迷津的功能同时，更要注重促进局内人自己走出迷局的效能。

四是以内生性的管理氛围浸润，助推生命自觉激发。"所谓生命自觉，是指个体在环境的作用下能够正确地认识自我，主动地设计自我，能动地完善自我，实现自我规划，自我激励和自我超越的行为方式。"[①]师

---

①李伟. 教育的根本使命：培育个体"生命自觉"［J］. 高等教育研究，2012（04）.

生的生命自觉，需要学校管理营造良好的氛围来引领和激发。学校犹如航船，校长是船长、教师是船员、学生是乘客，作为船长，无论船是小是大，是新是旧，都应该立足实况内生探寻航行基于结果、注重过程的价值和意义，通过内生的管理氛围，将组织发展为个体发展紧密融合，激发成员在组织中的充分实现个体视角下的生命质量提升自觉与组织视角下的生命价值彰显自觉的共生并重。同舟共济共同致力于学校在维持当下、颠覆过去、开创未来中实现动态改进和持续发展。

3. 优化营造良好的师生关系，切实提升学校行为文化生命力

学校教育是人与人心智碰撞的生命实践活动，师生关系是学校教育中最为基础同时也是最为核心的关系。从某种意义上来说，学校教育首先是关系学。深度学习的关键是真正落实教学中学生的主体地位。深度学习视域下，学生立场的学校教学改革主流价值进一步受到了关注和重视。所谓的学生立场，无论是以学生为中心还是以教师为中心，都只强调单方面的教学或学习，而不是以学生为中心。真正的学生的位置应该是教育和学习之间有效互动所产生的质量和数量。无论是立足学生自主成长的视角还是教师职业幸福的视角，优化建设良好的师生关系都是校长积极营造学校行为文化生态的关键环节。校长营造学校良好的师生关系，更为直接的是对教师的思行引领，这往往需要一些有效的策略支撑。

策略之一：引领教师奠定真爱的基石，掌示握爱的艺术。一个教师是否有"仁爱之心"，既是检验她是不是一名好教师的标准，更是其能否与学生构建良性关系的决定因素。不爱学生的老师不会被学生爱。但是，爱学生的老师也不一定被学生爱戴。为什么有些老师认为他们爱学生，却没有被学生爱，自己努力的表现对他们的爱，却没有与他们建立良好的师生关系。关键是老师对学生要有真爱，而不是假爱和错误的爱。所谓的真爱是爱人的唯一目的。无论他们的行为优劣，成绩好坏，外表美丑，家庭富裕或贫穷，他们应该尽可能地帮助每个学生，改善其必须塑造的道德品格。健康的性格丰富了所学的知识，提高了要掌握的技能，增强了待发展的体质，品味属于自己的快乐与幸福。假爱即教师受功利的驱动、个人的喜好，或者迫于外界的压力而施加给学生的爱。这时教师的爱是学生的聪

明、分数、长相、听话，或者家长的权势地位、财物等等。错爱即在教育的过程中，违背学生成长的规律而施加给学生的爱。与假爱不同，错爱没有不良的居心和动机，是善意的好心办坏事。问题在于缺乏智慧，过于强势。因而，校长应引领教师常态化进行自我的反思。不是学生不爱你，是不是因为你压根就不爱他（她）；不是学生不爱你，是不是因为你本身就不可爱；不是学生不爱你，是不是因为你没有教他（她）如何爱你；不是学生不爱你，是不是因为你没有给他提供爱你的机会等等。

策略之二：引领老师学会忍让、懂得退却。英国著名作家狄更斯说过：成熟的麦子是懂得弯腰和低头的，如果不懂妥协和退让，全世界会到处都是你的敌人。管理和被管理本身就是一对矛盾，有矛盾就有必然有斗争。教师的忍让与退却是为了寻求最佳的教育时机和教育方式。不是不让教师与学生斗，但要注意的是只能文斗（斗智）、不能武斗（斗勇）。相比于亮剑精神，长征精神更需要发扬。校长应引导教师认识到一个人冲动之时，也是他智商最低之时。当一个学生犯了错误的时候，首先影响的是老师的情绪，进而通过老师的情绪发酵影响到整个班级，老师的情绪在一定程度起到了扩大事态影响严重的作用。把脾气散出来，那是本能；把脾气压下去，才是本事。

策略之三：引领老师懂得接纳、善于倾听。苏霍姆林斯基说："一般说来，善于倾听孩子们的说话就是一门了不起的教育艺术。但是我们的老师真的善于倾听学生们说话吗？可能答案是否定的，教师对学生的爱和责任，只有基于尊重才是真正有效的。这往往需要老师具备祝贺失败的修养，看待学生具有欣赏的目光，教育学生懂得留白的艺术。校长应引导教师反思，当人处于情绪混乱之中时，总希望别人先接纳和同情自己的情绪和观念，即便是自己不对，他也听不进任何批评和建议，即使是他主动征求意见，这时他迫切需要的也不是建议，而是先排遣混乱的情绪。他的情绪调整好后，往往自己便会认识到自己的不足，并想出解决问题的方法。基于以上原理，教师在处理学生乃至家长的问题时，应遵循以下原则：对学生，先处理情绪，后处理事情。对家长，先稳定大局，再处理情绪，最后处理事情。

（4）内化校园环境的育人氛围，积极提升学校物质文化生命力

校园是师生学习、工作和生活的地方，"让每一面墙都说话"，就是为了给师生，当然首先是为学生创造一个良好的生态环境，而这种环境最重要的是以学校办学理念为核心形成的校园氛围。学生在这种氛围中长期受到熏陶，在与环境的交互作用中，他们的情感、态度甚至价值观的形成会受到潜移默化的影响，这种影响最终会内化为他们自身的素质。所以，有人说好的校园环境是除了教材、教师之外的"第三位老师"。"校长应有效加强对校园文化的重视，充分内化环境的育人氛围，积极营造学校物质文化与精神文化一脉相承的良好文化生态。"①特别是当前很多学校都很重视校园校舍的墙壁文化建设。但是我们到底为什么要让每一面墙都说话？应该让每一面墙向谁说话？说什么样说话？怎么说话？这些问题值得校长进一步深入探讨。

（二）发展规划"过程化"

学校的生存和发展取决于多种条件，其中学校发展规划是一个关键要素。学校发展规划以推动学校发展为根本目的，以制定与实施规划为理性工具。对校长正视学校教育教学改革的诉求与师生成长需求，基于学校发展历程、现状、趋势科学分析，立足学校共同愿景凝聚师生群体智慧，建立健全学校诊改机制，进而统筹策划、驱动促生学校实现整体发展、协同发展、前瞻发展、实效发展、特色发展具有重要的价值引领理念价值和行动指导实践意义。目前，学校发展规划的狭义概念主要是指计划的案文，而广义的概念涵盖了学校发展状况分析，案文设计和计划实施的全过程。换句话说，学校发展规划是学校的整体利益。为应对教育改革和校本发展的双重挑战，在对学校实况系统诊断的基础上，着眼于学校的中长期发展，战略性、前瞻性审思学校的办学与教育教学诊改的质效。在系统分析学校的前提下，定位学校应优先发展、重点改进的关键内容，深挖自身的潜在资源，制定适当的行动计划，并在执行落实中动态修正。理性审视"学校发展规划的目的是促进学生的和谐发展，促进学校的长期，稳定和

---

①陶西平．换一种眼光看教育［J］．教书育人，2005（10）．

可持续发展，促进学校管理效率和教育质量的不断提高"①的质量价值，并高效践行落实。

深度学习视域下，校长更加重视对学校发展规划的广义概念，将学校发展规划作为引领和指导学校发展的行动纲领。不仅要重视静态的方案文本，更要重视动态的行动过程导向。以教育教学改革下的学校实况分析与问题诊断为基点，以关注愿景、决策、落实的规划设计为重点，以实践本位、问题本位的行动改进突破为关键，以发展立场、成事成人的评价为保障，切实促进学校教学改革立足过程本位，从被动适应向主动内生的自觉转化、从横向比较向纵向进取的卓越转化。以学校发展规划为载体，领导学校更具驱动力的动态发展。

1. 基于深度学习的学校发展规划过程化内涵审思

学校发展规划（School Development Planning，简称SDP）是目前学校管理方面的热点话题。"SDP项目不仅仅是计划文本的制订，而且是一种重要的管理思想和管理手段。它建立在对学校发展状况分析的基础上，明确了学校发展的目标、需要解决的问题，同时，也有确定的措施和实施阶段。"②促进与实现学校发展才是学校发展规划的最终目的。

深度学习视域下，学校及其组织成员主动发展、整体发展、可持续发展的意识和能力越发受到关注。学校发展规划作为促进学校发展的重要载体和关键路径，是引领和指导学校组成成员发展的行动纲领。基于深度学习引发的学校教育教学变革思考，校长规划学校发展应积极突破仅仅停留在制度层面"成事"的局限，进一步充分强调真正深入人本内涵层面的"成人"要旨。要充分发挥学校规划促进学校教育教学变革和发展的作用，需要校长有效把握学校发展规划的过程化属性，积极审思学校规划的主动性、整体性、持续性等过程化内涵要素。

（1）聚焦过程价值的主动发展内涵

深度学习倡导立足行动过程促生学校教育教学的真正变革。学校发展

---

①孙军，程晋宽. 轮学校发展规划的理论框架［J］. 现代教育管理，2012（11）.

②于维涛，郭磊. 办有灵魂的学校［M］. 北京：北京师范大学出版社，2018：7.

规划不仅是一个具有静态结果性文本，还具有围绕学校发展目标而设计学校发展综合性方案的理性诠释价值。更具有作为一种动态过程性的实践，即驱动学校实现改进与发展的实践指导过程价值。从过程的角度来理解学校发展规划，往往更能体现其本质属性。过程价值视角下，学校规划应倡导学校的主动发展理念，聚焦人本有效唤醒组织成员的发展意识与主体精神。学校是教育治理的基层组织，立足过程本位，校长应提倡主体立场，把规划发展的权利和责任落实，聚焦于师生群体智慧，依托于组织成员的集体力量。

（2）立足过程思维的整体发展内涵

深度学习关注学校教育教学改革中教主导与学主体的活动质效过程。过程思维强调了学校发展规划"事"与"人"的整体性、关系性把握。学校发展规划的制定与实施作为促进学校内涵发展优效改进的重要载体，应有效依托过程思维，从整体出发进行系统思考、科学规划、顶层设计和有序推进。进而，让学校发展规划引领学校实现全面综合的整体发展，而非单纯让其成为一个漂亮的结果性文本。

（3）基于过程要素的持续发展内涵

深度学习的落实与转化关键在于学校对教育教学变革要素的过程性理解与把握。学校发展规划，要基于过去、立足当下、面向未来引导学校实现前瞻性、创造性的可持续发展。从时间维度上而言，这是一种长远的发展。追求长远性发展关键在于动态把控过程性要素，对于学校发展规划而言，诊断分析、规划设计、执行实施、评估反思是其基本的流程环节。其中诊断分析是基础，重在适需定位；规划设计是关键，重在系统定向；执行实施是重点，重在落实定行；评估反思是保障，重在促变定性。校长应重视对于这些基本过程要素的取向审思与实践表达。以反思昨天为起点、以把握今天为基点、用规划明天为重点，积极引领学校前瞻远景审视未来，并用未来牵引当下的发展。

2. 促进深度学习的学校发展规划驱动力反思提升

学校发展规划是中小学提升综合办学水平与教育教学质量的一项重要工具。"当前学校发展规划的制订与实施的过程中存在发展目标制订不明确、目标规划主体不清晰以及学校人员角色和发展领域缺乏特色等问题。深入分析学校现状，提出相应对策，妥善解决这些问题才能有效地发挥学校发展规划对学校的引领促进作用。"①深度学习视域下，聚焦学习质量的学校教育教学改革越发受到关注。学校发展规划的制定与实施需要顺应时代发展形势，立足学校现状实况，准确对标校本质量的提升发展，有效把握学校发展规划的过程价值、过程思维、过程要素等过程属性，基于先行经验总结和问题反思，群策群力切实提升学校发展规划的驱动力。

（1）加强诊断分析，提升规划需求引导发展的驱动力

调查研究是谋事之基、成事之道。校本实况调研分析是制定学校发展规划的必然前提。只有这样，才有可能有针对性地确定发展目标和举措。因此，规划学校发展首先是全面、系统地进行学校发展的现状分析与问题诊断，进而生成基于理解和价值判断的行动计划。对学校现状实况的诊断分析，常见且有效的简单方式是SWOT分析，其主要分析的层面是学校发展的优势、劣势、机会和挑战。在四个层面专项分析的基础上，进一步融合探析对于学校的发展，哪些问题既是优势也是机遇，哪些问题既是优势也是挑战，哪些问题虽是劣势但也是机遇，哪些问题既是劣势也是挑战等具体问题。这就需要校长能够有效聚焦、切实针对学校发展的事与人两个维度进行深度了解。以重要和紧迫为"事"的判析基本取向，以态度和能力为"人"的判析基本取向，进而基于过去、立足当下、面向未来，精准把持学校应该发展同时也是能够发展的目标定位、人物站位和改革选位以及战术目标与行动定位。有效提升学校规划引导学校发展的实效驱动力。

（2）注重文化诠释，提升规划理念引领发展的驱动力

学校发展规划不仅是推进学校有序发展、有效改革的行动指南，更是激发学校组织成员深度理解认同学校发展愿景、自觉落实学校领导决策的重要助力。因而，学校发展规划不仅要立足当下之实，面向未来之势强调规划的科学理性，更要深度聚焦学校办学理念注重文化诠释，促生组织成

---

① 阎龙. 学校发展规划制定和落实中的问题与分析［J］. 国家教育行政学院学报，2011（04）.

员共同的办学实践落实转化愿景和使命的文化理解往往是宏观层面的，需要通过发展规划将其转变成现实的具体目标，明确反映学校在一定时期内相关教育活动思行的方向和所要达到的水平。"西方学者极其重视在发展规划中表述学校的教育哲学，他们认为学校的教育哲学是学校共同体的教育理想和团体的哲学信奉，它是学校办学的核心，学校应该把形成教育哲学当成学校日常工作的中心要素，把它当作一项持续进行、动态发展和永无止境的工作，以确保学校共同体成员能够共同前进，实现学校存在的价值。"①因而，学校发展规划要注重理念引导的潜移默化，提升规划教育实践的理性指导与理念认同驱动力

（3）强调群智聚合，提升规划融众促进发展的驱动力

学校发展规划不是一个人或几个人的创造与构想，而应是多边参与与合作的结果。适合的不一定是最好的，但一定是更好的。校长规划学校发展，不能单纯注重横向的校际比较，更要立足纵向的校本进取。不能只是强调精美、严谨的文本修饰来表达自身的教育理想与偏好，更需要立足实况，基于结果，注重过程，注重组织成员的群智群聚与群策群力。这需要校长"不断更新理念、凝聚力量、广开智慧、民主协作。在整个过程中，大家不断认识学校的现状，思考呈现的问题，不断发现新的思路，然后一步步达成共识，形成一个体现大多数人意志的发展规划，同时这也是学校在修正不足的基础上逐步改进，达到规划目标的重要途径。"②

（三）课程教学"品位化"

学校教育的规律告诉我们，抓好教学是校长的天职。教学领导力是校长领导力的核心要素。课程与教学是校长教学领导力的关键载体。深度学习视域下，校长领导课程教学，不仅要顺应新时代课程教学改革的变化、遵循教育教学规律与学段学生成长规律，积极回应培养德智体美劳全面发展的社会主义合格建设者和可靠接班人的立德树人教育根本任务导向与行动诉求，还要把握学校现状实况，聚焦学校的教育价值追问，在课程与教

①俞伟娟. 学校发展规划与学校发展的个案研究［D］. 上海：华东师范大学，2008.
②楚江亭. 特色学校创建：概念透视与模式重构［J］. 教育发展研究，2008（08）.

学的实践中对于培养什么人？怎么培养人？为谁培养人的教育本质问题给出智慧的实践应答与有效的行动佐证。同时，更为关键的是校长领导课程教学应该而且必须体现在课程建构与课堂教学的基本环节中，落实到具体的教师教学、学生学习、教育管理等行动之中。深度学习视域下，校长对学校课程与教学领导，需要更加注重战略性引领决策、方略性过程把控、策略性落实指导的和谐共振。

1. 基于深度学习的课程教学品位化内涵审思

品位源自化学用语原意是指矿石（或选矿产品）中有用成分或有用矿物的含量。深度学习视域下，伴随着课程教学改革、核心素养培育的动态深入，课程与教学作为学校教育教学改革的核心要素，对校长作为学校教育领导者特别是教学领导专业维度下的课程体系建设与教学改进演绎提出了更高品位化期待。

1. 共性与个性理实结合，彰显课程建设的系统化品位

课程是影响学校品质的决定性要素。中国学生发展核心素养的提出，使学校课程在育人目标落实中彰显出更为重要的地位。当前，由课程管理转向课程领导，已然成为了校长专业履职的共识认同。课程领导的关键在于把握好课程建设中共性的社会化工具理性价值与个性的人本理性价值的关系。这要求校长在有效洞察外在的教育课程政策导向和行动诉求基础上，更要立足学校实际状况，与学校组织成员一起在明确的课程思想指导下，共同规划课程愿景、整合学校课程资源，通过课程建构、课程实施、课程评价方面的系统化建设，对学校的课程品质与教育质量产生有效影响，提供积极助力。具体而言，校长的课程领导需要立足课程共性的科学之优与个性的人本之美的理实结合，具体把握课程的目标取向、框架设计、结构层次、内容体系、实施推进、评价驱动、环境营造等方面的系统化建设。

一是课程目标系统化。清晰的目标将有效引领课程体系建设的方向。循着国家从"基础知识、基本能力"的双基目标到"知识和能力、过程和方法、情感态度价值观"的三维目标再到今天以"人的全面发展"为宗旨提出的核心素养目标发展进程，学校课程建设的目标需要呈现出面向学生

必备品格和关键能力的培养目标，有效彰显社会价值、基础教育改革主流价值、学校教育本位价值、校本核心价值的系统整合。二是课程框架系统化。课程框架是课程内容的总体概括，往往从宏观层面勾画出学校课程的整体面貌。在这个框架体系中，每一部分课程要素围绕学校育人目标形成一个整体，每一个课程群或课程板块，每一份小课程作为其间的要素都具有自治性，同时又相互关联，相互作用，互为支撑，并能够将要素整合，整体作用于学校人的发展。三是课程结构层次系统化。在课程建设校本化的过程中，仅仅整合国家、地方、校本课程于一体已不能够满足教师和学生多样化、个性化的要求，以人为本的课程理念及学生核心素养培养的要求，使师本、学本课程的建设成为人才培养的需要。因而国家、地方、校本、生本的课程结构系统化建设是当代教育发展的要求。四是课程内容系统化。以立德树人为基础，学校课程体系建设要实现各学段纵向衔接、各学科横向融通、课内外深度融合，积极整合德育课程、学科课程、传统文化课程、实践活动课程等课程内容，达成学校育人目标、体现学校个性文化及特色。五是课程实施推进系统化。课程实施力是校长依照课程标准或课程政策文本严格且富有创造性地结合本校实际情况实施课程的能力。这需要校长在充分理解课程基本理念、基本内容等基础上，保证国家课程在学校内正常实施的同时，以校为本统整课程资源、优化课程结构及开发校本课程，积极寻求课程校本化实施方略。六是课程评价系统化。课程评价是对课程实施的监督、指导和管理工作科学化的保障。校长应高度重视学校课程发展性评价，以发展为目的，以质量为标准，以问题为导向，以改进为重点，积极保障课程领导方向、效能、力度。

（2）主体与主导思行合一，凸显教学改进的演绎化品位

课程改革最终落实到课堂教学实践中才真正具有意义和价值。深度学习视域下，面对高速且压缩化的课堂教学进度与缓慢且复杂的学习历程之间的落差，不少学生陷入了虚假学习和浅表学习的课堂学习困境。"在学校教学中真正落实学生的主体地位，促进学生实现自主学习、内生学习品质的提升，使其在课堂上能够全身心投入且愉悦充实，逐步成为了课堂教

学改革的方向。"①深度学习的变革需要深度教学的支持。对于校长的课堂教学领导而言，关键是把握好教学中学生学为主体与教师教为主导的关系，立足校本实况，充分促生课堂教学实现课程领导理、实诉求下的课堂思、行演绎。具体而言，校长应重点在教学思想引领、教学诊改指导、校本研修助力、课堂文化营造等方面彰显教学改进的演绎化品位。

首先是教学思想的引领。思想的引领是校长领导学校教学改进的前提要素。作为一校之长，必须对教育理念进行本土化分析，形成自己的教学思想，然后用这样的教学思想去引导、组织、管理、评价学校教学，影响整个团队。二是教学诊改指导。提升教学诊断与改进的指导能力是校长领导学校教学改进的关键要素。"新课程改革对教学提出了全新的要求和目标，这就要求校长在领导教学的过程中，引领、指导学校教师团队认真组织开展有针对性的课堂教学研究，掌握新课程背景下教学的新特质和教学基本环节的新要求，构建适合本校发展的有特色的课堂教学结构，以保证学校教学沿着新课程的正确轨道健康推进和有效实施。"②学习过程是学生自我建构的过程，倡导"无序"中的"有序"。"有序"重在课堂教学组织过程和课堂教学层次的渐进，"无序"重在活动设计的开放性和学生个性的激发。"自主教学"既强调学习者的主体作用，也强调教师的主导作用，即"双主体"前提下的自主教学。三是校本研修助力。校长领导教学改进，关键在于对教师的引导和助力。教学思想、教学模式要通过教师的具体教学行为来实现。因此，促进教师专业发展，提高校本研修水平，是校长教学领导力的重要组成部分。

2. 促进深度学习的课程教学竞争力反思提升

课程与教学是学校核心竞争力的根植性载体。近几年来，核心素养已经成为我国课程与教学改革的推动力。深度学习视域下，面对知识爆炸时代知识是学不完的现实，激发了从一味单纯关注教什么知识的问题转向怎么学习才能促生个体智慧问题的思考变革。学校教育教学改革最终是为了

①周文叶. 促进深度学习的表现性评价研究与实践［J］. 全球教育展望，2019（10）.
②刘畅. 对校长教学领导力的思考和实践［J］. 北京教育，2011（03）.

更好的服务学生全面发展。如何智慧的教会学生智慧的学习智慧当是学校教育教学改革应该思考同时也是能够思考的重要问题。聚焦这一问题，反思校长的教学领导力，有益于提升学校课程教学更具质效的竞争力。

（1）反思课程领导，提升学校课程建设的品质竞争力

课程是学校品牌的显性产品表征。面对新形势对校长课程领导的新期待，首先需要校长坚定自身作为首席教师的课程领导的角色定位，进而突破传统课程领导孤军奋战的状态，在学校内部建立课程领导共同体、培养领导型教师、引导多方力量参与课程领导，积极寻求课程领导的同行者。在此基础上，校长除了要夯实、丰富课程领导专业知识，更要重视实践经验智慧的有效积淀与显性升华。进而实现深度学习视域下对课程领导更加深入地思考和理解，立足课程标准的学科素养倡导什么样的学习方式及学习哪些内容，并结合学校自身资源、环境、设施、学情等，进一步生成更具校本化、特色化、个性化的学校课程品牌。

"反思是校长获得课程领导新理解的重要途径。校长通过监督和教学活动亲临课程实践，切身感受到课程运行各个环节的状况，并通过课堂听课、教学论坛、教学会议等形式听取学校内部不同成员对课程开设的意见，深入分析课程所面临的问题及相关学生的学习利益，从而把握新旧课程观念的冲突，反思课程问题，更新课程思想，深化对课程的进一步认识，重新修订课程计划。"①校长的课程领导反思既要立足学校教育教学的实况、成效、问题等的总结与审视，更要聚焦于新时代教育改革与发展的新趋势，学校教育教学高品质诊改的新常态，充分吸收借鉴先进、科学的教育教学理论研究成果，立足校本实况进行兼具理性诠释高度与实践感召深度的校本移植转化探索，教育理性实践与教育实践理性并重，切实聚焦校本、学科的育人价值、课程结构、教学模式、教师教学能力等关键问题，信、知、思、行融合，深化推进、动态拓展、持续推进以课程领导促生核心素养落地、促进教学诊改落实等关键问题的方向、定位与行动内涵反思提升。

---

①李晶. 校长领导力的修炼与提升［J］. 辽宁教育，2019（11）.

（2）反思教学改进，提升学校课堂文化的品性竞争力

课堂文化是一种注重学校文化、注重学校教育和教育质量的表达。专注于课堂和改善教育是校长提高领导能力的唯一途径。建立课堂文化是一个长期的过程，其创造的效率是学校发展的关键动力。成功的学校教育和教师的课堂文化可以促进学校的发展和改革，帮助学校解决问题、困难和危机，并实现学校的可持续发展。教育文化的形成可以积累学校的发展，并具有信心和毅力。课堂文化建设是教师和学生教学精神最重要的文化建设，因此可以说教师和学生是两个重要的因素。

首先校长要反思教师的精神引导。"校长教学领导力的一个重要目标是组织与形成积极向上的教师团队，及形成教师精神。在学校办学理念的精神文化引领下，通过教师彼此之间的相互影响、相互作用，在行为上有共同规范的一种介于组织与个人之间的组织形态。在团队中默认的精神对团队中的成员的影响是很大的。"①校长在建构教师精神的过程中，具有怎样的精神价值引领就有了怎样的教师团队。校长倡导弘扬教师精神，引领教师理想与情感，是校长教学领导力的重要着力点。其次校长要反思学生的精神塑造。学生的发展是学校教育的出发点和落脚点，学校进行的一切教育教学活动其实都是为了促进学生的发展，是为学生发展服务的。聚焦教师与学生的教学精神涵养，学校的课堂才能更为有效的彰显出思考、民主、关爱、自觉等课堂文化基本特质，进而提升学校课堂教学融科学之优与人文之美的文化品性竞争力。

（四）教师引领"团队化"

铁打的营盘，流水的兵。对于学校的改进与发展，教师是第一资源。一个好校长只有切实打造了一支好的教师队伍，才意味着一所真正的好学校。只有这样才能让学校教育改革的大潮中，实现行稳致远。对于教师队伍建设是一个久远但需要经常唤起重新思考的话题。只要时代处在深刻变化的转折关头，审视现有教育的同时，必然会对教师作为教育教学一线实

---

① 京师研学21：校长课程领导力的思考与实践［EB/OL］．http://www.wohu.com/a/15545174_7283

践者的质量提出更新、更高、更广、更远的要求。

深度学习视域下审思中小学教师素养，好教师不仅应该是教育者和学习者，更是研究者和创造者。不仅需要具备扎实的教学能力和坚实的育人素养，要具备终身学习的意识、能力和不断完善自我的信念，更要具备研究的素养和创造的精神，不断推陈出新。对于学校组织而言，教师专业发展的促进，不应该也不能够只是立足教师个体的专业发展，关键的是聚焦教师专业共同体的视角，促生教师专业质素提升实现个体化努力向团队化滋养的转向。基于深度学习引发的教师教学方式、学生学习方式、教学评价方式等深度变革，专业而有温度的教师团队化建设势在必行。

1. 基于深度学习的教师引领团队化内涵审思

学生进行真正意义上的深度学习，需要以教师的深度教学为基础。校长引领教师实现深度教学的变革，首先需要把学校视为专业性学习共同体。立足团队化的视角，校长应以促进教师发展为目的，以优化教学实践为载体，以共同体合作互助为依托，有效助力教师在团队化的同伴互助共生中切实达成赤诚教育情怀、理性思维模式、专业实践智慧等教师发展综合素养的沉淀与升华。积极彰显教师团队化发展在学校教育教学改革预期目标和行动达成中必不可少的中介价值。

（1）责任担当：有情怀的自觉教师团队

中小学教师是教师队伍中数量最大，对新一代发展具有最广泛影响的教师职业群体。不仅是重要的社会人力资源，更是极为重要的社会潜在人力资源开发者。从某种意义上来说，教育的质量永远不会超越教师的质量。

当前我们的教师和校长都很不容易。面对现实状况与问题，校长如何更为有效进行教师队伍建设呢？靠经济手段引进吗？靠行政手段淘汰吗？好像都不太现实。价值引领激发自觉是校长进行教师队伍建设，更为现实、有效的选择。正如陈玉琨先生所言"改变一个学校要改变其学校精神，改变一个教师要改变其价值追求，改变一个学生要改变其成长的目标。"[1]校长要打造教师团队，首先需要夯实教师的教育情怀精神根基，这

①陈玉琨. 发展性教育质量保障的理论与操作［M］. 北京：商务印书馆，2006：57.

是关键的发展动力问题。赤诚的教育情怀不仅体现在教师对学生的关爱、对教育事业的执着奉献，更需要教师以德为根不忘自强修身的行动表达。基于学校核心价值观的教师队伍建设，当是校长作为学校教育领导者对引领教师成长作出的更为理性的选择、更具感召的应答。所以，一个优秀的校长，首先当是一个有情怀的校长，同时更是一个善于通过价值领导学校发展内生驱动愿景转化为教师发展自觉动力的情怀激励高手。深度学习视域下的教师团队更应是基于对共同的教育信仰的笃定，向着共同的教育愿景，为着共同的教育目标，相互协作，砥砺奋进而组织起来的共同体。

（2）人本激励：有温度的和谐教师团队

人本性原则是打造有爱与温暖的教师团队的根本性原则。幸福的教师才能培养幸福的学生。所以，教师团队建设应该以教师的发展与幸福人生为旨要。校长不仅要关注教师的物质生活，更要注重教师精神世界的建构，通过团队学习、文化熏陶、价值浸润、嘘寒问暖等任务驱动、精神引领和人文关怀在教师的精神家园中种篱修竹，让教师有职业归属感和幸福感。人际因素无论在什么情况下都是影响教师团队发展的重要因素之一。教师团队实质上就是由在学识、技能、性格、价值取向等方面存在差异的教师组合起来的人际网络，因此处理好教师团队的人际关系尤为必要。

激励之所以奏效，是因为人们的某些需求和渴望能够得到满足。总体而言，激励的措施可以分为两类：物质和精神。一般来说，为了调动教师的工作积极性，许多学校主要采用的激励手段以表彰和嘉奖为主。这不仅给校长带来了压力同时也容易对教师带来物质刺激引发的发展动力异化与偏向。精神本位的激励强调从教师发展的本源，内化促生教师的成就感和幸福感。具体而言，一方面需要校长以尊重和理解教师在教育教学中特别是团队化的学习型组织发展中积淀生成的宝贵实践智慧，让教师感受到专业人做专业事的专业认同感。另一方面，要注重良好内部合作关系的校本氛围营造，以学科组、年级组等为单位，引导学校愿景规划与决策部署的协作落实，注重个体的群体价值彰显，促生集体同向发展。让教师感受到多元内部组织对成员个体的关爱。同时还要注重良好的师生关系营造，让教师感受到学生群体对教师个体的热爱与尊崇，立足过程本位提升教师的教化成就感。最后，要注重学校组织愿景与教师个体职业生涯发展规划的融合，促进教师在知己（自身）、知彼（环境）的基础上生成方向、目标、任务、行动等方面的科学抉择。进而，通过物质与精神的双重激励，以和为重引导教师根植教育服务自觉，聚焦校本发展诉求，立足自身发展需要，生成优效的团队化组织激励。

（3）合作共赢：有智慧的专业教师团队

深度学习视域下，教师专业发展需要进一步强调。所谓专业发展，专业是工具，发展是目的，实践是关键。学生的需求和成长是教师一切工作的根本出发点和着眼点。如何基于学生的学习过程和思维特点进行教学设计和课堂教学，这需要教师进一步深化立足专业实践智慧的视角，对深度学习理念引导下的课堂深度教学所需的专业理解与认知、专业知识与方法、专业能力与行为等进行更具质量的思行探索。在当前，教师专业发展存在自主意识不足、知识更新滞后、反思精神缺失等现象问题。特别是个人主义的教学文化在教师群体之中根深蒂固，僵化保守的教学工作方式和习惯阻碍了教师专业发展的进程。

深度学习视域下的学校教师团队应该凸显个体智慧与群体智慧的融合。能够有效激发教师团队成员的主人翁精神，集思广益，将每个教师的智慧汇集成团队的智慧。校长要鼓励教师通过交流、论坛、团队学习、专题培训、主题研讨、课堂观摩等形式打破自我封闭和固化状态，实现智慧众筹与共享，以确保教师团队永远充满生机和活力，学校永远站在教育发展的前沿。同时校长应该注意处理好个人竞争与团队合作的关系，防止个人的过度竞争偏离集体的方向。这需要有效的管理制度保障。民主、自治、公正、适切的制度文化，既可以规范教师的行为，又可达到激励、引领教师的目的；既能成就教师个人，又能成就教师团体，实现教师个体与学校发展的双赢。

2. 促进深度学习的教师引领凝聚力反思提升

所谓一个好汉三个帮，一个篱笆三个桩。校长个人能力再强，水平再高，如果不能调动起教师团队的积极性，其工作的效率也会大打折扣。校长最关键的领导就是对人的领导。校长领导只有充分引发了教师队伍的共识认同，并能切实转化为教师教学实践的专业思行应答，才能避免价值孤独，真正引领教师以团队化建设为基础，促生凝聚力。

深度学习视域下，落实学生的主体地位，关键在教师。学生学习在教师引导之下是学校教育的本质特征之一。教学统一的视角下，教师在教学中的主导作用需要重点实现将外在的教育要求转化为学生内在的学习需求，将外在于学生的客观知识转化为学生的学习活动对象。这并非是单个教师的简单努力能够达成的学校教育教学改革，需要校长以教师团队共同体建设形成共识合力、营造行动变革氛围。校长引领教师团队化成长的功能优势为校长反思学校当下的教师队伍管理现状，进行科学管理拓宽了新的思维，开辟了新的视角，提供了新的路径。校长要充分看到教师团队所蕴含的巨大能量，通过教师组织的结构性改革，既聚力又聚智还聚情，使教师团队的功能达到最佳。结合学校教育实际，校长应重点加强对教师团队建设目标归属凝聚力、制度精神凝聚力、评价发展凝聚力的反思提升。

（1）目标导向：提升教师队伍建设的团队归属凝聚力

共同目标是一个团队具有凝聚力的必然前提和重要基础。校长要善于利用目标的导向功能，激励每一个成员甘愿为共同的教育价值追求勇往直前。"共同的目标是教师团队建设的魂，是校长教育哲学的集中体现，带领教师团队向着这个目标奋进是校长的神圣使命，亦是校长人格魅力的写照。"①一所学校、一个团队，如果有了共同目标，就会产生众人一体的感觉，众人划桨开大船，倘若这种感觉遍布融合在学校各个"场域"中，就会使学校充满凝聚力，从而展现出蓬勃的生机和旺盛的生命力，彰显愿景文化的独特魅力。

学校教师团队建设的共同目标，需要根植于教育的终极目的即促进学生的发展。教师能否能理解、接受学校赋予团队的目标，是否具备能力实现这个目标，如何实现目标，教师对目标的实现需要多长时间等问题，都是需要校长细细考量的。这其中非常重要的，也是基础性的问

---

①于维涛，郭磊. 办有灵魂的学校［M］. 北京：北京师范大学出版社，2018：82.

题，就是教师对目标的认同度和理解度。教师对目标的认同基于对教育信仰的坚守和对教育规律的理解，校长要做的不仅仅是在教师已有的教育认识基础上提出目标，还要为教师设定"最近发展区"。"最近发展区"理论是教育家维果茨基针对儿童发展提出的，我们在这里借其义而用之。校长协调、辅助教师团队针对现实情况主动确定既符合教师自身发展情况又能促使教师进步的"最近发展区"，以此来激励整个教师团队朝可实现的目标迈进。

（2）制度定位：提升教师队伍建设的团队精神凝聚力

教师团队建设不是也不可能孤立进行，它必然要与学校其他方面的改革诸如课程、评价、学生管理、教师专业发展等紧密联系在一起。制度是保障团队得以正常运转、协调发展的重要基础。校长作为制度制订的领导者、组织者、协调者，不能凭个人的主观意愿，必须本着公平公正的态度，指导、协调教师制订团队认同的规章制度，经校委会讨论同意，民主决策之后再施行，以最大限度地求得团队的最大公因数。

团队精神是组织内部上下同心，各部门相互支持，协调一致的群体素养，是现代学校制度建设的重要组成部分。团队建设中不能单纯关注教师的精神风貌，而忽视了其背后的制度因素对团队建设的影响。因此，我们必须看到和重视制度在教师团队精神培育中的作用。校长以制度为载体把教师团队建设置于学校现代治理结构与体系当中，既要用梦想和激情又要用民主与法治的思维来凝聚共识。让正能量充盈教师团队之中，统筹协调政令畅通、知人善任、各谋其位、各得其所，使学校高效运转，通过制度保障教师团队建设形成自觉发展、共同发展的契约精神氛围。

（3）评价驱动：提升教师队伍建设的团队发展凝聚力

评价事关一个人的尊严和价值，是一个教师获得感的来源和体现。评价必然要涉及评价制度，一个科学的评价制度，不仅要把个人和团队引向成功，还要有宽容失误、失败的"雅量"。所以，在教师团队建设中，我们要反思的不仅是评价制度本身，更要反思评价的过程与结果包括结果的使用，让教师享有真正的获得感，无论成功与失败。毕竟"人非圣贤，孰能无过"，教师在工作中难免有失误甚至错误，评价制度的作用不仅仅在于惩戒，更在于引领、帮助。

团队发展关键在于梳理互相理解和分享的思维方式。教师共同体基础是教师，核心是相互理解、交流沟通/共享共建。个体本位的封闭式思维无疑会成为教师共同体建构的障碍，团队取向的相互理解、分享、开放式思维，有助于教师团队实现互助合作的共赢发展。因而，校长应注重个人质效与团队发展和谐统一的评价驱动。过分注重个人的评价就会弱化团队的功能，影响团队的建设，这就从制度上疏离了个人与团队的关系。因此，评价制度要善于把对团队的评价纳入对个人的评价，兼顾个人与团队的利益，达到既要有优秀的个人，也要有优秀的团队的评价目的。

（五）学生素养"生长化"

当前，中国基础教育已然与时俱进地进入了"素养时代"。聚焦学科核心素养和学生发展核心素养审思与进取的学生素养生长潜能激发，已然成为了当下校长引领和指导学校教育教学改革的关键思行取向。教育的主体是学生。学校教育教学的出发点和落脚点都是学生。教育即生长，学校能够真正唤醒孩子自由生长的潜能，是学校教育教学改革成功与否的重要辨别标识。深度学习视域下，立足学生自主地位的素养内生性生长，领导学校更具培育力的自觉发展，是校长作为学校教育领导者的时代职责与历史使命。

1. 基于深度学习的学生素养生长化内涵审思

学生发展的核心素养是关于学生知识、技能、情感、态度、价值观等多方面要求的综合表现，是每一名学生获得成功生活、适应个人终身发展和社会发展都需要的、不可或缺的共同素养，其发展是一个持续终身的过程。

深度学习理念，立足学生自由生长视角，让学生素养培育在学校教育教学改革中行动转化变得更加具体化和理性化，学生素养生长有其深厚的历史渊源和现实意义。学生的自由成长是激发个人内在需求和生活潜力以实现个人成长并实现个人价值的一种方式和方法。学生的自由成长不是放任自流，而是在教育的指导下自由成长，根据具体的教育目标、教学方法、教育内容、教育策略和教育评价，使学生和谐、全面、积极地发展。学生的自由成长离不开教育者的教育和指导。学生的自由成长是学生主观意识、主观意志、爱好和对个人潜能的尊重的发展。教育的一项重要任务是唤醒学生自由成长的潜力。教育的最终关注点是人的自由成长。作为学校教育的负责人，校长需要动态、深入地了解人们在现代社会中过上更好的生活和价值所需要的素质。进而，引领学校教育在促生学生素养生长的育人实践中实现教育教学改革的大有所为。

（1）直面复杂情境的学生素养生长

我们所处的时代存在显著的变革性特质。变化已然成为了当下时代不变的规律。"以我们最熟悉的知识领域为例，如果前现代和现代世界都以追求确定的知识为目标，那么后现代的知识的第一特征就是非确定性。公理是有条件的公理，规律是有限度的规律，不再有整齐划一的标准答案，教师的职责不再是用自己的一桶水，来给学生一滴水，而是他们必须一起共同去找水。"[①]在面对这样一个复杂的充满着各种不确定的未来，我们再以命令的方式强迫孩子死记硬背，还有什么意义呢？面对日趋复杂的知识未来，我们的教育教学必须调整和直面回应。

（2）立足关键能力的学生素养生长

解决未来的复杂问题，需要很多本领、技能和方法，但总有那么少数的几种，是常常被用到的，无论遇到哪个方面的问题，这些本领都会管用，如果缺少这种关键能力，我们所能解决的问题范围就会大大缩减，而拥有关键能力有助于我们的学生在各个领域大显身手。好的学校不外乎就是能够给学生提供高质量的学习生活。与知识、技能、方法相比较，学生更需要的是在精神和心灵层面得到学校与老师的关注。当教师关注了学生的心灵和精神时，学生学业就会得到很大的改善，素养就会得到全面提升。这也正所谓"有好的老师，才有好的教育"。校长只有带动、依靠、发展教师，让教师始终葆有对教育的热忱、保持敏锐的教育方向感，"核心素养"才会在校园、在课堂着陆，才会在学生的成

①张岩. 核心素养时代的校长领导力［J］. 吉林省教育学院学报，2017（06）.

长中积淀下来。

（3）基于价值优先的学生素养生长

价值观教育是素养教育的核心。"学校是播种幸福的地方，是产生思想的地方，是精神升华的地方。学校的环境要宽松，氛围要和谐，文化要积极，心灵要舒展。"①这些更多需要依靠的是校长的价值领导。积极配合国家及社会的精神文明建设，坚持以法治校，法治德治并举，将社会主义核心价值观的教育落实到具体行动中，按照德育一体化要求，不断创新德育的新途径、新方法，探索信息时代独生子女的身心特点及教育策略；立足立德树人，以学生为出发点，切实为学生着想，为学生的终生幸福设计学生喜闻乐见的德育活动；营造优良德育环境，以文化人，以身作则，环境育人，活动育人。

（4）立足教化养成的学生素养生长

素养生长需要养之有素。素养更强调后天的习得，强调人的学习与教化。素质是天生的，是教不成也学不会的，但素养则可以通过扎扎实实的长期熏陶和教育而养成。教育工作者应当责无旁贷地施展自己的才华。因为努力可以切实地化作学生素养生成的实际教育成果。素养教育不是疾风骤雨，而是和风细雨；不是震耳欲聋，而是润物无声；不是急功近利，而是点滴累积。简而言之，素养教育，需要立足过程，慢工出细活。因而，将素养生长与办学理念、教学模式、校本管理等有机融合是校长领导智慧的重要体现。

2. 促进深度学习的学生素养培育力反思提升

深度学习视域下，学生发展核心素养培育力诉求赋予了学校教育教学改革新的内涵，也对校长的领导力提出了新挑战。如何通过教育教学改革，正确把握学生素养以德为先的育人航向，营造良好的有序有效的文化生态、在教学中有效激发学生的学习兴趣提升学生学习品质等等问题需要校长立足校本实况积极反思与切实改进。

①郭晓娟. 校长领导须关注"学生核心素养"的培养［J］. 教学与管理，2016（10）.

（1）以育人价值为导向，正向指引学生素养培育力

学生的素养生长，首先是德行的生长。教育的根本任务是立德树人，培养德才兼备的社会主义建设者和接班人。立德应作为树人的首要准则，让学生成为一个和谐发展的人必须重视德行教育和人格培养。没有道德底线的人，他的行为就没有行为标准。在"分数才是硬道理"思想的影响下，从家长到校长，从学生到老师，"双眼盯着学生的考试分数，学生、家长、教师，齐心协力为分数而战。价值观决定了核心素养的正负，那一所学校的价值观影响到学生核心素养的品质。学校价值观的形成受历史传统的影响和现实环境的塑造，既是客观条件的产物，更包涵着学校主体参与者的主观能动创造。学生、教师和校长，永远是学校风景中最灵动的'人'要素，是学校的生命。"①价值观决定着学校的方向、性格、品位，决定着教师的气度、眼界和水准，决定着学校围墙内无形但却强大的气场、气韵和气脉，最重要的是，这种价值观终将通过润物无声的教育浸润到每个学生的基因与心田当中，参与他们人生观与世界观的塑造。

（2）以课程教学为核心，内生激发学生素养培育力

促进学生素养的生长，一个非常重要的标识就是立足学生好奇心，充分激发学生的学习兴趣，进而促生学生创造性思维和创新意识的发展。真正的智育不是传授知识，而是点燃智慧，启发思维，培养思维方式。教育首先是传道，教的是思想，是思维方式，是对人生和社会问题的思考，是生活的态度，是对社会和人生的理解，也是对人对事的处理方法。素养教育的落实，要依靠课程这个关键途径与核心载体，让课程更多地、更有效地释放出服务于学生素养培育的教育正能量。在校长课程领导过程中落实核心素养，需要校长将核心素养作为课程实施的实践逻辑。首先，关注核心素养是知识、技能、态度、价值观等整体性特点，课程实施注重学科知识之间的整合，弱化学科之间的边界。其次，针对学校的个性发展需求，充分利用本校的课程资源，课程人员建设符合核心素养理念和内涵的校本

---

①张岩. 核心素养时代的校长领导力［J］. 吉林省教育学院学报，2017（06）.

课程，设计课程实施方案，凸显学校的特色化。再次，回归课堂教学的过程性，提升教师参与课程变革的自我效能感，在复杂的课程环境中掌控课程信息，实施个性化教学，注重学生的探究和体验，协调学生知识与技能、过程与方法、情感态度价值观三方面的发展。学习的优秀，人生的成功，在很大程度上要依靠兴趣和决心。

（3）以管理制度为载体，优化保障学生素养培育力

校长应有效分配教育资源并解决学校发展问题。科学、高效的学校内部质量管理是服务学校进行素养教育的行政保证。学校组织解决的问题实际上就是一个校长如何争取、盘活和动用能够掌握的人力、物力与财力资源，创造有利的学校外部环境、内部环境，营造和谐的软环境和硬环境，让所有的教育资源都服务于素养教育，解决学校在素养教育过程中所遇到的各种问题，服务于学生素养的提高。校长应以管理特别是文化管理为载体，优化保障学生素养培育力的校本转化与落实。立足先行的优质、稳定经验，稳中求进、守正出新，积极促进学生素养培育的可持续发展。校长需要特别注意的是要避免教育教学改革的任何急功近利，要以潜移默化、春风化雨的学校文化氛围浸润、孕育学生素养培养力的积淀厚度与提升力度。

（六）校本评估"促变化"

教育中的评价既是重点问题也是难点问题，过于简单的评价往往不科学，过于科学的评价往往难以落实。当前由单一走向综合的发展性评价逐步成为了学校教育领域中的评价主流范式。校本评估作为一种是为了学校发展、关于学校发展、在学校发展中进行的评估。深度学习视域下，"校本评估需要深化聚焦如何真正在教学中落实学生的主体地位的核心问题，优化把握学校教育教学的价值导向评价、能力建设评价、发展绩效评价等关键内涵要素，内化探寻教学过程中的学生学习、教师教学、教学管理等方面的提升策略。"①以终为始立足评价为服务发展以目的，充分提升校本评估以促变的学校改进驱动力度和效能。基于深度学习的校本评估应进

---

① 邬志辉. 发展性评估与普通高中的转型性变革［J］. 教育研究，2004（10）.

一步凸显学校内部教育质量评价的人文精神和科学理性。差异尊重与个性推崇相结合，多元主体与合作联动相结合，过程质性与结果量化相结合，回顾甄别与前瞻发展相结合，以评价积极助力学生综合素养、教师专业发展、学校诊断改进等的动态提升与持续进取。

1. 基于深度学习的校本评估促变化内涵审思

教育评价本质上反映的是对教育教学的价值判定和实践改进的思考。深度学习视域下，学校教育教学改革的关键在于真正实现为学生深度学习而教，这引发了学校教育教学改革中如何创设学习环境为学生提供支持，如何整合任务、情境、问题进行活动设计，如何构建广泛参与的学习共同体，如何培养学生元认知能力等诸多问题的新思考。面对新变革与旧传统之间的冲突，校长需要以更为有效的学校内部评估为载体，探寻解决这种冲突的非冲突的策略，关键不在于破旧立新，而是采取一种中庸视角下的保旧立新，推动学校教育教学改革循序渐进的从有到优，从优到精。基于深度学习的校本评估需要进一步加强对学校教育教学的价值、能力、绩效等维度的以平促变。

（1）校本价值评估

"转型性变革是学校根本性质的改变，从价值取向上看，更关注具体的个人，关注具体个人的内在生命质量，关注个体潜能的主动健康发展，把精神生命发展的主动权归还给每一个具体的个人，它更重视把学校的决策权下移，给最接近教育现场的人，让利益相关者参与学校决策，实行开放式的、人本化的学校管理，凸显学校的自主发展意志和责任承担，让学校成为一个学习型和创新性的组织。"[1]所以，在校本评估中，应特别关注价值观评估指标，通过评估促进发展，引导学校向更具现代精神特征的现代学校转型。其次是能力建设评估。

（2）校本能力评估

从能力建设上看，学校能力包括提出、表达执行和改进学校办学理念的能力，倡导培育维持和发展学校组织运行使用、开发学校内外资源的

---

①刘建强. 学校领导模式的建构与实施研究［D］. 武汉：华中科技大学，2015.

能力，学习行动反思和提升教育教学实践的能力等。为了推动学校的能力建设，在校本评估中，应注重过程本位的行动评估指标。以评估行动改进能力，有效发现问题、分析问题、解决问题，避免结果性指标过于笼统问题，增强学校发展的可控性和实效性。

（3）校本绩效评估

所谓绩效就是指个体、群体或组织做事之后所产生的全部成绩与效果。学校绩效评估指向的是学校教育过程的产出和学校管理过程的结果，绩效既可以是外显的也可能是内隐的。外显的绩效比较容易观察和测量，内隐的绩效则不容易评估检测。从教育输入与输出的全过程视角看，我们更需要关注学校教育教学中内隐的绩效评估，这需要更为注重形成绩效的因素和过程分析。学校组织成员的积极性、学校资源整合、学校人际关系氛围、学校的办学目标、育人理念、教学模式、学校的管理策略、学校育人环境改善等都是重要的要素。

2.促进深度学习的校本评估改进力反思提升

"校本评估是学校在参照、尊重国家相关政策的基础上，依据当地文化、自身办学特色以及学生身心发展规律及年龄特点等，综合设计、开展学生评价工作的个性化行动过程。"[①]深度学习视域下，学校教育教学改革中更需要聚焦学生教学中主体地位，进一步加强对学生知识理解、创造性思维、问题解决、有效沟通、协作能力、学会学习等素养关注。这需要校长在学校教育社会化工具理性价值与个体化人本理性价值融合视角下，有效立足学生素养评价的核心取向，以校为本积极把握学习、教学、管理等行动要素的过程质化与结果量化有机结合的校本评估探索，以校本评估切实优化推进、有效强化驱动学校的内生改进与持续发展。

（1）以学生为主体，提升学生素养自主评估的改进力

学校作为社会中的教育服务组织，促进学生人性的全面发展与素养的

---

①李璇律. 高中学生综合素质评价校本化：问题、逻辑与行动框架［J］. 教育测量与评价，2019（08）.

综合性提升，应是一切学校教育教学改进的出发点和归宿。教育评价本质上反映的是对教育教学的价值判定和实践改进的思考，这需要领导者能够聚焦学生的视角。正如卢乃桂先生指出的"倾听学生的意见，是开辟改变学校之路的重要视角，要给学生赋权，在改进的不同阶段配合不同层次的学生参与，采用灵活多样的形式加强学生和成人间的对话。"①当前由单一走向综合的学生综合素养发展性评价逐步成为了校本评价的重要范式。校长应充分把握校本评估促生学生综合素养提升的本质目的，有效提升校本评估有效适应学生自主发展多元发展，动态保障学校全面、全过程、全方位育人质量观落实的本位价值。

（2）以教师为重心，提升教师对学生素养评估的改进力

教师是校本评估的重心所在。及时教育评估的重点对象也是学生综合素养评估关键主体。"校本评估应驱动教师树立主动将学生综合素质评价纳入教学规划的意识，将评价贯穿于培养学生的实践始终，将其看作一种教学的依据和参考，从而使学生综合素质评价成为一种教学常态，真正落实到课堂之中。"②教师对学生的素养评估应是发展性的，而非是甄别式的。应秉承非竞争性理念，不能单纯立足横向的群体间比较，更应注重纵向的个体化发展服务。过程质性与结果量化相结合，切实厘清学生综合素养提升与自身教育教学工作之间的关系链接，面向学生与朝向自我相结合，充分达成以评促教、以评促学的教学相长评价目的。

（3）以管理为载体，提升校本评估驱动学生素养成长的改进力

学校健全的管理机制是使学生综合素质评价落地并成为学校常规工作的一个关键环节，传统评价忽视了多元教育利益相关者及其复杂关系，缺乏有差异的分层、分类评价，如果在校本评估中，校长首先要解决好谁来评的问题，这需要校长平衡好分权与管理之间的适当张力，将师、生、家长真正纳入学生素质评价体系，并明确体系内各成员对评价所承担的责

---

①郑玉莲，卢乃桂. 渐变调适：理解与实践教育中分布式领导的关键［J］. 全球教育展望，2012（08）.

②李璇律. 高中学生综合素质评价校本化：问题、逻辑与行动框架［J］. 教育测量与评价，2019（08）.

任。其次要关注评价方式方法的更新与创生，多样化的评估策略和方法，直接决定着校本评估的改进驱动效能。本质上来说，评估是促进学生发展的助力。在纵向上，既要有对学生综合技能的总结性评定，又要有对日常表现的评定。在横向上，既要有认知、技能方面的评价，又要有情感态度与价值观等非认知领域的评价。它在具备反映学生完整的发展轨迹、鉴别学生优势与潜能的过程性功能的同时，也要在教育活动告一段落时，对最终成果做出价值判断。

第四章　深度学习视域下校长教学改革内驱力的提升

深度学习是推进学校教学改革的有效路径，开展深度学习已成为学校发展过程中要面对的新的挑战，更是深化教学改革的迫切需要。校长身为学校教学改革的带头人，带领学校师生积极主动地探索适合自身深度教学和深度学习的有效方法，是校长应尽的责任和使命。激发校长开展深度学习教学改革的内驱力，调动他们积极、热情、主动地组织、领导并实施教学改革，是深化学校教学改革，促进学校发展的强大动力。本章通过对校长教学改革内驱力的内涵分析，从认知、使命和价值实现三个方面解读校长教学改革内驱力的构成，并通过增强专业知识、确立价值追求、强化教育反思、挖掘自身兴趣点、营造学校组织创新氛围等不同角度来提升校长教学改革内驱力。

一、校长教学改革内驱力的内涵与本质

进行深度学习的教学改革，就是实现以学生为中心，以对学生核心素养培养为目标的教学改革。作为学校教学改革的核心决策者，校长处于学校教学改革的主导地位和决策地位。教育改革赋予校长新目标、新使命和新任务，这就要求校长提高教学领导力，提升教学改革内驱力，以保证核心素养目标的真正落实。

（一）校长教学改革内驱力的内涵

内驱力根据心理学字典的解释，"指由内部或外部刺激唤起的并能指向某种目标的有机体的内部状态"。[1]换言之，内驱力还可以理解为，在人

---

[1]林传鼎. 心理学词典［Z］. 南昌：江西科学技术出版社，1986：38.

们一定需要的前提下形成的一种内部的驱动力，当人们的需要无法得到满足，就会形成内驱力。因而，心理学将人的活动的推动力，归结为动机的作用。而动机是在目标对人们的刺激，即诱因的基础上，推动人们活动以获得需要满足的内部动力。

校长教学改革的内驱力，则是校长为取得教学改革的成功，由其自身内在心理结构形成的，使教学改革得以进行并持续下去的内部动力。具体而言，校长教学改革内驱力是指校长在教学改革过程中表现出来不断获取知识、探求教育规律、勇于教育创新的自觉意志和行为，是校长的职业使命感、责任心、勇于创新的精神和个人的良好心态。

校长教学改革的内驱力初始于实现学校教学改革发展的心里需求，源自于自我发展、自我完善、自我超越、自我创新的内在力量，是校长对教育远景价值目标和教育环境的强烈认同而油然生成的，对实现发展学生核心素养落地而生成的内心深处的渴望，是具有主动积极、自觉执着追求这一目标价值的原发动力，是校长自觉性和积极性的核心因素，是努力工作的强化剂，是获取教学改革成功和实现自我发展的保障。

校长教学改革的内驱力自发于校长的内在心理，它蕴藏着无比巨大的能量。一般来说，人的内部动力趋向是人的行为基础，而外部因素只是一种导火的引线，校长对教学改革的实施亦是如此。如果校长的教学改革内驱力不足，那么引线多强也起不了什么作用；反之，如果校长的教学改革内驱力足够强大，微弱的引线也能引发强烈并且持久的教学改革行为，驱使校长朝着教学改革的目标坚定不移地走下去。

（二）校长教学改革内驱力的本质特征

1. 内生性

内生性表现在校长认识了深度学习对教学改革的作用和影响，产生积极响应，进而进行深度学习教学改革的行为。它既受校长心理发展的制约，又受教师、学生及外界因素的影响。

校长教学改革内驱力是校长在当今社会对人才培养需要和自我成长的过程中产生的，具有驱动效应的，给个体以积极暗示的生物信号。它是一种原始的、无意识的力量，积累了整个教育经验的心理体验在人脑中的反映，驱使校长产生教学改革行为的内部力量。它是确保校长开展深度学习教学改革并促进教学改革能力提升的内在要求，具有强大生命力。

2. 方向性

深度学习视域下的校长教学改革内驱力源自于校长对深度学习的充分认知和深刻理解，探寻有利教学改革发展推进的教学模式与方法的心里需求。教学改革是为了培养全面发展的人，也就是具有核心素养的人，是教育的终极目标。深度学习是培养学生核心素养的有效路径，为学校教学改革指明了方向，深度学习真正体现了教育的本质，为校长领导教学改革提供具体目标和任务。

3. 创新性

深度学习对实现学生核心素养的培养具有指导性和推动创新作用。创新是人类所有事业发展的灵魂，也是学校教学改革的关键所在，更是深度学习对教学改革的诉求，具备创新意识的校长能够与时俱进、自我更新，进而引领全体师生迸发出不竭的动力。

4. 坚毅性

教学改革不是一朝一夕或一劳永逸的，它表现为一个艰苦而漫长的过程，改革的效果需要实践和时间的验证。因此校长要耐心守望和等待，坚守理想，雷打不动、持之以恒地守持教育根本，追寻教育的真谛。这份坚毅的信念是对教育本质的价值追求。

5. 稳定性

校长教学改革内驱力形成是基于价值判断的结果，一旦生成，就具有相当程度的稳定性，是一股持之以恒的力量，非外界因素可以轻易改变，只要心中有坚信深度学习是实现学生核心素养的信念，动力就会源源不断，内驱力是盘踞校长内心的"稳定器"。

6. 功利性

深度学习教学改革目标的实现也是校长自我价值的体现，虽然学校教育讲求奉献精神，但校长不是"圣人"，他们是有着不同需求的活生生的个体，他们需要吃、穿、住、行，需要依靠职业所得的俸禄养家糊口；作为一个独立的生命体，他们也有精神需要和自我实现的需要。因此，校长在领导学校改革中取得成绩，获得荣誉和奖励，得到人们的尊重，都是校长成长的需要。由此可见，对校长自身而言，教学改革也是具有一定功利性的。

二、校长教学改革内驱力的构成要素

（一）对深度学习教学改革的认同感

"认同感是指人对自我即周围环境有用或有价值的判断和评估。"认同感具有主动开启自己内心深处的力量，是价值追求的源泉，它会促使人们按照自己内心深处的感知和引领，积极主动地以主人翁的姿态自觉自愿地投入到工作中。

校长对教学改革的认同既有对深度学习教学改革理念的认同，也有对自己在改革中身份的认同，这些决定着深度学习在教学改革中能否顺利有效实施。

1. 校长对教学改革理念的认同感

深度学习的教学改革是以培养具有核心素养的创新人才为目的，改革能否真正在学校组织实施，主要在于校长对深度学习教学改革理念的理解和认同。校长对改革背景、理念的深刻理解和坚定的信念，有赖于对改革方案的认同和接受，确保把握教学改革的方向。否则就可能会把改革带偏或是对改革简单应付、被动服从，其结果必然与改革目标相去甚远，失去改革的热情和动力!

深刻理解、研究深度学习这一学习理念，发现其对促进学生发展的价值所在，认同深度学习是教学改革的有效路径，是教学改革的必然选择，是校长教学改革内驱力构成的重要因素。

2. 校长对教学改革身份的认同感

校长的角色认知是校长对其角色的领悟所呈现出来的角色表现，校长的角色定位是否准确，是通过其角色扮演的过程来摸索形成的。角色定位准确，更易明晰校长自身的胜任情况。因此，从某种意义上来说，校长能否具有足够的教学改革领导能力，很大程度上取决于其对自己角色摸索的清晰度和准确度。也就是说，现代校长的角色定位恰当与否决定了其胜任能力的发挥。正确的、强烈的角色意识能够激发校长正确的角色扮演欲，通过积极地进行角色认知，在工作中自如地运用所学专业理论来指导行动，把浅显的角色意识转变为内在、深处的角色观念，来更好地发挥自身教学领导力。如果校长不能清晰地给自己进行准确的角色定位，没有正确的职业角色意识，就肯定会做出与其职业角色不相适应，甚至不利于职业角色的行为。

校长在教学改革中承担的角色并不是单一的，他势必担负着设计者、决策者、组织者、管理者、服务者等等多重角色。从改革的总体目标出发，校长在学校教学改革过程中，要成为改革方向的掌控者、改革任务的承担者，改革方案的制定者，改革方法的探索者，改革进行的实践者，改革主体的服务者。让校长清晰的认知自身角色定位，明确自己的中心职责，才能使校长更好地完成学校的重大决策，维护好学校的整体利益；才能使全校师生员工在校长带动下，形成创新的思想和创新的热情，推动学校改革的逐步深入；也才能使校长在教学改革中实现自我价值，完成社会赋予的使命。

（二）担负学校教学改革的使命感

校长是学校整个教学改革的引领者，不仅要把握学校发展的方向——培养具有核心素养的人，还要引领教师的专业发展，使学校教学改革朝着目标前进。这是校长应尽的责任和使命，这份责任和使命是激发出校长教学改革的内在动力。

1. 培养具有核心素养的学生

以信息化、智能化为标志的新时代对人才的需求更为迫切，培养适应社会需要的人是教育的责任。顺应时代的发展要求，国家推进教育改革，实施素质教育，加快促进创新型人才的培养。新一轮的课程改革以发展学生的核心素养为目标，培养人类社会的创造者。具有核心素养的学生内心拥有远大的志向和强大的意志，能够与人有效进行沟通和协作，以批判性和创新性思维解决问题。这是学校教学改革的目标，更是时代和社会发展的要求。校长要以培养具有核心素养的学生为使命，提供并创造一切条件，深入推进学校教学改革。

2. 引领教师专业成长

学校教学变革虽是以学生发展为落脚点，但能接触每一位学生的是教师，学校全体教师的专业发展是学生发展得以实现的前提。教师的专业成长是教学改革向学校发展目标和方向前进的保障，引领教师专业发展即成为校长教学改革的内部驱动。

如此看来，学校教育质量的重要保障是教师的专业发展，教师所表现出的专业能力和专业素养，与教学质量直接相关，会最终决定学生的培养水平。校长是教学改革的领导者和实施者，这一角色定位决定，校长在教师专业发展与提高过程中的作用是不可替代的。深度学习的教学改革，要转变过去传统教和学的方式，教师在教学中的角色要发生彻底的改变，然而，这种改变不是下个命令就能达成的，需要校长从思想上给予疏导和引领，并和教师一起对改革过程中遇到的种种问题进行逐一破解，才能促进教师专业成长，确保教学改革深入发展。

（三）深化教学改革的价值感

1. 成为学校教学改革的专业权威

教学改革领导工作具有很强的专业性，这就要求校长必须成为专业的权威、学术的带头人。特别是以深度学习为导向的教学改革，校长应该以身作则，率先垂范，进而引导全体教师进行深度教学，调动教师教学改革积极性，促进专业发展。面对社会要求的不断提高，校长还需要与时俱进，不断更新办学理念，提升专业水平，通过专业发展树立专业权威以实施具体的课程领导。以专业引领，才能树立威信，得到尊重。同时，校长也只有在专业化和专业发展的过程中，才能不断增强教学改革的自信。

校长的专业化也不是一蹴而就、一劳永逸的，专业素质和专业程度的提高需要一个过程。所谓校长专业化的过程，即是指他们的专业知识、专业技能和专业精神的逐步发展过程。在这个过程中，一是校长必须树立不断自我发展提高的明确理念，终身接受专业教育，吸纳新的知识，始终站在学术前沿。二是上级教育行政管理部门也应尽可能为校长提供深造的机会，不能只是督促校长的日常工作，使之陷于复杂的学校管理和教育教学工作中，无暇提升专业知识和技能。应该明确，校长的专业化不仅是为了促进校长自身修养和能力的提高，更是为了确保学校改革的顺利进行。尤其课程改革工作，是对旧有课程的改造甚至再造工程，富有专业挑战的意义。事实上，在学校的实际教学改革过程中，每当遇到困难时，大家也常常看着校长，期望他能依靠自身的专业能力解决问题。

因此说，校长在教学改革中的自我实现，首要在于不断提高专业化水平，丰富课程领导方面的专业知识，最好成为专业的权威。那种纯事务型的、专业水平差的校长，是不能够完成教学改革任务的。

2. 成为教师和学生的榜样

强化理论指出，如果人们因为某种理想行为而受到的奖励，他们更有可能重复这种行为。对他人影响成功，是影响者自我实现需要的体现，是影响者对自己的一种奖励。校长是学校教学改革的带头人，校长的工作就是在学校教育目标的指引下，通过引导师生价值追求，使学校上下形成与时俱进的价值观，以共同的追求将他们自觉地凝聚起来，使大家目标一致，共同努力，实现学校发展的共同愿景。校长对师生的影响成功，是校长自我实现需要的体现，是校长对自己的一种动力。

校长作为学校的灵魂人物，学校的发展走向、学校教职工是否积极上进、学生成绩表现与升学率等问题都与校长的表现有着千丝万缕的联系。校长通过规划建设学校的发展愿景，传达对学校的期待，展现优秀的人格特点为师生树立榜样；唤起下属的希望和梦想，促使他们相信校长具有他们所需要的智慧和品质，具有共同的愿景和利益，对校长的钦佩和赞赏油然而生，愿意模仿和服从并跟着他朝着理想方向发展。

校长是学校的领导核心，其言行给学校成员传递着强有力的信号，传递着学校的办学思想，教育教学理念，传递着学校领导的价值和学校品质，它会不同程度的影响着教师的教学行为、学生的学习状态以及学校每一位成员的成长与发展。

3. 获得上级行政部门的支持

在积极推进学校教学改革的同时，校长办学理念不断完善，具体的教育教学方法也在实践中得到不断创新和适时改进。此时，学校需要有更多的办学自主权，需要更多的资源，这些都需要得到上级行政领导部门给予政策和资源上的支持。一方面，学校需要得到社会各界的帮助和支持，特别是兄弟盟校的相助，这就要靠政府部门的组织权力和管理功能，通过行政指令帮助协调和解决各类矛盾和分歧。另一方面，充足的资源作保障是学校改革发展的基础，否则巧妇难为无米之炊，政府掌控着丰富的资源，可以在人力、财力、物资上满足学校发展需要。获得上级行政部门的支持对校长推进教学改革具有巨大推动作用，是校长获取信心的来源。

4. 获得家庭和社会的认可

在高速发展的当代社会，整个自然环境和社会人文环境都发生了巨大变化，人们经常处于焦虑之中，这不是日常生活带来的困扰，而是由未来的极端不确定性引发的。人们把更多的目光集中到教育，教育不再是学校独自的舞台，学校教育必须经受家庭和社会的检验。学校教学改革目标定位、办学理念能否得到包括家庭、社会的认可必将影响学校的教学改革进程。

深度学习为学校教学改革进一步深化发展提供了有效路径，其直接指向是学生核心素养的提高，学校要对教育教学方式与手段等进行调整。学校的教学改革，当然是将提升学生的素质和能力作为方向与目标，但在实际上，家长却往往更为关心教学改革能否有利于学生的升学考试。而改革的不确定性会导致家长对学校改革的信任度降低，对学校的教育教学改革不能很好的配合。家长作为学校主要利益相关者，一方面，他们是社会发展中的一份子，拥有各种不同的身份，有不同的价值观和利益追求；同时，他们还具有不同的智慧和专长；另一方面，他们是受教育者行为责任的承担者，拥有教育子女的权利和对学校的知情权。因此作为学校校长，无论出于多么美好的动机，都不能无视家长的存在，要尊重不同家长的价值观和利益追求。在进行教学改革的前期，即应做好充分的宣传和解释工作，从学校目前的现状，到进行改革的必要性，改革的主要内容，改革过程中可能出现的问题等各个方面，与家长进行深度对话交流，确保家长的知情权。总之，要通过采取座谈会、宣讲会等多种形式、多渠道地与家长沟通，使家长们真正能感受到进行教育改革对于孩子成长的必要性和迫切性，进而愿意和学校共同承担可能面临的风险。另一方面，通过家校之间的沟通，可以使家长更全面地了解学校的总体状况和面临的困难，积极主动提供有效服务和帮助，使家庭和学校形成合力，共同承担起教育的责任。家长的理解和支持是学校教学改革深入发展的动力，并能够强化的校长教学改革内驱力。

三、基于深度学习的校长教学改革内驱力的提升策略

（一）提升专业知识

校长领导学校教学改革，需要具有丰富的专业知识做支撑。这是因为教学改革不仅需要校长成为教学的领导者，还要成为教师的引路人、学生成长的促进者、学术研究的引领者、学校组织的管理者、学校与外部的公关者，这就需要校长具有教育科学知识、系统的文化知识、现代管理学知识、信息技术知识等等作为保障。因此，提升专业知识是校长推行教学改革强烈的内在需要，能够增强校长教学改革内驱力。

校长的多重角色注定其必须面对繁忙的工作，而学习专业知识需要占用一定的时间，再加上学习范围不仅涉及教育学、管理学、心理学、计算机科学等基础学科，还要懂得哲学、伦理学等偏远学科的知识，这就使校长处于两难的境地。因此校长在学习专业知识时需要弄清三个问题："为什么学""学什么""怎么学"，明白了这三个问题就能帮助校长清楚了自己学校的发展目标、学习内容和学习的路径及方法，帮助校长有效提升专业知识。

1. "为什么学"是对学习的价值判断和具体化的学习目标

校长是学校教学改革的掌舵人，是谋划学校发展的决策者，校长要对学校发展进行战略规划，选择正确的改革方案，这些都要求校长要具有专业化知识作支撑。校长通过强化意识，明确认识自身知识结构的高度和广度对学校教学改革的意义，它不仅能对改革具有知识上的引领和指导作用，还能在精神上为学校生师树立起一面旗帜，形成学校学习型的文化氛围，推动教师和学生的发展。

2. "学什么"是对学习内容的选择并由需求决定

面对深度学习的新形势，校长要将深度学习理论融入到教学改革的实践中，因此，不但要学习基于深度学习的领导课程教学的相关理论知识，还要能把这些理论性知识转化到实践中去，探索出深度学习教学改革的实践性知识（经验），让深度学习真正落实到教学改革中，实现发展学生核心素养的教育目标。信息互联时代，知识更迭交互频繁，在给人们带来丰富的学习资源的同时，也对选择加大了干扰，什么样的知识能够帮助校长推进学校教学改革的发展，能够有效指导学校教师的教学改革活动，需要对这些庞杂的知识进行清理、甄别和整合，帮助校长找到真正有益的知识。我们可以通过以下三方面标准进行选择：

第一，选择的知识要"有用"，能为校长开展深度学习教学改革活动提供有效的智力支持，能够引发校长对深度学习教学改革的思考，促进提升校长思想的深度和广度。

第二，选择的知识要"够用"，"够用"一方面体现在量上，就是相关知识要能够满足足够的认知需求，能够有助于构建自我知识体系；另一方面体现在层次上，就是知识的深度要根据自身的知识储备选择适宜的程度，这是要在不断提升的过程中进行不断选择，以解决随时面对的问题。

第三，选择的知识要"好用"，"好用"表现为使用通俗易懂的语言，具有缜密的逻辑，表述完整，前后一致，抓住要点，简单明了，具有较强的解释性功能，有助于学习者学习和掌握。

3. "怎么学"是对学习方式的研究和探讨有效的学习方法

结合褚宏启教授提出的校长的四种学习方式，即社会化、外在化、联合化和内在化方式，通过探讨隐性知识和显性知识产生的转化过程，找到适宜的学习方式，提升校长深度学习教学改革的知识水平。

第一，社会化，使隐性知识到隐性知识，社会化体现在彼此分享模糊的隐性知识而获得新知识的过程。模糊的隐性知识的产生具有其特殊的背景条件，因此很难用语言表达清楚，但可以通过共同实践活动来获得相同的经验，习得模糊的隐性知识。中国传统的学徒模式正是典型的知识转换社会化例子。在特殊的环境下，徒弟往往通过观察和模仿"师傅"的工作并加以实践获得经验，在师傅带徒弟过程中，徒弟也会促进师傅的提高。相对应的校长的学习方式可以是拜有经验的校长为师、挂职锻炼、跟岗实践等。

第二，外在化，使隐性知识到显性知识，是知识实现创新的关键，它使隐性模糊的知识具有了明晰了概念和内涵。当模糊知识变得清晰起来，知识就呈现为具体化的可分享的形式，又可以成为新知识的基础。相对应地校长的学习方式是反思性：反思、总结实践经验，行动研究等。

第三，联合化，使知识由显性知识到显性知识，相对应地校长的学习方式是习得性：收集一切对深度学习教学改革有用的知识进行筛选、添加、分类和重构，通过习得性的学习方式，以书面知识、听课、研讨、电话、会议和网络进行交换，这既是知识转换的组合化过程，也是创造新知识的过程。

第四，内在化，使显性知识到隐性知识，将联合化获得的显性知识结合到实践中去，内化成为隐性知识，进而理清个人的模糊知识并得以拓展、重构和提升，成为个人无形财富。这种模糊知识不断积累，通过社会化实践分享，知识在螺旋上升的不断运行中得到创新。相对应地校长的学习方式是应用性：应用习得的书面知识改进实践。

校长通过社会化，外在化，联合化和内在化这四种学习模式进行知识转换，进行有效的学习，达到知识的更新与提升，从而增强校长教学改革内驱力。

（二）确立价值追求

2013年国家正式出台了《义务教育学校校长专业标准》，该文件对校长提出了具体明确的专业标准要求，具体表述为五个基本理念，六项专业职责。《专业标准》明确规定了校长的核心使命是"育人为本""引领发展"。而在"如何引领发展"方面，六项专业职责中明确表述为"规划学校发展、营造育人文化"，这是对校长职能的明确要求，也是校长职责所在。校长自身的价值取向是价值领导有效实施的关键因素。

学校教学改革是对新教育理念的诠释，体现出学校的价值取向，这种价值取向是对教育改革主流价值的选择。校长对社会核心价值的认知和把握程度，会直接融入到学校的办学理念中。校长的价值观、价值取向决定学校教学改革的目标和方向，科学、合理的价值追求能激发身边追随者的热情，是校长推进教学改革必备的素养。

校长的价值追求必须通过不断地内省与实践反思来确立和强化。要反复澄清自己的价值信念和标准，校长自己追求什么？在学校里提倡什么？不仅包括道德上好与坏的认识，而且包括与学校发展、师生成长有关的价值判断。只有弄清楚自己的价值标准，才有可能帮助师生员工弄清楚他们的价值标准。校长只有澄清自己的价值观，也才能清晰地向周围的人表达并充分沟通，以达成共识，推动学校发展。

校长的价值观是基于对教育的本质、目的、功能、体制、内容、方法以及教师和学生等每一方面的基本认识而后形成的。校长要树立正确的价值观，以适应教学改革发展需要。

1. 树立服务性价值观

学校教学改革工作是在校长的引领下与师生员工共同完成的任务，师生员工的能动性是推动改革发展的关键。校长作为领导者，坚持服务性领导观，带领师生员工共同创造优质的学校环境，在政策、制度、资源等方面为师生员工考虑，才能切实调动学校全体成员的工作积极性，才能使大家在教学改革工作中投入全部热情，进而保障学校教学改革目标的实现。

学校教育是为了培养人，同时学校也要为学生的发展需求提供各方面的服务。学生的发展是通过教师的教育教学工作来实现的。因此，教师应和学生一样，成为校长服务的对象。深度学习的教学改革对教师教学提出更高要求，要求教师要深度教学，使学生发生深度学习。深度教学是对教师的教学方式和学生的学习方式的重大改变，给教师带来了压力和困惑。要尽快地调整教师对教学改革的不适是校长的责任，校长不仅要组织教师培训，从技术上提供支持，还要解决教师心理上的障碍，以人文关怀疏导帮助教师面对改革带来的恐惧、困惑和焦虑，尽可能使教师在最短时间内适应改革带来的各种变化和冲击。

校长服务的第一主体是学生，要以培养"全人"观为学生服务，尊重和接受学生个体差异，真正理解素质教育的真谛，创造条件给予他们充分展示自我个性的空间。

家长作为学校的利益相关者，服务性价值观是获取家长信任、提高学校声誉的根本。校长要积极为家长提供学校教学改革发展的真实情况，帮助并引导他们正确理解学校办学理念，纠正他们教育认识上的偏差，从而获得家长对学校教学改革的支持，为学校教学改革的推进助力。

2. 树立以人为本的价值观

社会主义的核心价值观就是以人为本的价值观，以人为本就是以人的主体存在需要的满足和发展为中心，以人本身为目的的思想或观念。校长在学校教学改革过程中，以人为本的价值追求是实现培养具有核心素养的全人教育的具体体现，这里所指的人既是学生又是教师。教师的发展是学生发展的保障，学生的发展是教育的终极目标。校长坚持"以教师为本"和"以学生为本"并重，正是遵循教学改革规律、实现教育目标的前提和保障。

（1）以教师为本的价值观

"教育过程中要重视学生与教师共同发展，师生是相互依存的两个方面，教师发展是提高教学质量的关键，也是提高教师生活质量和幸福感的保证，没有教师的幸福就没有学生的快乐，没有教师的发展，就没有学生的成长。①所以，学校教育中的"以人为本"，要首先体现在以教师为本。教学改革对教师提出了更高的要求，教师不再是传统认识上"知识的搬运工"，他们不再是教育的工具和手段，他们要成为创造性人才的缔造者。因此，校长坚持以教师为本，是新时期教育教学改革的当然要求。校长坚持以教师为本的价值观在学校改革发展过程中应主要体现在以下几方面：

一是关注教师情感，营造和谐关系。处理好与教师的关系，使他们愿意跟随自己工作，是校长首先应该而且必须做到的。教师是鲜活的人，需要情感上的尊重和关爱。校长从情怀关爱出发去关心、理解和帮助教师，让教师感受到爱和尊严，会提升教师的责任感，使教师能够更主动地参与到教学改革工作中去。教师在工作生活中会遇到各种难题，特别是学校教

---

① 朱永新. 教育全面发展的三个维度［J］. 课程教材教学研究（中教研究），2009（25）.

学改革给教师带来的不适应，常常困扰教师，甚至产生焦虑和恐惧。校长注意关注教师的思想和生活，倾听他们的心声，并尽可能给予理解和提供相应的帮助，有助于消解他们的负面情绪，并对学校产生归属感，乐于参与学校的教学改革。

二是激发教师创造力，释放个人潜能。教师具有创造力，校长给教师教学创新机会，把课程研究、开发和实施的权力交给教师，表达充分的信任，给予教师力量，使他们负有责任感、使命感，激发出内在潜能，发挥其强大的创造力。课程改革是在现有课程基础上，根据课改要求逐步发展和完善，目的是促进学生更有效地学习。校长对教师的现有课程认可，是对教师能力的肯定，会使教师充满信心地面对即将开始的课程改革。校长在言行和态度中向教师传递积极信号，促使教师充满热情地投入到课程改革中去，并积极投身于教学的各项环节，进行不断思考和改进，探索出更有效的教学策略。

三是创造条件，促进教师发展。以教师为本体现在关心教师的专业成长，为其创造条件，促进教师全面发展。教师专业能力是推进学校教学改革的必备条件，学校教学改革的主要实施者和具体执行者是教师，改革的效果不仅取决于教师专业能力水平，还在于教师思想观念和教育情怀，因此，校长要从价值引领和物质保障上促进教师发展。

校长要对教师实现自我价值的精神需求给予满足，从思想观念、奋斗目标、个人追求等方面予以指引，也要为教师营造多种学习环境，搭建各种学习平台，针对不同教师的不同业务发展状况，制定个人发展计划，以满足教师不同群体、不同阶段的专业发展需求。还要制定各项激励管理制度以提高教师的待遇，从物质上提供保障，免除教师的后顾之忧，促使其自觉发展和提高。

校长与教师之间保持和谐关系，才能使学校成为一个相互合作、共同探究的学习共同体。在这其中，校长和教师们一起分享、反思和对话，相互启发、沟通、理解和激励，在相互促进中实现共同的成长。

总之，校长要从精神、智力和物质上支持教师的成长，创造条件激励教师持续地进行专业发展，这是以教师为本价值观的具体体现。

（2）以学生为本的价值观

每个学生都是具有独立人格、独立情感和发展潜能的完整的人，以学生为本的价值观是发展学生核心素养的基本要求，是校长必须坚持的办学理念，因此，校长要从"为了发展学生的一切""为了一切学生的发展"和"一切为了学生的发展"出发开展学校教学改革，促进学生全面发展、帮助学生个性成长、提升学生价值与追求。

"发展学生的一切"，就是对完整的人的培养，就是按照国家人才培养目标全面培养德智体美劳等各方面和谐发展的人，表现为科学精神、人文修养、学习能力、健康生活、自我控制、责任担当、沟通协作、实践创新等基本素养上。以学生为本，必须促进学生的全面发展，使学生不仅获得知识与技能，掌握过程与方法，还要负有表达情感态度的能力，使其获得多方面的和谐发展。

"为了一切学生的发展"，讲的是教育公平，要使每一个学生都有平等地接受教育的机会，不能因为贫富、身份、性别、年龄、相貌、能力等进行差异化对待。要为每一个学生提供发展的机会，人人都有体现其价值的展示平台，让他们了解和体悟自己，看到自己的优势和进步，也能发现自己的劣势和不足，使其真正认识自我、接纳自我、并想办法超越自我。

"一切为了学生的发展"，是指校长要始终把学生的发展作为学校发展的中心工作。学生是具有开发潜力的发展中的人，需要适宜的环境、科学合理的方法去开发他们的潜能。校长要用发展的眼光看待每一个学生，创造一切条件去引导学生，唤醒和激发出学生本身的巨大潜能，让学生更好的发展。

（3）创新性价值观

学校发展需要创新，教学改革呼唤创新，这是新时代对学校教育的新要求。开展深度学习的教学改革，必须要打破原有的教学观念，研究和探索深度学习的方式，这就需要校长具有创新精神和创新能力，应对教学改革带来的挑战。创新的价值观是校长勇于创新的动力，是深化学校教学改革的有力保障。校长创新性价值观要在科学发展观的指导下，以促进学生的发展，教师的发展和学校的发展为出发点，致力于创造性的研究和实践。具体体现在以下几方面：

一是教育观念的创新。教育观念决定教育行为，不同的教育观念会表现出不同的教育行为。教育的根本任务是培养人的全面发展，核心素养指对"全人培养"的主要核心素养，其中创新精神，创新思维，创新情感，创新意志，创新素质和创新人格是重要培养目标。因此，校长要树立全新的教育观念，以应对创新人才培养的需要。

二是办学理念的创新。校长的办学理念是对教学思想和教育追求的集中体现，是校长对教育观念诠释下的价值追求，是学校办学的指导思想，并指引着学校改革发展的方向。校长的办学理念研究要依据学校不同的条件（内部和外部），遵循培养全人的要求，来总结学校自己的办学特色，形成自己的办学理念。

三是管理理念的创新。深度学习是"以人为本"的真正体现，开展深度学习是学校的内在需要。深度学习的实施，需要一套教育管理系统支持，目的是建立一种能够鼓励和支持提高教师自我效能，调动学生全面发展的机制。校长作为学校最高管理者，要把握教育管理创新与教学改革的密切关系，不断创新管理，使学校管理创新与教学改革相得益彰、彼此促进，以满足学校师生的需求，促进教学改革深入发展。

教育管理观是人们在实践基础上对教育管理本质观、教育管理价值观、教育管理实践观、教育管理质量观的一种系统认识。这四种教育管理观之间存在着事实的逻辑关系，即教育管理本质观决定着教育管理价值观，进而就有什么样的教育管理实践观与教育管理质量观。[①]校长要秉持科学的教育管理观，着眼于各自的需求与问题，可以通过结构职能转变、管理流程改造、管理制度创新等不同路径，探索出创新教育管理的方法。

（三）强化教育反思

"反思"一词源于英国哲学家洛克的著作，是近代西方哲学的概念，主要指回头、反过来思考的意思。洛克认为，反思是人心对自身活动的注

---

①孙绵涛. 教育管理学［M］. 北京：人民教育出版社，2006：354.

意和知觉，是知识的来源之一；人通过反省心灵的活动和活动方式，获得关于它们的观念，如知觉、思维、怀疑、信仰的观念等。①

"反思的本质是一种理解与实践之间的对话，是这两者之间的相互沟通的桥梁，又是理想自己与现实自己的心灵上的沟通。"②反思是主体对自我角色高期待的表现，是对自己未来发展、奋斗目标价值追求的体现，它是自我审视自我提升的一个过程。美国学者波斯纳曾经提出教育者成长公式：经验＋反思＝成长。以此可见，经过反思的经验才能获得成长，也就是通过对以往经验的分析、研究，进行反思，不断地提升并积累新的经验，当达到足够的量时就必然产生质变的结果。

教育反思作为现代教育中校长所必须具备的一种素质，需要深入到校长自我成长的核心。校长教学改革的反思，就是校长要敢于面对现实，把自己的教学改革实践作为审视的对象，通过自我反思，客观地对自己的教学改革实践进行全面深入的思考分析，自我要不断地进行探索与重构，从而完善自我评价体系，积累更多失败与成功的经验，优化现代校长的教学管理状态，完善教学领导行为，这是个体联结自身变化与社会变化之反思性的主要渠道。只有这样，才能提升自己应对改革过程中复杂问题的能力，才能抵挡因为教学改革不确定性而产生的焦虑感，才能促使整个学校在校长的带领下不断提升教学效益及教学质量，从而激励校长教学改革不断前进。校长反思能力可以通过强化反思意识、反思内容、反思技巧来培养实现。首先要意识到反思的重要性，要有反思的愿望，才能自觉反思，有意识的反思。校长在教学改革的过程中会面对很多困难，发现自身的缺点和不足，这就需要校长勇于面对问题，勇于反思自己的办学思想和改革方案，在不断实践不断反思的过程中，发现优点，弥补不足，树立新的目标和方向，探索新的改革路径，使深度学习的教学改革逐步实现。其次，深刻理解反思的内容，有效把握反思的方法和技巧。不仅对自己的教育观，教师观、学生观、权利观以及经验进行反思，还要对学校教学改革过

①郭振杨. 中小学校长学校管理反思能力问题研究［D］. 长春：东北师范大学，2010.
②杨学东. 浅谈化学教学的课前反思［J］. 内蒙古教育（基教版），2012.

程中所发生的行为进行反思。

反思技巧不是对事物简单地回顾或反思，而是从事物现有的层面出发，向更深层探索，在新的层面上看到现实的不足。[①]进行反思的最基本的技巧就是圣吉（Senge，1990）提出的"注意放慢思考的过程，这样我们就更能意识到我们如何形成自己的思想模式，以及影响我们行为的方式有哪些等"。[②]因而，校长在放慢思考的同时，要有意识地觉察自己在面对工作时的情感与行为，去寻找影响自己工作的深层原因，以便总结经验和教训，更好地做好以后的工作。校长可以通过如下方法进行慢思考：

一是记载反思笔记。结束一天的工作之后，可以先梳理一天发生的事件并把关键事件记录下来，其中对关键人物的语言和行为做出翔实的记录，同时记载自己对这些具体事情的理解和认识或体悟，并总结经验。如果时间有限，也可以一周写一次回顾性笔记，把重要事件还原记录下来。这些记录对校长的教学管理和决策都会起到一定的作用，可以成为日后回顾个人专业发展历程的原始素材，通过归纳整理，将问题和经验重新梳理，分析并总结收获和不足。撰写反思笔记的过程，也就是对自己过去工作的回顾、总结和沉淀的过程。

二是建立个人专业发展档案袋。专业发展档案袋是一套集合多方面材料的文件包，这个文件包是根据个人的目标需求，有目的地选择其在专业发展过程中的关键、重要事件作为材料并梳理总结加以反思构成的，能够体现和反映一个时期个人的成长历程。校长可以在其教学改革过程中建立一个档案袋，一个专门记录以深度学习为导向的教学改革成长档案袋，可以记录从最初对深度学习的认识体会，逐渐深入了解探究到学校实施的发展过程中的各项工作。不同于反思笔记，专业发展档案袋是把反思经验与个人专业生涯的各个方面结合起来进行整体思考，它可以促使校长自觉并主动地思考自己的整个工作及发展未来，不但可以使校长反思过去成功的经验，更是查找并发现不足，总结教训，寻找突破的依据。便于以积极的

---

①蒋晓敏. 做一名反思型校长［J］. 广东教育（综合版），2014（6）.
②张克富. 中学校长专业发展之实践反思个案研究［D］. 大连：辽宁师范大学，2009.

态度面对未来的挑战，为自己制定合理的工作进程，从而提高自信心。个人专业发展档案袋的建设可以根据不同需要建设不同的档案袋，可以通过三个过程进行建设。

第一，创建前的准备。校长在创建档案袋前，要根据自己的实践情况明确创建档案袋的目标，思考如何选择材料，如何记录内容，如何通过档案袋更有效地进行反思，提升自己的能力。因而明确档案袋的内容和收集的依据与类型，并让教师明白用什么标准将有助于他们决定所要收集和选择的素材类型，是最重要的一步。

第二，创建过程。搜集与深度学习相关的材料并对其加以梳理，这是创建档案袋非常关键的环节。校长以深度学习的角度从学校目标、课程建设、教师发展、学生发展、学校文化方面搜集材料，材料可以是文字、图像、视频、音频等描述性类型。可以对数据记录格式化处理并进行分类、索引和统计汇总。还可以通过人工解读与诊断，实现深层次分析信息。

第三，阶段总结。对档案袋中材料要定期进行总结，分析整理搜集来的材料，再按一定的结构重新组织材料并附加上文字说明和自己的反思。这是一个持续反思的过程，它可以使校长在回顾中发现自身的不足，使思想和行为在不断修正中得到更新和完善。

三是交流碰撞。思想的火花源于碰撞，个体的认知总是有局限的，在与他人进行思想交锋的过程中才能得以充实、改进与完善。无论对于一个社会一个国家乃至一所学校来说，只有以一种开放包容的姿态来对待每一种思想，创造一个宽容和谐的环境，让不同的思想能发出不同的声音，提出不同的独立思考，才能最大限度地避免失误，使事业得到更好的发展。

创建交流的场域，校长周围自然存在着各种专业人员，要建好这个联系网。使校长能够就学校教学改革与发展的种种问题，与他人开展对话交流。对于教育教学现象和问题进行多元化事实描述与价值分析，为校长提供在多元化群体交流活动中进行反思的机会。网络可以包括学生、教职员工、教育行政及政府部门的工作人员、大学或研究部门的理论工作者、社区人员和学生家长等，校长通过与不同群体的对话交流便于多方位、多渠道获取信息，便于校长多角度，多维度分析，多层面支持，可以帮助自己厘清思路，还会引起自己更深入的思考，激发出更多的创意和思路。

四是加入共同体学习。这个共同体指具有共同事业、共同目标、共同反思意愿的校长组织，可以定期或不定期研讨实践中的问题，共同进行探讨。共同体间的交流讨论也可采用主题或专题的形式，或者观摩某种学校的现场进行描述，切磋交流。共同体成员之间形成互助的同伴关系，通过彼此共同学习、研究交流、共同分享彼此经验，进而促进不同个体视界的融合与延伸，实现整体智慧的分享和专业水平的整体提升。校长参加每一次共同体活动，要事先根据活动的主题做相应准备，在共同体活动时，每个人不仅要提出自己的问题，还要耐心地听取他人的意见，以批判的眼光看问题，以质疑的态度进行对话和讨论，分析别人成功和失败的原因，指出不足，提出建议性改进意见，并能借助别人反观自己的意识和行为，促进自己深度反思。

（四）挖掘自身的兴趣点

兴趣是一个人对某种事物或某项活动进行探究和参与的心理选择性和趋向性，是一种积极的情感体验。在认知过程中，兴趣的驱动作用不可忽视，它能唤醒人们的注意机制，激励人们去发现和探索。在学校教学改革进程中，它能让校长主动去开启学校教学改革的大门并积极地从事到教学改革实践中去，从中获得更多的知识和能力。从某种意义上说，兴趣是校长推动教学改革的一种精神力量，是校长专业发展的阶梯，是鼓舞和推动校长从事教学改革活动的重要动力，对学校教学改革发展具有积极意义，会对教学改革产生强大的内驱力。具体表现在：

第一，校长由于对学校教学改革工作的热衷而产生兴趣点，能够进一步激发其责任感和使命感，促进校长积极主动地组织和研究学校教学改革的有效策略，增强教学改革工作效果。

第二，兴趣是激发创造力的发动机，基于深度学习的教育改革需要校长勇于探索和发现适宜学校改革的中心兴趣。

第三，沟通与交流思想感情的纽带之一是共同的兴趣和爱好，共同的兴趣与爱好有助于促进人们之间的交流和理解，尤其有助于和学校利益相关者思想感情的沟通，籍此可以与全体成员奠定良好的感情和思想基础，更好地共同做好学校的教学改革工作。

第四，校长是学校的指路明灯，他的兴趣爱好会直接或间接影响教师和学生，进而影响学校的发展。

学校教学改革的不确定性，意味着校长在教学改革中兴趣的培养是一个艰巨的过程。我们必须有坚定的信念，不达目的决不罢休，要拥有一颗平和的心，能够抵抗干扰和诱惑，能够耐得住寂寞。我们要根据自己的生活经验，有目的、有计划地培养理论兴趣，特别是要以教育信念和理想促进和调整我们的理论兴趣，在学习过程中，要努力获得独特的经验和收获，培养和增强个体受社会历史条件制约的、在生活实践过程中逐步形成和发展的优秀兴趣素质。兴趣可以培养也可以改变。校长可以通过自觉地培养健康良好的兴趣品质提升教学改革内驱力。校长兴趣品质应注意从下列方面培养：

第一，培养有意义的兴趣提高兴趣效能。校长肩负教育的使命，面对新时期教学改革的新局面新要求，校长要全力以赴地投入到工作中，把兴趣和工作紧密地结合到一起，使工作充满激情。校长要能把自己的积极兴趣有效地灌输给属下群众，其影响便可能使个人兴趣转化为社会性兴趣，实现社会性兴趣效能，成为一种强大的社会力量。领导者的效能性兴趣和一般群众的效能性兴趣的差异和区别就在这里，领导者效能性兴趣的根本意义也在这里。基于兴趣发展四阶段理论，校长兴趣的培养可以通过激发的情境兴趣——维持的情境兴趣——最初的个体兴趣——稳定的个体兴趣来实现。

第二，调节兴趣满足合理需要。人是在需要的基础上发展起来兴趣的。需要对兴趣的形成起着重要作用，它会使人们对某些特定事物产生相应的兴趣，是形成兴趣的决定性因素。校长在学校变革中具有多重角色，他的需要是多种多样的，因此兴趣也因需要而产生。校长兴趣的广泛性有利于把握学校教学改革发展全局，促进学校的整体发展。具有兴趣或兴趣广泛的校长，他的教育视野是开阔的，对待生活的态度是积极的，思维方式是多元的，文化气质是高雅的。中心兴趣一般指事业兴趣，是在广泛兴趣的基础上建立起来的。广泛的兴趣通过与中心兴趣相互作用，会形成珍贵的品质，使其产生巨大功能与意义。历史上和现实中有成就的领导者，都在多种兴趣中有一个中心兴趣，用中心兴趣即事业兴趣去统领业余兴趣。领导者只有把好中心兴趣，才能抓住工作要领和主要矛盾，从具体琐事中抽身抓大事，才能运用战略思维去考虑全局。应该有一个基于广泛利益的中心利益，多方面的利益只有与核心利益相结合时才是有价值的品质。古今中外的具体实践证明，成功的领导者都对各种利益有着核心兴趣。领导者只有具有正当的中心利益，才能把握住工作的主旨和主要矛盾，进而摆脱具体的琐事，紧紧抓住重点，从总体战略上把握住全局。

第三，提高认识，升华兴趣。兴趣通常可分为情趣和志趣两种。情趣指的是自发状态的兴趣，一旦将情趣和人生理想、远大使命相结合，就会发生质的飞跃，成为志趣。兴趣的最高级别就是志趣（志向和兴趣）。很多兴趣爱好与校长领导学校教学改革貌似没有太大关系，甚至根本没有关系，然而，任何事物都是广泛联系的，都存在于人类的社会文化体系中，是文化的一部分，它们之间可以利用"桥梁"的嫁接得到升华。校长通过改变思想、提高认识，尽可能把自发的兴趣升华为自觉的兴趣，最终实现兴趣升华成为理想。

（五）营造创新的组织氛围

德国心理学家勒温在研究人的行为内在动力与外部环境关系时，创建了"场动力论"。该理论主要解释了人的行为动力产生的心理机制，认为人的行为与他所处的环境具有密切相关性。"场动力论"公式是：$B=f(P \cdot E)$，其中公式中的B表示个体行为的方向和强度，P代表个体的内驱力，E代表外部环境刺激，f表示函数。公式表示，个体行为的方向和强度取决于外部环境刺激和个体内驱力的乘积，即认为人的行为是内在需要和周围环境的相互作用产物。[①]

在学校教学改革的过程中，校长需要营造一个"场"来激发其内驱力，即适宜进行教学改革的环境，这里指学校组织创新氛围。组织创新氛

---

①熊川武. 学校管理心理学［M］. 上海：华东师范大学出版社，1996：44.

围指个体对组织是否提供一个有利于学习和创新的环境及其程度的感知，是个体与组织环境互动的系统反映，它决定了个体及组织的创新水平。伯纳姆（Burnham）认为如果学校领导重视创新文化氛围的培育，凭借这种有利于创新的工作环境将催生更多创新。这种创新的学校氛围有助于在学校内部形成创新的价值观念、动机和信念，促进学校整体的创新发展。良好的学校创新氛围是连接学校与教师之间的纽带，会使教师认可学校的价值观、文化和愿景，有助于在学校内部形成团结、亲密、互助与和谐的氛围，进而提升教师参与教学改革的积极性。

学校组织创新氛围的营造要以形成学校共同的价值观念和发展目标为切入点，通过舆论宣传、专题研讨、信任支持、交流互助、人际交往等途径，使师生员工感受到热烈的教学改革氛围。彰显在反思中教学，在实践中创新的精神，使参与者热情高涨，旁观者追逐向往。并使教师在改革过程中遇到困难时，能勇敢面对、相互支持、积极帮助解决，出现失误时能宽容对待，予以谅解。

校长可以通过与学校师生员工共建学校愿景，营造学校组织创新的精神环境。学校愿景的构建是基于学校的使命、价值观，概括并总结出学校未来的发展方向，能够对学校的未来勾勒出师生员工共同认同和期望的发展景象。愿景是一种黏合剂、增强剂和催化剂，会感染组织中的每一分子，将个性迥异的员工凝聚在一起，营造出众人一体的氛围，将分散的个人力量聚集起来形成巨大的合力，从而将无穷的创造力释放出来。①

学校愿景是通过描述学校未来蓝图和现实状况之间的差距来激励员工的变革行为。愿景与现况之间的差距会产生一种"创造性张力"，是形成学校创新组织氛围的强大的动力，对推动学校教学改革发展有着重要作用。学校愿景的形成不能一蹴而就，需要进行前期的铺垫和准备，再进行深度挖掘，然后全面提取，最后才能得到广泛认同，这是一个反复沟通并加以论证的过程，具体可参照如下做法：

①项红专，刘海洋.学校愿景管理：意涵、价值及模式构建［J］.教育科学研究，2019（09）.

前期的铺垫和准备是实现学校共同愿景的前提。校长要对学校的整体情况进行全面了解，从学校历史到现状，从管理到教学，从集体到个人，以此寻找学校立足点。校长要创造和提供校内自由交流与分享的环境氛围，主动和师生进行对话，交流和分享个人的教育观、价值观以及个人需求，让每个人都说出自己真实的想法，使彼此相互理解，寻找共同理想和价值追求，以此探寻学校发展的方向。

深度挖掘是对学校的历史和现状进行全面梳理和科学的分析，寻找学校特色为立足点，依据共同的价值追求，探究并找到适合学校的发展方向和模式，形成学校核心价值观。寻找还需协调校内外部资源，通过开展共享愿景与核心价值提炼的相关活动，使学校利益相关者群策群力，形成广泛意见并归纳出重点。在此基础上，对大家较为认同的愿景进行进一步讨论和修改。在共同愿景形成提取阶段，要鼓励学校利益相关者积极主动参与进来，听取各方面的建议，获取外部资源，对提炼出的共同愿景请专家进一步论证其科学性，最终成为学校初始的共同愿景。校长在建设学校共同愿景的同时，还要鼓励教师发展个人愿景。要让每个人厘清各自心中的远大理想和最终目标，使其憧憬出美好的未来景象，激发出工作的热情。校长要认真对待每个人的差异，给予多样性的指导，使每个人的愿景都得到尊重并予以肯定，使他们能积极地面对个人愿景和学校共同愿景，并会自觉将个人愿景融入到学校共同愿景中，把共同愿景看作个人愿景的体现，才能为共同愿景的建设贡献自己的聪明才智。学校上下万众一心，齐心协力为学校的发展发挥更大的创造力，形成积极创新的组织氛围。

第五章　深度学习视域下校长教学改革决策力的提升

深度学习视域下校长教学改革决策力，贯穿于学校发展的整个过程，中小学校长针对教学改革的大背景和学校发展的具体情况，对本校的教学改革做出决策。校长决策力考验校长教学改革能力，中小学校长要对学校事物进行分析，判断可行方案，最后集思广益，优选方案，由校长做出决策。这需要校长有较高的领导力，因为最优决策只能有一个，如何选择最优，需要校长高瞻远瞩。本章通过对校长教学改革决策力的内涵与本质特征进行阐述，对校长教学改革决策力的构成要素进行分析，进而提出深度学习视域下校长教学改革决策力的提升策略。

一、校长教学改革决策力的内涵与本质

（一）校长教学改革决策力的内涵

顾名思义，决策就是作决定。就是根据事物的具体情况做出判断，最后做选择和决定。决策分为广义和狭义。狭义的决策定义是做决定，广义的决策是指在两个或两个以上事物中做出分析、比较、决断。本研究采用决策的广义意义，就是对两个或者两个以上事物进行分析、判断、比较、决断，这个过程是复杂的，要对这些事物进行分析、比较，最后对方案进行选优，然后做出决策。

（二）校长教学改革决策力的本质特征

决策水平的高低是平庸的领导者与卓越的领导者之间的最大区别。校长能够正确决策，那么毫无疑问，这样的中小学发展一定是迅猛的，生机勃勃的，教职员工的关系是团结协作的关系，教师和学生的精神是饱满

的，但是如果决策偏颇了，学校工作就会陷入迷茫、混乱，甚至是停止办学。无论是学校现在的发展，还是学校未来的走向，都和校长的决策是否正确、决策是否及时密切相关。正如有学者所言"校长的决策力，反映的是他作为领导者的综合素质，是对其思考能力、校情解析力、判断力和决断力的一种考验。""任何决策都包涵价值成份，任何决策都是一种价值综合体的象征。"校长教学改革决策力一般来说具有以下几种本质特征：

1. 思想性与实践性

校长教学改革，由于教育目标、教育对象和校长领导环境等因素的特殊性，决定了校长教学改革领决策力具有自身的一些特点。我们都知道，学校是培养人的特殊机构，这是与其他社会组织机构的不同之处，这就决定了学校的目的不是为了获取经济利益，而是为了培养人，培养对社会有用的人才。那么校长作为学校的领导者，他们既是教师思想上的导师，又具有行政上的管理权。校长要对师生进行规范和引导，同时还要引导师生，让教师和学生学习新时代所需要的知识和技能，校长在进行教育改革决策时，中小学校长首先要动员全校教师和学生，然后制定学校发展策略，接着向教师和学生诠释教学改革策略，甚至渗透某些思想和观点。在实践中，因为校长说的每一句话，校长做的每一件事无不对教师和学生起着重要的影响。校长是教育领导，这就规定了校长领导力的性质，同时也决定着校长领导力发挥作用的形式和后果。校长要言传身教，因为上行下效，校长要通过自己一言一行对学校教育发挥作用的，校长是一所中小学的领导者、管理者，校长的所作所为都在学生和教师的视野之下，因此，校长的行为具有示范作用，校长应该起楷模作用，为全校师生作表率，所以他说话、做事就会对全校教师和学生产生正向或者负面的影响，在教育改革决策中校长决策力具有很强的实践性。

2. 保守性与开放性

校长教学改革是学校发展的必然之路，是学校发展的重要工程，在教学改革决策中，校长的职责具有保守性与开放性特征。作为教育系统的基层领导者，除了承担领导职责，还要承担管理职责，更重要的要承担育人职责，校长要从学校发展的全局出发，校长要确立学校发展的长远目标，

制定学校发展规划，而且要身先士卒，和全校教职工一起去实现这个发展
目标，校长要率先垂范，为全校教职工树立榜样，以身示范，做表率。身
兼这么多重要的职责和任务，校长的工作一定要稳扎稳打，具有一定的保
守性，校长教学改革决策力不仅体现在宏观层面，而且体现在学校微观活
动中，这就使校长教学改革决策力具有了保守性的特点。但是，校长是一
位全方位的领导者，他要对学校进行规划，然后进行决策，同时要谋划好
如何去实施，课程、教育、教学，还有后勤、行政等多部门需要协调、沟
通，这些部门都是为教育教学改革做后盾，校长教学改革决策力具有开放
性的特点。

　　3. 复合性与科学性

　　校长教学改革决策力具有复合性与科学性的特征。校长教育教学改
革复合性是指，校长首先是一所学校的行政领导，但是又不仅仅只限于行
政领导，他还需要技术层面的领导，同时又涉及复杂的人际关系，所以他
又是人际领导，校长要把自己的教育教学思想渗透给教职工，他又是思想
领导，当然学校作为特殊的育人场所，离不开文化和教育，它又是文化领
导和教育领导，角色是多元和复合的。另一方面，校长的个人情商，他的
价值观念，他的办学思想，他的感情丰富性，他的意志力等个人特质会对
教职员工、学生、家长产生巨大的魅力，教学改革也会事半功倍。其实，
在教育教学改革的实践中，我们也很难从源头上区分校长对他人的影响力
究竟是来源于哪里，是他的人格魅力？是他的高智商？还是他的高情商等
等。所以说，校长决策力具有高度复合的特点。校长教学改革决策力的科
学性，是因为学校的产生有其特殊的社会因素，为培养社会所需要的人是
其目标。校长为了实现培养社会所需要的人，他就要对学校发展做出规划
和决策，想尽办法，制定决策，进行教育教学改革，所有一切都是为了实
现培养全面发展的人这个目标而服务。

　　4. 模仿性与创新性

　　校长教学改革决策力具有模仿性与创新性特征。在中小学校，校长的
创新能力非常重要，要想在教育教学改革中获得成功，校长就要多方面提
高自己的创新能力，同时带动教职员工，提高自己和员工的创造性，寻找

最少时解决问题的途径，解决学校改革和发展遇到的新老问题，同时对于敢于大胆改革的教职员工要给予奖赏，鼓励他们大胆创新。创新能力不是一朝一夕能够提高的，一些教师由于所在环境不同，很难改变旧有的思维方式，这些早期的生活经历和工作经历形成一种定势，他们模仿同行或者前人的做法进行决策，但是创新能力和创新性恰恰是在模仿之上产生的。校长的创新力就是要突破这些模仿，要进行具有自己独特的、有特色的决策，这样才能促进教育的有效健康发展。传统的教育思维和教育模式中的定势，会限制校长的独特性思想的发挥。而校长教学改革决策力的创新性，应该是中小学校长特有的一种综合性本领。中小学校长教育教学改革的决策力的创新性是一种综合能力。中小学校长对教学改革的创新性要进行新的评估，然后才能进行应用，这是实施教学改革的过程，评估的内容包括教学计划、执行教学决策等等，具有创新性的决策才能促使教育教学改革获得成功。

二、校长教学改革决策力的构成要素

不同情境下，校长对于教育教学改革需要做出不同的决策，做出任何一种教育决策都需要校长具备一些基本的能力。一般来说，校长教学改革决策力的构成要素有以下几个方面。

（一）制定决策的分析力和判断力

教育决策是为了解决教学改革中存在的问题而制定的，因此，校长做出任何一项教学决策，都需要对这些教育教学问题的现状和未来发展趋势做出全面、深刻和系统的分析和判断，这就需要校长具备制定教育教学改革决策的分析力和判断力。

1. 制定教学改革战略决策的分析力和判断力

学校受制于政府的监督和控制，同时又受到社区和社群舆论的影响，因此，中小学校长要了解国内外的相关教育教学改革政策，关注国内一些中小学校的具体做法，正确评估和整合本校的教育教学资源，对本校进行教育教学改革的决策要有预见性，能够预测教学改革的发展趋势，要做到有的放矢，不能盲目乐观。校长应认真思考三个问题：我们的学校是个什么样的学校？应该是个什么样的学校？将会是个什么样的学校？通过对这三个问题的回答，对所处的这些内外部环境进行有效的战略分析之后，就要对学校教育教学改革作出正确判断，因此一个校长对于环境的分析和判断是他应对教育教学改革的最基本的素质和能力。

2. 制定日常管理决策的分析力和判断力

校长要根本学校自身发展的状况决定要选什么样的人，选人的标准是什么，如何更好地用人，怎么分配学校现有的资源，制定什么样的学校规范，怎么制定，如何制定，这些都需要校长具备缜密的分析能力，经过缜密的分析之后，校长要做出正确的判断。中小学校长要重新认识自我学校的状况，然后根据自身发展需要录用人才，自我学校的状况包括学校目前的状况、学校的定位、学校未来的走向，学校的办学目标、学校的价值取向等等。在录用新人之前，校长要和其他校长和中层领导深入分析学校的目标与需求，包括要录用哪些职位，这些职位的职责是什么，被录用人员的能力如何，具有什么样的个性特征，人格是否健全等各方面。对应聘人员要进行全面客观的分析、评价，为学校教育教学改革作储备，预留优质的人力资源。

3. 对学校资源分配的分析力和判断力

学校的资源包括学校的办学场地、用以办学的资金等。中小学校，尤其一些薄弱校和农村中小学校，资金一直是教育领导者要时时面对的一个大难题。经费短缺，办学困难，可利用的资源有限，就是在这样资金短缺的情况下，校长如何带领教职员工进行教育教学改革，手里的资金如何运用，运用到哪里，这就需要校长要对现有资源进行分析和判断，使用到哪里才能更好地进行教育教学改革，才能完成教学任务，才能更好地培养社会所需要的人才。同时又不损伤教师工作的积极性和热情，全面权衡、科学研判，以期能够有益于学校的长远发展。校长要有大局意识，全盘考虑，最后做出规划和决策，让现有资源发挥最大化的作用，决不能让有限的资源浪费，避免分配的不均衡。中小学校长要进行恰当的决策，根据学校自身的规模、学校要发展的方向和程度，最重要的是教师的特点和学生的特点，都要进行通盘的考量，做出适合本校发展的、具有本校特色的发展决策，而不是模仿和复制其他学校的做法。在教学中发挥本校最大的资源优势，为教学改革服务，这需要校长统一协调和部署，统一分配，发挥资源优势。

（二）学校发展的前瞻力和预测力

中小学校长的前瞻力和预测力实际就是中小学校的发展力，中小学校长以学校现实为基础，在现有资源的基础上，对学校未来的发展做出评估和预判，是一个中小学校长把握未来的能力，但是这需要校长对学校未来的发展做出正确的预测，一个合格的、优秀的中小学校长必须具有敏锐的洞察力，高瞻远瞩的战略眼光和胸怀。承担起学校发展的大任，在校长这个重要岗位上，发挥自己的行政职责，带领学校走向成功。要想做到这一点，中小学校长就要头脑清醒和灵活，把握先机和时机，高屋建瓴。

1. 人才培养目标制定上的前瞻力和预测力

今天，全球一体化不可能不对教育产生深刻的影响，超前意识和广阔的视野是一个优秀的中小学校长必备的基本素质，因为每一所中小学必须要为学生的终生发展服务，学生才能走向世界，走向未来，参与国际竞争。中小学校长要把全面发展的人、能够适应世界发展所需要的人作为学校的培养目标，把适应社会需要、面向未来发展作为教育原则，不能仅仅囿于国内和社区内，要有广博的地域性，时间上也要横纵比较，目光要在放在世界发展的前沿。中小学校长的科学预判必将对学生未来的发展产生积极的影响，甚至是决定学生未来的命运和人生走向。"凡事预则立，不预则废"，所以说，中小学校长人才培养目标决策的前瞻力和预测力具有极其重要的意义。

2. 日常决策和危机决策的前瞻力和预测力

中小学校长要对科学、社会、教育技术、教育经济发展等各个方面了如指掌，对社会教育发展的动向和走向有科学研判，目光敏锐，中小学教育的课程体系的重新建构才有可能实现。中小学校长的最终决策将有助于中小学校走向光辉的未来。古语所说的"凡事预则立，不预则废"就是这个道理。日常决策和危机决策是校长决策当中重要的决策，校长要对此做出前瞻和预测，以免影响正常的教育教学活动，教职员工的录用，学校教育资源的分配，这些都和学校的发展息息相关，校长要根据本校的发展需求，对引进什么样的人才做出合理的规划和决策，引进最有潜力的人才，把有限的资金最大化，人尽其才，资金做到增值。在学校发展过程中，校长要对可能发展的危机有预设，做好准备，应对危机，因此事先要有预测和预案，校长危机处理时才能临危不乱，因此校长危机决策的前瞻力和预测力尤为关键。

3. 决策自身方面的前瞻力和预测力

作为社会组织的中小学校，它的发展受这样那样各种因素的影响，尤其是受制于社会发展的影响。现代社会发展迅猛，变革成为了社会常态，中小学校的外部环境和学校内部环境都处于不断变革之中。校长是一校之长，是教育教学改革的总指挥和总舵手，还是学校发展的设计师和培训师，中小学校长必须站在世界的前言，了解世界发展局势和教育教学改革的动向，用战略眼光看教育发展，因此在制定学校培养目标时，中小学校长要高瞻远瞩，全面把握学校发展面临的新形势、新情况。在对整个教育发展的局势做出科学研判的基础之上，科学决策，妥善解决中小学教育教学改革进程中存在的各种矛盾和冲突，想办法解决这些消极抵制带来的负面影响和冲突，采取积极有效的策略消除这些负面影响，不然中小学校长所做的决策就是盲人摸象，闭着眼睛过河，势必会陷入被动和盲目。

（三）教学管理的凝聚力和决断力

中小学校长在进行决策时就是要杀伐果断，毫不犹豫，在全校教职工和社区树立威信，当断则断，坚决果断，不能犹犹豫豫，决断力需要校长以及团队，对要面临的问题具体分析，判断，把握时机，找准解决问题的切入点，做出决策。中小学校长的凝聚力和决断力是中小学校长领导力的重要核心内容，决定教育教学改革成功的关键，有了凝聚力，校长才能有勇气、有底气进行决策。但是具体进行决策操作之前还需要学习和熟练运用各种决策理论，掌握和运用决策方法，合理利用决策工具。这样才能快速评估出决策的收益，才能预见各种问题和矛盾，才能化险为夷，科学、有序地进行教育教学的改革。

1. 决策民主化是体现校长教学管理凝聚力和决断力应遵循的基本原则

正确决策是一个成功的中小学校长最重要的标志，对于中小学发展而言，只有决策成功了，教育教学才能成功，决策失误必然导致整个教育教学改革的失败。中小学校在整个教育教学改革的过程中，决策贯穿始终，决策是中小学校长重要的职能，甚至是贯穿中小学校长的日常。中小学校长每日要做大量的日常工作，都要按照既定的决策来执行，按照治校目标计划做决定，这些日常必须围绕着教育教学改革来做，因为和教职员工每日的日常工作息息相关。决策民主，教职员工就会心悦诚服地配合学校工作，否则就会带着情绪工作，势必会影响教育教学改革的效果，关系教育教学改革的成败。因此中小学校长的凝聚力体现了校长的日常管理能力，凝心才能聚力，不能一把手一个人拍板说了算，必须协商，体现民主，最终决策交由校长，既能体现校长的凝聚力，更能体现校长的决断力。因此，校长进行决策时既要科学，又要体现民主，科学和民主不可分。教育教学改革决策的科学化离不开民主化。决策的科学化是体现校长教学管理凝聚力和决断力的根本，也是校长决策要体现的基本原则。校长在决策时要运用科学的方法，通过民主科学的程序，进而才能反映客观发展的规律，然后用此决策去指导实践。校长要发扬民主，合作才能共赢。集思广益，决策才能科学。

2. 决策个性化体现校长教学管理凝聚力和决断力的胆识与魄力

中小学校校长决策需要集思广益，但是也需要有校长个人个性化的决策，这体现了校长管理的凝聚力和决断力，这些凝聚力和决断力恰恰能够体现校长的胆识和魄力。在各方意见不统一，有分歧时，需要校长当机立断，英明决策。当校长已经做好评估，需要决策，遭到保守的教师反对时，校长更应该有勇有谋，力排众议，当机立断。这个个性化的决策校长是站在学校发展的高度，经过多方求证、权衡之后决定的，在分析利弊的基础之上，做出的最好的、最适合学校发展的决策。中小学校长如果人云亦云，在教育教学改革的浪潮中就会畏缩不前，畏首畏尾，瞻前顾后，左右摇摆，这样势必会犹豫不决，改革也只能是说说而已。不仅仅会影响教育教学改革的科学性和实效性，最后停步不前，失去大好时机，拖了教育改革的后腿，进而影响学校工作的正常开展。学校的决策最后需要校长拍板，校长是学校教育改革的决策者和领路人，最后考验的就是校长的胆识和魄力，校长的胆识和魄力来源于校长的教育思想、教育智慧、教育经历，同时还有校长的人格魅力。

（四）育人文化的创新力和创造力

在教学改革中，对育人文化进行决策，每一所学校都有自己独特之处，不可能完全复制别人的经验和做法，这就需要校长根据本校独特的具体的情况进行改革，当然这些决策是针对本校的特点而做出的最适合本校校情的。需要校长在了解评估本校情况之后，进行科学的决策，这些决策要具体而独特，这需要校长发挥聪明才智，在培养人才上，根据学校的特点提出新颖独到的决策，因此，校长在育人文化中要有创新力和创造力。决策创新、方法创新，即使面对的是老问题、老现象、老教育教学问题，也需要校长更新观念，更新方法，用发展的眼光去看到这些老问题，提出具有创建性的思路和方法，毕竟教育教学改革，改变的是老的思路和方法，需要提出的是新思路、新方法，它是动态的、发展的，要用历史的、发展的眼光来看待老问题。对于传统，校长要在它基础之上创新和创造，不能照抄照搬，不能套用。改变思维定式，突破传统。一是相对于他人或他校来说，校长的决策也应该体现其创新性。校长实事求是，因校制宜，做出与众不同的规划和决策，因为人才的成长靠的是创新，因材施教，才能办出特色，才能提高教育质量，才能培养对社会有用的人才。

1. 从宏观层面

中小学校参与教学改革首先是一种政府行为，对于教学改革，国家层面出台具体的方针政策，为各个学校的教学改革做方向性的指引。育人文化的创新力和创造力在宏观层面上体现为，每一个参与教育教学改革的学校都可以积极主动进行改革，根据学校自身的特色和培养目标，不一定全部遵从上级主管部门的统一改革，教育主管部门也逐渐将改革发展的权力交给学校，权力的下移有助于各个中小学校根据自身特点制定教育改革方案，学校由被动改革转向积极主动要求变革。创办特色学校，凸显学校办学特色，需要校长理解改革意图，了解自己学生优势和劣势，坚持从学校实际出发，根据学校自身特点，扬长避短，有创造性地办出特色，创新方法，改变办学思路，而不是模仿和复制，更不是照抄照搬。校长要坚持走在别人的前面，才能办出特色和与众不同的学校。独特而新颖的改革，需要校长改变思维方式，要有新思想、新思路、新方法，这样才能产生新成果，改革才能获得成功。

2. 从微观层面

各个学校的具体情况不尽相同，师资配备、生源水平、学校具体发展现状、学校的规模大小等等，因此校长要全面分析学校的具体情况，根据学校目前的状况，了解每一个学科，每一个备课组，甚至是每一个教职员工的整体情况，这些情况包括，员工的能力、爱好、性格、个性、兴趣、特长等等，对这些综合情况进行考量，给与教职员工更切实的岗位，让教师人尽其才，这就需要校长对他们进行全面分析。校长对这些情况进行了全面的了解分析的基础之上，中小学校长再进行合理的判断，然后根据判断做出决策，统筹安排，统筹规划，做到最优化处理，把一块好钢都用到刀刃上，人尽其才，让每一个教职员工都把自己的力量贡献出来。对于传统，校长要在它基础之上创新和创造，不能照抄照搬，不能套用。改变思维定式，突破传统。一是相对于他人或他校来说，校长的决策也应该体现其创新性。校长实事求是，因校制宜，做出与众不同的规划和决策，因为人才的成长靠的是创新，因材施教，才能办出特色，才能提高教育质量，才能培养对社会有用的人才。

（五）个人特质的吸引力和感染力

在教育各种，教师对校长的崇敬、认同和效仿能够对教师的成长产生强大的影响力。校长的自信和坚定的信仰使教师更加信任校长的判断。中小学校长将工作和任务与组织文化中人们共同信守的价值观念、理想和强烈的成就感联系起来。他们为教师绘就迷人的愿景，让教师能看到校长努力的结果。

1. 校长的聪明才智能够对教师产生极大的吸引力和感染力

毫无疑问，一个聪明的中小学校长对教师的吸引力是巨大的，一个具有聪明才智的校长的吸引力和感染力能够持续吸引教师，从而使教师工作具有动力和干劲，一个具有教育教学改革头脑的校长的智力激发能够唤醒和改变教师的思维方式，能够改变教师解决问题的方式，能够开发教师的潜能，改变教师的僵化，开发教师的想象力，坚定教师教育教学变革的信念，笃定教师正确的价值观。一个具有问题意识，又具有改革头脑的聪明的校长能够洞察问题的本质，然后积极去解决这些问题，难题会迎刃而解，自然对教师产生极大的吸引力和感染力。在智力激发方面，校长去寻找新方法，愿意为了变化而变化，愿意冒风险而赢得机遇，有新意、创新性和创造力，能组建有效的工作团队，校长通过自己的聪明才智能够激发教师的创新性和创造力，他们有极大的吸引力和感染力。

2. 校长的人性化关怀也能产生吸引力和感染力

关怀一直是校长和教师之间关系的重要方面，通常有助于增加教师的满意度和增强教师吸引力和感染力。中小学校长在教学改革中，为了让教学改革的顺利推进，对教师、学生进行人性化关怀能够产生极大的吸引力，对待学生和下属温润如玉，总比疾风暴雨效果要好得多。在进行咨询、征求意见时也要温和待人，征求的口吻，每一教师个人的需要和能力都是不同的，校长不能要求每一个教师都出类拔萃。校长要用友善的态度，随和亲切、平等对待教师。从内心里对教师的自我发展提出建议，给予教师更多帮助，尤其是能力弱，但是又积极参与教学改革的教师，校长要给他们鼓足干劲，帮助他们尽快成长。对于他们的点滴进步要给予及时赞赏，对其缺点提出建设性的意见。校长以发展的眼光看待教师，为其做出榜样，与其进行平等的双向交流，对其需求做出适当反应，给他提供学习的机会，提升他的动机水平，使教师不仅完成当前的工作，这样让教师自然产生极大的吸引力和感染力，自愿自觉地投入到工作当中。

3. 校长的激励手段能产生正面的吸引力和感染力

在教育改革进行当中，校长可以通过激励手段吸引教师自愿进行教学改革，并促使其行为以积极状态表现出来的一种手段，能够激发教师的内在潜力，充分调动教师的主动性、积极性和创造性，使教师产生内在动力，为实现期望的教学目标而努力。在受到激励的状态下，教师通常能表现出更高的学习效能和工作效能。校长在工作中要激励教职员工，使他们能够付出超出期望的努力，更好地实现或超越学校发展的目标，并同时使自身的专业水平得到发展。与此相似，校长在受到激励的状态下，也能表现出更高的创造性，体现出更强的领导效能使其自身的领导力在实践中也能得到更好更快的发展。

4. 校长的人际沟通能力能产生正面的吸引力和感染力

中小学校长作为学校教育教学改革的第一责任人，首先必须具有较强的人际交往能力和沟通能力。中小学学校主要为培养人才，实现学生的充分发展，培养全面发展的人，学校与家庭之间、学校与学校之间、学校与教育行政部门之间、学校与企业之间都要建立紧密的联系。同时面对各种关系和复杂多变的环境，校长要具有处理各种冲突的能力。一个善于沟通，长于沟通的校长，一个在教学改革中有影响力的校长，能产生巨大的吸引力和感染力，工作起来自会得心应手。中小学校长的人际沟通能力是一个优秀校长的重要能力，能够产生积极的正面的吸引力和感染力，受到校长的感染，教职员工自然乐于听从指挥，积极主动去参与教学改革，而不是带着情绪去参与改革。

（六）教师成长的影响力和感召力

影响力和感召力是中小学校长实现成功领导的一个核心因素，也是最本色、最核心的领导能力。

1. 影响力和感召力是校长魅力的主要因素

"为政以德，譬如北辰，居其所而众星共之"，这说的是一个人的影响力和感召力，这是一种独特的力量，让人们乐于趋从他，约翰·科特也曾表达过，领袖人物的影响力是需要这个领袖人物具有人格魅力，应该以大众为核心，而不是以自我或者小团体为中心，不然就不会受到团体的拥戴。一所中小学又何尝不是如此，一个道德水平高的校长对于教师的影响是无形的。"公生明，廉生威。"中小学校长作为一校之长，他本身就是一把标尺，他要公正，他要公平，他要智慧，他要具有凝聚力。"其身正，不令而行；其身不正，虽令不从。"他的一切都在教师的视野之下，这就是一种无形的力量，魅力校长很显然是有影响力和感召力的，具有魅力的校长善于调动教师情感，能够激发教学活力，提升教师个人情操都是中小学校长影响力和感召力的体现，影响力和感召力源于校长魅力所在，教师能够感受到一股强大的动力，愿意主动从事教学工作，愿意担当，愿意为学生、家长、同行提供帮助，这些源于校长的态度，受到校长的感召。

2. 影响力和感召力是唤醒和提升教师学习的动机

马斯洛的需要层次理论认为，人有五种最基本的需要，最低级的是生理需要，最高级别的需要是自我价值的实现。人惧怕自我效能感低，担心失败，渴望成功。如何让教师把最大的潜能发挥出来，就需要校长去影响和感召。影响力和感召力是中小学校长实现成功领导的一个核心因素，教学改革能够成功，首先一个方面在于一个校长的人格魅力，教师、学生、家长对其的信任度，教师的成长也离不开校长的促动。一个有影响力和感召力的校长，他的学校工作也必将是积极地，教师的工作也会投入极大的热情。否则就是消极怠工和对抗。校长的影响力和感召力会使教师受到极大的鼓舞，从而愿意、乐于去改革。校长为教师的工作赋予了更多的意义，唤起他们的热情，使他们兴奋，使他们产生情感上的共鸣并作出对教学目标的承诺。中小学校长的个人特质将对教职员工产生巨大的影响力和感染力，将能使自己成为教师的榜样。

3. 影响力和感召力是校长发挥聪明才智的必要条件

校长是决策的制定者，同时也是决策的执行者，决策的制定需要听取多方意见，集思广益，但是最后定夺的人是校长，校长需要对决策作最后的拍板，但是校长不能一意孤行，要听取大家的意见和建议，不能做独裁者，否则教育教学改革工作无法开展。这样校长在广大教职员工面前具有影响力和感召力，而影响力和感召力恰恰是校长发挥个人聪明才智的前提因素，校长个人的聪明才智是校长影响力和感召力发挥的必要条件，是督促教师成长的重要因素。校长做最后的拍板人，必须是经过了多轮的协商探讨之后的，校长有做最后决策的权力，但绝不是一言堂、搞特权、搞霸权。学校的教育改革需要校长教师意见统一，只有这样教育教学改革决策才能实施。决策与教师对教学职业的满意度之间有着积极的联系，在一般情况下，教师都喜欢能让他们参与决策的校长。

（七）课程教学的自信力和整合力

学校的核心工作是课程教学，其它所有的活动都从属于这一中心职责，校长是教学领导的核心人物，中小学校长的领导作用主要表现在沟通和决策，这就需要校长了解课程教学，是课程教学的行家里手，校长要直接参与教学活动，掌握课程教学的知识和技能，能够听评课，至少能够带领大家参与教学，创设良好的教育教学活动氛围，这样校长才能在课程教学活动中具有自信力和整合力。否则无法带领大家参与教育教学改革。具体而言，校长的课程教学自信力和整合力体现在以下几方面：

1. 驾驭教学全局，制定符合学校发展的教学目标

我们知道，教育的最终目的是培养人，培养社会需要的人，教师教书育人，这样他们的社会价值才能得以充分的体现，这种价值是通过教师的脑力劳动来实现的，学校要通过教师的劳动来创造精神财富，从而培养优秀的人才。学校要进行一系列的教育教学措施和方法来达到培养人的目的，实现培养目标。教学是学校工作的重中之重，是学校培养人才的基本途径。这就要求中小学校长驾驭教学全局，带动全校教师进行教育教学改革，制定教学目标和人才培养目标。校长必须明了国家当前的教育目标及教学的重要发展动向，带领教师共同制定符合本校特色的教学目标，将学校教学目标向学生及其家长公布，并得到他们的认可，协助教师依据学校愿景与教学目标制定教学计划。

2. 整合教学资源，搭建教师专业成长的有效平台

校长要整合教学资源，同时给予教师教学自主权，建立合理的教师评价制度，组织讲评课活动，明确指出教师的优缺点。明了教师在教学实施过程中所遇到的困难和障碍，并给予帮助。创设教师专业发展的和谐环境，鼓励与提供教师间教学合作的机会，创设教师学习共同体。鼓励并给予教师进修的机会，协助教师掌握最新的教育理念和教学方法。对学生的学习有高度期望，根据学校愿景为学生制定合理的学习评价体制。培养教师自主、合作和探究的教学意识和理念。校长创造性实施新课程，领导教师团队，和教师们一起提升教育质量。明确课程领导的意义，国家关于课程改革的思路以及本学校课程实施的现状，校长带动教师，一起搞科学研

究，建设研究团队，在教育教学中发现问题、研究问题、解决问题，在实现教学质量提高的同时，也使得教师研究团队专业能力也得到了提高与升华。

3. 校长对学校整体课程有全面的规划和设计

校长要具备学校整体课程发展的相关知识，熟悉当前课程发展的趋势。校长能对本校的课程的设计、实施和评价有全面的规划，根据课程理论的发展及本校的实际情况，推动修订学校整体课程发展计划。校长能有效促进学校的课程顺利实施，根据国家课程大纲的要求合理安排课程，引导教师对课程的执行力，协调各部门满足教师实施课程的要求，推进校本课程的开发与实施。并且中小学校长要能对课程进行合理的评价并给予指导，从过程及结果中审视所拟定的课程规划及设计，然后根据具体情况及时修正规划及设计，最后做出切实可行的决策，让教师根据决策去制定自己的课程计划。

（八）学校环境的学习力和领导力

中小学的学校环境包括的范围非常广泛，诸如学校文化，学校行政方面的事宜，教师的专业发展，人文环境等等。

1. 学校文化的学习力和领导力

学校文化中最重要的是精神文化，一个学校，精神文化一旦形成，整个学校就会产生一种强烈的精神氛围，进而形成独特的校园文化，会推动学校工作的良性发展。校园精神文化要靠中小学校长自己去推动，校长要具备精神文化的学习力和领导力，中小学本身就是精神文化载体，也是精神文化的主体，需要校长和教职员工共同创设，具有独特内涵的学校文化环境。校长、教师、学生包括家长、社区共同参与，形成一个共同体，积极共建，搭建平台，校长首先要进行学习，然后决策，创设具有本校特色的学校文化环境。校长带动共同体成员，引领共同体成员形成共有的文化信念和价值观念。校长组建教师团队，让愿意参与，有文化满足感积极参与。校长要创设先进的教育文化，以先进的校园文化引领学校发展。这种校园文化需要师生共同搭建，适合学生发展的愿景。

2. 对学校行政的学习力和领导力

校长的行政领导力指的是校长基于其行政职务获得的领导力。校长全面负责和统一领导学校工作，校长的行政领导力与其行政职位有直接关系，但并不是说坐在校长这个位子上就具有行政领导力。校长只有在其领导实践中正确合理地使用了其职位权力才能产生权力领导力，否则仅仅是使用了其行政权力而已。正确的使用了行政性权力，能使领导者得到其上下级的强有力的支持，有利于提高工作效率。校长要正确有效地行使行政权力，不能滥用职权，其中校长行政领导力最突出的是，能和教职员工从学校自身的特色和教学资源出发，共同建立适合学校发展的学校愿景，共同为教学改革服务。校长的行政权力也是学校进行教学改革的基本保证，因为校长要制定教学改革的决策，最后推动决策的具体实施，这些离不开校长的行使行政命令的职能。

3. 对教师专业发展的学习力和领导力

狭义的校长专业发展是针对校长自身的专业发展，及校长的专业知识、专业态度及能力所构成的素质不断更新和丰富的过程。广义的校长专业发展出了对校长自身的要求之外，还要求校长具备促进教职员工专业发展的能力。"校长"是教育人员金字塔中的少数，却最具有影响力，他们不仅是学校行政的管理者，更应该是教育专业团队的领导者。校长须具备将教育当作毕生所追求的目标，以人为本，以促进学生的全面发展为宗旨，以教师的发展为目标，坚决摈弃唯升学率是图的工作目标。校长须明确当前课改浪潮对校长的要求，积极制定适合自身专业发展外，还要制定教师的专业发展规划。鼓励教职员工制定详细的职业生涯规划，为教职员工提供进修的机会并鼓励其参与学习，支持教师的学习共同体的建立。

三、基于深度学习的校长教学改革决策力的提升策略

（一）强化校长角色

1. 增强自身领悟力

校长是一所学校的领路人和掌舵者，一个校长的见识、能力水平如何直接影响一所学校的发展。而一个校长应该利用自己的聪明才智提高自己的办学领悟力，领悟力需要校长不断学习，吸纳别人的的成功经验，然后

内化成自己的思想，这极其考验校长的学习能力、思考能力、决策能力。在我国深度学习视域下，在教育教学改革的浪潮中，在教育教学改革发展的关键时期，中小学校长的领悟力作用比任何时期更为重要。因此，中小学校长要与时俱进，不断学习，不断提高自己的领悟力，在制定决策之前全方考察，认真思考，然后做出决策，做一个多谋善断的领导者。在深化教育教学改革的特殊时期，在深度学习的视角之下，校长的领悟力显得尤为重要。校长深度理解教育教学改革的大政方针，教育教学，甚至是教师成长的政策，在教育教学改革中出现了哪些新现象，有哪些新政策，有哪些新的教育理念，教师角色、教育方法、教学方式都有哪些新的转变，对于教师的评价和学生评价有哪些变化，校长都要了解，然后在了解这些动态的基础之上果断做出角色。这些需要校长在不断的学习中提高自己的领悟力。这样才能分析问题的基础之上，解决问题，带领大家进行教育教学改革。

2. 加强教育教学研究能力

学校教育离不开教育研究，学校主要任务是教学，以教学为中心，核心工作是教育教学，同时也要加强教育教学科研。教学改革要求中小学校长必须具有科研能力，同时要带领教师一同进行教育科研。但是现在中小学教师普遍对教育科研积极性不高，更少有懂得教育科研的教师，校长可以通过培训进修学习，提高自己的科研能力和意识，并且要给教师提供这样的学习机会，科研能力是中小学校长必备的专业素养。科学研究能力不是短期内能够得到提高，需要长期的学习和内化过程。教育教学改革加剧，教育领导者的研究能力是考察他是否具备教学改革能力的一个重要方面，否则不具备教学科研能力，中小学校长就无法对教学改革做出科学的决策，改革就无法进行下去。教学改革要求教学首先要进知识的传授，技能的训练，同时教师也要讲求教学的方法和教学艺术，校长要指导教师学习教育理论，对教师的教育科研能力的训练与指导。

3. 掌握中小学教育教学规律

中小学校长在教育教学改革进程中，在学校发展的过程中，要掌握教育教学的发展规律，在培养学生的过程中，学会与社区、企业、各行业的通力合作。校长要始终坚持在教学第一线，了解教育教学改革的实际情况，研究本校教学改革存在的问题和重难点，想办法去解决这些问题和，突破难点，优先考虑重点问题。提出对策和解决方法，多谋善断，校长要带领广大教师深入教育教学改革，教育教学改革关键在教师教，尤为关键的是校长如何引领，如何决策。教学改革中课程内容与教师教法要与学生实际紧密结合，教什么，教师怎么去教，这些是需要教师解答的课程问题，而教师怎么教又取决于本校的课程改革做得如何，关键在于校长对于课程改革的指导做得如何，是否掌握并遵循中小学教育教学规律。因此，在教学改革中能够指导教师进行有效改革的一定是有较强的教育教学业务能力和技能的校长，否则，校长就是闭着眼睛捉麻雀，瞎指挥，教学改革必然会陷入困境。

4. 确定正确的人才观

中小学校教育教学的终极目的是培养人，培养什么样的人呢？这就是校长的人才观。就是校长具有怎样的人才观。他认为什么样的人是人才，具体的人才观必须有科学而正确定位，人才应该具备什么样的素质。校长的人才观决定一所学校的教学方向和课程设置。校长的人才观反映了社会对学校教育的要求，同时也反映了社会和学校的教育观念。因此，校长要根据教学改革的具体要求，提出适合本校学生发展的课程目标。同时校长要对自己学校所培养的学生进行预测和决策，要具有前瞻性和预测性。校长要充分理解教育。新世纪是一个知识爆炸的时代，信息迅猛，社会需要创新型人才，增强我们的综合实力，创新型人才必须是全面发展的，能适应社会需要的人才。校长要为学校系统规划未来发展方向，带领学校走向新世纪和未来。

（二）把握重难点问题

1. 优化组合学校教职工以便团结合作

中小学校是教学组织，是由课程、教学、教师学生等诸要素构成的复杂教育系统。中小学校长要把握住重难点问题，根据学校的现有资源，优化组合学校教职工，让他们互相协作，互相配合，把学校力量做到做优化。那么校长就应该建立一系列的规章奖惩制度，对每一个教师岗位要有要求，切实明确教师的岗位职责，制定教师的工作规范，这样才能实现教学计划，达到培养人的教育目的。让学校制定的教学计划更好地完成，让教学改革真正落实在实处，真真正正进行教学改革，而不是流于形式。校长在制定决策时就要有的放矢，利用学校的软硬件条件，让这些软硬件发挥作用，这极其考验校长的组织领导能力。这些校长如果能做得好，这些学校的教学改革就能做到人人尽其才、资金尽其利、硬件尽其用，学校的各项工作都能围绕着教学改革而开展。中小学校长的组织能力必须是以学生成长为首位、以教学活动为中心，学校要加强课堂教学环节的领导。

2. 科学制定学校发展规划保证管理工作高效运行

在深度学习教学改革中，离不开中小学校长的计划决策，什么是校长的计划决策？计划决策是一个管理范畴的术语，就是中小学校长要事先确定学校发展目标和学生培养目标，制定教学计划，为了这些目标采用必要和科学的方法，制定教育教学方案，这一系列的过程，就是校长计划决策的过程。这些过程是深度学习教学改革中的首要环节，学校要实现预先预测的教育教学发展目标实施的关键。需要中小学校长具备战略眼光，高屋建瓴，高瞻远瞩，迅速决策，预测未知，用发展的眼光看待学校教育发展的未来。需要中小学校长有的放矢，根据学校的具体情况制定具体的工作计划，多方权衡，最后做出最佳抉择，使学校管理工作始终沿着科学的轨道高效运行。

3. 运用创新思维探索学校的发展道路

许多中小学学校，尤其是农村中小学，还有城郊中小学属于薄弱校，他们缺少资金，硬件设施短缺，师资力量薄弱，缺少年轻教师，教师处于青黄不接的过程中，有些老教师对于教育教学改革缺乏热情和动力。在这种情况下，如何进行深度学习，如何进行教学改革，这是一个摆在中小学校长面前的一个极其现实的大问题。即使国家和民间团体和个人对这些学校有一些资助，终难解决教学改革中存在的实际问题。这些学校的校长就必须发挥学校优势，想尽办法改善学校的办学条件，尽量改善师生的生活福利，提高教育改革的质量。校长多方化缘，争取国家和团体、个人的援助，发挥地域特色，搞特色教学改革，善于利用本地资源，创设好的学校育人氛围，这些是无形的资产，需要一条创新之路和发展之路，需要中小学校长大胆开拓创新。

4. 从实际出发注重调查研究

一所学校的客观存在决定学校教学改革的方向和格局。校长要对学校的客观情况有清醒的认识，决不能脱离客观存在而冥思苦想，校长不能拍脑袋做出教学改革决定。校长必须仔细权衡本校的客观存在，做到信息对称，对学校信息全方占有，多方对比和权衡，学校情况复杂、多变，教师、学生存在这样那样多变的情况，每一届招生情况又极有可能存在大的变化，校长都要做到心中有数，把握学校教学改革的整体情况，提出主要需要改革的问题，然后在客观基础之上做出科学的改革决策。这就要求校长必须有的放矢，实事求是，科学研判，既要了解学校内部的情况，又要了解学校的外部环境，掌握教学改革所能利用上的外部资源。了解各个学科、各个教师的教学真实情况。了解学校存在的问题，正视问题，不躲避、不逃避。教学改革不能盲人摸象，瞎指挥。不能套用别人的现成的套路和模式，要探索一条适合本校的教学改革之路，这样，决策目标才可能实现。

（三）突显群体意志

1. 拥有丰富的情感和超群的智力

当一名优秀的中小学校长，在掌握教育教学等专业知识外，还必须具有较强的教育教学管理能力。同时拥有丰富情感和充沛的精力对学校管理能起到事半功倍的效果。校长要有教育情怀，在管理过程中运用自己的情怀和高情商，就能处理好各种关系。施以情感，培养和校领导班子、教师、学生、家长的情感，获得全校师生和社会各界的支持，在支持中开展工作。在融洽、友好的氛围中开展教学改革工作。在愉悦的工作氛围中，人的创造性最容易得以发挥出来，更容易出教育成果。校长的高智商、高情商是能够从容面对各种复杂的情况，听进不同的声音，面对困难和挑战，坦然应对，在困难和挑战中升华心智。校长在教学改革中最需处理好各种关系，在获得全校各种力量和社会各种力量支持的同时，要获得学生和家长的认可，家校关系是所有关系中最重要的关系，高情商的校长能让学生和家长感受到学校的温暖，信任学校，支持学校的教学改革。毕竟，教学改革核心是课堂教学改革，而在教育追求升学率的大背景之下，家长的支持和认可尤为关键。同时，教师是学校的核心，教学工作是学校第一线工作。高情商的校长能够获得教师的认可和支持。

2. 具有文化领导能力

中小学学校文化是一个学校的符号，它是全校教职员工和全体学生的共同信念，代表着学校全体的价值观和处事规范，是全校师生共同恪守的价值体系，是全校师生的行为准则和行为规范，需要全体师生共同遵守。是一种目标和信仰，这种规范和信仰成为全校师生的共同价值体系，需要全体师生去守候，并成为学生发展的目标体系，规范教师和学生的行为。并形成一种无形的规范，给人一种价值感、秩序感，组织的社会责任感和方向感、承诺感和目标感。学校文化是一所学校的灵魂，更是一所学校的精神，需要全校师生共同去守候。校长要利用本土文化去构建学校文化，乡村中小学可以利用乡土文化构建学校文化，并把学校文化渗透到课程教学中，学校不仅仅是一种形式，更是一种实实在在的课程。师生接受学校文化的滋养，规范自己的行为，热爱自己的学校。学校文化建设需要校长领导力，利用社会资源，共建学校文化。

3. 进行愿景领导

中小学校应该有自己的教育发展愿景，教育发展愿景是全校师生共同的发展愿望，校长要对全校师生进行愿景领导和决策。根据学校的具体情况，明确学校的办学思路和方向。要办一所什么样的学校，办学特色是什么，有什么优势和劣势，如何扬长避短，有哪些可以利用的资源，把办学愿景办学实践最后形成教育成果，把办学理想融入教学实践，办学愿景是学校教育改革实践的指南，这种愿景一旦确定，就会形成具体的办学策略，是以后教育教学改革的依据，然后制定具体实施的步骤和方法，这个愿景要体现教师、学生、家长的群体意志，最后由校长拍板决定，校长要理性分析，谨慎决策。要包容大气，凸显群体意识，不能独断专行。

4. 要体现民主意志的拍板

中小学校长是一所学校的决策人，学校的方针、政策最后由校长拍板，但是绝不是校长一个人独断专行，一定要在民主意志的基础上，体现大众的意志和声音。做决策是校长的权利，也是责任，学校做出的决策应该是一个学校的团体意识，体现共同体的智慧，这样决策才能避免偏颇，学校的教学改革才能走向成功。决策也才有可能执行下去，保证教学改革的持续进行。校长需要征求各方意见，集思广益，教职员工献计献策，校长听取各方意见，保证教学改革的科学性和可操作性。校长需要广泛动员广大教职员工，甚至是学生、家长、社会的支持，让每一个和学校有关系的分子都表现出主人翁意识，校长在众人之言的基础上，进行分析、比较，认真比对、思考、筛选，最后和大家意见达成共识，好的意见全盘吸收，充分发挥民主，校长对于不同意见者要包容大气，听得进不同的声音，实事求是，客观理性。

（四）深度理解政策

教育要面向世界，面向未来，培养学生也要站在全球视野，站在国际的高度审视我们的教学改革，走出学校自身的舒适区和发展圈，了解这个瞬息万变的世界，世界的变化给学校教育带来哪些冲击和挑战，我们究竟应该培养什么样的人，社会越来越多元化，多元文化的碰撞交流也越来越强烈，如何适应这些形式，校长首先要了解教育政策，了解国家教育大政方针，在深度学习的大背景下，在确立学校的共同愿景与共同目标的前提下，校长要放眼全局，尽可能满足学生发展的不同层次的需要。

1. 提高协调能力

深度学习之下，教育改革进行中，其他改革，诸如政治和经济改革也如火如荼地深入，中小学与企业、行业、社会的联系越来越紧密，这就要求校长不仅仅懂教育教学，掌握教育发展的规律，预测教育发展的方向，还得是一个社会活动家，具有广域联系的能力与魄力。需要校长与各方进行良好的沟通，即使实在教育系统内部，也需要校长处理好与上级行政部门的关系，采用多种办法与之进行沟通，交流思想，联络感情，合作共赢。要求校长具有开阔的心胸和气度，不拘泥于固定的教育模式和方法，不拘泥于本校校情，要具有开放的思维和理念，加强合作，放眼世界及其他教育领域。

2．不断开阔视野

一个中小学校长必须具有广阔的视野，拥有先进的教育思想和理念，掌握前言教育信息。拥有的教育知识的领域也要宽广，放眼全局，及时掌握教育政策，开阔自己的视野，在教学改革中才能做到胸有成竹。在深度学习视域之下，对于先进教育理念，先进的教学方法浅尝辄止是不行的，那将会使教学改革无法开展。校长要掌握政策，教学改革的决策制定是建立在把握政策的基础上的，同时不断开阔教育视野。在教育实践中以知识为基础，凭借自己的学识、学养、个人魅力等等，通过一定的思维活动，新颖而独特地在深度学习视域下进行教学改革，然后才能再发出有价值的教育新思想，新方法或新成果。

3．强化灵活管理

面对纷扰复杂变化迅速的教育环境，校长领导思维与方式必须不断创新，深度学习视域下的教学改革，给每一所中小学带来挑战的同时，也为每一所中小学的发展带来机遇。因此每一个中小学校长要抓住教学改革的大好时机，大展身手，迎接教学改革的挑战。是机遇又是挑战，中小学校长面对的压力可想而知，他们首先要放眼全局，掌握全局状况，又要根据本校的实际情况，灵活管理，这就需要校长独具慧眼，根据本校的具体情况开展教学改革，同时要深化教学改革，也就是我们所说的在深度学习视域下进行改革。校长的辨识度、识别力、判断力要经过一轮新的考验。灵活管理绝不仅仅是说说而已，这要求校长具有独特的思维和方法，要创新方法，要在深度学习视域下的教学改革中利用新能源，运用新模式和新技术、新方法，考虑教师与学生的新需求，把这些引入教育体系，在教学改革中要提高教学质量，让改革有特色，又不能失了学校教育的根本。

4．明确培养目标

教育的目的是培养人，培养什么样的人是一个学校的培养目标，这是一个学校办学的最基本的出发点，同时也是中小学办法的落实点，培养目标的定位需要校长根据学校发展的具体情况而定，需要校长根据学情、师资、地域等等诸多因素而定，它受到多种因素的限制和影响。初等教育和中等教育、职业教育培养目标不尽相同，目前就中等教育而言，应试教育仍是教育的主流方向和目标。在这样一个应试教育的背景之下，学校面临的升学压力可想而知，这必然影响校长对教育目标的制定和决策，中小学校长如何突破这些束缚，放眼学生终身教育的未来，需要校长制定切实可行的，能够被学生、家长、社会、同行认可的培养目标。

第六章　深度学习视域下校长教学改革执行力的提升

执行力是战略规划得以落实的极为重要的环节。作为执行力本身来讲，是一个复杂、系统的过程，提升执行力也是一个复杂、系统的工程，甚至是长时间进行熏陶与培养的过程。提升中小学校长教学改革执行力，需要深刻地理解什么是执行力，了解执行力的本质特征，执行力的构成要素，这样就会清晰地认识到执行过程中遇到问题的原因和执行阻力的来源。中小学校长在实施教学改革时，将经历反复思考、磨砺、提升的过程，然后在办学的各个领域探索、梳理，形成丰富的策略。

深度学习为中小学校长实施教学改革提供了强大而有效的助力。一方面，有助于系统地梳理、提炼校长的一系列办学行为，凸显出背后潜在的规律。另一方面，也为校长实现特色化的办学提供了清晰的方向指引，便于找到自身执行教学改革的发力点。

一、校长教学改革执行力的内涵与本质

（一）校长教学改革执行力的内涵

人们想要达成一个愿景，就会设计出达成愿景的实施战略，依据这个战略规划还可以分解出诸多的层级目标。事实上，并不是有了愿景和设计，一切就会顺理成章地发展出好的结果，还需要有一个贯彻战略意图，逐级完成目标，实现愿景的过程，而这个过程就是执行。

执行并不只是完成一件事情那么简单，而是一个受综合因素影响的复杂过程，执行的过程和状态从本质上决定了是否能够达成目标，获得好的结果。有时候，去做事、去落实计划，尽管考虑了许多细节，但是结果却

221

仍是不尽如人意。这往往是执行环节出现了问题，没有深刻理解什么是执行，也没能做到很好的执行。所以，有人说执行是一门学问。还有人说，执行是一种艺术。总之，要做到科学执行、高效执行并非易事。

执行的作用如此重要，是实现目标、贯彻战略、达成愿景的保障。那么，在执行过程中达成愿景的效率和效果的能力就是执行力。简单说，执行力就是执行事情的力度，这个力度是落实目标、完成任务的能力，是把目标变成优质结果的能力。

2019年《中共中央国务院关于深化教育教学改革全面提高义务教育质量的意见》中提出，全党全社会都要关心支持深化教育教学改革、全面提高义务教育质量工作。明确提出"坚持'五育'并举，全面发展素质教育"。要树立科学的教育质量观，深化改革，构建德智体美劳全面培养的教育体系，健全立德树人落实机制。要提升校长实施素质教育能力。校长是学校提高教育质量的第一责任人，应经常深入课堂听课、参与教研、指导教学，努力提高教育教学领导力。倡导教育家办学，支持校长大胆实践，创新教育理念、教育模式、教育方法，营造教育家脱颖而出的制度环境。要强化课堂主阵地作用，切实提高课堂教学质量。

2019年《国务院办公厅关于新时代推进普通高中育人方式改革的指导意见》中提出：深化育人关键环节和重点领域改革，坚决扭转片面应试教育倾向，切实提高育人水平。到2022年，普通高中新课程新教材全面实施，适应学生全面而有个性发展的教育教学改革深入推进。

从国家层面清晰明确提出：课堂教学是育人的重要阵地，提高课堂教学质量是提高教育质量的重要途径。《提高义务教育质量意见》和《高中育人方式改革意见》中都倡导互动式、启发式、探究式、体验式等课堂教学方式。《提高义务教育质量意见》特别指出，教师课前要指导学生做好预习，课上要讲清重点难点、知识体系，引导学生主动思考、积极提问、自主探究。融合运用传统与现代技术手段，重视情境教学；探索基于学科的课程综合化教学，开展研究型、项目化、合作式学习。精准分析学情，重视差异化教学和个别化指导。《高中育人方式改革意见》强调，要实施好新课程新教材，要有序推进选课走班，要深化课堂教学改革，要优化教学管理。

国家层面的教育发展愿景已经设计好，教育战略已经制定好，教育教学改革目标也很清晰，任务非常明确。那么，能否做到这一切，做的效果如何，关键环节就在于各中小学校的执行落实情况。作为办学的主体和学校的管理者，需要带领学校全部师生员工，向着这个战略方向，实现教学改革目标。做好这件事的能力，即是中小学校长教学改革的执行力。因此，中小学校长教学改革执行力是国家教育战略的基础所在，是国家教育改革是否成功实现的决定性因素。

基于深度学习的视阈，统合丰富的教育教学资源，可以成为中小学校长实施教学改革的有效途径。实现深度学习是学校教学改革的关键所在。

（二）校长教学改革执行力的本质特征

1. 核心特征

（1）国家意志性

实施教学改革是实现国家意志。中小学校长作为学校的管理者，必须要把握国家教育教学改革政策、方向，深刻领会国家教育政策、方针，必须执行教学改革。这是不以自身主观感受为指导的，不以任何借口推脱，不讲任何条件。

国家倡导实施素质教育已经很多年，党的十九大报告中明确强调要发展素质教育。从现实来看，在基层学校的推进过程中会遇到一些困难和问题，各地的实施情况也存在着巨大差异。还有许多学校仍然盲目追求考试分数、强化机械学习，甚至一些校长谈到教学改革，会有强烈的抵触情绪，也毫不掩饰地发表反对言论。他们根据自身的职业经验，谈教育的发展规律，认为教学改革不符合其所认知的客观规律。这里面就存在一个认知参照物的问题。对于个体，对事物的理解能力不同，自身对事物的认识层次不同。要认识到自身的局限。同时，对规律而言，没有绝对的客观，只有相对的客观。在一个系统中，基层的管理者最重要是做好执行，不需要用自身的职业经历作为参照物，来判断高层的决策。国家做好战略，基层就做好执行。推进素质教育，实施教学改革的决心不能动摇、推进的步子不能停下来。

曾经有个发生在华为公司的案例，某年，华为的一名新员工，刚到华为时，就公司的经营战略问题，写了一封"万言书"给任正非。这名新员工是北大的高才生，原以为自己这封万言书能得到任正非的肯定和赞扬，但是没想到结果却出乎意料。

任正非看了他这封"万言书"后，批复："此人如果有精神病，建议送医院治疗；如果没病，建议辞退。"领导最怕新员工提建议，尤其是提关于公司战略发展的建议。因为领导从来不缺战略的想法，缺的是解决公司问题的行动。

基层、中层不要质疑高层，认知参照物不同，认知事物的高度、角度、深度都不同。校长要正确认识执行教学改革的国家意志性，不能选择性服从，要进行无条件服从。坚决贯彻执行。要做到有教学改革的责任担当，体现在将"立德树人"落实到位的责任心，而不是对国家教育战略指令的抵触和干预。

（2）育人本质性

教书育人理念先行，理念非常重要，必须要有科学的教育理念、育人理念。因此，校长教学改革执行力具有育人本质性，不能偏离。

国家教育教学改革意见中提出：强化育人理念。如何强化育人理念？首先认真落实习近平总书记提出的"六个下功夫"，把科学的教育质量观树立起来。《意见》把科学教育质量观概括了四句话"德育为先、全面发展、面向全体、知行合一"。在实施过程中，通俗讲是要办好每一所学校、教好每一个孩子，为孩子们的终身发展打好基础，把九年义务教育的基础打好。

国家教育教学改革意见中提出：突出德育时代性。坚持把立德树人融入思想道德教育、文化知识教育、社会实践教育各环节。深入开展习近平新时代中国特色社会主义思想教育，强化理想信念教育，引导学生树立正确的国家观、历史观、民族观、文化观，切实增强"四个自信"，厚植爱党爱国爱人民思想情怀，立志听党话、跟党走，树立为中华民族伟大复兴而勤奋学习的远大志向。积极培育和践行社会主义核心价值观，深入开展中华优秀传统文化教育，加强学生品德教育，帮助学生养成良好个人品德和社会公德。要结合实际制定德育工作实施方案，突出思想政治课关键地位，充分发挥各学科德育功能，积极开展党团组织活动和主题教育、仪式教育、实践教育等活动。

对于执行力来讲，方向绝对重要。失之毫厘，谬之千里。方向错了，所有的执行都是徒劳的，甚至是反面的。教育不是市场化，做经济的行为，教育是育人的过程。因此，执行学校的教学改革，实施深度学习落地的过程中，必须要确保育人的本质性，方向要与国家完全一致，接下来再设计、规划诸多实施举措。

育人的本质性决定了，教学改革是一个长期的过程，站位要高，眼光要远，不是阶段性完成一个又一个任务，不是做一件又一件事。虽然，在实施教学改革的过程中，会阶段性的出现一些举措，产生一些词汇，提出一些小的、具体的任务，这些我们暂且统称为风向标。校长不要浅层次地追逐这些风向标，不能急于求成，不能陷入功利主义的漩涡里，时刻牢记教育育人的宗旨。

（3）领导者任务性

执行是战略实施中不可或缺的关键环节，没有执行，任何战略都是空谈。执行力是战略决策贯彻、实施的保障。基于此，执行一定是领导者的主要工作。值得强调的是，领导者的工作是执行，不是布置。执行力则是领导者的必备能力。

作为学校的领导者、管理者，将教学改革执行到位是校长的重要工作，教学改革执行力是校长的必备能力。校长的工作就是要规划、设计学校的发展，然后监督执行。不能只是个传声筒，也不是个大队长，更不能以文件落实文件，布置下去就算完成。校长干的是校长的活，不是干副校长的活，也不是干主任的活。这就需要校长正确、充分地理解我国教育领域的宏观政策，进行学校教学改革的顶层设计。

校长对于教育政策的理解要透彻、精准，要分解主体目标，结合学校的实际情况，设计、制定并实施教学改革的方案。这个方案是量身定制的，是有应用环境限制的。省情、市情、区情、校情，这些都是考虑的要素。尤其是了解、研究自己的校情，包括诸多学校的客观实际，例如，硬件办学条件，教师队伍的状况水平，生源的水平等。要能够针对学校自身实际状况来办学。这些必然是领导者的任务。

此外，中小学校长处于相对执行层的位置，对上是兵，对下是战略层。对上，是由国家制定教学改革战略政策，不需要校长根据自身发展情况来制定，需要把国家意志落实到基层学校。此时，校长是兵，需要无条件执行。对下，中小学校长是学校的管理者，带领着学校的发展，又处于教学改革实施的战略层，要在国家教育方针目标框架下，结合自身实际，来制定如何实施深度学习的具体办法，并跟踪教学改革执行的全过程。

2. 实践特征

（1）办学思想性

国家的教育愿景、战略和目标，在学校层面执行的过程中，要有一个转化的过程。校长深度理解国家的教育方针、政策，把握学校的发展方向，这个方向一定是和国家战略一致的。在这个正确方向的前提下，校长要有坚定的教育信念，学习先进的教育思想，并善于把这些先进的思想转化为自己的办学思想进行实践。确立学校创新的办学理念、办学目标、办学思路和办学措施，这决定着学校的办学方向、水平、效益和特色。也就是形成了自己学校的治校方略。

治校方略是系统的、体系性的设计。不是千篇一律、照抄照搬的。阐述学校的办学特色，在办学思想指导下形成学校的办学定位，形成自己的目标定位，自己的办学理念。培养的不是学校毕业的学生，培养的是具有特色定位的学生。注重引导学生的职业生涯规划。

顶层设计要有实施的路径，有一致性，有统一性，不能各自分割，相互没有关系。办学思想具有设计性和可传导性。校长教学改革执行力的核心也正是体现在办学思想上，办学思想是学校治校方略的基因传承。

（2）实践生成性

在其他领域中，执行力是具备一些规范性动作的，执行的规范是外显的。比如说，生产型企业，在工厂车间里的工序，有具体的规则和操作要求，就像工作流水线上的螺丝钉，规定了拧8圈，只要严格拧8圈，不能只拧到6圈就不管了。按照指令去做事，这就是流水线上的底层执行力。但是教学改革与工厂流水线不同，教学改革没有规定具体的指令和实施步骤，有的是方向和目标。教学改革的执行力难度较大，需要有创意地进行，在实践中生成，是属于高层次的执行力。需要在实践中生成符合自己学校办学思想的新思想、新规律、新方法、新途径、新内容。在实践中发现问题，高站位地解决问题。难点在于找到自己的核心问题。然后去诊断问题，可以一步步，一点点地实现优化。

教学改革中涌现出许多成功的、优秀的学校教学改革模式，有的校长就去参观，感觉到效果好，回来在自己的学校也要执行。但是在自己的学校照搬照抄之后，并没有发生积极的作用，反而成为了负担。许多校长就会困惑，为什么人家做就成功呢？其实，每个学校的办学理念和文化背景等，都是不同的，我们不能忽略这些治校方略背后的思考，只看到表象。教学改革的执行需要在实践中去发现问题，解决问题。那些外显的方法和步骤是来源于其他学校自身内部的发展需求，是在其学校解决其自身问题的基础和过程中诞生出来的，简单的移植之后，自然不能适应。

有的校长有积极发展的动机，也积极寻求帮助，他们希望有人能告诉他们一个成型的答案，然后按照这个答案去实施。殊不知没有在实践中发现自己学校的核心问题，求的答案不能够和自己学校实际进行对接，就无法实现针对自己学校实际的策略建构。这个教学改革执行力的实践生成性充分体现出学校教学改革实施的客观规律。

（3）探索主动性

学校的教学改革不能等、靠、要。不是教育厅、教育局告诉校长怎么样做。有的校长认为执行就是完成上级领导布置的任务，因此，会问"要我做什么？""要我怎么做？"。学校的教学改革不是完成事务性工作，不是上级让做什么就做什么。教学改革要从学校内部发现需求，从自身生活场景、工作场景中发现需求、进行思考。主动探索符合自己实际情况的战略、策略、执行方案。

教学改革不进则退，不能吃老本，凭经验。战略规划虽然可以借助外脑，但是校长是思考的主体，必须进行深度地自主思考，不能只喊口号。学校必须在校长的领导下，全体成员不断学习、思考、探索、主动地实施。对于学校教师，教学改革不是领导让干，而是自发地变成有需求的进行。校长不主动设计，就不能够指导一线教师的教学改革。一线教师有许多好的做法，校长无法发现、挖掘，就会影响大家的积极性。

校长要走到教师的前面，要想坐好校长的位置，不把教学改革当做负担、被动地执行。不强调困难，要在主动探索中破解难题，找到解决方案，并获得快乐！这是新时代国家对校长岗位的要求，是下级对领导者的要求。

（4）变革阻力性

"太容易的路根本到不了远方"。教学改革的执行过程会收到来自于校长、教师、社会和家长等多方面的阻力。不同群体的阻力点各不相同。实际上提升执行力的过程也是克服执行阻力的过程。

首先是来自学校内部的阻力。教学改革，革故鼎新，大家没干过、不知道怎么干、不理解如何改。而过去的东西往往是已经形成多年的套路，有管理套路，有教学工作套路，很难打破。已经形成了定式，如果否定过去的做法，就会不被认同，就会抵触。多年来已经形成的思想和方法，不行了，让他改，打破了原有的体系，不被认同。

对于校长来说，校长自身的教学积淀、成长经历、文化素养等也会是教学改革实施的现实阻力。抛除懒政赖政之外，即便存在动机是好的，仍然存在认知参照物的巨大差异。许多校长受限于自身的认知能力、自身眼界限制等，不能充分理解国家的教育方针政策，甚至带有反面的抵触意见，去否定顶层的战略设计。教学改革在校长层面的抵触，比教师的抵触更可怕。

来自于教师队伍的阻力。改变一个人的行为习惯是极其艰难的，会受到惯性思维阻碍。教师已有的习惯，具有强大的惯性。已经习惯了讲授型的课堂教学，习惯于信息的单向传输，习惯于按部就班地学校工作节奏。这个时候提出改革，要改变单向的灌输变成互动的课堂、引导学生探究的课堂、组织学生合作学习的课堂。要引导学生主动思考、积极提问、自主探究。还要融合运用传统与现代技术手段，重视情境教学。要探索基于学科的课程综合化教学，开展研究型、项目化、合作式学习等等。这一切对于教师原有的工作状态来讲，都是新鲜的事物，而且会增大工作的难度。处于人的本能，相对于已经习惯的事情，会觉得这些新的改变是额外的负担。尤其对于成年人，还有个情绪抵抗的惯性存在，越是让他做什么事情，他就越不做什么事情。往往无论对错，不辨是非，只是单纯地、本能地反抗。

还有来自于社会、家庭的压力。家长最关注的是，会不会影响孩子的升学。课堂变化了，作业方式变化了，评价方式变化了，这些终究要看学生离开学校时的成绩，他们关注的是成绩的高低，并没有关注学习的过程。因此会质疑甚至反对学校实施的教学改革过程。

（5）执行策略性

改革意味着打破原有的框架、原有的利益、原有的体系结构、知识结构的现状。而且，要改革的东西恰恰是短板，是痛处。大家不愿意干。提升是很困难的事情。这时候就不能强制执行，需要运用策略方能落实。

例如，很多老师已经熟悉了教学套路，难以统一思想，不入耳、不入心、不入脑。有的老师，改变了之后，不会了。还有的老师黄金期过去了，不愿意改变。校长要深度认识到自己教师队伍的结构状态，认知差异，执行的过程中要制定好有效的策略。带动全体教师参与到教学改革中来。

校长要发动大家一起总结多年来学校的办学经验，系统梳理总结、提炼多年来学校的教育成果、特色、特点、优势，全方位的总结、认识自己。然后对照国家的方针政策，找出哪些是符合国家要求的，哪些还有差距、有短板。找出问题后，再寻找问题的原因。可能问题找不到、不会找。也可能找不到原因，找到借口。找不出来不怕，但是一定要找。找的过程就是思考的过程。是学习的过程。大家一起学，一起找。事实上，即便是找借口的过程，也是入心、入脑的过程，也达到了学习的目的。"它山之石可以攻玉"。可以找一个全国的教学改革的案例，专家、案例，组织带领学习。走一走，学一学，增强感悟。学习改革的做法，遇到的问题，什么原因，怎么走出来的。找出代表学科，有能力的人，先行先试。树立典型、大大表彰、资金奖励、评职晋级中破格提拔。有了标准，有学习的榜样，老师们就开始做了。

还有的校长不能够深刻认识教学改革执行过程的重要性。改不好，还会改掉饭碗。有的校长改革没改好，教师让校长下台了。校长进行的改革不符合教师自身利益，就会被反对。执行的不好，就会被推翻。

二、校长教学改革执行力的构成要素

（一）领导者的素养与思维

校长自身的教育素养，包括知识结构、成长经历等，决定了其对教育的理解和认识。这个认识会成为面对新事物时的认知基础。

执行教学改革并不是一个统一规划去执行的问题，需要的是和自身的对教育的理解进行对接的一个过程。得和原有的东西产生对接。能对接上，就能达成认知的共鸣。对接不上，就会出现断层。如果是断层的，那么接下来去执行，就会很困难。就像我们学习一样，只有和学习者已有的东西连上了，才能够建构。执行力是用人去做的，这个人原始对教育的理解认知和自身的教育素养，会影响到教学改革的执行过程。

在心理学中，对接受新事物时的认知反应，阐述为同化和顺应。同化是指有机体面对一个新的刺激情景时，把刺激整合到已有的图式或认知结构中。原有认知结构不发生变化。顺应是指当有机体不能利用原有图式接受和解释新刺激时，其认知结构发生改变来适应刺激的影响。改变了原有的认知结构。面对国家一次次教学改革的战略，首先面对的问题就是，校长能不能理解到位。这是个能力的问题，必须先深度理解执行的战略设计。有的校长教育素养高，因此，顺利产生同化反应，可以清晰地制定学校的战略规划，紧跟国家的战略发展步伐，方向一致。有的校长不具备相应的教育素养，其原有的认知不能够和新时期的办学理念进行接受和解释，就会产生巨大的落差，反映在抵触教学改革，反对教学改革，懒政于教学改革，甚至于误解了战略意图，执行了方向错误的改革。近年来，国家越来越重视对校长群体的培训，通过培训，提升中小学校长的教育素养，促进其发生顺应变化，更好地执行教学改革。

校长的教育素养需要不断提升，知识不断进行更新，但是在提升与更新的过程中，绝对不等于丢掉对教育的来自于根的养护，要尊重教育的规律。因此，校长教学改革的执行过程需要这样一种反向、冲击的力量，一方面，扎根，很深很深地扎向土壤。理解教育，深度感受我们民族传承下来的优秀的育人理念。另一方面，向上生长，枝繁叶茂，吐故纳新。不断面临新事物，发现新规律，不断更新知识结构，拓展生命的眼界。

虽然校长自身的教育素养是对教学改革深刻理解的基础，但是思维习惯却是能带来学校不同的精神风貌。人和人的区别深度体现在思考结构和思维层面。同样的事情，消极思维的人会想为什么会这么糟糕？这是一个基于过去的思维模式。积极思维的人会首先想到怎么解决、如何达成？这样的思维基于现在和未来。在企业里，提出了目标倒逼法，建立了结果导向的思维公式。企业员工靠结果生存，对于目标，没有借口，誓死完成。教育体制内，虽不必如此，但是中小学校长也必须要意识到执行国家教育战略结果导向的重要性。思维的改变深度影响着执行力的变化。

领导者的思维要素，就是同样面对一件事情，有的人就会消极的去看待提出诸多的困难，阻碍因素，比如我的生源不行，我的教师队伍不行等等这些困难，而有的人呢，就会结合自身的实际，他去想。我怎么样做才能够做到最好，依据我现有的状态，哪怕我的生源不行，老师素质不行，在这种情况下我怎么样去做这个事儿，这就是一种积极的思维，它是走向未来的面向阳光的，而消极思维呢是原地不动面向过去的，他消极强调困难。所以要有一个积极的思维要素，才能够去很好的执行。

（二）管理者的魅力与权威

古语有云：亲其师，信其道，一个人只有在亲近、尊敬自己的师长时，才会相信、学习师长所传授的知识和道理。有渊博知识，擅言谈技巧，秉高尚人格，富工作热情的人，会有更多追随者。也就是说只有认同了的才能追随，不认同往往不可能追随，校长在学校实施教学改革也是如此。

一方面是权力的影响力，另一方面是权威的影响力，权力影响力是法定权利本身的对被领导者的支配，国家实施教学改革，学校必须紧跟其步伐坚定的执行教学改革，从这个层面讲，校长教学改革的执行力属于权力影响力。但是非权力影响力也很重要，即权威影响力。权威影响力是获得追随者认同的权利，是领导以自己的品德，才干，成就智慧等自身的魅力形成的。对被领导者的感召力量。从事实来看，恰恰校长的权威影响力在学校管理中起着至关重要的作用。这个权威，来自于多个方面，例如学术权威、成绩权威、社会地位权威等。

同时，校长自身的人格魅力也是获得认同于追随的关键点。校长既应该是一个教育的专家，同时也是一个管理的内行。一名好校长要有自身的领导魅力，讲究科学的管理方法和领导艺术。不是单纯靠权力来领导和管理学校，要突显以人为本的管理。不是单纯靠权力和制度管理出来。更多的是靠发挥人的能动性、创造性，是靠关注人的生存状态、关注人的物质需求、以及事业发展需求等等来实现的。深度了解人性。建构共同的梦想、树立阳光的信念。有魅力的校长会用一个共同的事业来凝聚人。

（三）校园文化与团队沟通

团队文化是执行力的核心支撑。很多团队在执行任务时想法不一，缺少团队信仰，在执行任务时缺乏不达目的绝不罢休的毅力，没有一定要完成任务的精神，没有对团队承担责任的意识，缺少集体荣誉感。这一切都是团队文化的缺失造成的。打造公平、公正、公开的施政理念也是提升执行力的重要因素。很多团队风气不正，勾心斗角、分帮结派、不能任人为贤，对待工作相互推诿，把搞关系放到了第一位，工作上也就毫无执行力可言。所以只有建立公平公正公开的施政理念，才能有效的实施工作任务，从而提升执行能力。

统一团队的价值观是提升执行力的主要因素。在执行任何一项任务时如果团队成员的价值观没有统一，就会出现各自为政，以自我利益得失为主导，利益大的任务抢着做，简单任务随心做，困难的任务没人做，最后没人对结果负责的态度也就随处可见。

有效沟通是执行力的保障。执行力不是喊出来的，与任务人详细解读任务的重点，难点，及工作方向极为重要，否则就会出现工作结果与任务目标不符甚至背离。领导协调既是责任也是艺术，消除信息不对称，有利于正确的理解和执行，加强沟通，消除信息不对称现象是领导者的责任，保证工作效率的提高和组织目标的实现。

（四）校园管理制度与工作流程

合理的规章制度和有效的监督策略是执行力保障的必要手段。对过程的督查主要督查的是方向，在执行任务中最害怕的就是方向背离，那样的话效率越高，错误就越大，最终导致执行任务失败，出现不可挽回的局面，因此阶段性为团队成员把控工作方向，是提升执行力必要手段。

制定积极有效评价制度，建立有效的激励制度，是执行力的终极保障。没有评价就没有好坏，就无法奖惩，就会使团队成员丧失工作积极性，消极怠工，导致执行力的丧失。评价不仅是金钱上奖和罚的问题，还要与团队成员的职场规划，团队的荣辱相结合，使评价制度更加有效。

学校的管理制度，是需要大家共同建立的制度。要么用，要么不用。团队成员要敬畏制度、遵守制度；领导要首当其冲，要捍卫制度、带头遵守制度。才能有执行力。有了制度就不能做老好人，选择性服从、选择性执行。需要的是对制度不折不扣的执行，对制度的捍卫。

如今，学校的管理有了很大的变化，更加人性化。注重调动人们积极性。管理更有温情。顺应员工的意愿，更符合时代的要求。例如，一个地方一个方案，一个学校一个方案。更人性化，更灵活了。新课程改革以来，课堂教学管理也有了很大变化，学生可以参与到课堂讨论中，参与到活动中。作业管理也很灵活，每个班级有很大的自主设计空间。对于学校的教研组织，有传统的集体备课，也可以组织网络备课，线上研讨等多种形式。凡事都有正反，看利弊。老师们很有热情。

科学分解任务目标，是提升执行力的有效手段。分配任务时必须考虑团队成员的能力特点，难度过大就会形成"小马拉大车"的现象，不仅会使团队成员意志受挫还会导致消极怠工。所以在制定任务，分解任务时要因人而异，充分考虑任务的难易程度与团队成员的能力，兴趣爱好，特长相匹配，因此合理有效的分配目标任务就显得尤为重要了。做好分工，人尽其才，才尽其用。

（五）教学改革环境构建与工具创新

可以看出提升执行力要素有很多，制定各种制度的确是对提升执行力有诸多保障，但不可忽视的是任何制度不能触碰法律和道德的底线。很多团队为了提升执行力采用了体罚，人格侮辱，精神控制等非法手段，随着市场经济的不断深入发展，很多团队眼里只有钱和利益，丧失了职业道德，社会道德，甚至触碰人类社会的道德底线和法律底线。比如现在很多直销，传销团队，为了达到执行力的最大化，对团队成员集中管制进行洗脑，把赚钱作为企业的唯一价值观，为了钱就可以不择手段甚至欺诈、犯罪，从而触碰法律道德底线。所以积极、阳光、正能量的规章制度才是提升执行力的主旋律。而对于学校来说，师德是最重要的人文环境，也是立德树人的根本所在。我们期望的是有追求有信仰的人才，不是造就一批精致的利己主义者，那样不仅是教育的悲哀，更有可能导致孩子人生的不幸。

"工欲善其事必先利其器"，校长要进行教学改革，需要有效工具的支撑，尤其是现代学校离不开信息技术工具、环境。需要考虑网络环境、网络文化，高效使用各种信息技术应用平台等。

三、校长教学改革执行力的提升策略

随着我国素质教育的不断发展，深度学习已经引起广大专家、学者的广泛关注和重视，在深度学习视域下推进教学改革，不仅是助力我国素质教育发展的关键，而且还是培养现代化优秀人才的重要举措。然而，在目前的教学改革中，校长发挥着关键作用，只有不断提高校长的教学改革执行力，才能更好的实现教学改革目标，并形成良好的教学改革氛围。

（一）教学观转型发展的格局和定位

在深度学习视域下，作为办学的主体和学校的管理者，各中小学校长的教学观念早已悄然地实现了转型发展，呈现出不同的观念形态和格局定位。通过对多位校长的访谈，观察到实现其教学观转型发展的主要策略有以下几个方面：

1. 充分了解学生学习情况

立足于我国素质教育的内涵可以看出，素质教育要求全体教师面向学生、面向未来、面向教育现代化，不断培养学生良好的创新精神与实践能力。因此，在校长教学改革执行力的提升中，校长要充分考虑到我国素质教育的发展目标，意识到以人为本的重要性。近几年，教学改革是我国素质教育发展的关键课题，而对于教学改革来说，其最终的服务者都是学生。因此，在不断提高校长教学改革执行力的过程中，校长必须意识到"以人为本"的重要性。

首先，要深入学生群体，了解学生群体的真实学习情况。例如，校长不要一味坐在办公室，而要积极走进课堂，通过旁听以及与学生交流等方法，了解学生对当下课堂教学的满意度情况，分析学生在课堂中的表现。这可以让校长在教学改革中具备更加明确的目标，进而不断提高教学改革的质量。如果校长长时间不走出办公室去观察学生的学习情况，将很难制定出科学与合理的教学改革方案。

其次，为了提高教学改革执行力，还需要校长在工作中广泛采集学生的意见。既然教学改革的根本目的是为学生服务，以达到培养学生深度学习的目标，这需要在执行力提升中高度尊重广大学生的想法，积极采集学生的意见。可以通过发放调查问卷、鼓励学生撰写匿名信或在校园微信公众号投稿等方法，充分了解当下学生对教学改革的想法，并结合部分学生提出来的建议进行教学改革，可以彰显出校长教学改革"以人为本"的特色，且不断呈现出校长先进的教学改革执行力，对推进我国素质教育的发展将产生积极的意义，需广大校长在教学改革中给予高度的重视。

2. 优化教学改革模式

众所周知，虽然我国一直在强调发展素质教育，并提高素质教育的现代化质量。但相比较西方发达国家来说，我国的素质教育仍然处于相对落后的状态中。特别是在新课标背景下，国家教育部对教学改革提出了更多要求，而如何借鉴先进管理经验来优化教学改革模式，已经成为提高校长教学改革执行力的关键点，也是实现我国素质教育目标的关键路径之一。因此，在校长教学改革执行力的提升过程中，需要校长充分借鉴其他国家、地区或学校的先进管理经验，进行科学的教学改革，不断激发学生学习的潜能，培养学生的综合素养。

例如，由于受传统应试教育的影响，在我国教育发展中仍然存在学生过分关注学习成绩而忽视个人综合素质的问题，而许多教育工作者也鼓励学生提高学习成绩，而不是提高学习能力。在这样的环境背景下，校长在提高教学改革执行力的环节中，需充分借鉴先进的管理经验，不断转变应试教育理念。在教学改革中，要求教师培养学生综合素养，而不是仅仅用分数来评价学生。比如说，校长在教学改革过程中应当积极呼吁广大教师关注学生的人际交往、语言沟通及心理健康。对于学习成绩不好的学生，要积极与学生进行交流，了解学生学习成绩差的原因，为学生制定出个性化的学习计划与方案，可以在一定程度上提高学生学习质量，同时也从真正意义上做到了因材施教。因材施教是我国大教育家孔子提出来的重要教育思想，其倡导要尊重学生个性发展。对因材施教教育思想的贯彻来说，西方发达国家做得比较好，在提升校长教学改革执行力的过程中需积极关注因材施教，不因为学生考试分数不好而放弃学生，要给学生找到更加科学与端正的学习方法，逐步缩小班级两极分化差距，进而充分发挥出素质教育的重要价值。

3. 细化教学改革目标

在提高校长教学改革执行力的过程中，必须要关注教学改革目标。结合当前我国相关教育研究可以得出，许多学者认为，对教学改革来说，只有不断明确教学改革的目标，才能在教学改革中提升效果。校长作为教学改革的重要指挥者、引导者与组织者，对教学改革活动的进一步发展产生关键性意义。

因此，在提升校长教学改革执行力的过程中，只有充分关注教学改革的目标，才能达到预期的教学改革效果。现阶段，在我国素质教育发展中，还有许多校长没有明确教学改革的目标，这需要校长在实际工作中围绕深度学习的相关内容开展教学改革工作，不断培养学生深度学习的习惯，提高学生综合素质。关于校长教学改革目标的明确，具体内容如下：

第一，推进素质教育发展。目前，我国素质教育在发展中面临着许多困境，特别是在学生深度学习方面，还呈现出一些不足之处和问题。对于这种情况，需要校长在教学改革过程中明确相应目标，将助力素质教育发展放在核心位置，不断提高素质教育的综合水平。

第二，提高学生综合素质。一直以来，培养学生综合素养，都是我国素质教育发展中的重点。所以，在制定教学改革计划与方案的过程中，校长必须要将培养学生综合素养当作重心，以提高学生综合素质为根本目标，强化学生的学习能力，围绕学生实际状况制定教学改革计划。

第三，引领学生深度学习。当前，在我国教育发展中，深度学习并没有得到科学贯彻，还有许多学生在学习中存在蜻蜓点水的现象，并没有从根本上真正掌握每一个知识点的核心内容。所以，在校长教学改革执行力的提升中，需将培养学生深度学习习惯放在关键性位置。

第四，提高教师教改的执行力与行动力。教学改革任重而道远，必须要全体教师的积极参与，在教学改革目标的制定中，校长也要想方设法提高教师的行动力与执行力，通过科学管理机制，不断发挥出广大教师在教学改革中的重要功能。

（二）课程计划融合设计与渗透实施

1. 跨学科课程设计与实施策略

深度学习也具有较为突出的学科融合特征，这与培养现代社会发展所需人才有紧密联系。从世界各国的教育发展情况也可以看出，很多国家在教育发展中都开始关注跨学科融合，如STEM教育就是重要体现，各国都认为此类教育发展模式拓宽了学生视野，为课堂教学赋予了全新功能。现实中，很多学校也开始关注跨学科课程设计与实施，结合一些学校的实践经验，以及现代教育发展情况，跨学科课程设计与实施应从以下几个方面进行改进：

第一，加速教材改革。教学工作的开展离不开教材的支持，可就当前国内学校实际情况看，任何一所学校都没有系统的跨学科教材开发，国家、地方也没有统一教材，这种情况下在进行跨学科教学设计的过程中，学校彼此之间缺乏可以借鉴的经验。因此，国家应对跨学科教材的设计、开发给予重视，保障跨学科教学工作开展所需教材，相关教材应总结现代教育发展实际情况以及开展跨学科教学学校的经验，进行统一的教材开发与设计。

第二，改变教师传统教学思想与意识。跨学科教学对教师提出了新要求，如在经常在一节课中出现两位或者两位以上教师，课堂教学中彼此如何进行交流、协作以保障课堂教学质量与效果？为保障跨学科教学达到最佳效果，需要教师注重自身能力以及素质提升，积极进行跨学科教学探索。课堂教学前，教师彼此之间应当进行良好的交流、互动，共同为如何做好课堂教学工作而努力。课堂教学结束后，教师应进行反思、总结。学校建立专门的跨学科教学教师工作室，并组织教师进行深入交流活动，有计划地进行教师教学能力培养，确保教学工作可以达到预期效果。

第三，学校应为教师教学提供更多支持与帮助。跨学科教学是一种探索，在教学工作中为保障教学质量与效果，教师可能会选择走出传统课堂教学环境，选择到科技馆、工作室等进行教学工作的开展，甚至会组织学生到大街上进行调查、采访，让学生在实践中学习到更多知识。这种教学组织、设计，需要得到学校的支持，学校应结合跨学科教学的需求，为教师提供教学所需的必要器材、操作环境等，若是教师有到校外进行教学的需求，学校也应帮助教师进行场地联系、安排等，以为跨学科教学达到更好的效果奠定坚实基础。

2. 实现深度学习的活动课程开发策略

当教育和生活整合、社会资源整合的时候，就为深度学习创造了条件。在校园里呈现出整合地方课程，体现地域文化、尊重学生主体地位、实现学科渗透和跨学段进行课程设计等诸多样态，具体可以从以下几个方面入手：

第一，整合地方课程的实境活动。在校园活动课程开发中，应充分考虑本校的情况，开发学校的资源，在这个基础上进行教学实境设计，对达到预期教学效果有十分重要的意义。如长春市南京小学，结合现代教育发展要求以及学校、学生实际情况，在每年10月31日世界勤俭日开展跳蚤市场活动，即"南京小学经贸节"。该活动选择世界勤俭日，可以培养小学生的勤俭意识、环保意识，使小学生将自身闲置的物品，如图书、玩具、文具以及生活用品等拿到跳蚤市场中出售，而且不单单有学生参与，还有家长、教师共同参与其中。活动不单单让学生闲置的物品得到合理应用，也让学生在进行买卖的过程中感受到其中的不容易，同时锻炼了学生的口语表达、数学计算能力等。类似这种对学进行教育的实境，任何一个学校都可以创设。各个学校可以结合自身情况，充分考虑自身情况进行活动创编，合理进行课程设计、落实，以达到学生深度学习的目标。

第二，设计具有地域文化特色的校园节日。学校的教育教学活动不单单局限在课堂，各种活动、节日实际上都是对学生能力、素质的提升。学校可以结合自身办学特色、办学目标，考虑学生年龄特点、生活环境等，创设具有地域文化特色的校园节日。如长春市第一〇三中学的风车节，就是该校的一个特色，鼓励学生进行风车设计，让教师、家长共同参与进行风车制作、设计研发等，并在每年开展评比活动。每一个学校都可以设计自身的校园节日，结合校园节日特点、教学目标等，进行课程教材编写、设计，这样不单单突出学校特色，还有助于学生创新能力、创造力提升，促进学生深度学习。

第三，让学生参与活动课程决策。活动课程是为了让学生实现深度学习，因此课程设计是否能够吸引学生、如何吸引学生，这一点十分重要。课程设计应当建立在对学生意愿给予重视，切实考虑学生的想法、需求，在这个基础上进行互动设计，才可以达到通过活动吸引学生注意力的目的。如吉林市第五中学的"社团活动"，活动主要是以学生兴趣为核心开设的，学生可以结合自身的兴趣爱好，选择自己感兴趣的社团，包括声乐、乐器、舞蹈、书法、绘画、变成、机器人、创意"微拍1+1"等，这些兴趣社团是学校在对学生兴趣爱好了解、调查的基础上确定的，这样可以满足不同兴趣爱好的学生需求，使学生可以选择到真正适合自己的社团。在实际学校课程开发设计中，应采取事前调查的方式，通过调查切实了解学生需求；经过对调查结果分析，决定开设哪些课程；确定开设的课程后，进行课程合理调整与设计，以确保课程设计达到预期效果。

3. 主题定制的研学活动课程设计策略

研学活动是实施深度学习的很好形式，可作为国家课程的补充。具体实施中，可以国家课程为中心，在生活中拓展学生的认知，为学生深度学习创造条件。以往的研学活动是学校把学生及研学内容委托给研学公司，由研学公司根据自己的能力水平、意愿、达成度给学校提供几个可参考的研学内容或根本就是一个打包件，没有选择的余地。这样的研学和学校的课程计划毫无关联或关联甚少。在进行研学活动课程设计时，可以从以下几个角度入手：

第一，确定明确的研学主题。研学课程设计必须要有明确主题，选择什么样的主题、以及如何进行该主题研学刚开展，是整个研学活动设计的核心。在进行研学主题确定中，需要考虑实际教学内容，结合课本内容进行。例如长春市南京小学在课堂上对《草船借箭》内容学习的时候，教师由此引出关于《三国演义》相关内容的研学活动，活动主题可以是了解三国人物特点，让学生共同分析三国中的人物特点，使学生深入理解三国人物特征，在这个基础上实现对教材内容深入理解。

第二，认真进行研学活动策划。研学活动的开展并非随心而欲，而是要在活动前进行详细、缜密规划。以研学主题为核心，结合教学的目标、现代教育发展进行活动组织。研学活动策划应包括具体活动流程、活动中可能遇到的问题分析、活动后的评价等。结合缜密地策划，根据策划进行活动开展，以促使活动可以达到预期效果。

4. 跨学段学科课程整体设计的策略

学段衔接的学科课程设计在实现深度学习方面有着极大的优势，进行跨学段整体设计，需要做到以下几点：

第一，全面了解各学段教学内容与目标要求。跨学段学科课程整体设计必须要建立在对不同学段教学内容、目标等都有一个全面了解与认识的基础上，以此为核心开展教学工作，这样才可以确保教学达到预期效果与质量。如吉林省第二实验中学的信息技术学科，正是充分利用了学校九年一贯制办学的优势，进行了小学和初中课程的衔接设计。在进行课程设计中，小学阶段主要是对小学生信息学科兴趣培养，提高学生的信息探索积极性；而在中学阶段，重点侧重对学生信息技术基本能力的培养，并能够侧重学生信息技术主动学习的意识，提升学生信息素养以及能力等方面。这样明确不同学段的教学目标要求，在课程设计中以具体目标为核心，科学进行课程活动设计。

第二，鼓励教师积极探究跨学段学科课程整体设计的效果。跨学段学科课程整体设计，需要在实际教学工作开展中持续改进，积极进行教学设计、完善等，只有做到这一点，才可以确保教学达到最佳效果。学校应为教师提供交流、互动机会，鼓励不同学段教师一同探讨分析，并对当前的跨学段课程设计效果进行评估，分析课程设计存在的问题，进行相应调整，促使学科课程设计整体效果得到改善。

（三）课堂教学结构的变革与重构

1. 提高教师重视度

随着新课标的进一步发展，对各阶段素质教育的发展提出了更多的教学改革要求。特别是在深度学习视野下，不断推进教学改革，显得尤为重要。就当下我国素质教育的实际发展情况可以看出，还有许多教师没有意识到教学改革的重要性。比如，有部分教学年限比较长的教师故步自封，没有积极转变自身教学理念，在课堂教学中仍采取传统的教学方法，可以说是一种"自导自演"的态度，这不符合当前我国素质教育的发展要求。因此，在教学改革中为了提升校长执行力，校长可加强教学改革宣传，引领广大教师意识到教学改革的重要性。

例如，每所学校每周都会开展例会，其目的为总结当下教师教学的情况，然后制定出科学的教学问题处理方案。在每周开展例会的过程中，校长要在教学改革方面下功夫，给教师进行教改宣传。比如对于体育学科来说，为教师提出更多要求，要求教师制定出科学的教学改革计划，不断增强学生的体质；对数学学科来说，要求教师转变传统的"题海战术"思维，多培养学生数学学科核心素养；对语文学科来说，近几年关于传统文化的传承与发扬，已引起社会的广泛关注，在语文教学中加快改革，培养学生良好的国学文化意识，转变学生对国学文化的态度，显得尤为重要；对英语学科来说，需要校长引导教师培养学生口语交际能力，提高学生深度学习能力。我国开展英语教育的目标并非是让学生考出高分数，而是为了提高学生的语言学习能力，并让学生掌握中西方文化差异性。

总而言之，在教学改革宣传中，校长应当积极培养教师的教学改革思维,对不同学科提出不同的教学改革要求,全方位贯彻教学改革理念,深度开展多样性教学改革工作,不盲目、不浮夸、不做不切实际的构想,立足于学校教育的实际状况,助力素质教育改革,这是所有校长在工作中需要高度注重的问题。

2. 鼓励教师创新

一直以来,创新都是时代发展的关键主题。对我国素质教育改革来说,其重要目标是在变化中创新。为什么要推进教学改革?因为当下教学并不能满足学校人才培养的要求,且还没有做到与时俱进。因此,在教学改革中为了不断提高校长执行力,需要校长鼓励教师创新。当下,还有许多教师在教学中缺乏创新意识,没有充分立足于深度学习视野开展各种教学活动,甚至还有许多教师停留在过去应试教育思维上,缺乏教学理念、教学模式、教学方法的创新。对于这种情况,在教学改革中,校长要给予高度的关注和重视,将培养教师创新教育理念放在重要位置。在引导教师加快教学创新的过程中,校长可在深度学习视域下做课堂教学创新模式的积极尝试和探索。

例如,翻转课堂模式。许多学校在进行教学改革的过程中,已经开始积极推进翻转课堂模式的教学。翻转课堂教学充分归还学生学习的主体性,强调学生的个性发展。校长可加强对教师的引导,让教师在教学改革中积极提高翻转课堂教学质量,明确自身的课堂角色,并为学生提供更多的自由发挥空间,这从真正意义上满足素质教育的要求,也是我国今后教育发展的重点方向之一。在"包讲"的课堂里,即使也有所谓的"自主学习",但其学习基本上表现为"家庭联产承包责任制",学生个体为"单干户",至于如何让"田野"高产,学生相互不知晓。有时候,学生已经会了,老师还在"喋喋不休",厌学情绪在课堂弥漫。更为可怕的是,学生的问题得不到及时、高效的解决,产生了"滚雪球"效应。课堂改革旨在通过生生合作、师生合作,在充分自主学习的前提下,一起思考问题、解决问题,真正实现"兵教兵、兵练兵、兵强兵"。通过情境驱动,让学生有一种迫切体验的冲动,自然地去学;通过任务驱动,让学生有一种达成目标的驱动,自觉地去学;通过团队驱动，让学生有一种为集体奉献的冲动，自主地去学。三个"驱动"，都指向学生的踊跃展示，在展示中互动，在互动中完善，在完善中提升。"一燕不成春"，踊跃展示不应成为少数孩子的"专利"，让"孤鸟"现象从良好的课堂生态中消失。

3. 建立联动管理机制

团队管理是提高校长教学改革执行力的关键所在，特别是在我国素质教育持续发展的今天，对学校团队管理的要求也更高。提升执行力的关键一般不在于校长，更多在于中层干部能不能做好示范带动，要能"不要问别人做得怎么样，首先要问自己做得怎么样"。作为校长，应该引导教干成为"教学的示范"，教学成绩要能名列前茅，这样才能有说服力和执行力。校长要引导教干成为"管理的示范"，追求管理和教学的双丰收，努力成为全能冠军，而不是教学或管理的单打冠军。校长要引导教师和干部成为"科研的示范"，研究是提升教学和管理品质的基础，更是引领学校发展的动力源泉。

例如，科研是一所学校教育质量的重要评价指标。而对于现阶段学校教学改革来说，还有许多校长在教学改革中尚未充分意识到科研改革的重要性。特别是在一些欠发达地区学校中，校长对科研关注度比较低，教师群体的科研能力也不强，尚未形成健全的联动管理机制。所以，为了有效提高校长教学改革执行力，需要在学校教学改革中充分发挥科研、教学与管理的重要价值。从科研角度分析，校长要加强对教师科研能力的培养，引导教师逐步爱上科研并积极参与各种科研活动。在科研创新中不断研发出特色的校本课程。从教学角度分析，教学的根本目标不是为了提高学生的考试成绩，而是为社会培养人才。最后，在教学管理方面，也需要校长结合学校教学改革特征与基本状况，积极强化教学常规管理。从制度、文化、思想、政策等多个方面出发，为学校教学改革保驾护航，从而充分凸显出学校教学改革的现代化特色。

（四）学校教学管理模式创新与深化

1. 转变教改思维

随着科技的不断发展，互联网已成为我国教育发展中的重要技术之一。目前，在许多中小学与高等院校中都应用互联网技术。通过对互联网技术的应用，一方面可提升教学改革质量；另一方面，还可以弥补传统教学方法的不足。为了在教学改革中提升校长执行力，校长要积极转变教改思维，不断培养自身与时俱进的管理理念。

例如，在教学改革中转变传统教学理念，要求教师依托互联网技术开展教学活动。特别是在学校思想政治教育课程、英语课、语文课的开展中，通过对互联网技术的应用可不断拓展学生知识文化视野，增长学生文化知识，同时可以让学生对课堂充满兴趣。在深度视野下要求学生具备良好的理解能力与学习能力，而互联网的出现，为广大学生进行深度学习提供了科学条件。这是因为互联网技术可以突破时空的限制，学生可以随时随地进行学习。特别是在2020年新冠肺炎疫情下，网络课堂已成为各大学校的主旋律。经过本次新冠肺炎疫情，我们也应当充分意识到在教学改革中渗透互联网技术的重要性，要求教师在平时的课堂中培养学生互联网学习习惯，提高学生学习的自律性。在疫情防控常态背景下，互联网教学将成为教学改革的关键，校长在教学改革执行力的提升中，应充分意识到互联网技术的重要价值，不断开发特色互联网课堂。

2. 完善基础设施

在教学改革背景下，还有许多学校面临着基础设施不完善的问题，互联网技术水平相对低下，无法支撑教学改革。所以，在学校教学改革中需不断完善基础设施，提高互联网课堂质量。

例如，从软件设施来看，部分学校多媒体课堂软件设施相对落后，运行效率低下，且经常出现卡壳现象。另外，在互联网运行方面，系统功能相对滞后，升级力度低。现象在新课改环境下要优化网络软件设施，购置一些功能更加齐全、运行效果更加突出的软件设备，可以不断助力教学改革。而在硬件设施方面，硬件设施完善与否，也将直接影响到课堂教学效果。在硬件设施优化中，校长应积极给上级教育主管部门申请资金扶持，对当下网络硬件设施进行改进与优化，将教室中陈旧的设备进行更新，让教学改革质量得以大幅度提升。随着网络课堂建设步伐的不断推进，基础设施已成为许多学校教育发展的主题，只有不断优化基础设施，全方位提升教学质量，才能更好的实现教学改革目标。

3．用"互联网＋"增强课堂教学效果

在教学改革中充分发挥"互联网＋"技术的重要功能，不断增强课堂教学效果，这是广大教育工作者需给予高度关注的问题。目前，在教学改革中发现，一部分工作年限比较长的教师，对新技术的掌握不到位，直接影响到学生深度学习效果。特别是在"互联网＋"课堂建设中，并不能满足学生学习的需求。所以，在各层次素质教育发展中，都需将"互联网＋"课堂建设放在重要位置。

例如，在部分高校公共课建设中，特别是对于思想政治与法律修养、大学生心理健康教育、中国近代史等来说，建设高质量的"互联网＋"课堂，显得尤为重要。在中国近代史教学中，高校校长可推进教学改革，要求中国近代史教师充分利用"互联网＋"技术。如在讲述关于红色文化的课堂知识点中，教师可以引导学生关注微信公众号、登录"学习强国"平台，上面有许多关于继承红色文化基因、传承红色文化的文章，这些文章可以为中国近代史课堂增添浓墨重彩的一笔，让课堂教学效果得以提升。另外，在学校国学课中，也可以建设"互联网＋"课堂，充分发挥互联网技术的重要价值。在深度学习视野下，对学生知识文化视野提出诸多要求，利用当前发展的互联网技术可以在潜移默化中增进学生知识，拓展学生学习渠道。教学改革需要立足于当下社会环境，充分考虑社会对人才培养的要求，并培养出真正具有社会价值的核心人才。在学校制定教学改革目标的过程中，校长也要从传统教育中逐脱离出来，将创新教学方法与模式应用于课堂中，不断开发特色课堂。

（五）教师专业发展内涵挖掘和驱动

通过深度学习实现教学改革，首先要带好教师队伍。每一位老师是实施教学改革的具体实践者，要让一线教师愿意实施教学改革，不断提升自身的能力，实现自身的专业发展。深度学习视域下，教师队伍的建设更多关注在专业发展的内涵挖掘和驱动。

1．引进专业人才

专业人才是学校教学改革的重要驱动力，直接决定学校教学改革的成败。就当下我国各地区学校的专业化人才培育与发展情况分析，还有许多学校面临人才匮乏的困境。在教学、科研与管理方面的人才比较匮乏，这导致在提升校长教学改革执行力的过程中，无法全方位落实教学改革制度，教学管理政策很难得到科学实施。特别是在当前社会背景下，人才市场竞争比较激烈，在学校教学改革中对各种专业化人才的要求也在不断提升。仅仅依靠校长一人的能力，很难完成教学改革任务。在这种环境下不断培养专业化人才，将建立健全人才管理机制放在重要位置，势在必行。在教学改革中，校长可以从专业化人才培养角度出发。具体可以采取如下方法：

第一，要建立良好的人才引进政策。在人才引进政策的制定中，校长可立足于当下的教学改革情况，通过专项资金扶持的方法优化人才引进政策，在教学、科研与管理方面引进更多高素质人才，可以为学校的教学添砖加瓦，并提高教学改革质量。

第二，充分保障优秀教师人才的基本权益。近几年，有学者通过调查研究发现，在我国各学校人力资源管理体系中，教师人才流失率比较高。特别是许多80后与90后教师的流动性比较大，这对学校教学改革质量带来许多影响。校长需制定完善的人力资源管理制度，充分保障广大教师的基本权益，进而留住更多优秀人才，为教学改革提供人才条件。

第三，为学校教师制定出科学的职业生涯管理方案。教师是教学改革的关键执行者，在校长教学改革执行力的提升中关注教师职业生涯管理，优化教师人才队伍管理机制，显得尤为重要。尤其是对学校新教师开展专业化培训工作，不断助力新教师成长和发展，这是关键。

2. 注重人才培训

在学校教学改革过程中，教师质量带来比较大的影响。只有不断提高教师人才综合水平，才能助力教学改革。对当下大多数学校来说，其学校中的培训工作流于形式，缺乏实质性价值和意义。在这样的环境下，需要校长做好人才培训工作。在学校教学改革中缺乏优秀专业人才，可能会导致课堂教学效果低下，无法满足学生的学习需求。而培训机制不健全，会导致许多教师的自我效能感降低，不愿意在教学改革中发挥出自身潜能。由此可见，培育高素质教师人才，已成为当下校长教学改革执行力提升的关键。对学校人才培训活动的开展，校长可从如下几个方面出发：

第一，密切联系教改目标开展培训活动。在教学改革中对教师专业化能力的要求比较高，特别是在深度学习视野下的教学改革中，要求教师具备丰富的知识结构体系，并掌握不同年龄段学生的学习行为与心理特征。只有密切联系教改目标开展培训活动，才能进一步提高人才培育的质量。

第二，积极开发网络培训课程和教材工具。随着互联网时代的不断发展，网络培训已成为学校教师培训的重要途径之一。在深度学习背景下积极开发网络培训课程，让教师在学习时突破时空限制性，做到随时随地学习，这是助力我国素质教育改革的关键。

第三，为教师提供学术交流的机会。不管是对新教师还是老教师，都需要校长在教学改革中提供更多的学术交流机会，让教师拥有更多时间去与同行交流经验，不断拓展教师知识文化视野，这对当下学校教学改革工作带来许多积极影响。

3. 优化教育考核

没有科学的考核，很难会有较强的执行力。提升学校管理的执行力，需要学校考核有正确的指向。学校管理的考核，对优化教学改革目标、提高教学改革水平产生重要意义。因此，在校长提高教学改革执行力的过程中，必须要关注对人才的考核，强化对科研人才、教学人才与管理人才的考核，逐步优化教师队伍，为实现教学改革保驾护航。

首先，要指向"限时"。任何管理都有"黄金期"，部分校长实行的"限时办结制"，就是引导教干明了"今日工作今日做，明天做的再早也迟了"的道理。在教育考核中要求学校教师提高工作效率，杜绝拖拖拉拉，尽可能提升工作质量。针对在工作中拖拖拉拉、消极应对的教师，需给予一定惩罚。在考核通过定性考核与定量考核相结合的方法，不断提高教师的工作效率。

其次，要指向"创新"，创新往往是解决管理中"疑难杂症"的良药。在考核中坚持公平、公正的理念，并不断创新教育考核机制，不断提高教育考核水平。

再次，要指向"绩效"，考核要"用成绩说话"，要改"评先进"为"算先进"，用成绩考评，让数据说话，要让绩效优的教职工脱颖而出。考核的公平合理，是提升管理执行力的关键所在。

第七章　深度学习视域下校长教学改革
领导力实践探索

　　随着社会的发展，校长专业化办学已成为教育领域关注的热点问题之一。许多省、市、县教育行政部门出台的文件都已明确提出"专家办学""教育家办学"，倡导校长在教学改革中提升专业素养，以专业化的办学理念和策略，成就教育教学的创新发展。

　　深度学习视域下的教学改革，呼唤校长在教育思想、领导水平、管理能力与策略创新等方面具有专业的特质和水准，在治校工作中，通过多元化角色，带领师生进行以发展核心素养为目标的教学改革探索。现以吉林省基础教育教学改革为例，阐释八位校长在教学教研引领、课程体系构建、理念文化创新、区域内涵发展等方面的领导策略和实践经验。

一、"我的教学主张"探究之旅
——长春市汽车经济技术开发区第七小学钟梅校长个案

　　校本研修到底研什么、修什么？归根到底，还应该是课堂。让教师把课上好、把简单的事做好，才是学校发展的根本，才是教师专业素养提升的实质。

——钟梅

　　"教学主张"并不是一个新鲜话题。什么是"主张"？"主张"既是看法，也是想法。"教学主张"即教师对学科特质和教学行为深度研究后的独到见解，通俗地说，就是一名教师对"教学是什么"以及"怎么教"的一些观点和想法。无论是规范的还是通俗的解释，教学主张都必将坚定地指向教学实践。

长春市汽车经济技术开发区第七小学始终以校本研修为统领推动教师的专业发展，经过几年的"新课程"研究，教师的整体素质有所提升，"在工作中研究，在研究中工作"已经成为共识和常态。通过对新课程中"同课多轮、同课异构"的探索，教师逐渐形成了问题意识，人人有课题，科科有课题。通过"小课题群"网络建构，能够清晰地看到教师在各学科、各课型中总结出的教学策略。这些"草根式"的教学策略，已经初现"教学主张"的味道。作为学校的领导者，钟梅校长倡导了"我的教学主张"主题探究活动，开启了校本研修的新时代。

（一）"我的教学主张"探索路径

作为校长，怎样帮助教师发现和提炼自己的教学主张？怎样使教师的教学主张作用于教学实践？研修的每一个阶段应采取什么样的策略，又会遇到什么样的问题？……在这条探究之路上，学校经历了很多必然的失败和偶然的成功。

开展"我的教学主张"探究，最大的问题就是解决教师的畏难思想和情绪。于是，在学校第十届"阳光教育理念推进会"中，首先为教师打开一扇"窗子"——以名家的教学主张和经典课例进行启发与引导。具体选取了小学语文"苏派"代表人物及其教学主张——斯霞"童心母爱教育"、于永正"'五重'教学"、李吉林"情境教学"、薛法根"为发展学生的言语智能而教"、孙双金"情智语文"、陈建先"本位语文"、陈红"共生语文"，基于对名家教学思想和特点的分析，对所有教师提出问题：教学主张是不是名师的专利？我们普通的一线教师，可不可以、能不能够拥有自己的教学主张？

作为一名教师，无论是有意识还是无意识，在实际的教学行为与教育言论中，总会有个人的想法和见解。具体来说，伴随着每天走进课堂，这节课要给学生传授哪些知识？怎么传授？为什么这样传授？在潜意识里一定是有想法的。随着教学经历的丰富，这些零散的想法就可能由无意变成有意，由不自觉变成自觉，继而汇聚成自己对学科教学目标和教学任务较为成型的理解和认识，即"教学主张"，而在这个过程中，教师欠缺的往往是有意识的梳理、提炼和表述。通过一次次的"头脑风暴"，教师对

"教学主张"的理解一点点清晰起来，研究的畏难情绪日益减少。思想破冰让教师面对"教学主张"有了会心一笑——原来我也能行，原来我也可以！随后，学校研发了《我的教学主张》校本研修专题教材，整理出各学科教学名家成熟的教学主张，供教师学习和研究。

"我的教学主张"探究活动依托课堂、聚焦课堂，倡导在课堂中边实践边研究。总体思路是：组织教师梳理并阐述自己的教学主张，进而用一节课例来呈现和印证它。2013年，研究的主题是"我的教学思想，我的教学风格"，要求全员参加。经过一年多的实践，教师在认识上有了提高，愿意参与并进行思考，但效果却极其不理想——教师梳理和提炼的内容自己不喜欢，犹如鸡肋。于是大家反思：是不是我们的目标定得过大、过远，不符合教学实际、不符合校本研修发展的现行阶段？亦或说，目前还没达到使全体教师都能清晰地形成自己的教学思想和教学风格的阶段？据此，在2015年将研究人员由全员聚焦为骨干教师，集中全力首先帮助骨干教师梳理出自己的教学主张。为了让校本研修更加坚定，校长组织团队申报了省级课题"骨干教师教学主张及策略研究"。几经研磨，几经锤炼，部分骨干教师的教学主张初步形成，如杨建宇老师的"简简单单教语文"、董晶老师的"生活数学"、丁燕老师的"快乐竖笛"等。然而，对于其他多数教师来说，研究还没有收到预期的成效，甚至已经走到了一个死角。在"山重水复疑无路"的境遇下，不得不继续摸着石头过河，边实践边思考边修正。

校本研修到底研什么、修什么？归根到底，还应该是课堂。让教师把课上好、把简单的事做好，才是学校发展的根本，才是教师专业素养提升的实质。教师都想把课上好，那么，好课的标准是什么？一节好课到底应该是什么样子？每个教师都常年行走于课堂，那么，评价一节课的标准能不能由教师自己来界定呢？基于这些困惑、问题和目标，又开始了新一轮的尝试。2017年，索性把"教学主张""核心素养"这些概念统统抛开，开始了"寻标准"阶段，即教师根据自己的教学经验和教学设想，寻找并归纳出较为具体的教学标准，并称之为"阳光课堂教学标准"，如：

张玲老师提出的语文学科"阳光课堂教学标准"是：面向全体学生的

学习需求；激发学生学习的兴趣；教给学生学习的方法；教学手段的运用讲求实效。

董丽萍老师提出的语文学科"阳光课堂教学标准"是：趣味盎然的课堂；重视教法与学法的课堂；洋溢信任与尊重的课堂。

刘福琴老师提出的数学学科"阳光课堂教学标准"是：注重培养学生的数学思维；通过情境设计，提高学生学习数学的兴趣；通过知识迁移，提高学生解决问题的能力。

柴淼老师提出的数学学科"阳光课堂教学标准"是：培养学生的数学意识；增强学生的数学兴趣；提高学生的学习能力。

姚红霞老师提出的英语学科"阳光课堂教学标准"是：面向全体学生，尊重个体差异；激发学习兴趣，培养英语语感；拓展活动途径，增加参与体验。

王春玲老师提出的英语学科"阳光课堂教学标准"是：激发学生的学习兴趣；激励学生的进步细节；反思每一堂课的得与失。

孔祥鹏老师提出的美术学科"阳光课堂教学标准"是：让学生的感官敏锐起来；让学生的作品"情感"起来；让学生的审美"情趣"起来；让学生得到美术文化的滋养。

2018年"研标准"和"用标准"阶段，教师经过前期的研究，把自己寻找并归纳出的"阳光课堂教学标准"进行深度思考和应用，基于"标准"设计教学流程、选取教学方法、进行课例研究。

2019年"定标准"阶段，教师将自己经过深入研究和反复实践的"阳光课堂教学标准"进一步深化和改进，形成较为稳定的"草根式"的"阳光课堂教学标准"，如：

吴莉莉老师的"阳光课堂教学标准"：学——研习文本，目标相融；思——反馈所感，对话相融；导——学有所知，教学相融；练——学有所得，读写相融；用——学有所用，内外相融。

周启美老师的"阳光课堂教学标准"：课堂以学生为主体，关注学生的参与探究；学习以训练为主线，重视学生的听、说、读、写。

蔡艳红老师的"阳光课堂教学标准"：教学进程有梯度；课堂提问有

梯度；训练习题有梯度；课后作业有梯度；评价检测有梯度。

董丽萍老师的"阳光课堂教学标准"：和谐互动，智慧飞扬；个性朗读，情感飞扬；品味语言，思绪飞扬。

李东老师的"阳光课堂教学标准"：导语精美，学生"动心"；设问探究，学生"动脑"；朗读表达，学生"动口"；读写结合，学生"动手"；氛围和谐，学生"敢动"。

由此可见，"阳光课堂教学标准"的探究采用了方法论上的逆向思维，由原来的"我来上，你来评"变为"我来定，我来上，我来评"。与之前的校本研修相比都是聚焦课堂，但不同的是，以前评课的标准是学校给的，是自上而下的；现在的评课的标准是教师自己定的，是自下而上的——教师真正成为课堂教学的主人！

2019年，将教师的"阳光课堂教学标准"进行整理，忽然有了意外的发现——周启美老师的"课堂教学标准"可以概括为"双主课堂"；李东老师的"课堂教学标准"可以概括为"五动课堂"；公静慧老师的"课堂教学标准"可以概括为"衔接的课堂"；吴莉莉老师的"课堂教学标准"可以概括为"相融的课堂"；董丽萍老师的"课堂教学标准"可以概括为"飞扬的语文"……通过教师"寻标准、研标准、用标准、定标准"的过程，一条条"课堂教学标准"逐渐清晰了、简洁了、深刻了，渐渐有了"教学主张"的模样！经过总结，共有十五位教师的"阳光课堂教学标准"转化为自己的教学主张。学校将这些内容编辑成册，并以教师自己的名字命名自己的教学主张。把这些"教学主张"放在一起则不难发现，它们具有一些共同的特性——"促进学生发展"的核心观念，"坚持以学生为本"的教学理念，融合学科内涵及特质，理论支撑与实践探索并存。此时此刻，大家既兴奋雀跃又感慨万千，之前用了大量的时间所研究的"教学主张"没有收到满意的成效，没想到，在探索"阳光课堂教学标准"的过程中，峰回路转，不知不觉中找到了"我的教学主张"！

（二）"我的教学主张"研究收获

"我的教学主张"校本研修活动，对学校教师和日常教学所产生的意义是巨大而深刻的。

首先，深化了教师的教育思想。"教学主张"是教师在教学探索中对课堂教学的见解和认识的综合表达，它涵盖了教学思想、教学方法、教学策略、教学流程及教学模式，体现了教学常识与教学规律。教学主张的形成，一定是建立在对"教师与学生"以及"教与学"之间关系的独到理解基础之上的，所有"主张"的背后，都有着清晰的教学思想的支撑，在这种思想的影响下，教师对课程、教材和教法的理解，才能够转化为自己独特的教学行为和教学能力。

其次，唤醒了教师的实践自觉。"教学主张"其实并不遥远，就是自己认为教学是怎么一回事、应该样去教、通过自己的教要把学生乃至自己带到哪里去。把这些想法总结、梳理、提炼一下，就形成了"我的教学主张"。正如教师们得出的结论："教学主张"不是少数名师的专利，而是所有教师共同的追求，我们可以拥有自己的教学主张，我们能够拥有自己的教学主张！通过研究，教师明白了"教学主张"具有相对性，具有不同的层次和水平——每个教师都有自己的个性特点和教学风格，薛法根、孙双金是我的学习榜样，但我没有想成为他们，也不可能成为他们，我就想作"这一个"，而教学主张就是对"作最好的自己"的坚守与表达。"我的教学主张"的研究过程，突出了教师的实践主体，唤醒了教师的实践自觉，激发了教师的实践智慧，形成了教师的实践经验，让普通的教师成为有思想的独特个体，让平凡的教育工作有了意义。教师拥有了存在感和成就感，也获得了职业幸福感。

再次，发展了学生的学科素养。教师找到教学主张、确定教学主张并在课堂上践行自己的教学主张，学生便因此成为最大的受益者。如周启美老师的"双主课堂"教学主张，遵循"课堂以学生为主体，学习以训练为主线"，注重语文学习中听、说、读、写能力的训练，她是这么"主张"的，也是这么实践的。2019年，在吉林省"书香吉林·我是讲书人"比赛活动中，省内小学、初中、高中共计上万名选手参加，经过海选、初赛、复赛、决赛四大环节，学校共有五名同学分别荣获一、二、三等奖，是获奖选手最多的学校。其中，郑佩珊、张子玥、孙梓煜三名同学分别获得二等奖和三等奖，他们都是周启美老师的学生。蔡艳红老师从事语文教学已经有二十多年，她一直追求语文教学的"梯度课堂"，通过"教学进程有梯度、课堂提问有梯度、训练习题有梯度、课后作业有梯度、评价检测有梯度"这几个环节，培养学生的语文学习能力，为学生语文素养的形成打下了坚实的基础，她教过的学生于佳弘以656分的成绩摘取2019年高考吉林省文科状元的桂冠。

另外，提升了学校的办学品质。从研修路线来看，无论哪一个主题，都是载体和平台，而学生核心素养的形成、教师专业素质的发展以及由此促进的学校办学品质的提升才是实质。"人间正道是沧桑"，学校在提升学校办学品质的路上渐行渐远。

（三）"莫比乌斯环"效应与能量

有这样一个有趣的实验：把一根纸条扭转180°之后，将两头粘接起来，便可以形成一个纸环，从这个环的任意一点出发沿着纸条前行，最终都会回到起点，但却完整地经过了这根纸条的正反两面，这个神奇的环就是"莫比乌斯环"。正如"我的教学主张"探究之旅，从"教学主张"这个起点出发前行，走着走着，则到了另一面"阳光课堂教学标准"，沿着"标准"继续前行，又神奇地回到了"我的教学主张"这个起点——这是大家始料未及的，也正是教学研究带来的乐趣和惊喜。

与此同时，从"阳光课堂教学标准"也走过了另一面——小课题研究。如杨建宇老师的"教学主张"是"真实性的语文学习"，包括五条实施策略，分别是：确立真语文、支撑真语文、提升真语文、读出真语文、成就真语文，其中的每一条又可拓展出很多的子策略，如"读出真语文"分为"读出层次、读出技巧、读出方法、读出创新"，下一层的"读出层次"又分为"课前三读、课中三读、课后三读"，再下一层的"课前三读"分为"读作者介绍、读时代背景、读作品资料"，"课中三读"分为"初读、精读、品读"，"课后三读"分为"推荐读、书评读、背诵积累读"。如此可见，"教学主张"就像一个雪球，越滚越大、越滚越圆，逐渐形成学科教学的一个体系。在这个体系中，教师的教学思路逐渐清晰，教学风格逐渐稳定，教学思想逐渐形成。这些对于研究型教师、思考型教师、专家型教师的形成，功莫大焉，善莫大焉！在"莫比乌斯环"里，

"教学主张""阳光课堂教学标准""小课题研究"三个元素相互转化、相互交融、循环往复、生生不息，使教学研究成了一件其乐无穷的事。

在教学改革实践中，提高课堂教学质量和促进教师专业成长就是守正，引领学校教研发展和实现教师自我突破就是创新。"我的教学主张"探究，让有教育理想和教育情怀的教师自信而幸福地站在阳光课堂的正中央，同时，把学生的成长需要作为教学探索的核心目标，把优秀的教学品质作为学校发展的重要方向。教育是科学，科学的价值在于求真；教育是艺术，艺术的生命在于创新；教育是事业，事业的伟大在于奉献。通过坚持不懈的校本研修，在求真、创新、奉献中，始终不忘引领教师作思考型教师、实践型教师、研究型教师、专家型教师。几年来，"我的教学主张"校本研修发出了学校的声音，彰显了学校的特色，展示了学校的潜力。校长与各位教师在"守正创新"的探索中，以智慧和勇气实现了教育人的社会使命和责任担当。

二、行走在以学习者为中心的师生共同体课堂
——长春市净月高新技术产业开发区华岳学校吕慧校长个案

师生共同体课堂是自然灵动的课堂，其教学过程是静谧流淌的，教学质量的提高自然也是水到渠成的。

——吕慧

在信息时代，教师"一言堂"的教学模式显然已不合时宜，构建师生学习共同体课堂则尤为重要。"师生共同体课堂"即在真实的情境中，与现实对接、与他人对话、与自己对白，让学生真正参与到课堂教学中，学会倾听、懂得交流，用合作串学习、视课堂为体验、以互评促成长；教师通过实践案例收集、课堂量表观察等方式，不断提出和改进相关策略，以构建师生学习的共同体。在师生共同体课堂中，我们把"以学习者为中心"作为核心理念，把"意义教学"作为理论基础，倡导师生之间、生生之间的相互倾听，从而创设一个尊重、平等、快乐的课堂学习环境。教师通过简洁而精细的教学设计，引导学生与文本对话、与自己对话、与他人

对话、与生活对话，让学习真实发生并更具有意义。

长春市净月高新技术产业开发区华岳学校自建校以来，吕慧校长将"'以学习者为中心'的师生共同体课堂构建"作为校本化教研的主要内容和方向，以课题研究为主要形式，在步骤、方法、策略等方面形成一定的成效和经验。

（一）师生共同体课堂的开发步骤及方法

1. 基本步骤

师生学习共同体课堂的构建，以"创建学习共同体课堂、形成教师专业发展共生体、建立学校学习共同体"为目标，以对师生共同体课堂中的文化建设、合作组织、问题设计、有效评价等策略的探索为主要内容，进行课题式的研究。

在准备阶段，小学部和初中部教师以教研组为单位制定了研究方案，根据课题的总目标找到子课题的切入点，并通过查阅文献了解该问题的相关理论和研究成果，以期更好地展开实践。各课题组明确成员分工并撰写了开题报告。其间，学校以培训的方式帮助教师进一步了解该领域的相关内容，提升研究的素养和能力。

根据制定好的研究方案，各教研组教师走进研究现场——课堂，通过课堂观察、交谈等方式以及听课、评课、同课同构、同课异构等教研活动，对开展的教学内容进行分析；基于案例收集，在研讨中不断改进和完善策略，进而促进教师专业发展共生体的形成。如小学语文教研组对"在学共体课堂中培养倾听能力"这一主题进行了专项训练，小学道德与法治教研组对"学共体课堂中不同合作方式的效果"这一内容展开了对比分析，小学综合教研组通过不断完善活动设计方案以确保师生倾听关系的构建等。形成阶段性成果之后，对实施中积累的课例进行整体分析和总结，将优秀的实践结论或案例书面化并不断改进。

2. 主要方法

教师与专家通过对理论的梳理与综述，总结已有的研究方法和研究经验，分析现有的教学策略，如关于任务单设计的方案、问题设计的策略、学生倾听的级别等相关素材，为接下来的实践操作做好准备。

　　基于理论进行具体的实践，主要采用"行动研究法"和"案例分析法"。教师通过多次听课和研讨，根据课堂观察表的评价，逐渐完善教学实施策略，并针对不同学科的不同案例进行具体分析和不断修正，总结不足之处，以在下次设计时加以改进。

　　教师以量化或质性的手段，深入课堂和学生的内心世界，了解学生课堂上的具体表现和真实想法。如在"小学低年段学生倾听习惯培养的实践研究"这个主题中，教师通过问卷方式了解学生倾听能力现状，通过访谈和观察等方式了解其成因并在此基础上做出策略分析，以便改进和提升。

（二）师生共同体课堂的构建策略及成果

1. 以认真倾听促进学习共同体的构建

　　倾听的主体包括说者和听者，因而将倾听划分为"师生之间的倾听"和"生生之间的倾听"。

　　良好的师生关系是倾听的前提。师生关系是教学中较为隐性的存在，但却是引领学生认真倾听的前提。教师要重视以人格魅力与学生进行沟通，从而培养与学生的感情。尤其是针对小学生这一群体，教师要以爱化人，学生才能够信服并愿意相信老师，从而愿意认真地倾听教师的讲解。

　　引起学生兴趣是促进倾听的保障。兴趣是最好的老师，引起学生的兴趣就是激发学生学习的内在动机，学生首先愿意学、想要学，继而才能够专注于课堂、专心倾听老师的讲解。教研组在实践中摸索出很多激发兴趣的方法，较为有效的是创设真实有趣的情境，使学生感同身受，进而形成倾听的欲望。如在讲解"加减法"时，模拟菜市场买卖的场景；在识字教学中，设计摆字卡和洞洞卡的小组游戏；在心理健康课上进行"小小挑战赛"活动等。研究发现，"游戏教学法"优于传统课堂的教学效果，既活跃了课堂气氛，也保证了学生的参与。另外，教师可通过趣味化的语言，激起学生的兴奋点，继而引领学生走近教学内容。

　　同伴的鼓励是营造倾听氛围的关键。在课堂教学中，以小组间评比的方式来推进学习，既减少了教师的任务压力，也能激发学生内心的荣誉感和向好的愿景。研究发现，同桌间的交流可以起到互相补充的作用，如一名同学回答完问题后很自然地问同桌，"你说说我刚才讲的成语是什么？"可见，学生互听、互学的习惯已经初步养成。

策略的调控伴随学生倾听能力培养的始终。教师在教学过程中需要适时地调整教学策略，将倾听的目标贯穿于课堂始终。以言语的方式提醒学生认真倾听并作出回应；以行动的方式告诉学生倾听的方法，做到用心去听、边听边思考；以细化的要求调整学生倾听的状态，做到专心、耐心、虚心、用心，或设立规则激励学生的认真倾听；以奖励的方式调动学生倾听的积极性。在研究中，小学综合教研组创新地采用微课策略来分解教学难度，在信息技术学科和STEAM等学科中，有效地构建学生与教学资源间的倾听关系，进而完善师生之间和生生之间的有效倾听。

2. 以合作方式完善学习共同体的构建

"小组合作学习"是课堂教学中创建学习共同体的有效策略之一，它突出强调了"以学习者为中心"的理念，在相互合作中创设尊重、平等的学习环境，让学习真正发生。小学道德与法治教研组针对"合作学习的方式"这一主题进行了研究，主要聚焦于合作的人数、内容以及有效的保障措施等方面的内容。研究发现，首先，根据学生年龄特点选择分组人数非常必要，小学低年段学生沟通及合作能力尚未成熟，因而一、二年级一般采取2人同桌分组，三年级一般采取4—6人分组，以保证合作学习的效果；其次，挑战性问题和绘本故事适宜开展小组合作项目；再次，规则意识是小组合作的前提和保障，考虑小学阶段学生的特点，需要教师在明确小学生规则意识的前提下制定人性化的规则，在规则下开展合作更有利于提高课堂的教学效率。此外，初中语文教研组通过预设学生讨论时间以促进教学活动的完成。

3. 以教学设计实现学习共同体的构建

教师的教学设计主要包括教学活动的设计、教学任务的设计、教学问题的设计。

教学活动的设计要从情境入手，根据教学内容设置特定的情境以充分调动学生学习的兴趣，使之专注于教师的讲解，在师生共同学习中实现高效课堂。

在教学任务的设计上，初中英语教研组研究了"任务单"这一形式，其数量适当、内容有区分度、任务指令明确、问题表述精炼，能够引发学生的思考，使学习共同体生成一种主体间性的教育结构。

关于教学问题的设计，初中综合教研组认为：首先要明确"新课程标准"的大方向，对学科的知识体系做出整体把握；问题的设计要基于学生的生活情境，能够调动学生的兴趣、引起学生的注意；同时，要以深化教学内容为目的，主问题的设计应该以明线或暗线的形式贯穿整节课。初中数学教研组发现：将问题分解，先易后难，拾级而上，给学生一定的思考时间并在关键处予以点拨，将有助于学生集中于问题的解决。初中语文教研组指出：问题的设计数量不宜过多，要能够引起学生的兴趣，否则将适得其反。

4. 以评价机制保障学习共同体的构建

在对课堂评价的研究中，小学英语教研组通过反复摸索和推敲得出观点：进行教学评价时，小组评价可以有效提高学生课堂参与度和听课注意力；评价标准要前置，教师要将评价的方式和内容在课前交代清楚；在进行评价前，教师应适当提醒学生，抓住学生的注意力；教师评价的语言要具体，而不是简单的"Good""Very good"等；教师也要针对表现特殊的学生给予特殊的评价，将个人评价与小组评价相结合。小学数学教研组也指出：恰当而多元的评价是完善倾听的手段，生生互评的方式能够激励学生认真倾听同学的发言，自评的方式能够促进学生对自己的发言进行反思，多师共评的方式则可以记录学生的倾听状态和问题，多种评价方式的共同作用易于鼓励和完善生生之间及师生之间的倾听。

5. 以教师研修巩固学习共同体的构建

在研究中，通过研讨、改进、反思和"3+1"生成式备课，每位教师都积极地建言献策，将每一个可行的课例通过一次次互相观察、一次次交流研讨不断加以完善。这样深入的学习和思考，促进了教师的专业成长，也有益于教师专业发展共生体的形成。

在学习同共同体的构建过程中，各教研组均针对自己研究的问题开发了相应的课堂观察量表，并在一年多的研究中不断修改和完善，现已开发到第二版或第三版。这个过程使得课堂观察的效率更高，也更易于体现研究中存在的问题。此外，各教研组累计开发40个课例，其中，小学部28个，初中部12个，部分教研组还编撰了课例集。彭懿馨老师的"树和喜鹊"、李静老师的"风娃娃"、袁帅老师的"There are three brown monkeys"、张欣悦老师的"That is my father"、张雪莲老师的"小小鞋店"及"平均数"、于洁老师的"做个加法表"及"分扣子"、宋美鑫老师的"汉诺塔"、温丽老师的"整理与复习"、郭威老师的"有理数加法法则"及"合并同类项"等课例，被评为省、市及国家级优秀课例。一些教师撰写了研究论文，如张梦辉老师的《构建倾听关系的STEAM课堂》、张雪莲老师的《践行意义教学——转变学习方式》、许百惠老师的《合作学习在初中数学教学中的应用价值》、关丽老师的《公平正义的守护》、郭威老师的《全国数学中考考法分析评价报告》、赵爽老师的《浅谈初中数学优势教学的有效方法》、高元玲老师的《新课程理念下如何实施班级管理》，均发表于国内及省内专业学刊，赢得大量的好评。

（三）师生共同体课堂的研究反思及设想

1. 研究中存在的问题

就教师层面而言，存在对教材处理不足、理解不充分的现象；有些教师相互听课和观察的机会较少，以至于不能及时发现问题，使得课堂中反映出来的重要现象被忽略和遗漏；个别教师课堂上的评价语言不具体，缺少针对性。就学生层面而言，初中阶段的学生存在一定的叛逆心理，使某些项目的推进增加了难度，在具体教学中，发现学生预习不充分或缺少反思和质疑的精神。就家长层面而言，受传统教育模式的影响，一时难以接受新的教学理念，在研究中缺少家校之间的有效合作。

在整个研究过程中，很多问题仍需继续学习和探索，如关于课堂观察量表的编制，尽管已经有了很大的进步，但仍要随着目标的改变而不断修改和完善；在教学过程中，有些活动的设计不够充分，为了活动而活动，无法起到相应的效果；在教学评价上，方式较为单一，激励性不够明显；另外，教学目标上的情感、态度、价值观等需要上升至一定的理论高度。

2. 研究的后续设想

第一，进一步开发调查问卷和课堂观察量表。通过量化的方式反映客观现状，了解学生经过一系列教学策略的实施后，是否有所提高以及还有哪些方面需要完善。同时，课堂观察量表需在原有基础上增加"观察"和"评价"的维度，以期拓展至各个年级和学科。

第二，强化对教师的培训。增加丰富的学习内容和多元的研修方式，帮助教师提升理论素养，鼓励更多的教师深入同一课堂，从不同的角度深入研究。

第三，进一步丰富学生的角色。在小组合作中，应变换管理者和参与者的角色并逐渐引入家长的参与，如将合作学习内容向课后延伸，通过家长和教师之间的有效配合来保证家庭互助学习的开展，将师生共同体课堂的形式贯穿于学生学习的全过程中。

第四，进一步完善教学案例库。各教研组围绕研究主题继续展开探究，以丰富的教学活动形成多元的教学案例，以期形成师生共同体课堂的教学案例库。

第五，做好研究成果的汇总与展示，以促进师生学习共同体研究的深入交流与发展。

以"合作学习"和"情景教学"为主要方式的师生学习共同体课堂，不仅能够满足学生的发展需要、促进教师的专业成长，从长远来看，也有利于将学校构建成为"小型共同体"。师生共同体课堂是自然灵动的课堂，其教学过程是静谧流淌的，教学质量的提高自然也是水到渠成的。在教学改革背景下，师生共同体课堂是发展深度学习和落实核心素养的有意义的课堂。

三、"差异—适应性"教学研究
——珲春市第四中学李丽辉校长个案

"差异—适应性"这一概念强调关注学生共性的同时，也要照顾学生的个性差异，在教学中将共性和个性辩证地统一起来，使教学和每个学生的学习及发展最大程度地匹配。

——李丽辉

在学生成长的过程中，彼此的差异始终是客观存在的。但把差异当作差距而一味去补短板，则容易抹杀人的个性，造成学生痛苦、家长烦恼，进而由教育问题引发出更多的社会问题。纵览国内学校的相关研究，其中有一些点状探索，却缺少较为系统的成果。通过进一步思考可知，学校应将"差异—适应性"的着力点放在关注学生的生命成长上，而不是将它作为赚取考试分数的唯一的或第一的目的。同时，要想把"差异教育"做好，必须要有先进的理念和系统的措施作为基础和支撑，然而，"在大班额授课制下打破学生心中固化的阶层"始终是一个很难的问题。近年来，许多学校都在尝试研究，但策略多是碎片化的，或因缺乏理论指导、或因教育资源有限、或因没有坚持实施，总之，效果都不很明显。

珲春市第四中学在李丽辉校长的带领下，自2009年末进行"差异—适应性"教育教学研究，寻找教学改革的突破点。课题组经过观察和探索发现了一个现象：初中生刚入校后，往往自己就按照小学的成绩划分出"优等生""中等生""差生"这样的"阶层"，尤其是学困生，过早地给自己贴上"我比较笨""我不擅长学习""我就是差生"这类的标签。学习阶层思想的固化，给教育教学带来了非常大的阻力，而如果学校、教师、家长和学生能够从差异的角度来看待问题，遵循"大家不同，大家都好"的理念，继而打破学生自定义的阶层，就有可能解决学困生学习困难以及两极分化等问题。据此，课题组对国内外"差异—适应性"教育研究的相关成果（如《差异教学论》、《差异教学策略》、《差异发展教学研究》、《初中学校差异教学策略——每个学生成为最好的自己》）进行了科学的梳理，同时，总结一些学校中存在的实际问题，如"教师教育理念滞后""同质化的课程难以满足学生的成长需要""班级建制教学难以满足学生的学习需求""学生管理方式难以适应生命成长的独特性"等，从而提出"基于差异，依靠差异，为了差异，实现差异——大家不同，大家都好"的教育理念和"让教育成就幸福，让人生别样精彩"的办学理念，并创建"差异—适应性"教育教学体系，其内容包括：多元一体的课程体系、"五阶适应性"教学范式、"差异教学"策略、"五阶自成"的个性化学习支撑体系、"三规三省"的自我教育模式。

（一）"差异—适应性"教学的内涵及关键

"差异—适应性"教学一方面指在班级集体教学中，立足于学生的个性差异，满足不同学生的学习需要，促进每个学生最大限度发展的教学；另一方面指学生主动适应学习内容和成长环境，主动构建自主的成长体系，实现更好的自我发展。这一概念强调关注学生共性的同时，也要照顾学生的个性差异，在教学中将共性和个性辩证地统一起来，使教学和每个学生的学习及发展最大程度地匹配。

其教学的关键点主要表现在七个方面：

第一，以测查和评估作为施教的前提。测查指通过测量和调查分析，全面了解学生心理上"量"和"质"的差异，发现学生的优势和不足。评估是对学生的学业水平和学习情况进行考核与评价，以促进每个学生的发展为目标贯穿于整个教学过程的始终。

第二，以建构系统的、多样化的教学策略为施教的途径，即从教学的整体上来构建教学策略体系，全方位地适应学生的差异性需要。

第三，以开发每个学生的潜能、促进人的生命精彩为目标，为不同智能结构的学生提供多元的发展机会，通过多种策略，使每个人的潜能都充分发挥出来。

第四，以平等、和谐的教学环境和多方合作为依托，同时，合作也是"差异教学"中的重要支持。

第五，着眼于学生群体，将个别学习、小组学习和班集体学习结合起来，教学中追求共性与个性的和谐统一。

第六，主张学生表达方式的多样化，鼓励标新立异，在使用"标准参照评价"和"常模参照评价"的同时，也重视"本位参照评价"。

第七，教学追求的价值不是考试分数和升学率，而是每个学生最大程度的发展，是真正意义上的教育机会均等。

（二）"差异—适应性"教学探索的三阶段

1. 转变教师观念

2009年至2011年末，实施"小组合作学习"，学生在班级实行"小组围坐"的方式，从最后一名学生抓起，不让一个孩子掉队。在这一阶段，一是转变全体教师特别是班主任的教育教学观念——变学生间的差距为差别，变只关注少数升学有望的学生为关注全体学生；明确"教育即唤醒"，唤醒学生成为最好的自己。二是建立面向全体的班级量化考评机制和教学质量评价指标——鼓励班主任以班级为单位，自主研发有利于调动全体学生学习积极性的班级及小组考评机制，评价结果累计折合计入考试总分；学校调整对教师教学成绩的评价标准，突出对平均分和及格率的量化。三是倡导教师编制"导学案"，鼓励教师以备课组为单位，尝试"先学后教"的教学策略，实现"学生动起来、课堂活起来、效果好起来"的目标。

经过两年的实践，教师的观念有了一定的转变，学生在课堂上放弃学习以及流失的问题都有了明显的改观。

2．探索实施策略

2012年至2015年，探索"差异—适应性"教学实施策略及课堂实施流程，以满足学生对课程类型以及自我发展的不同需求。

第一，提出"先学后教，以学论教，多学少教"的课堂教学基本原则，"学生自主学习时间不少于教师集中讲授时间"的时间分配原则以及"教师要在纸质学案和课件学案中选择一种"的学材选用原则。

第二，采取"典型引路"的方法，以点带面，逐步推进。2012年，学校开始推出"课堂教学改革明星教师"的评选，鼓励教师创新学科教学模式，"小组合作"教学模式在一些"明星教师"的课堂中出现。其基本流程为：大屏幕出示情境设疑或用学案出示教师根据教学目标设置的问题→学生看书找出相关问题的答案→小组内交流并对照答案→全班展示→教师稍做点评和讲解。后来，将这一课堂实施流程概括为"独学→对学→群学→展学"，并在校内进行推广。

第三，在教学中有效照顾学生之间的差异，逐步探索出系列的"差异—适应性"教学策略，如"预设与生成挑战性学习目标的策略""教学内容的选择与组织策略""全面兼顾与个别指导相结合的策略""创设平等和谐的学习环境的策略""开学初适应性培训策略""扬优补缺的辅导与训练策略"等。

第四，建立基于生命幸福的"差异—适应性"课程体系，对国家课程进行二次开发和优化。如语文组进行了"模块教学"，把文言文、现代文、作文等教学内容做专题化教学尝试；化学组发起了"课桌实验"，把教材中的演示实验变为分组实验，利用学生间的差异，增加学生参与实验的机会，提高学生的动手能力，充分调动学生学习的兴趣。在先行学科的带动下，学校所有学科都对国家课程进行了增添、删减、整合等形式的优化，出现了英语的"模拟语境"、历史的"情景还原"、思想品德的"情境再现"等模式，形成了"校园十项课堂教学专利"，极大缓解了国家课程与学生发展需求之间的矛盾。

然而，反思这一系列探索过程也发现一些问题：几年的时间，只是对"差异—适应性"教学这项综合性的改革做了一个框架，框架中的每一部分都做了一点内容，但是做得不专、不系统，甚至还有一些伪科学；另外，教师的专业素养始终是决定一切的根本和关键，教师的研究能力较弱，整体研究水平不高，课堂教学改革无论怎样变、无论用什么样的模式，教师专业素养提高的脚步依然没有跟上学校教学改革整体的步伐。基于上述问题，在"十三五"期间，学校依然把"差异—适应性"作为教学探索内容，并将研究范围扩大至教育领域，通过进行"教育的目的到底是什么"的大学习、大讨论，回归教育的原点，以通过"差异—适应性"教育来实现"大家不同，大家更好"的目标为起点，开启新一轮的研究。

3. 构建教育体系

在着力于课程、着手于课堂、着眼于师生的"差异—适应性"教育体系构建中，大家深度接触了"合作学习"。2015年2月，珲春市教育局与上海"郑杰校长工作室"合作开展了为期三年的培训，作为"合作学习"实验校，在两年半的时间里，教师掌握了许多专业技能，至此，学校走上了专业的发展"合作学习"之路。教学策略的进一步丰富，标志着"差异—适应性"教学进入更高的发展阶段。

第一，着眼于学生的生命成长，实施"合作学习"。"合作学习"是目前许多国家普遍采用的一种富有创意并具有实效的教学理论及策略体系，它在改变课堂气氛、提高学业质量、促进学生形成良好的非认知心理品质等方面效果显著，因而被誉为"近十几年来最重要和最成功的教学改革"。"合作学习"之所以体现出强有力的优势，一个主要的原因就是解决了传统的"小组学习"中存在的"责任不清"和"搭便车"的弊病。"合作学习"中的"明确责任"体现在三个方面：一是每个人要对自己的学习负责，学习成效跟个人是否尽责紧密联系在一起；二是通过任务或责任的分配，使每个人都承担小组任务中的特定责任，杜绝了"滥竽充数"现象；三是在单元检测或学业小测验中，小组成员必须靠自己的能力独立完成测验，统计分数时也要计算每个人的成绩，这就迫使每个成员都要努力而不能放松。另一个主要的原因，也是最重要的一点是：比掌握一定的知识更为重要的是学生通过"合作学习"学会了如何合作，通过对合作方法的训练而习得合作的技能，如"大家好……""我的观点是……""谢谢你为我们提供了这么好的……"等等。"合作学习"的过程是彬彬有礼且富有美感的，在尊重差异的基础上，实现了差异共享，让学习有教养地发生。

表7.3.1　教师常用的"合作学习"策略及适用范围

合作学习策略	认知水平						知识类型				合作类型		问题类型	
	记忆	理解	应用	分析	综合	创造	事实性	概念性	程序性	元认知	互助	协同	封闭	开放
三步采访法	√	√	√	√	√	√	√	√	√	√	√	√	√	√
叽叽喳喳法				√	√					√		√		√
切块拼接法	√	√							√			√		√
接力法				√	√				√			√		√
坐庄法				√	√				√			√		√
四角站立法				√	√				√			√		√
MURDER	√	√	√				√				√		√	
组际评价法	√	√					√	√			√		√	
记记法	√	√					√	√			√		√	
内外圈				√	√				√	√				√

　　第二，着眼于教师的专业成长，建立合作型教研组织。课程改革越是走向深水区，对教师的各方面要求也就越高。学校教师中第一学历的专业对口率只有68%，全校有省级学科带头人1位、省级骨干教师5位。师资平均水平不算高，又比较缺乏学科首席。在这种情况下，学校提出"合作教研"，通过合作型教研组织的建立，实现差异互补与合作共赢。合作型教

研组织是指在保持原有正式组织结构（年级组、教研组）不变的基础上，建立一些根据专业取向划分的组织，为各个层面的教师提供更多的平等合作的机会，促进其反思意识和改进能力的提升。目前，学校合作教研组织有10个，如"教研（备课）组团队"弱化教研组的行政性质，把教研（备课）组转化为合作型教研组织的一部分，进行团队管理；"平行班合作共同体"首先将平行班班主任结成共同体，两位班主任共同管理两个班，带班理念的确立、班级文化的制定、日常管理的细则等都由两位班主任共同研究完成，实现"1+1＞2"；"教育研究自愿者组合"主要面向具有研究兴趣、愿意参与研究的教师，学校现有省级主课题1项，各组教师立项的省级课题2项、州级课题7项、市级课题6项、校级课题5项。以"古诗词积累与运用研究"为例，此课题聚集了一批热爱诗词研究的师生和家长，课题研究的两年来，共创作诗词2000余首，连续16周举行"网上诗会"，课题主持人也被评为"省级语文教学新秀"；"'合作学习'课题组"将热爱并主动研究合作学习策略的教师组织起来，每两周进行一次课例研究，定期进行师生培训，进班协助班主任和任课教师进行学生"合作学习"技能的训练。

第三，进行"互联网+合作学习"实验，精准差异，进一步提高教学的"适应性"。作为珲春市信息技术应用实验校，学校尝试通过"互联网+合作学习"实现精准的"差异—适应性"教学实践。"信息技术与学科融合课题组"隔周进行一次研讨活动，探索借助"虚拟课堂"和微信群功能开展合作学习；尝试线上学习与线下学习相结合，利用"大数据"对教育行为进行全面而深入的把握，对学生个体的学习和成长情况进行更精准的分析，以更好地管理教学，满足学生的个性化需求，并及时而准确地跟踪、诊断和科学决策，进而真正地实现本质上的教育公平。

第四，逐步优化课程结构，由"他主"走向"自主"。关于"差异—适应性"课程建设，以前的做法是"做加法"，将来应该是"做减法"；以前重视学校的顶层设计，将来应该重视学生自我的课程开发，把空余的时间还给学生，以丰富课程空间；学校还应该有丰富的"学生自组织"，给予他们更大的舞台和更多的机会，给予他们慢时光以及欣赏的眼神和鼓励的掌声。基于这样的观点，"自我教育"类课程就诞生了。学校现有选修课52门（学生自主走班选课，上课时间是每周四下午3：30—4：30），研究性学习类课程每学年每学科至少一门，以日小结、周计划、月评价为主要内容的学生自我管理课程5门，"我是牛人""毕业典礼""走遍珲春，走进东北亚""国际理解"等活动类课程20门。

（三）"差异—适应性"教学的内容及特点

学校自2010年开设校本课程起，构建目标始终面向全体学生，从关注学生差异出发，承认差异，尊重差异，力求探索一系列促进学生全面发展、充分张扬成长个性的校本课程模式，以作为对国家课程和地方课程的必要补充。在校本课程探索的初期，根据学校和教师的实际情况，循序渐进、深入探索、逐步深化，以发展学生的兴趣和爱好为目标，首先以体育课分项选修作为先导。2011年9月，七、八年级的七位体育教师根据自己的专业特长，分别开设足球、排球、网球、篮球、健美操、花样跳绳、田径等七门课程，以七个班为一个单元，学生自主选择课程，实行走班上课。2012年3月，学校决定在七、八年级全面开设选修课，同时设置42门选修课（时间为每周五下午3：00—4：30），两个年级所有学生实行走班选课。2014年1月，将研究性学习和假期综合实践活动课纳入课程体系。随着课程体系内容的拓宽和加深，学生的知识领域得以拓展，教师的课程开发能力逐渐提高，从而形成了一定的教学特色，达成了相应的办学目标，实现了学校教育的可持续发展。

1．"幸福教育"课程群

学校结合原有的课程基础，通过优化课程目标，厘清它们与"核心素养"的关系，初步建立了"幸福教育"课程体系，包括八大课程群：健康生活课程群、自主管理课程群、科学创新课程群、自主学习课程群、社会责任课程群、国际理解课程群、人文素养课程群、艺术素养课程群。在实施过程中，以提升学生核心素养为目标，把基础性课程、拓展性课程、综合实践课程有机融合，让课程有逻辑地"落地"，让每一位家长都清晰地知道自己的孩子在学校学习什么以及学校将把孩子们引向何方。

如"馨香悦读·浸润人生"阅读课，其目标设定为：首先，学会欣赏文学作品并形成自己的情感体验，阅读科技作品并领会其中的科学精神和科技方法，诵读古诗词并有意识地积累和运用，了解并记住重要的作家作品知识及文学常识；其次，能熟练地运用诵读、默读、略读、浏览等方法拓展阅读范围和阅读视野，对文本内容提出自己的看法和疑问，就作品中的情景和形象表达出自己的感悟，并能正确、流利、有感情地朗读；再次，激发学生读书求知的热情，培养学生"以书会友"的良好习惯，提高"会读书"的素养和能力。

而"彩绘中国"选修课引导学生学好地理课从识图开始，从第一节课就开始练习手绘中国地图。在后续的课程中，学生通过拼图等方式，深入了解省级行政区的轮廓及相应位置，上网查阅资料并进行归纳总结。绘制出地图后，还要附上一份旅游攻略并做成二维码。学生经过提问、思考、操作、拓展等环节，体验到丰富而完整的学习过程。

选修课"'东方第一村'研学手册设计"则依托家乡的原生态系统，建立学校、家庭、社会三维立体的协同机制，将乡土文化、生态自然、科技环保、经济发展等要素融入学生之中，让学生带着兴趣对"东方第一村"进行研究，自主认知、体验学习、有所感悟。而手册的制作，则根据不同的年龄层次，有针对性地设计操作任务、寻访任务和查阅任务，每一项内容以"主题式学习"的方式呈现，以创新思维设计学习流程，即"感知与体验→想象与发现→行动与创造→分享与展示"，在实施形式上突出"活"与"融"，并以学校研学课程与社团选修课相结合的途径加以实施，既使学生了解了家乡文化，又赋予其真正的思考和行动以及为家乡发展贡献力量的使命感。课程将学习寓于社会活动，以多元的方式开展多类型、多层次的认知和研究，打破了以往学习目标指向和实施策略单一的局面，培养了学生质疑和解决问题的能力，从而完成了从浅表学习到深度学习的跨越，使研学变得更加有效。同时，由教师、学生、家长、专家共同组成的教材开发小组，经过几轮的考察、调研、设计和调整，第一版《"东方第一村"研学手册》已经成型。

2. 教学流程及模式

教学流程包括五个主要环节：教学目标的具体化；教学前的决策化；

建构任务和积极互赖；监控与介入；学习评价与自评的相互作用。基于此，教师在实际操作中，要做有根据的备课、设置有意思的问题、上有过程的课。

有根据的备课，即教师备课时首先要研读"课程标准"，把"课程标准"的要求写在备课思维导图的最上面以强化课标意识；其次要研读教材，明确教材的设计意图，预设学生学习的难点；再次要研读学生，基于学情调查，确立教学目标并转化为学习目标，分别写在备课思维导图上；另外，教师在进行教学设计之前，至少要研读教学参考书、教学杂志、名家课例设计等其中的一种——站在巨人的肩膀上开启自己的备课设计，避免"凭经验"和"拍脑门儿"。备课组每周磨课一节，在课堂上试教并检测其可行性，之后大家再修改自己的设计。在这个过程中，不强调权威、不要求统一，鼓励合而不同，赞赏自己与自己相比的自我改进。

设计有意思的问题，即在实施任务导学中，提倡知识情景化、情景问题化、问题意义化。在这个过程中，要让知识与学生产生意义关联，以提高学生学习的能动性。如化学教师在讲授"水的净化时"时，可以把这一内容转化为"怎样帮助非洲小朋友喝上纯净的水"。

上有过程的课，即课堂要有流程，要能看到学生由不会到会、由不好到好的过程。首先，教师通过课前提问、课中学生回答及展示、课尾检测等环节，把握学生的认知状态，及时调整教学进程和方式，强调说真话；其次，在任务驱动下进行的自主学习要充分，不可草草了事，强调真思考；再次，每节课中合作学习方式的使用一般不多于两种，主要注重操作的规范性和技能的培养，强调真交流；另外，教师讲解的时间不超过学生自主学习加合作学习的时间，强调真实践；最后，当堂检测可以口头也可以笔测，要做好量化统计，强调真反思。

总之，教师在教学实施中力求回归学科本质，在不断实践"差异—适应性"教学模式中提升自己的专业能力。

3. 评价内容及方法

对学生的评价，其中获得性评价包括：专项评比（如汉字书写、朗读过关、即兴演讲等）、项目展评（如英语风采、读书交流等）、综合展示

（如节日、课程展示活动等）；综合素质评价包括：成长记录袋（用来记录和收集学生自己或教师、同伴、家长做出评价的有关资料以及学生的作品、反思，它是评价学生进步过程、努力程度、反省能力及其最终发展水平的综合性评价方式）、"学分—卓越毕业证"。多把尺子的多元化评价方式，尽可能让每一个孩子都能发现自己的成长。

对教师的评价包括：课程资料收集、课程实时监控、课程成果展示后广大师生的评价等。

对课程的评价包括：课程内容主题的适切性、科学性、可操作性；课程实施过程的开放性和系统程度；课程成果的反思、总结和整合；对学校研究性、合作性课程教学特色文化形成的价值和作用。

（四）"差异—适应性"教学的成果及经验

近些年，学校以课堂教学为核心的综合性改革，不仅涉及课堂教学，还涉及管理、评价、文化建设等方方面面，从而深深体会到：教学改革真是"牵一发而动全身"的事情。这些年来，大家走得很艰难、很辛苦，但欣慰的是，改革给学校带来了勃勃生机。通过教学改革，教师的教育观、学生观、质量观进一步端正，功利性弱化，个人的研究意识和整体的研究氛围明显增强，同时，也成长起一批校内外的名师。随着各方面的进步，学生的综合素质得到显著提高，毕业生质量以及家长对学校的满意度也逐年提升。

1. 实践成果

课题组从2009年至2018年，累计在126个班、6000多名学生中开展了八年多的研究和实践，其间还在10余所学校进行了近5年的推广实验。至今，学生在"科技创新大赛""生肖邮票设计大赛""艺术大赛"等省级以上比赛中累计获奖已超千人；学校中考成绩连年在延边州名列前茅；在研究过程中，课题组教师获得"国务院津贴"以及"吉林省优秀教师"等省级以上荣誉19项，7节课被评为"省级优秀课"，10篇论文发表于国内专业刊物；学校获得"优秀活动示范校"等国家级荣誉称号5项，"吉林省核心科研示范基地"等省级荣誉称号24项；研究成果"中学生综合素质评价体系研究"、"实施'差异—适应性'教学研究，促进学生生命成长"分别获得2014年和2018年吉林省基础教育教学成果一等奖。

课题组成员先后在安徽、湖北、山东等省进行成果汇报5次，在长春市、延吉市、靖宇县等地做专题报告8次，在"国培计划"等培训项目中做讲座20余次；研究成果在东北师大附中初中部、辉南永康学校、敦化一中、图门三中、德惠教师进修学校等10余所学校得到推广；《中国教育报》、吉林教育电视台等多家媒体对学校的办学实践和经验进行了系列报道，产生广泛的社会影响，进而，省内外100多所城乡学校的校长及教师分别来进行考察学习。

学校于2012年和2017年分别承办"延边州初中教学改革现场会"。东北师范大学教育学部于伟教授到校调研后，给予学校"关注学生个体发展，张扬学生个性特点"的评价。上海市课改专家郑杰听课后表示，学校为学生课堂上的生命发展找到了路径。吉林省教育厅副厅长潘永兴及教育总督学孙维杰到校调研后说："这是一所理念正确、充分尊重学生、为学生发展负责的学校。"2016年全国义务教育均衡达标验收组在评估后发出感叹："珲春市第四中学发展水平领先全国基础教育平均水平10年。"

2．经验反思

首先，学校的教学改革实践要走向深水区，必须实现课堂教学的实质性变革，通过一线教师积极而广泛的参与，探索适应学生和课程特点的教学模式与教学方法，向细节和策略要效益。同时，学校的各项建设要围绕课堂教学改革这一主线，系统地配套开展。

其次，培养由专家和教师共同组成的教学研究团队，推进改革系统的进行。可分期分批培养教师研究团队，依靠团队中的骨干成员和中坚力量，渐进辐射式地推进改革。在边研究边实践的过程中，取得理论学习、改革实践、队伍培育、学校发展的全面收获。

再次，科学地诊断学群在教育教学中的差异并进行分析。借助相关的智力资源，组织专家团队开展"学群学力差异性"测量，分析各学群在各门课程学习中的学习性障碍，进而有针对性地提出相应的教学策略。

另外，学校今后将针对"学生动态差异性管理"的科学性和操作性等领域进行进一步探究。

总之，学校教育唯有尊重学生的独立性与独特性，把握不同学生的差异特质和成长需求，肯于花时间和精力去研究"自己的学生"，将学生的认知、思维、情感、行为等特点作为学校教育教学活动的起点，进而寻求适合"自己的学生"的教育内容和教学方法，才能更好地促进每一个生命个体的幸福成长。

四、"学科+""活动+"校本课程开发机制
——延吉市朝阳川第一中学李庆哲校长个案

在校本课程的设计和推进中，如果能够从课程功能的角度全面认识课程的教育作用，在综合实践活动、研究性学习等方面多下功夫，则会有利于全面培育学生的核心素养，为学生的终身发展奠定坚实的基础。

——李庆哲

自新一轮基础教育课程改革实施以来，校本课程越来越成为国家课程和地方课程的重要补充。作为学校教学内容的重要载体，校本课程被越来越多的学校作为特色化办学的突破点，从而形成结构各异、取向多元、内容丰富、类型多样的课程形态。校本课程的开发主要有两种途径：一是学校和教师通过选择、改编、整合、补充、拓展等方式，对国家课程和地方课程进行再加工和再创造，使其个性化、校本化；二是学校设计和开发旨在发展学生个性特长的、多样的、可供学生选择的新课程。

延吉市朝阳川第一中学在李庆哲校长的领导下，秉承"以人为本，和谐发展"的办学理念和"创建教育环境和谐、教育质量优异、民族特色鲜明的幸福大家园"的办学目标，以学校课程建设为载体，统领课堂实践与项目研究；以课题研究、课堂教学、课程建设为学校发展的三个支撑点，探索新时代学校发展的有效路径。

（一）通过课题研究探寻教学改进的突破点

2016年，学校结合延吉市《关于进一步推进中小学课堂教学改革的实施意见》，以学校课堂教学改革为契机，探索课堂教学模式的改进；以延边州教育科学"十三五"规划课题"基于思维导图的初中课堂教学模式

研究"为学校总课题，同时参与了吉林省教育科学"十三五"规划课题"构建具有区域与学校特色的课堂教学模式的研究"的子课题研究。由此认为：首先，通过研究要优化学生的思维品质，探究"思维"这一根本问题；其次，通过研究要优化课堂教学过程，探究"教学效能"这一重点问题；再次，通过研究要优化课堂教学结构，探究"课堂教学实施体系"这一难点问题。在三年的研究和实践基础上，经过答辩和专家组的鉴定，课题均已顺利结题。在这一过程中，摸索出"学科思维导图"和"思维可视化教学"的应用模式并已运用于课堂教学实践。学校继而承办了"2018年延吉市中学朝鲜语文'思维导图'主题教研活动"和"2018年延吉市地理学科'思维导图'主题教研活动"；由金日山老师应用思维导图设计的"青藏地区"一课在"2018年延边州初中地理学科中青年教师课堂教学比赛"活动中被评为特等奖；课题组金美兰、南莲子、金菊兰等教师成长为"延吉市学科名教师""延边州学科骨干教师"；学校中考成绩也取得近年来的新高。

（二）基于课堂教学找准课程实施的操作点

学校的课程改革，历来都是综合性的改革和协同性的改革，必须将课程、教学、评价这三者紧密地联系在一起，倘若仅仅就课程改革而改革，从一开始就注定是要失败的。2017年，学校在"科研引领教研"的策略下，从新课程理念的落实、思维训练的渗透、教学效果的评价等方面对教师进行引领。

首先，基于"课程标准"引领课堂教学。这一过程即准确理解"课程标准"，依据"标准"确定教学目标，围绕教学目标设计教学活动，有效调控学习活动。

其次，基于"工具开发"引领课堂改进。以"学科思维导图"的开发为抓手，结合"思维可视化教学"模式的研究，对备课、上课、辅导、作业、测试等各实施环节进行有效改进，并在提要素、建结构、理关系的学习过程中，关注学生的学习方法、学习习惯、学习兴趣、学习能力和优秀思维品质的培养。

再次，基于教学质量分析实施教学效果评价。通过"教学开放周"

和学校、年级、班级、学科、教师、学生等多维度、多视角的教学质量分析，对学科教学、学习质量进行跟踪评价。

（三）依托课程建设挖掘学校发展的特色点

2014年教育部发布《关于全面深化课程改革，落实立德树人根本任务的意见》，提出"各级各类学校要从实际情况和学生特点出发，把核心素养和学业质量要求落实到各学科教学中"的指导意见，"核心素养"成为"后课改"时代的靶心。教育价值重在立德树人，教育目标不但要传授知识，还要启迪智慧，更要有人文情怀。2017年下半年，延吉市教育局拉开新一轮课程改革的序幕。面对课程改革，在研判学校优势和劣势的基础上，思考学校如何形成课程研发、教学管理、评价改革的体制和机制。在做好课程建设的顶层设计后，逐步形成明确的规划，并以分期推进、分步实施、分类指导、分层开展为具体措施。立足实际，学校课程建设的主要策略是：

1. 界定分类标准以建构课程体系

从课程管理角度来说，一所学校的课程体系应该是国家课程、地方课程和校本课程的整体融合，而学校之前实施的课程分科较多，学科边界过于明显，接受型课程多而探究型、实践性课程少，且学习途径单一，不利于学生创新能力和终身学习素质的培养。经过对国家课程、地方课程校本化实施的研究，梳理并归纳出学校课程的分类和结构框架，重新建构了学校的课程体系。具体来说，以"培养会锻炼、会生活、会团结、会学习、会挑战的适合未来的中学生"为育人目标，以"和谐育人，和谐施教"为学校的课程理念，加强国家课程的校本化实施以及综合实践活动、研究性学习方面的研究和建设力度。从课程功能角度来说，分为基础性课程、拓展性课程和探究性课程，注重学生在活动中的体验和感悟，使学习更加贴近生活，从而推动学校的课程建设，促进学校的和谐发展。

学校课程建构需要把握"三个起点"和"三个方向"。"三个起点"即以国家、地方、校本课程的发展要求为起点，以学校课程建设的现状和需求为起点，以学校师生的发展特点及目标为起点；"三个方向"即以落实学生核心素养与学校育人目标为方向，以指引学校面向未来的课程建设为方向，以可持续和可深度发展的课程体系建设为方向。

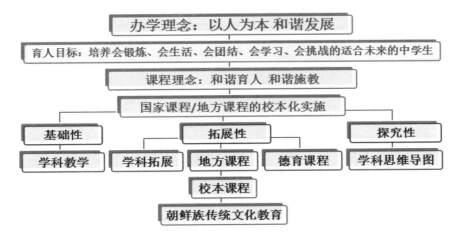

图7.4.1　朝阳川第一中学课程结构图

2. 传承民族文化以探索课程结构

在校本课程的设计和推进中，如果能够从课程功能的角度全面认识课程的教育作用，在综合实践活动、研究性学习等方面多下功夫，则会有利于全面培育学生的核心素养，为学生的终身发展奠定坚实的基础。校本课程的开发和实施基于系统设计、扎根学科、活动拓展三位一体的综合体系，逐步实现学校的育人目标。根据乡镇学校及民族学校的学生特点，将"朝鲜族传统文化教育"作为主题，统整课程开展实践研究。以"朝鲜族传统文化教育课程"为例，课程分为基础性课程、拓展性课程、探究性课程。其中，基础性课程分为显性课程和隐性课程，拓展性课程分为学科类和活动类，探究性课程分为课堂教学和课外探究。

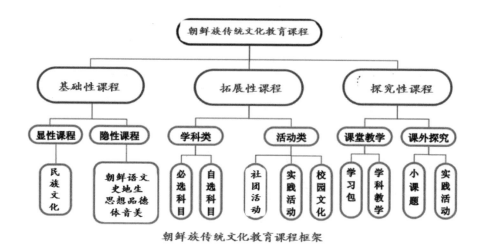

朝鲜族传统文化教育课程框架

图7.4.2 朝阳川第一中学"朝鲜族传统文化教育"课程体系

"学科+"中，基础性课程中的显性课程是"延边朝鲜族文化"地方课，隐性课程有：朝鲜语文、历史、地理、生物、道德与法治、体育、音乐、美术等；拓展性课程中必选科目是秋千（女生）和摔跤（男生），自选科目有：跳板、四物乐、绘画、书法、足球训练等。在学习方式上，把综合实践活动课程的理念渗透于其中，组织探究性学习。以"延边·山川行"文化探访活动为例，引导学生从延边朝鲜族的历史文化、自然环境、社会发展等多角度来进行探究学习。

"活动+"中，结合学校德育活动、社团（第二课堂）活动、主题教育活动、文化探访活动等，拓宽学生的学习空间和学习领域，加强实践活动和主题教育活动，促进德育课程、综合实践活动课程、地方课程与校本课程的深度融合，使活动逐步向课程的方向发展。

表7.4.1　朝阳川第一中学2018年课程计划（试行）

科目 ＼ 课程		七年级	八年级	九年级	拓展性课程		探究性课程
国家（基础性）、地方课程	朝鲜语文	5	5	4	七年级加一节阅读课、八年级加一节作文指导课		研究学科思维导图，探究课堂教学方法和学习方法
	汉语	5	5	5			
	英语	5	5	4	七、八年级加一节口语交际课		
	数学	5	5	5			
	物理		2	3			
	化学			3			
	道德与法治	2	2	2	法制教育		
	历史	2	2	2			
	地理	2	2				
	生物	3	2				
	体育	3	3	3	七、八年级利用一节体育课上秋千（女）、摔跤（男）		
	音乐	1	1	1			
	美术	1	1	1			
	综合实践	1	2	2	绿证教育、三防教育、劳动技术		
	地方	1	1	2	心理健康、成功训练		
	信息技术	2			日常生活应用教育		
	周课时数	38	38	37			
校本课程	科技实践课			1			
	社团活动	传统体育传统艺术			跳板、秋千、摔跤、足球、四物乐、绘画、书法	体、音、美组	每周三七、八节
	德育活动	传统教育			参观校史展览馆、"金凤淑"中队活动	政教处	课外活动
	社会实践活动课	民俗体验教育			初步了解和掌握传统饮食的制作方法	朝鲜语文组	七、八年级每学期一次（半天，4课时）
					体验传统礼仪、仪式、节日、游戏		
					初步了解传统服饰、传统房屋、传统农耕等		
		"延边·山川行"探访活动			朝鲜族历史教育	历史组	
					延边革命传统教育	政治组	
					地理常识教育	地理组	
					生态环保教育	生物组	

| 周课时总量 | 38 | 38 | 38 | 每课时按45分钟计 | |

表7.4.2　朝阳川第一中学校本课程体系

主题	组织形式	教育内容		部门	时间
朝鲜族传统文化教育	"延边·山川行"探访活动：利用自然资源及朝鲜族历史文化资源	讲授目的地地区的朝鲜族历史主要事件和人物		历史组	七、八年级每学期一次（半天）
		挖掘并讲授目的地地区历史上战役和革命人物		政治组	
		介绍目的地地区的自然地理、行政地理常识		地理组	
		"了解大自然、尊重大自然"主题环保教育		生物组	
	民俗体验教育：利用民俗村、博物馆等社会资源	初步了解和掌握传统饮食制作方法		朝鲜语文组	
		体验传统礼仪、仪式、节日、游戏			
		初步了解传统服饰、传统房屋、传统农耕			
	社团活动：利用体育、艺术、德育场馆等学校资源	传统体育	跳板	体育组	第二课堂
			秋千		体育课
			摔跤		体育课
			足球		第二课堂
		传统艺术	四物乐	音乐组	第二课堂
			绘画、书法	美术组	第二课堂
		传统教育	参观校史展览馆	政教处	课外活动
			"金凤淑"中队活动		

从上述内容可以获知一个非常直观的信息：学校自主开发的课程占据越来越重要的地位，这也意味着学校要不断加强课程建设的能力。校本课程建设应该从碎片化的"局部单打"走向整体设计之路。在校本课程体系中，课程与课程之间的互联与互补关系、课程群之间的逻辑关系以及课程与发展学生核心素养之间的关系，都是值得深入思考的话题。

校本课程的目标设计要把发展学生核心素养作为依据和出发点，同时要关注学校的办学历史、办学理念、办学条件以及学生的发展情况，从而体现学校的办学特色。学校培养的是面向未来的人，必须具备适合于未来社会发展的品格和关键能力，同时学生又是从过去而来的生命，学校教育就必须顾及学生的现实基础，围绕课程目标不断丰富课程内容，满足学生的个性需求。在此原则下，充分挖掘学校自身优势，可设置走进生活、走进社会、培养人生观的社会实践类课程以及基于学生智力类型、学习方式、科学探索和创新心理需求的探究性课程，让学生真正经历提出问题、分析问题、解决问题、举一反三的过程。

校本课程的开发和实施，赋予学校课程决策的自主权，打破了国家课程"一统天下"的局面——学校成为课程开发的主体，有利于发掘校内外丰富的课程资源，发挥自身优势，凸显办学特色；校本课程的开发和实施，改变了教师和学生的角色定位——随着研究的不断深入，更多的教师成为课程开发的探究者和实践者，自觉更新观念和改变角色，课程意识以及课程设计和实施能力都得到充分的锻炼和提高，而学生可以根据自己的实际需求自主选择课程和教师，形成自我规划的意识，有利于个体成长；校本课程的开发和实施，从一定程度上促进了教育工作者对过去的教学进行反思，改变传统的知识观；同时，校本课程的开发和实施将分组学习、探究训练和自我评价等现代学习观的构成要素充分融合，弥补了国家课程的某些不足。

课程开发与建设是一项复杂的系统工程，既有宏观层次的课程体系、实施方案、师资队伍、教学设施等要素，也有微观意义上的课程目标、教学内容、实施要求等要素。在国家课程、地方课程校本化以及校本课程开发与实施的过程中，学校积累了一些经验，培养了一支团队，形成了一种机制，丰富了一种文化，在坚持"以人为本，和谐发展"的道路上不断探索，努力办好人民满意的教育。

五、面向未来的"未来教育"模式构建
——长春市第九十八中学周文雁校长个案

从"面向未来"到"创造未来"，学校教育的发展不断面临新的机遇与挑战，"未来教育"就是帮助学生在进行自我探索的同时，建立起与周遭世界的紧密连接，并对其形成积极的影响。

——周文雁

党的十九大报告指出：中国将走向世界舞台的中央，在世界的舞台上展

现积极的负责任的大国形象。中国的青少年将承担这一重任，在世界舞台的中央展现负责任大国的公民形象。因而，中国的教育必须以未来的发展为着眼点，具有世界胸怀和世界眼光。"未来教育"正是以培养创新型人才为目标，以培养内心丰盈、积极行动的未来公民为宗旨。长春市第九十八中学经过多年的探索与实践，形成了"未来教育"理念指导下符合师生发展规律的教育教学体系，在人才培养上走出一条适合学生未来发展的教育之路。

（一）"未来教育"理念的源起与内涵

什么是教育？怎样进行教育？在基础教育阶段，怎样开展有益的教学实践，使之更符合学生的发展规律？这些问题是我们一直执着探索的内容。

"未来教育"理念源于国际上现代教育技术基础理论，其教学模式出自"英特尔公司"对世界各国信息技术师资培训的课程之中。"未来教育"是以培养学生技术素养、理性思辨、合作能力这三大核心技能为学习目标，从而着力培养学生的现代学习品质。其过程就是"以学生为中心"，重在教师指导学生进行合作学习的操作层面。与传统教育相比，"未来教育"突破了以分数为导向的教育理念，更加尊重生命个体差异，更加强调能力的形成与释放，更加追求学习的兴趣和自主，更加注重学生个性的长效发展。这一教育理念唤起了人们对教育的再认知，也在变革中不断促进人的自由而全面的成长。社会呼吁"教育应该面向未来"，未来社会将大力支持和鼓励教育体制和机制的创新，发展更加包容、更具反应力和复原力的教育体系，以人的全面发展和社会可持续发展为目标指向，为各种新的教育理念和教育模式提供实验场。在对教育方向不断思考的同时，"未来教育"理念的出现符合学生未来发展的需求，因而，在学校教学层面上涉足具有前瞻性的"未来教育"领域，能够促使学生在学习知识的同时获得学习的方法和能力，进而拥有未来对于人才需求的重要元素。

教育家蔡元培曾说："教育是帮助被教育的人给他能发展自己的能力，完成他的人格，于人类文化上能尽一分子的责任，不是把被教育的人造成一种特别器具。"伴随着社会的飞速发展，教育要使学生明确自身的价值并且能够积极主动地创造价值。教师在"未来教育"理念的引导下，不仅仅是完成教学大纲的要求，而是要根据学生的身心成长规律探索出有利于学生全面发展的教育教学模式，通过打造多维的实践课堂，拓展学生的视野、充盈学生的内心世界、促进学生健康而全面的发展。

在教学模式深化改革的过程中，可将"未来教育"中"尊重、平等、合作、反思"的思想和特质拓展到学校教育管理的各个方面，构建并完善以"未来教育"为特色的核心价值体系。具体来说，明确"为学生幸福成长的未来奠基"的办学宗旨，确立"尊重个体差异，让每个孩子都能在未来社会中找到适合自己的坐标"的教育理念，明晰"学会学习，学会生存，学会合作，学会创造"的学生培养目标，描绘"让学校成为学生快乐成长、教师幸福工作的温馨家园"的发展愿景，实施"一、三、五"教学模式的教学课堂改革。

（二）"未来教育"模式的开发与构建

优秀的教育模式要协调学校内部各要素的整体发展。"未来教育"全方位注重学生身心的健康成长，同时亦关注教师工作的幸福感和学校的活力绽放。

1. 构建精细化的教学体系

"内心丰盈的个体、积极行动的公民"到底意味着什么？它包括什么样的教学目标？基于这些问题，在教学体系构建之初，学校研究团队建立了从自身培养目标出发的知识与能力模型。

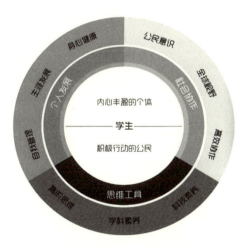

图7.5.1　基于"未来教育"培养目标的知识与能力模型

然而，将教学目标（WHAT）转为系统性的教学体系（WHAT&HOW）是一个极其复杂的过程，这其中又涉及两个核心问题：其一，如何用符合学生认知规律的方式，承载包含不同知识及能力的教学目标？其二，如何让整个教学体系真正做到以学生的需求为中心支持个体的主动发展，而非强迫他们去学教师必须让他们学习的内容？据此，首先将教学目标按照层级（主要是指从具体到抽象）进行拆分，以不同的学习方式和学习场景有效承载不同层级的知识和能力。根据教学大纲与学生成长的实际需要，设计一系列丰富而立体化的课程体系，培养学生的情操、完善学生的知识结构、促进学生能力的多元发展，以更好地规划未来。根据这一能级指标，将具体的学习内容进行梳理。学校以社会主义核心价值观和中华优秀传统文化为主线，在有效挖掘课内、课外、校内、校外的优质教育资源中，关注学生素质的全面提高，促进学生的个性发展，使每个学生成为"独特的自我"，并在一种平等、开放的氛围里，使创造性得到充分发挥，在学业中形成健康成长和终身发展的基本素质。

"诵读经典"沐思想。"腹有诗书气自华，最是书香能致远。"经过多次探索与实践，学校开展"诵读经典"活动以培养学生的审美情操。根据学生在不同阶段的不同认知结构与心理特点，以实现"图书共享，精神共享"为目的，以"阅读经典书籍，背诵经典诗词，积累美文佳句"为主线，设置走廊开放式书架和班级读书角，将学生们喜欢的图书在班级内、班级间和师生间流动起来。学校还根据阅读情况，评比并奖励"书香班级""书香少年"，使学生的阅读有目标、有方向、有兴趣、有收获，从阅读中汲取精神营养。

特色课程促成长。教育是面向未来的，培养的是社会主义事业的建设者和接班人，因而，学校教育对于学生核心技能的培养应该着力于能力的塑造与提升。"孔子施教，各因其材。"基于"尊重个体差异，让每个孩子都能在未来社会中找到适合自己的坐标"的教育理念，以"学术、兴趣、责任、理想"为指向，以"书香、科技、艺术、体育、技术"为内容，以"多样课程、多彩生活、多元文化"为主要策略，开发并建构适合学生发展的"1+3式"特色课程体系，即"文化基础课程+校本拓展课程、社会实践课程、劳动体验课程"等一系列具有实践性、自主性、创造性、趣味性的特色课程体系。学校打破"围墙教育"体系，依托家长和社会力量，利用外部环境和资源，通过行业故事课、行业实习课、互动交流课、网络视频课等课程形态，丰富校本课程的内容与形式，让学生更好地融入社会和感受生活。学校又将"研学旅行"作为社会实践课程的一种有效补充，把旅行、学习与研究有机统一起来，加强了学校与社会、课程与生活的联系，点燃了学生梦想的火花，使他们的社会视觉、生活技能、集体观念、创新精神与实践能力得到有效提升。

搭建舞台展风采。实践技能拓展主要是和学生的理论知识学习相对应，重在提高分析问题与解决问题的能力，是对学生理论学习的检验，也是促进学生动手能力提升的有效途径。学校以"未来教育"为外显特征，构建以社会主义核心价值观为引领的"一体化推进式"育人环境，开展了"二十四节气""中华传统节日""志愿者活动日""读书节""艺术节""体育节""学科竞技"等主题化、系列化、生活化的实践活动，让每个学生都能在不同的活动中当之无愧地成为主角，充分体会到阅读的乐趣、运动的魅力、文化的内涵和知识的力量，让校园学习生活变得充满趣味，让学生在展示与挑战中演绎精彩、发现自我、收获自信。

"诗书留痕"写青春。教育理论中的"冰山理论"认为，人的一般能力（显能）与蕴含在体内的潜能的比例是1∶9，这就意味着人可能有90%的潜能没有充分地发挥出来，因而教育应该不断挖掘人自身的潜能，使之得到最大程度的释放。怎样更好地挖掘出潜能呢？对学生来说，可在现有学习和生活的基础上进行反思与畅想，进而更好地憧憬未来。写作是能够提升思想深度和语言组织能力从而获得精神上的满足感和成就感的一种行为，为此，学校每年都组织将学生的读书心得完善结集，形成《且歌·且行·且少年》作品集锦。孩子们以飞扬的思绪和真挚的文笔，为自己和未来珍藏了浓墨重彩的印记，也为学校留下了他们一路成长的纪念。目前，已有近40万字的作品结集，在吉林大学出版社和东北师范大学出版社先后出版。

2. 打造全一流的教师团队

教育需要善于思考的教师，以自己生活的广度和学习的深度带领学生进行思考。为促进教师专业发展，学校在原有行政机构基础上增设了"发展规划办公室"，从顶层设计上统筹规划教师的发展；成立了新的教学管理团队，跟踪指导教师的课堂教学，通过案例式、参与式、体验式等多样化的研培模式，依靠"四项工程""四项提高"，明晰教师的生涯规划、强化校本的培训效能，塑造教师的综合素养、促进教师的专业成长。

名师打造工程。为实施"打造名师"的策略，创建立足校园、扎根课堂的骨干教师队伍，学校聘请专家和教研员对教师进行跟踪指导和重点培养，通过"名师评选""课堂创新"等展示活动，帮助教师提升自己的教育思想，形成独特的教学名片，进而成为学校教学改革的中坚力量。

教师磨课工程。学校将磨课作为教师专业化成长的路径，遵循"一课多研磨教法，精益求精磨细节，打造精品磨智慧"的原则，依托"六课"展示如琢如磨的"名片课"，并借助磨课项目的驱动性，以各种展示、比赛和研讨为契机，有力推进教师专业素养的形成。

携手共进工程。学校在深化教师专业发展的过程中，开展了以老带新、以新促老的"蓝青工程"和以青助老、以老督青的"互助工程"，在师德师风、教学能力、现代教育技术应用、课题研究等方面获得新老相长的共同进步。

专题研培工程。学校根据办学实际情况和教师专业发展要求，充分挖掘身边的优秀资源，以六方面（教学理论、课题科研、校本课程、读书活动、信息技术、心理激励）突出校本研修内容的多样化；以四对话（与自己对话、与理论对话、与专家对话、与实践对话）呈现校本研修主题的精准化；以四形式（集中、分层、小组、团队）体现校本研修模式的自主化。

骨干分享促专业提升。充分发挥骨干教师和优秀教师的引领作用，通过"备课展示""骨干展示课"等活动，营造集体备课、资源共享、个人加减、教后反思的教学研究氛围。

二次传导促专业提效。有层次、有计划、有步骤地组织管理人员、班主任、备课组长、骨干教师、优秀教师参加省内外培训。为最大化地实现学习效果的迁移与分享，实施"培训前后干预策略"，即外出学习的教师在培训前要明确学习的目标和规划，以利于学习效果的提升；培训后通过"一次学习汇报""一节展示课""一场理论讲座""一篇学后心得"等形式和主题进行分享，以激励和带领其他教师进行学习和反思。

学习交流促专业提质。学校借助"教学经验交流会""班主任经验交流""白板展示学习""微课培训"等活动，有力地推进校本培训。

课题科研促专业提速。科研室采取"以点带面"的自主管理模式，鼓励教师站好课堂、精心探索、总结研究、分享成果。目前，全校以"英特尔'未来教育'理念下生态课堂的'一、三、五'教学模式研究"为主课题，继续深入进行课堂教学模式的探究与改革，同时开展了10项学校课题、21项团队课题和35项个人课题的研究，以科研贯穿教学和管理，形成"人人参与"的科研氛围。

3. 走近校本化的"未来教育"

践行"未来教育"，办学理念破茧。从2006年末骨干教师的披荆前行到2007年召开的长春市"'未来教育'教学研究活动"现场会，再到全国"英特尔'未来教育'培训项目工作会议"上汇报"'未来教育'应用研究情况"的牛刀小试，又到2009年承担全国"英特尔'未来教育'基础课程项目研修班现场会"的幽兰吐蕊，"未来教育"的办学理念及初步成效已犹如蓬勃的朝阳，在学校发展前行的路上热烈地普照。一路走来的探索中，深刻体会到困顿时的茫然和收获后的喜悦，但更多的是对求索的坚持与执着。

贯穿"未来教育"，教学模式成蝶。2013年，以南关区教育局提出"生态教育"为契机，在对"未来教育"多年探索的基础上，学校构建了全员实践的"一、三、五"教学模式，即"一个中心"（以学生学习为中心）、"三个特征"（学生在学习过程中的自主、探究、协作）、"五个环节"（教师在教学过程中参照"未来教学"四步法的"制定计划、动手操作、认真检查、交流分享"，重构了更为适用的"温故纠偏、破题质疑、讲授指导、合作求知、交流分享"五个教学环节）。通过专家理论引领、教师课例研讨、课堂模拟教与学等方式的逐级递进，所有教师都感知并接受了教学模式的惯性改变，在自己的常规课中渗透"一、三、五"教学模式元素，实践、反思、再实践、再反思，进而形成具有自己风格的精品"名片课"并向多课型探索，进一步提高实施能力。并且，每位教师在完成教学设计详案和体验课、研讨课后，都撰写了关于改变传统和惯性的教学叙事。

近年来，学校将教师的优秀教学设计、课堂教学体验、国家级大赛获奖作品以及发表的论文等成果集结成为《教师优秀教案集锦》、《"渔式"教学体验集锦》、《教育研究话未来》、《"未来教育"研究成果集》等作品集。各科教师编写的《含菁咀华》、《健康安全伴我行》等系列校本教材，迄今已出版23本。

（三）"未来教育"的未来发展之路

身处信息互联共通的时代，学校"未来教育"研究活动即将进入与"互联网+"融合创新的阶段。

第一，在尊重教育规律的前提下，借助校园网络全覆盖、互联网一体机、大数据等现代信息技术，创建智慧学习环境，将教与学的方式、管理与评价进行重新架构，让学生能够获得适宜的个性化学习服务和美好的发展体验。

第二，继续深化改革，寻找办学的新思维，推出"未来教学"模式在"双模"（模仿、模拟）和"双创"（创新、创业）中的迁移应用项目，鼓励学生进行模仿创意和模拟创业，多元化地提升学生面向生活和社会所需要的基本技能，从而为未来发展奠定基础。

第三，携手家庭共同成长。一个人的成长离不开家庭的影响，特别是在青春期——建立自我同一性的重要时期，学校与家庭的共同支持对于学生的成长十分重要。在线上，学校建立"家长学习社区"，提供体系化的学习内容；在线下，定期组织"教养工作坊"，辅助家长建立起能够支持孩子青春期成长的知识和技巧，通过组织亲子活动，促进家庭间的相互了解与相处和谐。在此基础上，继续深化和推广"未来教育"理念中多次提到的理念——父母支持子女（尤其是青春期的子女）最有效的方式之一，就是将对子女过剩的注意力转移到对自己的爱与持续提升上。

第四，与社会环境高度融合。"项目式学习"已经是高度社会化的一种学习方式，但它依然与真实社会中的人与事有一段距离。在中学阶段，如果能够拥有与社会直接接触的经历，会降低对社会的陌生感并有效地建立起自信。因而，学校将定期邀请不同行业的优秀从业者分享自己的成长经历与和对行业的认识、理解及评价，并提供相应的实践平台，帮助学生成长。

新的生产力呼唤新的学习者，努力让每个孩子都能享有公平而有质量的教育是我们共同的愿景。从"面向未来"到"创造未来"，学校教育的发展不断面临新的机遇与挑战，"未来教育"就是帮助学生在进行自我探索的同时，建立起与周遭世界的紧密连接并对其形成积极的影响。"未来教育"始终把师生的发展放作为办学的核心，让学校成为师生奔向未来的基石，让教育在辅助每个人实现自我意义的同时，构建一个更加美好的文明共同体。

六、资优生贯通培养教育教学实验
——吉林亚桥教育集团小学部陈福校长个案

"资优教育"的重点并非塑造狭义的资优学生，而在于鼓励和增进孩子的资优行为，它不应被狭义地界定为"资优班的教育"，而应该是"透过资优教育的研究发展学生潜能的教育"。

——陈福

当今世界综合国力的竞争归根到底是人才的竞争。习近平总书记曾经讲道："努力形成人人渴望成才、人人努力成才、人人皆可成才、人人尽展其才的良好局面。"为更好地落实全国教育工作会议精神，做好创新人才的早期发现和培养工作，构建人才早期培养、贯通培养的全新模式，为资优儿童提供激发潜能的优质教育，吉林亚桥教育集团策划开展"资优生贯通培养教育教学实验"，利用12年一贯制的办学优势，开展基础人才培养的实验和研究。探索培养机制，优化培养方案，建立人才早期培养新模式，力求起点前置、全程规划、科学培养，多出人才、快出人才、出好人才。

（一）"资优教育"的必要性与可行性

"资优生"即我们通常所说的"超常生"和"英才生"，这一群体具有智商较高、成绩优秀、思维活跃等特质，按其天赋不同，大体表现为如下特征：思维敏捷，记忆力、阅读力、理解力强，思想比同龄儿童成熟，对解决问题有浓厚兴趣，做事速度快，能用较少的资源处理大量素材，对问题的探究广泛而深入，较为主动地表达自我，多言好动。对超常儿童、资优儿童的基础培养则称为"资优教育"。

从心理学角度来看，"资优生"的某些方面比同伴发展得好，能力高于平均水平两个标准差以上。本世纪初主要以智商作为天才儿童的指标。美国心理学家推孟（L.M.Terman）首先用智力测验来鉴别天才儿童并把智商超过140的儿童称为"天才儿童"。一般研究者把智商130作为划分为天才儿童的标志。1978年，心理学家任朱利认为：天才应该具有超过一般水平的能力，包括一般能力也包括特殊能力，工作的责任心强，有强烈的动机、浓厚的兴趣、热情、自信和毅力，较高的创造力——这三方面的心理学要素相互作用的结果。我国心理学界和教育界把这类儿童称为"超常儿童"，认为其心理结构中不仅包含智力和创造力，也包含一些非智力个性特征。

1. "资优教育"的必要性

"资优儿童发展"是世界各国心理学家和教育学者共同关心的一个热点问题。我国研究者对超常儿童进行系统的研究和教育始于20世纪70年代，迄今已从认知能力（智力）、非智力个性特征以及创造力等方面进行了较为全面的研究。研究结果一致表明：在认知方面，超常儿童不仅在智力上明显高于常态儿童，而且在感知、记忆、思维等方面都明显优于常态儿童。人与人之间无论是体型、相貌、肤色，还是神经系统、大脑等方面都是有先天差异的，这种差异是客观存在的，遗传基因的不同，决定了每个孩子从一出生就是不同的。在第五次人口普查中，我国14岁以下的儿童有2.2亿，其中超常儿童人数达到六百万左右（大约2.5%），是儿童群体中的一小部分。在现行的教育体制下，普通教学大纲适合95%的儿童，而其余5%的资优儿童其智力水平或其他方面都要相对超前，如果同样按照普通的教学大纲学习，则远远不能满足他们的发展需求，等于在浪费时间和机会，"一刀切"同质化的教育使资优生"吃不饱"的问题成为普遍存在。人是有个体差异的，让每个个体得到适合的教育，才是真正意义上的教育公平。因而，针对超常儿童开展"资优教育"成为教育发展的必需，亦是人才培养基础工程的重要内容。

2. "资优教育"的可行性

资优儿童优异智力的保持和发展，要求有进一步相适应的教育环境和条件。美国、英国、俄罗斯等很多国家都十分重视对这类儿童的发现、选拔、教育和培养，一些国家设有各种特殊的学校或班级，允许其跳级或为其制定个人成长方案。美国国会于1965年通过的小学和中学法案中有《发展天才教育方案》；1972年成立了"天才儿童教育局"，1978年11月，国会通过《天才儿童教育法》，以立法的形式加强对天才儿童的培养。

我国近年来开始重视对资优儿童的因材施教，许多学校允许资优儿童破格提前入学、插班或跳级，如人大附中、北京八中、北京育才、西安一中、深圳中学、深圳耀华实验学校、东北育才等学校都在积极探索资优生培养的新模式，中国科技大学还设有少年班，为资优儿童的健康成长创造有利的条件。

"亚桥教育集团"是一所集学历教育与非学历教育、国民教育与国际教育为一体的非营利性民办教育集团。K12全系办学机制灵活、体系完整、结构合理、资源丰富、统筹方便，能够为人才的早期选拔、教育和贯通培养提供立体化、一体化的便捷通道。"资优教育"作为集团教学改革的首个实验项目，亦是"学术亚桥"的研究平台和实践载体、"共赢亚桥"的合作依托和互助通道以及"实力亚桥"的鲜明特色和教育品牌。

（二）"资优教育"的实施依据与原则

"资优教育"的重点并非塑造狭义的资优学生，而在于鼓励和增进孩子的资优行为，它不应被狭义地界定为"资优班的教育"，而应该是"透过资优教育的研究发展学生潜能的教育"。

1. 政策依据

党的十八大以来，习近平总书记牵挂着青少年的成长，关注着儿童的教育问题，在多个场合都表达了对少年儿童的关怀和期望，"少年儿童从小就要立志向、有梦想，爱学习、爱劳动、爱祖国，德、智、体、美全面发展，长大后作对祖国建设有用的人才。"牢固树立"人才是第一资源、第一资本、第一推动力"的思想，构建一个全新的人才贯通培养模式，给孩子们最好的教育。

"强基计划"从小开始。教育部出台了《关于在部分高校开展基础学科招生改革试点工作的意见》，自2020年起在部分高校开展基础学科招生改革试点，称为"强基计划"。实施基础学科拔尖学生培养计划的高校，对通过"强基计划"录取的学生可单独编班，配备一流的师资，提供一流的学习条件，创造一流的学术环境与氛围，实行导师制、小班化等培养模式，畅通成长发展通道。对学业优秀的学生，高校可在免试推荐研究生、直博、公派留学、奖学金等方面予以优先安排，探索建立"本—硕—博"衔接的培养模式，也可探索学科交叉培养。教育强基工程应该从小抓起，从基础抓起。

2. 理论依据

"因材施教"理念。"因材施教"语本《论语·雍也》："子曰：'中人以上，可以语上也；中人以下，不可以语上也。'"朱熹《集注》引张栻曰："圣人之道，精粗虽无二致，但其施教，则必因其材而笃焉。""因材施教"是孔子重要的教育思想，即根据受教育对象的不同情况，采用相应的教育内容和方法。针对不同的学生，确定不同的学习目标、施以不同的学习内容、采取不同的学习方法，才是真正的教育公平。

"多元智能"理论。1983年美国哈佛大学教育系加德纳教授提出"多元智能"理论，认为人的智能是多样的，起码有七种：语言智能、数学智能、音乐智能、视觉空间智能、肢体动觉智能、社会交往智能、自我认识智能等。教育的功能就是培养人、发展人，实现学生多元智能的全面发展。

"顺应教育"理念。"顺应"是哲学和心理学意义上主体与客体的互动，"顺"即遵循，"应"即适应，所谓"顺应"，即尊重主体的自然天性和身心发展规律。从教育心理学角度来看，人的天性作为潜在的倾向性因素，会在以后的社会生活中逐步显现并发展起来。"顺应教育"是陈福校长及其团队在长期的教育实践中探索并总结出的办学理念，简单地说，就是顺应学生天性的教育，其核心是了解学生天性和成长规律，顺势育人。据此，"亚桥教育集团"小学部提出"尊重个性，顺应发展"的办学理念。

3. 实施原则

"资优教育"作为"亚桥教育集团"特色教育的核心实验项目，在教学组织和实施的过程中主要遵循以下原则：

大容量。根据学生学习能力强的特点，加大教学容量和课时容量，拓展知识边界，建立知识网络，让资优学生"吃足、吃饱、消化好"。

快节奏。根据学生接受能力强的特点，适当加快教学进度，缩短教学进程。

高难度。针对传统教学知识面狭窄、内容贫乏、低估学生能力、多次重复学习等情况造成的浪费学生精力的问题，"资优教育"课程标准要高于国家同级课程标准，力求发挥"高难度教学"价值，发掘学生潜能。

宽视野。除接受国家教学大纲规定的常规课程外，学校还会针对学生兴趣发展需求开设科技、人工智能、国画、围棋、书法等课程；每周安排半天的综合实践课，包括爬山训练、体验劳累、体验挫折等；大幅增设生物、化学等学科的实践拓展活动。

优师资。对于资优生的培养，优秀的教师是第一资源。集团将为"资优班"配备优秀的名师队伍，一是选配优秀班主任（"市级优秀班主任"及以上荣誉称号），二是下延名师优课（将精品课送课到班），三是建构"1+1"模式（聚合集团名师，引进社会名师）整合名师队伍。

重配置。高标准配置教学资源和教育环境，加大硬件设施投入，保障体验教学、场景教学和实践教学的高效开展，创建"智慧学习平台"，实现个性化学习；建设功能多元的六大教学设施（场景），包括语言教学空间、数学教学空间、视觉教学空间、音乐和肢体运动教学空间、自然观察教学、社会交往教学空间。

（三）"资优教育"的实验目标与特点

1. 实验目标

"资优教育"是尊重学生个体差异的教育，是关注学生成长需求的、因材施教的教育。"资优教育"实验是以资优学生为对象，以资优学生与普通学生为对比样本的研究，其内涵是发掘、选拔资优学生并组建"资优班"，提供可靠的实验样本，通过科学的教育干预达到实验目标；外延功能是通过"资优教育"方案的实施，鼓励学生的资优行为，发展学生的潜能，增强学生的自信。通过发展学生六大基础能力（独立思考能力、自我规划能力、自主学习能力、创新实践能力、健康生活能力、交流合作能力），培养其优秀的品德、科学的思维、领袖的风范、高雅的气质、合作的精神、健康的体魄。

2. 主要特点

"桥"是"亚桥教育集团"精神文化的核心。"亚桥"的教育理想就是引领学生开启智慧之桥、绽放心灵之桥、连接友谊之桥、面向未来之桥、走向成功之桥、通往幸福之桥。从小学起开启的贯通培养模式正如"桥"一样，以一体化的教学设计统整并链接小学、初中、高中的教育资源以实现优生优培，故"资优班"赋名为"桥班"。"桥班"主要体现以下"八优"特点：

学生资优。组织科学化的基础知识及能力测试以优选生源，通过自愿报名，将天赋较好、智商较高、成绩优秀、思维活跃、具有潜质的资优学生单独组班，赋以适合的教育，实现真正意义上的因材施教。

教师优秀。学校采取特色人才引进机制，通过价值引导、高薪优选等方式，为"桥班"配备全科名优教师、骨干教师及学科带头人。

课程优化。遵循培养目标，统整课程资源，实现国家课程校本化、校本课程特色化、特色课程个性化，内容上体现现代化、民族化、国际化。

教法优选。遵循集团"生本亚桥"的教育主张，变革教学方法，优化教学过程，通过分组学习、分类指导、分层评价，让学生真正成为学习的主人，让学习真正地发生。

设备优配。顺应信息技术教育2.0时代的要求，创设"教师智慧教，学生智慧学，学校智慧管"的教育生态环境，超标准配置现代化教学仪器设备和环境等学习资源。

环境优越。构建满足资优教学需求的各类教学环境，如多媒体教室、智慧教室、人工智能及创客空间等科学、合理、高效、优化的系统教学环境和学习体验空间。

管理优效。高配教育管理资源，实行教育教学的"一生一案"以及"双班主任制""导师制""助课制"和部分课程的"走班制"、学生干部的"轮值制"。

质量优异。开展规范的实验研究，以两个"桥班"为实验样本，以同年级普通班为对照样本，做好实验前测、中测和后测。通对"桥班"学生教育教学因素的积极干预，使其身心和能力健康而快速成长。

（四）"资优教育"的课程体系建构

以培养学生"六大能力"为宗旨，以"育有优秀的品德、科学的思维、领袖的风范、高雅的气质、合作的精神、健康的体魄的学生"为目标，以核心价值统领课程取向，以核心知识整合课程内容，以核心学科架构课程主干，构建"桥班"课程体系，形成"桥课程"图谱，以促进学生核心素养的生成。

1. 国家课程校本化

遵守国家课程的法定性，结合学生实际学习需求和能力，进行课程的拆分与重组，使教学实施更有序、教学组织更灵活、教学形式更多样。

语文：由基本课程、书法课程和延伸课程（美文朗诵、经典诵读、生活作文、现代文赏析、论辩与演讲、精品古文、文学与思维）构成，培养学生学习兴趣，提升学生阅读品质，丰盈学生精神世界；实施"4个1阅读计划"，即每天新闻播报1刻钟、每周开设1小时阅读课、每月开展1次读书汇报、每年组织1次读书节。

数学：由国家课程和思维训练课程构成，做到数学知识、数学能力、数学文化、数学思维、数学生活五位一体；重视数学阅读，实施"4个10数学阅读计划"，即知道10位数学家、10种数学思维、10种数学游戏、10道世界数学难题。

外语：由文本课程、主题课程和外教课程构成，遵循学生语言学习的特点，通过词汇巧记、发音技巧、快速阅读、妙语短文、成语典故、多维畅读、英语趣配音、西方节日、外国风情等主题，提高学生的英语水平，了解世界文化。

艺术：由基础课程和特色项目课程构成，发展全员性的特长。

体育：由国家课程、学校特色课程和班级特色课程构成。

科学：由科学实验课程和乐高课程构成。

品德：综合实践课程每月一次。

综合实践：由人工智能课程和信息技术课程构成。

2. 校本课程个性化

学校课程分为基础性课程、拓展性课程和研究性学习三大体系，采用"4+1+1"的课程设置与教学组织模式，即每周4天基础类课程和1次拓展性课程以及1次主题探究课程，既保证学生基础知识、基本技能的学习，又能够拓宽其学习领域、增强社会适应性，全面发展综合素质并形成核心素养。

3. 研究课程主题化

研学体验课程。"解放儿童的空间，让儿童能接触世界和实践生活"是"桥班"课程实施的目标之一。学校开发十大体验基地，进行博物馆课程、家乡文化课程、"三学"体验课程、奇思妙想课程和安全自护课程，使孩子在别样的学习经历中获得新知、拓展视野、增进合作，学到课本上学不到的知识，丰富精神世界。

PDC主题项目课程。"将课程与生活紧密联结"是课程改革的着力点，为培养学生的探究精神和动手实践能力，学校依据学科内容，创设主题项目课程并制定三大操作策略：一是依据年级特点，从学科任务出发，开展主题化学习；二是从学科内容切入，开展项目统整课程；三是整合家长与社会教育资源，开发六大主题项目课程，如"桥的世界"项目学习、"纸的研究"项目学习等，分别分布在六个年级。主题项目课程通过引导学生参与动脑思考、动手操作、动口表达、动心展示等流程，促进综合素养的提升。

表7.6.1 "桥"课程体系框架

	六大能力	独立思考、自我规划、自主学习、创新实践、健康生活、交流合作					
	六维桥课程	心灵桥	智慧桥	交际桥	创造桥	彩虹桥	生命桥
桥基课程	德育基础类课程		中国智慧西方智慧	交往合作领袖课程	思维方法		身心健康
桥墩课程	学科基础类课程	道德与法治	语文、数学	英语	科学	音乐、美术	心理
桥墩课程	综合实践类课程	认识家乡100个模范		100部名著	100个科学小实验、100个科学家	100首名曲、100幅名画	110个日课程
桥跨课程	学科拓展类课程	生涯规划	新闻微课、戏剧、国学经典、外国文化、外教英语		机器人、科学实验、逻辑世界	动画、国画、纸艺、西洋乐	篮球、棒球
桥跨课程	社团兴趣类课程	重要节日课程	软笔书法、演讲	研学旅行、交际英语	创客创意技能、编程、3D、STEAM	水墨画	轮滑、跳绳、乒乓球、网球

4. 课程管理系统化

"桥课程"的实施需要进行整体设计和系统编排,做到"三个结合",即内容独立性与融合性的结合,时间统一性与灵活性的结合,长课与短课的结合。具体安排如下:

表7.6.2 "桥"课程实施的具体安排

短课	5分钟"每日一则"短课。新闻课、学科知识拓展、技能技巧一日一练等。
	15分钟"智慧成长课"。根据德育阶段目标和不同学段学生特点,在内容深度、技能难易、认识深浅上有所区别:一、二年级关注学习习惯养成教育,涵盖游戏课程、思维头脑课程、幼小衔接课程;三至五年级形成习惯与规则、安全与健康、爱的教育等板块;六年级侧重小初衔接课程。
	20分钟"智能训练课"。包括智慧阅读、智慧交流、智慧解题、智慧学件制作等短课。

瘦身课	35分钟"高效瘦身课"。在原40分钟基础性课程教学中分出5分钟，即"瘦身"到35分钟。一是符合小学生注意力集中时间约为20分钟的特点；二是使教师更加合理地安排教学任务、掌控教学流程，真正做到教师精讲和学生精学，提升教学效率。
长课	60分钟"体验实践训练课"。给学生充足的时间进行自主探究，拉长部分主题课课时，更好地培养学生自主学习、合作学习、活动探究的能力，给足其动手操作的时间，体验发现的乐趣。
	90分钟"社团活动课"。每周二、四下午连续两节课，外加课间10分钟休息，合并成90分钟的社团课程。包括知识类、体艺类、实践活动类课程，基本满足学生的个性化发展需求，全面实现走班选课。
超长课	120分钟"综合活动课"。每周指定一个年级、安排一个半天进行综合活动课程，时间为120分钟。以"人文立德"为选题方向的主题探究式课程，以全面提升学生素养为目标，课时更长，趣味犹浓，具有跨学科、综合性、实践性的特点。

（五）"资优教育"的教学组织管理

"资优教育"以集体学习、小组合作学习以及个别学习等形式的有机结合来组织教学，具有和谐、高效、自主、开放、创新等显著特征，在实际操作中，主要通过"一主、二合、三分"模式加以实现。

1. 一主

"一主"是以培养学生的自我价值为核心，让学生独立、主动、创造性地通过自我认知，逐步达到自信；通过自我要求，逐步达到自强；通过自我实践，逐步达到自主；通过自我评价，逐步达到自尊。

2. 二合

"二合"体现为课堂上的"合作"与"融合"。群体性和社会性是人的基本属性，而教学的本质是"合"、是交往、是人与人本质力量的相互关联，因而教学要以"合"为基础。"合作"体现为教学的交往互动性，具体解读为：生生合作（互助、理解、友爱、探究）、师生合作（对话、沟通、质疑、发展）、师师合作（共享、互补、激励、互助）；"融合"即教学整体性，体现为教学过程各个要素之间的相互关系，具体解读为：信息技术整合、学科间的整合、教学方式整合、课程资源整合。"合作"与"融合"最终都将指向"和谐"，这也是"桥班"教育的基本内容与实施策略，即坚持以人为本，使教育各要素相互依存、相互促进、协调合作，形成完美的教学态势，从而促进师生自我激励、自我成长、自我完善。

3. 三分

"三分"指分组学习、分类指导、分层评价。

"分组学习"是指学生在个人独立学习基础上的小组合作学习。教师引导学生通过相互交流、集思广益、互动分享，实现和谐互助和共进发展。主要遵循"组内异质—互补互助，组间同质—公平竞争"以及"不同任务分组—任务驱动、交流分享，相同任务分组—集中智慧、提高效率"的原则。

"分类指导"是因材施教的具体体现。教师正视并尊重学生间的个体差异，以"多元智能"理论为基础，因人而宜，挖掘潜能，发挥个性特长，提高教学针对性。主要体现为：分类设标（正视学生气质类型、学业成绩、学习方法等方面的差异，按类设标）、分类施教（利用"明号暗层"策略，实现课堂上的高效管理）和分类作业（根据学生能力的差异布置程度不同的作业），进而实现人人努力、人人成长。

"分层评价"是追求立体多元的评价，主要体现在下几个方面：评价对象多层面，包括学生评价（个人评价、小组内部成员评价、组间评价）、教师评价和家长评价，重视学生在评价中的主体地位，将评价过程变成学生自我认识、自我管理、自我激励和自我反思的过程，同时使评价成为学校、教师、学生和家长共同参与的交互活动；评价内容多层面，包括学习兴趣、参与程度、知识掌握、交流表达、信息整理等；评价方式多层面，采取量化评价与质性评价并重的评价方式，在此基础上，还要将整个评价分为"学科发展性评价"和"活动发展性评价"，采取"学业成绩与成长记录相结合"的综合评价方式，运用观察、交流、测验、实际操作、作品展示、自评与互评等多种方式，建立一套多样化的评价体系，全面反映学生的成长历程。

（六）"资优教育"的制度条件保障

为促进"资优教育"健康、持续的发展，集团成立了"改革项目领导小组"，实现项目高位设计、统筹管理、整合资源、有序运行；制定并实施《亚桥教育集团优秀人才柔性引进工作实施办法》，对优秀教师实行学科推荐、按需引进、专家评审、择优聘用、目标管理等政策；建设多元智能培养的各种功能的学习空间，不断完善教学设备和教育技术；坚持科研引领，根据教育规律和人才成长规律设计实验方案，既有理论依据，又要尊重实践；坚持学生本位，坚持教学民主，坚持学术自由。

"少年智则国智，少年富则国富，少年强则国强。"少年儿童是什么样，国家的未来就是什么样。全社会都应该了解少年儿童、尊重少年儿童、关心少年儿童、服务少年儿童，我们的教育更是要为每个青少年播种梦想、点燃希望，为国家优秀人才的培养做好奠基工程。

七、创新大学区均衡发展的一体化管理模式
——长春市南关区西五小学丁国君校长个案

教育领域中真正的均衡，不仅是学校硬件设施的跟进与更新，更应该是教育理念、办学思想以及学校内涵发展与特色建设的融合共进。

——丁国君

"均衡教育"是当前义务教育所面临的一项重要课题。教育领域中真正的均衡，不仅是学校硬件设施的跟进与更新，更应该是教育理念、办学思想以及学校内涵发展与特色建设的融合共进。在发展均衡教育的探索中，长春市南关区以"大学区建设"为主要模式，以"引领、互动、共享、提高"为主题词，以科学制定的各项管理制度为保障，以建设输出理念的"三个联动梯队"（领导管理团队、名师工作室团队、学科教师团队）为发展核心，在师资、教研、德育、文化等方面积极创建一体化管理模式。在丁国君校长的带领下，西五小学充分发挥优质校的引领与辐射作用，通过校际联动，努力实现学区管理的高效率、人才培养的高规格、文化建设的高品质，以全面促进学区教育教学质量的整体提升。

（一）学区一体化发展状况及思路

2010年，顺应教育均衡发展的新形势，以南关区教育局学区划分为依据，西五小学与区域内的兴盛小学、东长小学、回族小学、北大小学、自

强小学、富裕小学（村小）组建成"西五大学区"，成为资源共享、交流合作、协同发展的"教育共同体"，在办学理念、教学管理、队伍建设、资源开发、文化构建等方面实施一体化管理。大学区校长团队平均年龄不到45岁，积极进取、踏实肯干，快速融入学区的建设与发展中。

为实现大学区的内涵发展，立足实际，对大学区工作进行统筹规划和定位：以"强化师资，优势共享，内涵拉动，合作共赢"为工作目标，以"建立保障制度，整合优质资源，强化优势引领，促进校际合作，缩短质量差距"为工作思路，以"出台《大学区工作实施方案》，完善各项管理制度，在区本教研、队伍建设、学生培养、文化创建、课程开发等方面实施一体化管理"为保障措施，以期通过管理模式的创新，搭建活动平台、拓宽发展空间，使教学研究常抓不懈，重质量、提水平；队伍建设多措并举，重优化、促发展；德育活动丰富多彩，重过程、求实效；文化创建独树一帜，重特色、成体系；进而不断深化"交流、合作、发展、共赢"的目标理念。

（二）学区一体化实施模式及内容

1. 创建决策先行的校长团队

校长团队是大学区发展的核心力量，是引领成员校向着既定目标前进的指挥者和学区理念的践行者。为深化大学区一体化管理模式，组建由"龙头校"校长任学区长、成员校行政校长任副学区长以及成员校副校级领导共同组成的大学区领导组织机构，明确大学区三级管理机构的职能与职责，制定学区的发展规划及各项管理制度，全面开展学区的各项具体工作。

在校长团队建设中，首先，充分发挥学区长的作用，学区长汇聚各成员校校长的思想，树立先进的管理理念和服务意识，把工作的重心放在引导方向、探究方法、创造条件和具体帮助上，强调合作交流，注重人文关怀，进而产生"1+1＞2"的管理效能；其次，促进每一位校长迅速转变观念，将"树立正确的办学思想，打造学区的核心精神"作为领导团队的理想和目标，在行为上，从"个人—要求式"转变为"团队—自愿式"；再次，加强落实大学区校长例会制度，每次例会重点围绕一两个问题进行集中讨论和商议，从问题本质出发，以解决问题而终。在研究过程中，各位校长树立了"落实责任，敢于负责"的质量意识，"以服务作为管理动力"的服务意识以及"实现学校与学区双赢"的品牌意识，形成了友好、平等、互助的合作关系，例会也逐渐成为规划学区发展、制定工作计划、落实具体任务的研究会。

2. 优化内外兼修的师资力量

师资发展水平直接决定了区域教学质量的优劣。为此，确立了"质量兴区，人才兴校"的发展目标，通过内炼教学硬功、外塑师德形象，全力优化教师团队、打造名师团队，为大学区的长效发展积淀丰厚的人力资源。

针对大学区骨干教师力量薄弱的状况，积极整合学区内各级优秀的教师资源，成立由学区内28位省、市级骨干教师组成的"名师工作站"，赋予其明确的工作职责和发展的优先条件，以期为学区教师专业素养的提高起到引领和示范作用。在名师的培养上，注重其专业引领和辐射作用，以引领为点、辐射为面，点面结合地促进团队的快速发展。组建"大学区名师巡讲团"，分期分批跨校做"名师引路课""主题观摩课"以及专题报告和讲座；在大学区网站上开设"名师博客""名师在线课堂"，为广大教师搭建业务交流的平台；在名师中开展校内外带徒的"青蓝工程"，结成41组"帮扶对子"，名师定期深入徒弟的课堂进行听课和评课；实施"名师影子培训一日工程"，组织"名师工作站"成员走出去，到对口学校进行一日的教学和教研指导，而对口学校也定期派教师走出来，到名师所在学校进行一日的跟踪学习与培训。名师在大学区内的交流，打破了以往教研沉寂的局面，激发了名师的业务潜能，在大学区开展的"构建高效数学课堂研讨会""英语教学研讨会""南关区优质课大赛"等活动中，名师都发挥了应有的作用，在辐射他人的过程中也提高了自己的业务水平和能力，实现了"名优带动，优势互补，优势更强"的发展目标，促进了区域间的互助与共进。

为深化教师的思想内涵、建设学习型的教师团队，大学区努力构建"研培一体"的发展平台，制定切实可行的培训方案，促进教师专业素养的提升。先后围绕"学习陶行知教育思想，创建书香大学区""把握课改精神，研学课程标准"等学习专题，在学区内组织开展集中学习与培训活动，统一下发读书笔记和学习资料并进行形式多样的汇报与交流活动；同时，聘请业内知名专家和学者为教师讲学，先后进行了"大学区师德演讲报告会""生命的自觉与教学文化的再造"等专题讲座，使教师在开阔视野、强化能力的同时也获得精神的滋养。

3. 发展有的放矢的主题教研

为建设一支研究型的教师团队，基于联动式、立体化的教学网络，建立了"大学区学科中心教研组"，分为语、数、英、体、音、美及综合五大学科组，由各成员校教学校长任组长，并聘请市、区教研员作为顾问，组成"大学区伙伴研修共同体"，组织开展集体备课、集中测试和主题教研三项工作。

集体备课是在每学期初和期中测试后，组织大学区教师进行两次阶段性的备课活动，采取"中心发言组"制度，由西五小学各学科组承担整个大学区的备课任务，通过实例分析、交流共享、问题研究、反思实践等形式对教材进行解读和探究，解决了成员校学科组教师少、缺少研讨氛围的问题，促进了学区内整体教研水平的提高。

集中测试是组织开展大学区月测试和期中测试，由"大学区命题组"统一设计一至六年级语文、数学、英语三个学科的测试题并下发给各成员校，学区内统一时间进行测试，分别阅卷，集中反馈，全面检测学区教学质量并针对存在的问题及时整改。期中测试后，召开"大学区教学质量分析会"，全面总结大学区阶段教学质量情况。

主题教研是组织开展学区主题研究活动。学期初，各"学科中心教研组"下发调查问卷征求教师意见，从教学中的问题和疑惑入手，确立一个学科的研究主题，进而带领各校学科教研组从不同角度以不同方式进行研究。每学期，各"学科中心教研组"根据详细的活动计划和实施方案组织开展教研活动，邀请教研员定期到校跟踪指导并在市、区范围内进行至少一次的主题汇报，以展示阶段性研究成果。大学区内先后进行了"计算教学准确性研讨""习作教学研讨会""英语集体备课引领展示"等活动，成功举办了"构建生命化绿色课堂优质课大赛""体育优质课大赛""新教师教学竞赛",打破了以往无效教研的局面,实现了教师间多向交流和多维互动。

(三)学区一体化管理特色及成效

在"公共教育资源共同享用"的理念下,大学区内优质资源得到合理的配置和使用。按照工作部署,各校优质的人力、课程、设施等资源充分流动起来,根据学区建设发展需要随时进行调配和使用,如"硬件资源共享机制",规定硬件资源由学区统一规划、协调和利用,即各校现有的教学设备、教室、场馆等处于开放状态,成员校在不影响对方使用的情况下可无偿使用;另外,建立"大学区信息化平台",将优质课程资源上传到大学区网站进行共享,各校及时上传相关内容,逐渐积累了丰富的教学资源,教师能够及时获得教学所需,实现资源利用的最大化。

在大学区创建和发展的过程中,成员校尽己之力积极参与到一体化管理的事务中,最大程度地发挥主体作用。2011年5月,大学区承办了"长春市大学区教学研究汇报活动展示现场会",在成员校中设立了语文、数学、英语、美术、心理五个学科的教学活动专场,通过"教学汇报课""学术沙龙""教学论坛"等形式,全方位汇报大学区教学、教研取得的阶段性成果,赢得了长春市教育局领导和教研员的一致认可和好评,并作为"大学区教学研究共同体"建设的典范,被多家媒体宣传报道。之后,又召开了此次现场会的表彰大会,14名教师的课堂教学被评为"长春市大学区优质观摩课",51名教师被评为"长春市大学区教学研究活动先进个人",7所学校被授予"长春市大学区先进组织单位"的光荣称号。从多次活动的策划、组织、实施到反馈,欣喜地感受到"西五大学区"一体化管理模式已初显成效,学区教学研究风气日益浓厚,教师的业务能力在相互学习与交流中得到了锤炼与提升,进而极大地促进了大学区教育质量的整体发展。

学区一体化管理是一项创新的管理模式。"西五大学区"在具体实施中重视成员校的全面对接和相互融通,形成了强大而鲜活的教育合力,实现了学区教育资源效益的最大化。教育工作者在进一步树立"大教育观"

和"资源观"的同时，个人的业务能力和专业素养都得到了有效的提升。今后，"西五大学区"将继续探索学区一体化管理模式，为实现教育的高位、优质、均衡发展而做出更多的贡献。

八、基于校长专业职责的乡村学校改革实践
——辽源市东辽县金洲中学关庆海校长个案

乡村基础教育的本质不是追赶城市学校的各项发展指标，而是将最基本的要素融入到最质朴的环境之中，让乡村的孩子在认识世界、认识自我的过程中健康、幸福地成长。

——关庆海

我国农村人口数量众多，乡村教育是不容忽视的一个领域，它以庞大的规模和特殊的需求，成为中国教育最大的薄弱点和最难的突破点。与城市相比，乡村教师的专业素养、学生的成长环境和家长的素质结构都有很大的差距，学校在发展中又往往存在硬件设施不足、师资力量薄弱、课程结构单一、管理方式落后以及由此衍生的诸多问题。乡村教育发展的相对滞后，有其特殊的社会背景和环境因素，而学校的领导者——校长，在教学改革领导实践中也必然面临着更多现实而严峻的问题。

辽源市东辽县金洲中学关庆海校长在理性分析乡村教育特点和学校主要问题的基础上，以专业职责为基本点，以校本实际为出发点，带领全校师生开拓视野、转变观念、凝心聚力、稳步前行，践行顺应乡村办学规律的教学改革，探索促进师生长效发展的治校策略。

（一）以规划学校发展目标为起点

学校发展愿景是对学校发展预期所达成的意象的描绘，以科学的规划和清晰的目标，呈现方向性的长程导向，它可以提升成员共同的使命意识，激发教职员工的责任感和积极性，特别是在不确定或不稳定的境遇中有所坚持，促进学校的可持续发展。

规划发展愿景要坚定立足于学校历史和办学现状，把学校发展与教师发展、学生发展紧密联系起来。基于对当前优势和不足的客观分析，大家

一致赞同：不必追求向"高、大、上"的学校看齐，而要用心把自己的学校变得有温度、有特色，成为一个让师生依恋的家园。首先，校级领导深入师生、走访家长、听取相关人士的想法和建议，在"尊重规律，勇于实践，启迪智慧，全面育人"的办学理念下，确立了"一明、二精、三优"的发展目标——"一明"即特色明显，"二精"即队伍精良、水平精湛，"三优"即教学优秀、校园优美、管理优化；同时，制定了"强素质，求特色，上层次"的具体规划，力求办出师生赞同、家长赞扬、社会赞誉的好学校。规划形成后，各部门负责人从不同的角度进行解读，意在分领域、分阶段地使规划内容重心下移，更重要的是使大家能够理解：学校的发展与个人的发展息息相关，而愿景的实现正是从个体到群体再到整体的努力过程。根据任务的轻重缓急，进而将目标分解到各个年度的工作计划中并指定专人负责。为确保规划的科学性和可行性，学校定期总结实施情况并对细节进行修改和完善，使之能够真正落实并鼓舞人心。

（二）以营造生态育人文化为导向

学校文化是学校健康发展的源动力，也是优质办学的核心竞争力，它将精神、制度、行为、物质构建成一个有机整体，形成师生学习生活的共同话语体系，在凝聚人心和激发活力的同时，对成员的价值取向、道德情操、行为习惯和人格塑造有所影响和引导。每个学校的历史背景和办学现状都不同，所创造和积淀的文化也不尽相同。作为乡村学校，文化建设的内涵在于乡村特色和乡土气息，在充分展现师生的生活环境和心理特点的基础上，融入生命教育、智慧教育和使命教育。因而，要从准确做好文化定位开始，从以往盲目地装扮校园和呼喊口号中走出来，更多地关注文化对学校发展的根本性、全局性、稳定性、长期性的意义和作用。

学校首先将文化的理念要素提炼出来，确立以"说实话，办实事，求实效，出实绩"为核心内容的"正实"文化构建目标。"正实"即求真，要求领导者和师生员工从校本实际出发，把奋进气概与务实精神、远大理想与当下现实、主观愿望与客观规律结合起来，将正确的、理性的认知付诸实践，对待工作不保守、不拖延、不浮夸、不激进；"正实"即向善，呼唤校长和教师心存善意，相信并捍卫学生内心的积极、善良和正义，陪伴学生在发现自我、悦纳自我、挑战自我的进步中成长、成材；"正实"即尚美，不仅追求学校环境的净化、绿化和美化，更推崇人的内在精神和涵养。"正实"是师生之间真诚的对话和温情的故事，更是师生的共同创造和用心经营，如"书香文化建设""体育文化建设"等项目，均由各部门分工落实、全体师生共同参与打造和维护，因而被师生视为"自己的"的作品，深感自己是学校的一部分，学校也是自己的一部分。

（三）以完善课程结构体系为基本

学校生源质量历年来普遍较低，小升初的成绩总是位于全县后列。因而在课程的设置与实施上，需要从学生的客观实际和长远发展的角度进行有效的突破和创新。在教学改革背景下，探索"以学校课程建设全面推进素质教育"的思路和措施，学校以"强化基础，稳步提升"为原则，把培养学生的探究兴趣、分析能力和学习信心作为目标和重点，对课程结构进行重新思考和设计。校长首先带领教务人员及教师转变人才观和质量观，培养课程改革的意识、动力和能力。遵循《基础教育课程改革纲要（试行）》中"实行国家、地方、学校三级课程管理"以及"设置综合实践活动课以发展学生解决问题的能力"等内容，打破固有的传统，创建由基础课程、学科拓展课程和综合实践课程构成的全新课程结构，尤其注重校本课程的开发，使之与国家课程和地方课程相互补充、相互协调。据此，从探索新课型开始，分别对探究型课程、合作型课程、对话型课程、体验型课程、生成型课程、活动型课程、创新型课程、问题型课程、构建型课程、主题型课程进行深入的研究，通过研讨、展示和竞赛等形式的推进，教师逐渐形成了新的教学思路和教学风格，学生在课堂中有了新鲜感和求知欲，学校的教学质量和教学成绩逐年提高，并荣获东辽县教育局颁发的"进步奖"。

在学科拓展课程的设置上，语文、英语学科都将"课前演讲"作为提升学生语言能力和文学素养的必要方式；每周一节的"语文经典诵读""英语知识拓展"和"趣味数学"课，开阔了学生的视野，激发其学习的兴趣；语文、数学、英语"中考链接"专题课，使学生从入学起就潜移默化地了解并接触中考的典型题目，由此树立学习信心，减少畏难情绪；同时，开设了体育类的"武术"和"棍舞"、艺术类的"书法"和"手工"等校本课程，其中体育类课程每个科目有两册校本教材，美术类课程每个科目有一册校本教材，并在不断完善和改进中。通过这些课程的实施，学生的书写质量日益提高，作业、试卷变得整洁美观；语言表达能力提升，课堂发言状况渐好，在主持、辩论、表演中表现得从容、大方、自信；阅读量增加，视野得以拓展，逐渐形成思辨和探究的学习氛围。

在综合实践活动课程的开发中，主要从当地的历史和文化资源入手，基于课程开发的模式、保障和价值三个维度，加强课程与实际生活和地方特色的联系，尤其注重劳动教育的深度落实，如每周二下午的手工制作课，由教师带领学生将平时的废弃物品制作成实用的物件和教具；学校还专门开辟了"爱心农场"，组织学生结合生物课和劳动课内容，自己动手种植蔬菜、花卉并进行长期的管理和养护。这类课程不仅强化了课内知识和生活常识，还培养了学生动手能力和热爱劳动、关爱自然的情操，形成了社会生活中应有的心理素质和行为习惯。

值得说明的是，在课程开发和实施的过程中，校长应带领教务人员和广大教师共同探索——领导者由只做常规检查变为投入具体行动，教师由被动接受任务变为主动参与研究。全员共同努力，才能真正地推进学校课程改革实现质的飞跃。

（四）以促进教师专业成长为核心

促进教师的专业成长，要重视师德建设与修养塑造。学校通过主题活动唤起教师的使命感，组织人人签订"师德承诺书"，并于每周三第八节课如期举行思想教育与交流活动。同时，以日常细节培养教师敬业、乐业的情操，如"阅读工程"主张以教师为主导，引领学生和家长共同参与读书学习，督促每个学生每学年阅读图书不少于10本，并通过师生共读、同伴共读和亲子共读等形式以及朗诵、演讲、写作等活动，促进师生文学素养的共同提高和家校共育的有效落实。在这个过程中，教师作为"领路人"，在引领学生和家长共同学习的过程中，对角色、职责和使命有了更深刻的认识，也对自身修养的提升有了更高的目标。

促进教师的专业成长，要积极搭建平台以激发优势。一直以来，学校教师的结构层次不够均衡，而不同层次又存在不同的问题：年龄偏大的教师习惯于多年形成的传统授课方式，不愿进行教学模式的改变；30岁以下的青年教师仅有9名，因水平和经验有限，对教学中的实际问题缺少有效的应对策略；音乐、体育、美术等学科教师专业不对口，一人多岗、一师多用的现象较为普遍；班主任的工作能力和管理水平有待专业的训练和提高；特岗教师的专业知识和教学经验都相对较弱并缺少稳定的工作状态；部分教师懒散、倦怠的情绪日益蔓延……这些因素导致学校师资力量薄弱，整体教学水平不高。针对教师结构不合理的情况，学校首先从组织教学入手，搭建不同层次和内容的交流平台，如在同一教研组，安排老、中、青各年龄段有机组合，备课环节中，要求新入职的教师注重教学流程的规范性，中青年教师引领思路并力求创新，老教师负责整体把握结构框架并进行必要的补充——以这样的模式激励老教师乐于分享教学经验，中、青年教师勇于锻炼和展示自己，新教师则学有榜样、做有方向；另外，"师徒结对"这一传统形式依然行之有效，通过结对，同时增强了师徒双方的责任心和自觉性，相互影响、学习和促进；"首席教师"与"标兵教师"的命名和表彰则激发了骨干教师的引领作用；专门针对青年教师制定的周期为一年的"六个一"成长工程，从教学基本功入手，通过有计划的学习和训练，完成六项基本任务并进行汇报展示，以此来提升其专业素质和工作动力。

表7.8.1　金洲中学青年教师"六个一"成长工程细则

项目	内容	实施路径	负责部门
书法	写一手好字	学习硬笔书法或软笔书法	书法学科组
主持	做一次主持	主持组内教研活动或学校集体活动	教研组、团委
演讲	做一次演讲	参加年组主题活动或升旗仪式演讲	学年组、团委
课程设计	设计一节规范课	小课题研究、教学交流研讨会	教研组、教务处
课堂展示	展示一节优质课	汇报课、公开课	教研组、教务处
教学研究	解决一个教学困惑	小课题研究、教学交流研讨会	教研组、教务处

总之，从责任与榜样的角度调动老教师的积极性，最大程度地激发其尝试和改变的动力；从专业成长的角度给予中、青年教师更多学习和锻

炼的机会，全面提升其教学水平和管理能力；良好的氛围一旦形成，新教师自然会融入其中并迅速成长，从而使各个层次的教师相辅相成、共赢共进。

促进教师的专业成长，要强化观念转变和自主发展。与城市教师相比，乡村教师缺少相应的学习、培训和参加各类研修活动的机会，有限的视野导致了教师的教学观和学生观都存在很大的问题。"新课程标准"明确规定"学生的学习目标要从知识与能力、过程与方法、情感态度与价值观三个维度进行培养"，但许多教师依然惯于把教材当作教案并"独霸"课堂，不愿对教学模式和教学效果进行探究和反思；另外，一些教师较为缺乏危机意识和自我发展意识，对当前的教育环境没有足够的认识，无视乡村办学现状与教学改革发展的落差，忽视自身业务水平与先进教师之间的差距，有些教师即便有自我提升的愿望，也多因缺少科学的指导而难以实现。据此，学校组织制定了提升教师业务能力的激励措施和管理办法。首先，根据校情、学情和个人成长状况，帮助教师制定近期、中期和长期的自我发展目标及规划，为全体教师建立"专业成长档案"，记录其师德修养、教学能力、科研成果等方面的动态发展情况，总结并肯定成绩，发现并解决问题，以激发教师自主发展的内在动力；其次，校长及教务人员带领教师共同建立"课程资源库"，对各种形式的课程资源进行分类整理并做出相应的评价，教师在这个过程中相互学习与交流并创建了符合校本需求的课程资源体系；另外，围绕学校教育教学实际，组织教师开展一些范围狭小、内容具体、目标明确、周期较短、容易操作、实效显著的"小课题"研究，定期进行成果展示并与奖励机制相关联。随着研修的深入，教师对教学中的困惑和问题有了新的认识，在遇到困难时不再一味地抱怨，而是通过科学的分析和有针对性的学习提出合理的对策，进而不断实践、反思和改进。

促进教师的专业成长，要尽力削减使其身心疲惫的形式化事务，更加关注他们日常中实实在在的积累和进步，使教师在立足课堂教学、探索班级建设的细节中，成为自觉而主动寻求发展的个性主体。在这些链条中，要充分发挥骨干教师的带头和纽带作用，更需要校长有效的引领和示范，让"教师即教学者"成为一种美好，让"教师即研究者"成为一种真实。

（五）以优化内部管理模式为保障

乡村学校物质资源相对匮乏。楼房较为陈旧，教学楼、宿舍、食堂等建筑面积均不达标；运动场地势低洼，雨季无法正常使用；教师没有办公电脑和学科组办公室，教研活动十分受限，硬件设施难以达到校园建设的标准化和教学水平的现代化。据此，学校对关键性的基础设施做出适当安排，以节约开资为原则，以精细管理为支撑，从重新布局各个功能室开始，使其发挥最大的功效。几年来，先后为教师办公室配备了电脑，各教室安装了"班班通"，操场排水系统进一步落实……教学基本条件有所改善。

学校引进了先进的管理理念和管理策略，将"规范化、精细化、民主化、人本化"作为实施目标，进一步健全内部管理机制。在具体工作中，采取"校长—主管领导—学年组长—教师"逐级辐射引领及反向监督评价机制；制定"教师年度工作考核细则"，将工作态度、质量、贡献与效益等要素与绩效工资、年度奖金挂钩；完善日常规章制度，在细节上注重人性化，如考勤中对特殊情况予以合理调假；对教师外出培训给予时间和经费的支持；定期组织体育活动和户外锻炼，创造午休条件；关注个人生活中的"大事小情"，及时送出帮助和鼓励……这些做法，使教职员工感受到来自大家庭的关注和温暖，归属感和主人翁意识日益增强，从而化作团结务实的干劲儿，凝聚成金洲中学特有的力量。

同时，学校尝试打破封闭的管理模式，架设起学校与家庭和社会之间的桥梁。根据"家校合作方案"，每年新生入学后，首先举办"迎新礼暨家校共育联谊会"，所有新生、老生及家长共同参加，了解学校的发展状况并献计献策；"家长经验交流会""家校同乐趣味运动会"等活动，促进了家长与学生、家长与教师、家长与家长之间的沟通和交流。家长熟知孩子的成长环境和学习生活，自然很容易参与到学校的管理中来并成为一份不可或缺的力量。不难发现，伴随着家校合作的推进，学生之间的相处日益融洽，打架斗殴的现象逐渐消除，家长对学校的各项工作越来越支持，几年来无一例"家闹"事件，共同管理、有效沟通的氛围已经形成。

（六）以调适外部多元环境为依托

乡村的教育环境相对闭塞，师生需要摆脱枯燥、刻板的日常生活，增加与社会的接触，以提升文化品位和鉴别能力。结合周围环境的特点，学校利用第二课堂等形式给予师生交流和展示的平台，如举办"诗意化教育艺术展示会"，汇演体现文化理念和办学特色的节目，使外界关注和了解学校；带领师生对周围村屯的困难家庭进行帮扶、捐助、送温暖；端午节和中秋节去敬老院慰问；定期为周边的河流清理垃圾和制作环保标牌。在与外界的交流中，也同样获得了来自社会的关心和帮助，学校先后与辽源市"一家人爱心团队"及长春市"本源总裁智慧七"结成帮扶对子，几年来，收到他们持续的捐款、捐物以及对学校建设和学生成长的莫大支持和鼓励。至此，学校不仅打开了与外界沟通的那扇门，也必将在今后成为当地社会发展的重要力量。

规划学校发展、营造育人文化、领导课程教学、引领教师成长、优化内部管理、调适外部环境，几年来，在践行价值领导、教学领导和组织领导的过程中，完成了学校教育教学改革的初探。经过全员的共同努力，逐渐形成了"敬业、爱生、博学、求新"的教风，"乐学、善思、进取、求真"的学风以及"自律、民主、合作、奉献"的校风。求真、向善、尚美的文化渗透坚定有力，润物无声。

乡村基础教育的本质不是追赶城市学校的各项发展指标，而是将最基本的要素融入到最质朴的环境之中，让乡村的孩子在认识世界、认识自我的过程中健康、幸福地成长。因而，在引领学校走向发展的道路上，始终把校长专业职责作为起点、作为己任、作为方向。以德为先，育人为本，明确方向，规范办学，引领教师转变观念，以研究促生内驱动力，以尝试实现自我突破；从"我"做起，从"小"做起，改善环境，寻求机遇，促进家校和谐交流，以共育深化管理内涵，以合作积蓄发展力量。在现有的教育体制和办学条件下，乡村学校的教学改革依然道阻且长，我们始终坚守责任，坚持担当。太多的感慨，太多的希望，伴随着一路的光阴流淌，蜿蜒着情怀暗涌的诗意，夹杂着乡土醉人的芬芳。

　　优质的课程与教学永远是学校持续发展的根本动力和专业化办学的重要"招牌"，更是校长践行领导策略和实现领导价值的核心标志。深度学习视域下的教学改革，呼唤校长知行合一，逆流而上，以内驱力为师生领航，以决策力为实践导航，以执行力为改革护航。

　　上述个案，来自八位校长的教学改革领导实践。他们经历过研精致思的探索，也曾在崇善致美中试错。他们轻描淡写了一路的风雨兼程，却无法淡漠内心的坚定和执着。他们来自杰出的资深校长、实干的新锐校长，也代表了千万名平凡而卓越的教育工作者。他们诠释了"教育家办学"的情怀与智慧，他们谱写了教学改革的一程山水一程歌。

第八章 深度学习视域下校长教学改革领导力提升的保障

在推进深度学习的教学改革中，校长扮演着非常关键的角色，他们是改革的主体之一，也是重要的决策者、执行者和监督者，更是教育教学理念的引领者，校长教学改革领导水平直接影响着教学目标的实现，提升校长教学改革领导力已然成为深化教学改革的迫切要求。校长教学改革领导力的提升需要依赖校长主体内生性生成，但仅仅依赖个人自觉提高显然缺乏规范性与长效性，因此亟待从外力驱动性的视角探索发展校长教学改革领导力的条件与途径。本章基于宏观和整体分析，提出从优化外部环境与内部管理两个层面来全面夯实校长教学改革领导力提升的基础保障，具体通过政府、学校及社会三维路径发力，着力于政策、制度、学校管理、社会合作等方面的完善和改进。

一、政府：强化校长教学改革领导力的主导

在中小学教育教学管理中，政府的根本重要性地位是不言而喻的，强化政府主导是中小学教育教学改革顺利进行的先决性条件。为了保障校长教学改革领导力稳步提升，增强校长行为规范性和教学改革实效性，必须在政府层面进一步加强顶层设计，完善政策、制度体系。

（一）加强政府的重视与引领

在政府话语体系中，"领导重视"总是摆在突出位置，领导重视常常被看作是成功开展工作的一条普遍经验，任何复杂有难度的事件都会因为领导高度重视而加速问题的解决。教育领域同样如此，领导重视是教育发展的基本保证，校长行为选择深受上级领导高度重视的影响，教学改革要

取得突破必须得到领导重视。

1. 观念先行

领导重视教学改革首先应体现在思想观念的更新和思维方式的转变上，思想是行动的指南，只有认识到位，责任才能明确，措施才能得力。

（1）要充分认识深度学习教学改革是应答时代发展的迫切之举

改革开放以来，我国基础教育教学改革呈现出从传统教学转向现代教学，从重教转向重学，从自发转向自觉，从知识本位转向素养为重的发展态势，而今"深度学习"理念又将我国教学改革引向了新的境界。深度学习是发展素养的学习，是理解性的学习，是有效的学习，是符合学习科学原理的学习。与以往的学习方式相比，深度学习的根本在于更注重经验与知识之间的相互转化，注重对学习内容进行深度加工，注重学生主动学习的活动与体验，注重学会学以致用。深度学习不仅是时代发展迫切需要的学习能力，更是引导学生学习变革的重要方式，它立足于推动以学生学习为中心、以学生核心素养培育为目标的教学改革，着力研究解决当前我国课堂教学中存在的重点和难点问题，对于提高课堂教学的质量和水平具有重要意义。[①]

（2）要正确认识校长在教学改革中的引领作用

校长作为学校的第一领导者，作用毋庸置疑。校长领导行为对学校发展的好坏起着关键性作用，决定着学校的教育教学质量。一方面，应进一步明确校长的角色定位。教学改革重在基层学校的落实，校长的角色定位、改革态度、办学理念、个人素质以及领导能力都决定着校长能否带领学校扎实探索富有特色的改革之路，直接影响着教学改革的深度与成效。学界普遍将校长的角色定位为教育者、领导者和管理者，在传统学校管理中，学校校长主要发挥教育行政管理职能，校长将大多的精力投入在基础的行政杂务工作，未能在基础教学和教师能力提升方面给予足够关注，势必会影响深度学习教学改革的实施成效。因此，在当前教育新常态下，应明确"教育者"主导角色，充分发挥校长的教学领导职能，运用校长教学

[①]郑葳，刘月霞. 深度学习：基于核心素养的教学改进［J］. 教育研究，2018（11）.

领导的专业知识直接改进教与学，促进教师专业成长，改善学生学业品质，最终实现学校教学效能和学校全面优化的作用力。另一方面，应正确认识校长教学领导力，并重视教学领导力的提升。校长教学领导力很大程度上表现在它带来的影响力上，校长的教学理念得到教师的认同越多，追随者越多，课程建设的凝聚力就越大，教学改革的推进就会顺利。校长不仅是教学领导者，而是要更加强调"学习领导者"，重点应放在改进"学"的方面。既要关注学生"学"的策略，也要主观能动地培养和提升自身业务素养。另外，校长并不是个人的领导者，他的影响力在于担当着教师团队中"首席教师"的高度，致力于建立学校教学共同体是重中之重。也就是说校长要实现有效的教学领导，至少要在价值取向、教学革新和促进教师专业发展三个领域凸显出较好的专业引领性，才能有效推进教学改革。教育行政部门也应着力在这些方面提供必要的支持，助力校长领导力的提升。

（3）要全面认识校长教学领导力的提升动力

教学改革需要校长具备卓越的教学领导力，正确认识影响校长发展教学领导力的动力因素，有助于教育行政部门探究多元化的校长领导力提升途径，对于制定保障制度和培育决策有着重要意义。校长教学领导力的提升动力主要来自内在和外在两个方面。内在要素源自校长自我超越的本能需要，追求个人事业成功，实现个体的人生价值，都决定着校长自我提升的意愿是否强烈。校长的价值追求来源于校长的职业理想、政治理想以及道德理想，为实现这些理想，校长对自身的专业精神、专业修养、专业知识以及专业能力都有着极高的要求。随着教改实践的深入，在内驱力的作用之下，校长会不断提升自身业务素养以适应现实需要。外在要素则表现的更为多样，教育教学环境、学生的发展、政策的要求、社会文化等等都可能成为校长积极成长的动力源。其中，来自同伴影响力的感召是一个很重要的激励源，几乎所有校长在成长道路上都会遇到来自其他学校优秀领导者的指导和帮助，这些人或是他们的精神偶像、学习榜样，或是他们的纵向帮扶导师，或是他们的超越对象，他们每时每刻都在指引着自己要主动积极地汲取更多的知识，主动积极地争取更多的成长机会和资源，每时每刻都在提醒着自己要不断地学习、进步、创新发展。可见，来自同伴的激励作用应引起重视，有必要通过创建良好的校长同伴间学习交流的互动平台等方式推动校长教学领导力的提升。

2. 组织得力

领导重视并不是层层讲话或者下发文件，而是要率先垂范，亲历亲为抓部署，确保组织到位，强化落实。各级政府要把深化教育教学改革作为重中之重，要把提升校长教学领导力纳入工作的重要议事日程，以教学改革为中心，认真研究中小学校长教学领导力提升需求，统筹制定发展计划，明确要求，明晰职责，切实履行各相关部门责任，把各项措施落到实处，务求取得实效。

（1）要强化统一思想、统一部署

深度学习教学改革不仅是当务之急，更是长远之策，深化教学改革亟需高度重视中小学校长队伍建设，应将校长专业发展作为推进教育事业发展的基础性工作来抓。各级政府领导应旗帜鲜明、立场坚定、统一目标、步调一致，切实增强对深化教学改革的高度共识，加强沟通协作，扎实推进中小学教育教学改革和校长队伍建设。党政有关负责人要牢固树立科学教育观、正确政绩观，既不能急功近利，也不能半途而废，必须立足基本国情、科学分析现实积弊，明晰推进思路，把思想和行动统一到教学改革的宏观决策部署上来，统筹制定适切的改革保障措施。

（2）要明确各级政府的权责划分

明确界定各级政府的权责分工，是开展教育教学改革的重要前提。我国义务教育目前实行国务院领导，省、自治区、直辖市人民政府统筹规划实施，县级人民政府为主管理的体制。中央政府统一领导和管理国家教育事业，制定发展规划、方针政策和基本标准，整体部署教育教学改革试验，统筹区域协调发展。地方政府负责落实国家方针政策，开展区域内教育教学改革。"地方负责、分级办学、分级管理"的教育管理体制虽然起到了简政放权的作用，但由于地方政府财政实力和资源条件的限制，严重阻碍了教育教学改革的推进。为此，应细化中央、省、市、县（区）级政府的权责和分工，进一步明确省级政府的管理权力和统筹责任，提高教育教学改革的统筹重心，加大省级政府统筹力度。

（3）要争取相关职能部门的大力支持

为不断深化教育教学改革，教育行政部门需会同职能部门，多措并举、综合施策，共同发力。各级人民政府应出台方案强化各级政府及有关职能部门履行教育职责，进一步落实教育优先发展的战略地位。教育部门要切实履行主体责任，制定加强深度学习教学改革和校长队伍建设的整体规划及相关工作措施，统筹管理并切实抓好落实。加强与相关部门的沟通协调，多宣传深度学习教学改革的作用和效果，努力创造良好的合作氛围。相关部门则要在政策范围内给予支持，积极发挥保障职能，与教育部门形成强大合力，确保教学改革的顺利实施。

（二）完善政策的支持与保障

校长作为引领学校发展的主体，在教育教学改革中的地位举足轻重。校长的领导行为对促进新课程的开发，促进改变学生的学习方式，促成生成新的教学改革的成果具有关键作用。随着教育教学改革不断深入，教育领域深层次的矛盾和问题逐渐凸显出来，深化教学改革对校长素质提高和教学改革引领能力提出了新的挑战和要求。为适应教育发展新环境以及条件和任务的新变化，优化相关政策体系成为迫切之举。政府相关部门应围绕学校教学改革和校长教学改革领导力制定一系列取向明确、调控力度较大的校长教学改革领导力提升的政策，加强政策的导向作用，采取扎实有力的措施，培植良好的政策环境指导，确保更多的校长成为优秀的教学改革激励者和教学经验的创造者。

1. 提升决策层次，建议立法保障权益

法律体系的构建和完善是教育行为的根本遵循和重要保障，建国以来，我国出台了一系列与基础教育相关的法律文件，包括《中华人民共和国教育法》、《中华人民共和国教师法》、《中华人民共和国未成年人保护法》、《中华人民共和国义务教育法》等等，这些法律法规虽然在一定程度上提供了依法治教的依据，但是从时代发展的要求来看，现有法治建设仍需不断完善。

为了促进教育教学改革在学校层面的落实和满足提升校长教学改革能

力的现实需要，我国有必要加紧制定和出台相关有针对性、操作性较强的专门性法律，形成系统性的法律框架，以解决改革中实际问题，确保基础教育良性发展。一是建议教学改革立法。当前我国中小学具体开展教学改革活动时还不能完全做到有法可依，有章可循，应加快制定针对教学改革的专门性法律文件，从法律上明确教学改革在基础教育发展中的作用，明晰基础教育改革的目标和内容、标准和评估，理顺各级行政主体的权限以及政府、社会在学校教学改革过程中的支持责任，详细规定学校、校长在教学改革中的权利义务，坚持教育立法和改革决策相衔接，做到教学改革于法有据，用法律进一步规范、引领和推动教育教学改革。二是建议出台校长法。目前我国尚无一套完整的有关中小学校长的法律法规，由于法律的缺失，校长权益得不到应有保障，造成各地教育教学改革的深度和广度千差万别。校长是不同于教师的职业群体，校长的工作有其自身的边界和范围，有别于教师的教育教学工作，仅依靠《教师法》对校长行为进行规范显然有失妥当，加快制定专门的校长法，使校长权利义务的运行步入法制化道路十分必要。我国中小学校长队伍的专业化、制度化建设已经实践多年，无论是校长的准入还是培养培训方面均积累了丰富的经验，相对成熟的政策为校长立法提供了可能，可在地方先行立法，为中央立法积累经验。立法内容应从校长权利与义务、资格与任免、考核与培训、待遇与奖励、行使职权的程序和原则、以及法律责任等方面作出明确规定。

2. 丰富内容体系，形成完整有效的配套政策

我国目前针对教学改革、课程改革、校长专业发展领域已经制定了一系列政策措施，为推进基础教育教学改革提供了很好的支撑。特别是2019年出台的《关于深化教育教学改革全面提高义务教育质量的意见》，更是为新时代义务教育改革发展指明了方向。教学改革是一项系统工程，虽然已有顶层规划，但政策内容相对宽泛宏观，为了加强政策的操作性，确保《意见》的重要精神和相关要求可以顺利落地，还要依赖于更为具体和微观专门性的配套政策的支持。

（1）出台以课堂教学改革基本遵循与完善相关制度为核心的政策

教学与课程的是一种动态的、相互作用和促进的关系，一直以来，教

学改革与课程改革都是一体推进、相融共生。教学改革和课程改革共同的主阵地和落脚点是课堂改革，课堂教学层面上的深度改革是全面落实素质教育、发展学生的核心素养的关键所在。当前时代背景下，课堂教学方式亟需从"以教为本"向"以学为本"进行快速变革，学校校长亟需更深入地领会课堂教学改革实施的理念和策略，一线教师的课堂教学改革亟需科学的"教""学"并重的操作体系。因此，有必要从国家层面加强政策的引领，建议出台《基础教育课堂教学改革指南》，重点解决立足课堂教学落实核心素养的难点和重点问题。笔者认为，在这一文件中应分析课堂教学改革与质量提升、国家发展的内在关系，阐明课堂教学改革的现实意义和长远的历史意义，明晰课堂教学改革目标和内容，以及提出具体的课堂教学改革实施规范与保障等。在保障规定中应着重强调建设高素质教师队伍的重要意义以及校长教育教学领导力课堂教学改革中的重要地位，大力推进教师专业化水平建设，为提高教育质量创造条件。同时，各地区、学校也要对本地课堂改革做出全面、科学的规划，将课改和教改重心放在课堂环节上，制定与课堂教学改革相关的条例，形成具有一致性的配套政策和制度。在文件规定中要进一步细化制度安排，如备课制度、上课制度、教研制度、听课制度、评课制度、实验制度、校长引领课堂教学制度、教师业务学习制度、学生发展指导制度等。

（2）出台以构建提升校长教学改革领导力为核心的校长人才政策

校长教学改革领导能力的提升直接关系到学校教学质量的改善，有效的教学改革领导是学校教学改革取得成功的关键。《关于深化教育教学改革全面提高义务教育质量的意见》中明确提出要"提升校长实施素质教育能力。校长是学校提高教育质量的第一责任人，应经常深入课堂听课、参与教研、指导教学，努力提高教育教学领导力。尊重校长岗位特点，完善选任机制与管理办法，推行校长职级制，努力造就一支政治过硬、品德高尚、业务精湛、治校有方的高素质专业化校长队伍。"《意见》的要求标志着我国义务教育质量提升注重从硬件条件的支撑转向人力资源的支撑，成为教育教学改革的重要着力点。首先，改善校长教学改革领导力应将确定校长领导力标准作为切入点。应在《义务教育学校校长专业标准》

基础之上，进一步研究制定《中小学校长领导力标准》，对学校领导的关键职能、领导力有效行为表现、影响领导力行为的先决条件和情境因素等作出规范；应制定《中小学校长领导教学改革行动方案》，明确校长教学改革领导力行为对学校发展、教师提升和学生成功的增值作用，构建校长教学改革领导力模型，规定校长教学改革领导力的有效行为结构和具体要求，提出校长在教学改革中指导教学组织管理、策划教学活动、提供教学条件、提供教师发展资源、指导学生发展、监控教学的行为准则和行动指南；应制定《中小学校长教学改革领导力评估条例》，为中小学校长的领导力状况提供评价体系，为中小学校长提供引领性的、权威性的教学改革领导行为依据。只有确立这样一整套标准体系，才能确立中小学校长领导力的理论规范，才能为中小学校长领导力建设提供概念清晰的路径遵循，才是中小学校长教学改革领导力提升的前提所在。其次，以系统观念和统筹视角构建校长教学改革领导力提升的政策体系。校长的教学改革领导力的提升是一个系统复杂性的工程，需要制定一系列科学的综合的管理政策、制度和办法来加以落实和保障，应切实增强统筹协调、综合改革和系统推进的意识，做到全程全域规划、起点超前规划，以总体全面规划为引领，建立健全促进校长专业发展的各项政策和规章制度。政策的内容应覆盖校长教学改革领导力提升的各个方面，应随着教育改革和校长发展的需要适时调整，同时政策的制定与实施应协调各方，争取支持配合。再次，应制定明确政策措施赋予校长办学自主权。赋予校长办学自主权是中小学教育教学改革的必然要求，是提高中小学办学的灵活性和办学水平的重要基础。办学自主权不仅涵盖学校管理自主权，也包括教育教学自主权、课程与教学改革的领导权、科学研究自主权等专业自主权，校长只有完全拥有管理权和专业自主权，才能真正地把学生的核心素养放在应有的位置，带领学校实践自己的课程思想，努力提高时代所期待的教育质量。扩大学校的办学自主权的政策涉及到三个方面：分权、赋权、用权。分权旨在明确政府边界，政府权力能否下放，下放多少是关键，边界的不确定往往会导致处于优势地位的政府随意地干预学校的一些内部事项。赋权即赋予校长的权利，在教育教学改革中，如果校长权力赋予不够或不到位，校长很难提供较好的教学条件和教学氛围。用权则是对校长行使权利的界限，校长用权需要政策的约束，严防权利越界。为了进一步落实办学自主权，促进校长教学改革领导力的提升，应制定专门的规范严谨的政策文件，在文件中进一步明晰教管部门、地方政府、关系单位与校长之间的关系，明确政府的教育管理权限，减少和合并不同部门对学校的各类检查、考核、评比等事务性工作。明确校长行政决策权、干部人事任免权、职称评审权、不合格教师解聘权、财务管理权、专业自主权等权力事项。充分放权支持校长自主办学，使校长能更合理高效地配置校内外资源，落实学校发展规划，给学校更大的教育教学改革发展空间。同时，应建立督学和教育质量监测评估的反馈机制约束来控制校长权力滥用，规范校长行为，为校长领导学校发展注入生机与活力。最后，应完善校长管理政策，为校长专业发展提供全方位的制度性的供给。要系统全面的提升校长教学改革领导力，必须创设一系列规范严谨的、动态的且互依相连的制度政策，包括贯穿于职前、职后及整个职业生涯的任职、培训、考核、晋升、退出等制度供给。就当前我国颁布的政策来看，关于校长资格认证、选拔任用、校长培训、校长负责制的政策相对多一些，而关于校长职级制、问责制、校长奖惩政策以及校长退出办法等在国家层面都没有具体规定。而与制度相适应的薪酬改革、培训、奖励经费投入、管理能力等级提升、评价办法等也同样需要进一步的规范性方案设计。建议依据《义务教育学校校长专业标准》提供的方向性指南，加快创制与之配套的《中国中小学校长任用资格条例》、《中国中小学校长考核办法》、《中国中小学校长任职资格培训课程设置指导意见》等规范性文件，深化中小学校校长专业发展制度改革，加强中小学校长队伍建设，提升中小学管理水平。

（3）出台以强化财政供给为核心的专项政策

经费支持是保证校长教学改革领导力提升连续性和完整性的重要前提，政府应出台专项政策保证其经费需要。首先应为校长教学改革领导力建设工程提供专项拨款。校长教学改革领导力的提升是一项复杂的工程，实施的进程需要足够的教育经费、实物资源、制度资源和服务性资源，应将专项经费列入各级政府财政预算，集中用于校长教学改革领导力建设和购买服务等。其次，应在专项政策中加强省级政府财政责任。我国目前实施"以县为主"的义务教育财政投入体制，一些财政相对困难的地方政府需要得到上级部门的大力扶持，因此应加大省级统筹力度、保证经费落实到位。再次，应强化多渠道、多元化的经费筹措机制，借鉴别国经验，激活民间资本，逐步建立教育捐赠制度、专项基金制度等。最后，要建立合理的经费预算、使用和审核制度。

3. 关注农村实际，制定专项倾斜政策

乡村教育教学改革是我国落实学生核心素养、实现教育现代化，促进整个教育改革顺利进行的重中之重。与此对应的是乡村教育仍然面临着资源匮乏、与城市教育水平差距日益增加的困境现实。坚守在乡村教育一线的校长多数面临着硬件不完善、学校资金有限、教师不足、专业水平差、自身缺乏培训机会，留守儿童综合素质和城市儿童差距越来越大等诸多问题。如此教育压力之下，要将偏远落后的乡村学校办出特色、深化教育教学改革，离不开强有力的校长领导。但反观乡村学校的校长领导力现状却并不理想，为此，有必要进一步完善全面提升乡村校长教学改革领导力建设的支持政策。一是应多措并举实施乡村校长选配支持计划，建立健全农村校长补充机制。通过提高乡村校长的各方面待遇等方面进行倾斜关照，吸引优秀教育工作者来担任乡村学校的校长。适当放宽任用乡村校长的各种资格条件，采用更为灵活的考核标准，大胆启用新锐力量，积极改革校长薪酬制度，工资待遇进一步向农村校长倾斜，条件越为艰苦的地方，薪资待遇越高，规定乡村校长的服务期，还可按照乡村校长从教年限给予逐年递增的校长津贴或加分晋升职称，在保障工资待遇的基础上可以安排专项资金保障住房、交通、子女教育等方面的福利。二是应制定面向乡村校长组织教学改革领导力专题培训计划。安排专项培训资金，把教育思想先进、工作业绩突出、愿意扎根农村的校长遴选为乡村校长教学改革领导力建设工程的培育对象，以培养农村地区实施素质教育的带头人为目标，关照乡村教育实践的特殊性，通过专家引领、参观访学、实践指导等多种方式，着力打造一支能够在农村地区光大教师风范、引领教学改革、扎实推进素质教育发展的校长队伍。[①]

（三）优化制度的内容与实效

"改到深处是制度"，是教育改革得以顺利实施的深切体验。要系统全面的提升校长教学改革领导力，实现校长的专业化地位，就必须构建出一系列能够促进校长专业发展的外部的、动态的、互依相连的制度框架。没有校长专业制度作保障，校长的教学改革领导力的影响难以持续甚至难以释放。从政策文本的视角看，目前我国校长专业制度体系已经具有雏形，对校长专业发展有了框架的规约作用，但是这个制度体系还不够完备，仍然存在种种问题亟待破解。为促进校长素质不断提高，在落实现行制度的基础上，应进一步健全校长制度保障体系，完善制度内容，制定一系列适应新时期校长专业发展的具有操作性、针对性的制度措施，共同影响和促进校长领导力的提升，使校长与时俱进，真正成为推进教学改革、实施素质教育的领导者。

1. 完善资格认证制度是实现校长队伍专业化的前提

校长作为学校的顶层管理者，上至学校发展使命、下至学生学习成才，都受到校长能力水平的影响，为了保证校长队伍整体素质，必须严把校长的"入门关"，不断完善的校长资格认证制度，把真正懂教育、懂管理的人员选拔到领导岗位，从源头上保证校长质量，确保专业人才进入校长队伍。

（1）构建基于"标准"的资格认证指标

在中小学校长的成长发展过程中，校长的准入条件是对专门从事学校教育教学管理的校长提出的基本要求。教育部在2013年颁布了《义务教育学校校长专业标准》（以下简称《专业标准》），《专业标准》明确规定校长是履行学校领导与管理的专业人员，并提出校长六个方面的专业职责。《专业标准》不仅是对校长的底线要求，更是一种理想化的高位引领，对中小学校长从业人员做出了明确的指导意见，是教育行政部门制定义务教育学校校长专业资格认证标准的重要依据。校长的准入，不仅要有

---

①杨清溪，邬志辉. 校长领导力：乡村教育发展的新动能［J］. 教育发展研究，2018（24）.

履历、学历等基础的标准，更应具备专业知识、专业理念等。《专业标准》明确阐释了中小学校长专业素质和能力的要求标准，首次系统构建了义务教育学校校长的6项专业职责，每项专业职责细化为10条专业要求。同时，《标准》将"以德为先、育人为本、引领发展、能力为重、终生学习"作为基本理念，很好的诠释了校长应该坚守的专业品格和核心价值。校长候选人的专业知识和能力能否达到这些职业要求正是获得校长资格的基本条件。《专业标准》的设立对于我国中小学校长队伍的建设具有划时代的意义，应依据标准，进一步明确中小学校长任职条件和岗位要求，加快创制与之配套的《中国中小学校长任用资格条例》，扎实做好资格认证细则，严格把关，细致审核，保障从业素质，提升校长专业化的基点。

（2）加大持证上岗的执行力度

在教育体制改革的推动下，中小学校长在选拔制度逐步完善，很多地区在校长任命上实行公开招聘、择优选用机制，并对校长入职提出"持证上岗"要求，这是保证校长选拔素质能力的前提。但是在现行的校长任职审核中，对校长的持证要求依然是岗前培训证书和教师资格证书这两方面，这两类证书虽然能保证一定层面的选人标准，但是已经不符合现在中小学发展对于校长的需求，必须加快建立系统化、个性化、规范化、专业化、职业化的校长资格证书制度。资格证书管理规范应分为申请、培训、考核三个环节。首先发布资格考试相关信息，吸引有识之士关注并报名，考试中心通过初步审核后组织统一考试。资格证书考试内容应倾向于当下教育实践中的主要思想和方向，侧重考察报名人的综合能力、领导力、创新改革能力。考试合格者可以进入后备校长的资格培训，并要求修满一定的学时和学分，最后将结合培训学业成绩与返岗表现进一步进行评审，结业合格者方可获得资格证书。考核成绩按等级制度执行，证书具有年限性，并根据实际情况，按年限定期对考取校长资格的校长进行跟踪培训，培训合格后，资格证书方能持续生效。资格证书的考评全过程，应根据政府政策，社会发展更新改革，还应听取学生、家长等多方面意见。在资格证书的有效年限中，如持证人有违法或教育教学管理行为过失并产生严重影响，则证书及时废止。在这一过程中，如果申请人对资格认证持有疑问，或是持证人被取消了资格证书，他们都有权利向教育行政主管部门等机构提出上诉，并获得合理的解释。

2. 实行校长职级制度是充分发挥校长领导力的保障

推行校长职级制是顺应深化教育改革、提升校长专业化水平，使校长具备实施素质教育能力的重要举措。校长职级制，是实现政府职能转变和专家办学的制度改革，它通过设置校长专业技术职务等级序列，取消校长的行政级别，将校长职级与办学实绩挂钩，从而促使校长不断进步的专业发展制度。中小学校长职级制的目标定位不是要简单的去官帽，而是要以公开程序、公开竞争、公正评价为核心，建立持续、稳定、科学、有效的考核、评价和奖励机制，在校长进行科学评价的基础上为校长建立更加科学的职业发展阶梯，给予校长更多的专业成长空间。校长职级制的核心意蕴在于通过弱化行政干预，使校长不被管理琐事牵绊，由抓事务、抓升学率转向抓教育、抓管理、抓效益，逐步成为通理论的教育专家、精业务的教学专家。

目前，职级制仍处于试点推行阶段，综合分析实践情况，在职级评审、选聘管理、考核评价、职级薪酬、落实办学自主权的关键改革领域都面临着很多现实问题，亟需省级层面和国家层面的指导原则和顶层制度框架设计。解决实行校长职级制障碍问题的关键在于三个方面，即设计科学完备的职级制度，创设职级能上能下、待遇能高能低、岗位能进能出的竞争机制，建立重视办学绩效的正向激励机制。[①]教育行政部门应高度重视，加紧健全一系列相关机制、制度，如建立完善校长人才后备库、制定职级工资、职级评审认定办法、制定校长任职选聘和轮岗交流措施、制定权力下放清单、推行第三方评价制度、健全激励制度等，从宏观制度架构的角度有效施策，形成合力，确保在全国更广大范围内全面推行中小学校长职级制。

---

①郭振有，吴颖惠，张武升，马筱薇. 中小学校长职级制改革的重大突破——山东省潍坊市中小学校长管理制度改革调研报告［J］. 中国教育学刊，2015（07）.

3. 改进评价体系是促进校长领导力发展的外源动力

校长评价制度是衡量校长的素质和能力是否得以充分发挥，引领能力和管理水平能否促进学校的改革和发展的判断标尺。它的重要功能是对校长的素质和管理水平进行综合诊断，帮助校长总结工作中的优势和不足，并采取有效的改进措施，是改进校长日常领导行为、促进校长持续专业发展的重要途径。我国校长制度起源于20世纪80年代，已建立的各项校长管理制度对促进教育改革发挥了积极作用。但是在评价制度的构建上仍然面临着很多亟需解决的问题，如评价目的重约束轻引领、评价过程重总结轻发展、评价内容忽视校长专业化发展需求、校长评价工具和指标体系笼统且缺乏操作性等等，发展至今尚未建立起一套符合新时代素质教育发展要求的、关注与认可校长领导的评价体系。建立一个合理的契合校长专业要求的评价制度模式，不仅是中小学校长工作的基础，也是优化校长角色、提升校长履职能力的重要前提。系统完善当前校长评价体系，应从以下几个方面进行改进。

（1）评价目的应向"重改进"的方向转变

校长评价首先必须要有明确的目的和指向，才能真正起到引领和导向作用。全面落实素质教育需要卓越的教育领导，通过评价制度规范校长领导行为，促进校长领导水平的提升是深化教育领域综合改革的有力措施。校长评价的应有之意在于促进校长领导力提升和工作效能的提升，这意味着校长评价目的应向着"轻奖惩重改进"的方向转变。有效的评价不是简单的对评价较低的校长进行淘汰选择，而是要关注对校长行为的督导和引领，强调校长对标优秀找短板、及时改进理念和行为过程。评价系统的完善应从多维度保证这一目标的实现。

（2）构建基于标准内容设定的评价指标

评价指标体系是评价工作的基础与核心，构建评价指标体系的重点在于评价标准、评价指标内容的设置。目前实施的校长评价多数是从"德、能、勤、绩、廉"五个方面来进行测评的，虽然涵盖了对校长工作的基本要求，却未能真正聚焦于校长的领导素养、领导过程和领导效能。对校长领导力的评价不是对校长某一素质能力的评价，也不是对校长领导的绩效进行评价，而应着重对校长素质能力发挥程度及领导过程的整体的、综合的评价，构建基于校长领导力标准的校长评价指标体系成为了改进校长评价制度的当务之急。在前文政策制定建议中，笔者提出基于《义务教育学校校长专业标准》进一步研究制定《中小学校长领导力标准》、《中小学校长领导教学改革行动方案》、《中小学校长教学改革领导力评估条例》、《中国中小学校长考核办法》等文件，形成一套从标准建立到标准实施的标准体系。构建科学合理的校长评价指标体系应将这套的内容作为主要依据，并结合目前教育改革发展的现状需要，梳理出校长评价应该重点关注的指标，进而对这些指标考察过程中所表现出来的校长领导力进行更加精确地测量和评价，从而有效地指导和改善校长的领导行为。

评价指标具体设置首先应考虑校长的领导专业素养，专业化的考评指标要清晰明确，专业引领性要强，应符合学校教育教学改革需要；其次要考虑校长的领导过程，指导教学组织管理、策划教学活动、提供教学条件、提供监控教学情况等都应作为考评指标，综合多方面的量化标准进行评定；再次要考虑领导效能，领导效能是衡量校长领导力水平的外在表现，如学生发展质量、学业成绩、教师专业发展水平、教学成果、学校组织生态、创新性的研究成果、社会影响力等都是领导效能的重要载体，但是不能简单的对当下的教学管理成果进行评价，要考虑领导行为的长远影响，特别是有些具体的措施办法落地并不能立竿见影，需要一段时期的沉淀和实验才能有所效果，有关领导效能的评价应以鼓励和支持为导向。

（3）评价方法应更加灵活多样

科学评价校长的前提是要收集到有效的关键的信息，而使用单一的评价方法所得到的信息往往过于片面，效度很难令人满意。不同的背景、不同的评价主体、不同的评价内容应运用不同的评价方法，尽可能采用灵活多样的评价方法进行综合考量，才能够对校长有全方位的准确的认识。

纵观国内外中小学校长评价使用的方法，主要包括定量评价与定性评价、过程评价与结果评价、发展性评价与总结性评价，自我评价法、自下而上评价法、自上而下评价法、同化评价法、校长互评法、360度校长评价方法，书面评价法、实地考察法、首要问题评价法、民主测评法等等，这些方法的合理运用，能够比较全面的掌握校长信息，进而对校长进行综合评价。但是除此之外，在当前时代背景下，我们更应该积极统筹各种技术手段，尝试运用多种智能评价法来增加评价结果的信效度，让评价落到实处。建议以下尝试：一是采用电子档案袋评价法。选择采用档案袋评价法的根据是校长工作的独特性和复杂性，要收集更多的真实可靠的信息就必须长期跟踪考察。档案袋内容应由评价者与校长共同商议决定，没有固定模式，"档案"就是把有关校长行为的情况有目地的收集起来，它包括校长知识水平、专业能力、日常办学表现，突出成绩，同时也包括校长的职业生涯规划和专业目标，以及任职期间中为学生成长和其学业发展所作出的全部努力和进步。校长可以把能够展示其成就的任何东西都在这里留下痕迹存储下来。而评价者在使用档案袋评价方法时，就着重关注评价频率，校长评价不但应该定期开展，还应该在智能手段的辅助下，如利用app软件等，将档案袋内容指标细化并开展更频繁精确的评价，以期获得持续的专业发展的反馈，将结果记录、分析并进行有针对性的指导。二是采用多终端评价法。多元化校长评价主体能够让评价结果更加客观真实，有关人员分别从各自角度出发评价校长的工作表现和效果才能得到一立体的信息。利用电子设备，采用多终端评价的方法能够引导评价主体进行匿名评价，可以很好的增强其评价的主动性。

4. 建立常态问责制度是约束校长教学领导行为的基础

校长问责制是政府、学校教职员工、公众对中小学校校长所承担的责任和义务的履行情况的查看、质询、责问，并要求其承担否定性后果的一种责任追究制度，对学校教育教学改革起着重要制度保障作用。校长负责制是我国中小学校普遍实行的管理制度，但是这一制度在实践中存在着诸多弊端，校长运用权力欠缺必要的制约与监督。问责制的实施则可以改变传统的校长治校思维和方式的单向性，克服和弥补校长负责制的困境和局限，是校长负责制的完善与生发。校长负责制和校长问责制对立统一、有益互补，能够在校长治校权力上形成有效地平衡机制。

建立中小学校长问责制应把握以下几个重点：首先，应明确制度实施的意义。由于校长问责制的核心在于追究，导致人们对制度的导向和定位产生误读，将校长问责制简单的理解为对校长具体过失的惩罚，是对事后结果的问责，而忽视了过程中的动态的监督作用。事实上，实施校长问责制不是一种纯粹的惩戒措施，其目的不是要亡羊补牢，而是在于确保校长在施权过程中，能够有效规范自身管理行为。面对责任追问的过程能够使校长更加明晰自身的工作应然责任，更清楚的了解自己的工作状况和整个教育教学改革实施的情况，促进其深度思考学校发展规划以及外界各方的合理诉求，通过形成问责压力调动其工作积极性和创造性，主动对其领导行为进行及时纠偏改进，从而最终提升教育教学改革成效。由此可见，校长问责制是一种全程提醒和全面问责相结合的制度，在制度设计和完善中，应重视其过程性的防范和监督功能，科学合理的设计问责类型、问责标准、问责内容和问责程序等，真正实现突出导向，精准问责。其次，应强化异体问责，实现问责主体多元化。目前义务教育实行的问责制多为自上而下的垂直型的同体问责，同体问责的必要性不言而喻，但是弊端也很明显。同体问责的效果往往依赖于有关领导的价值偏好和行为选择等各种随机因素，容易使问责的真实性和有效性受到质疑，导致教育问责最终流于形式。相比而言，异体问责更为客观，更具公信力。异体问责主体主要来源于问责对象之外的行为主体，校长问责中的异体问责主体既包括国家权力机关，也包括学生、家长、教师、社区等教育利益相关者。通过异体问责，可以对教育系统施加外部压力，要求校长向外界就领导学校教育教学行为和成效作出回应，使其有效履行职责，以获得社会的认可和信任。在实施校长问责的过程中，要注重同体问责与异体问责的结合，既要强化同体问责，又要加大异体问责力度，通过多元主体的监督和制衡，形成一个立体的问责体系，保证问责的科学性和有效性。再次，应严格划定问责范围。问责内容不够全面会导致制度无法充分发挥问责的应有效能，而问责内容过于泛化则容易出现"什么问题都想问责，什么责都问不成"的窘况。因此必须抓住根本，突出重点，严格划定问责范围。学校行为是个体行为的集合，校长虽然被赋予了学校教学改革领导的权力，但是权力的运用受到上级部门、教师、学生等因素的制约，因此，教育改革责任应由参与主体共同分担，在校长责任进一步明确的基础上，将校长关键领导行为作为重点内容，厘定相应的详细考责标准，进行校长问责。作为学校的第一负责人，至少应对其承担政治责任、法律责任、行政责任和专业责任四个方面加以问责，与落实素质教育息息相关的教学管理情况、决策情况、人事管理情况、财务管理情况应作为重点领域实施常态化的监督和责任追究。

5. 加强培训工作质效是促进校长领导力提升的关键

中小学校长培训是提升校长领导力的主要途径和方式，直接影响着校长的专业水平以及学校的改革与发展，培训的质量和效果是中小学校长培训的首要关注点。采取什么样的策略和措施有效实现培养培训目标、造就优秀中小学校长，切实提高校长实施素质教育的能力成为当前中小学校长培训工作必须思考的问题。办好中小学校长培训，必须从进一步加强科学规范、运行有效的培训制度体系入手，优化培训制度，扩大培训制度的有效供给，以更好地满足中小学校长个性化、多样化的终身学习需要，切实提高培训质效。

（1）优化培训制度需要更新中小学校长培训观念

中小学培训理念作为中小学培训工作的思想支点，直接引导着培训工作的方向和培训成效，确定合理科学的培训理念，是一切培训的基础。只有培训的理念与培训的目标、主体相匹配，才能对培训起到最佳的效果，只有树立重视校长专业发展的培训理念，才能更好的发挥校长培训的作用。归纳起来，专业化的培训理念主要包括以下几个方面：

一是基于发展性的培训理念。校长培训应树立发展性前瞻性的培训理念，一方面要着眼于校长个人角色价值和领导力的开发与提升，另一方面要针对未来教育领域对学校发展的方向来塑造合格校长。专业的可持续发展既是校长自身成长需要，也是学校管理的客观需要，这要求校长培训在强调专业知识的基础上，要着重培养校长与时俱进的改革能力，既包括校长宏观思维能力、决策创造能力、创新能力，也包括思想政治素养、法律法规等基础性内容。同时在培训中，应突出对学校教学和管理的前瞻性，如何进行教学改革，如何进行管理改革，如何树立教育理念，这些都需要用未来的视角、发展的视角进行培育，加大对未来的思考和探索，将培训知识结合未来教育改革趋势相结合，达到培训对未来工作的指导意义。二是基于实践的培训理念。校长培训应树立实践培训的培训理念。理论能够有效指导学校的实际工作，但是理论并不总是能够适应情境式、多样式、发展式的学校教育实践，应充分认识实践培训的重要意义，不能闭门造车，要结合当下教育管理中的突出问题进行体验式培训。三是基于终身学习的培训理念。校长培训应树立终身培训的理念。终身学习培训理念于培训管理者和中小学校长成长都是大有裨益的。终身学习体现了校长的教育情怀和学习品性，要切实提高校长领导能力的竞争力，就必须主动引导中小学校长树立终身学习理念。要让校长清醒的认识到只有在学习中才能发现问题，检视自身，只有在不断发现问题，解决问题中，才能使自己的领导力得到提升。

（2）优化培训制度需要完善统筹协调的保障机制

增强校长培训的实效性应有相应的机制作保障。我国培训制度主要包括三个层面：国家制定的政策法规；地方制定的本地区培训规划及配套政策；实施单位制定的项目具体管理制度及操作规范。从1989年我国系统的开展中小学校长培训以来，政府及有关教育部门颁布了一系列政策以指导和确保校长培训的全面发展。从最开始进行"补偿性"培训的探索，到全面提高的巩固阶段，到重视质量的规范化、系统化阶段，再到目前的纵向深化阶段，可以说，已经形成了世界较为先进的具有完整体系的培训制度框架。国家、地方政策的有力主导使中小学校长培训工作目标明确、有章可循、有规可依，是培训有效实施的重要保障。但从不断适应社会和教育改革发展的实际来看，教育行政部门仍然需要全方位考虑各项配套机制的构建。一要建立培训机构的评估激励机制。校长培训工作评估制度与培训实效密切相关，通过构建合理的评估标准实施方案和相应的激励政策，促进培训机构不断改革创新的动力，能切实提高校长培训质量。二要建立培训监管机制。加大对培训机构、培训过程的监管力度，以确保培训管理工作的规范化。三要建立多元经费筹措机制。目前我国专门的校长培训专项经费主要用于培训工作，关于培训后对校长培训基地建设项目、对校长持续指导的经费仍然不足，有必要建立以政府投入为主，社会捐资或专项基金支持的多元筹资机制。

（3）优化培训制度需要加强校长培训机构建设

培训实施单位是培训的组织者、实施者，培训管理与培训工作秩序的规范化程度直接影响培训实效。加强校长培训机构能力建设，有利于校长培训管理走向科学化，很好的促进培训过程的有效运行。具体应从以下几个方面入手：一是重点强化省市级培训机构功能。目前我国区县级培训机构正在逐渐衰退，无论从经费、师资、硬件资源还是培训规模来看都严重影响了基层校长培训工作的质量。因此，有必要将校长培训承办机构重心上移，减少或取消能力较弱的区、县级培训机构的培训任务，由省市级机构来负责相关培训工作。对于运行良好的区、县培训机构，省市级培训单位则应加大对其培训资源的帮扶力度。二是积极探索联合培训途径，整合培训资源，构建立体培训网络。目前校长培训工作的申请相对比较开放，具备培训资质的师范院校、综合大学、教育科研机构和部分社会组织都可以通过相关程序举办校长培训，这些机构普遍缺乏培训经验，很多只是把校长培训作为盈利的工具，培训质量良莠不齐，严重影响着校长持续的专业发展。要突破这一现状，必须实行联合培训的方法，以省、市教育学院为主要阵地，打破原来封闭的独自办学界限，加强省与省、市与市、省与市之间的联合，加强教育学院与大学、教研机构、机关、企事业单位之间的联合，充分利用、依托更强的优质培训资源，为校长教学能力、科研能力、领导能力的提升提供更多的机会。三是加强培训者培训。培训师资队伍建设一直以来受到了政府、教育行政部门的重视，各省也都建立了干训师资库，但是专职管理者和专职教师的教育培训仍然流于形式。一方面是培训较少且不够深入。目前关于专业管理人员的培训相对较多，但是对于专职教师、授课专家的培训并不多见。而管理人员的培训也多是走走过场，对其专业提升缺乏系统规划。另一方面，现有的培训者的培训针对性不强。目前绝大多数关于培训者培训都还做不到按需培训，比如培训管理者的学习需求和转职授课教师的学习需求是有所不同的，显然培训方向也不一样，如何将其分组分目标进行培训还需要更深入的研究和更全面的考虑。

二、学校：打造校长教学改革领导力的场域

校长教学改革领导力是在学校领导实践中修炼、生成与提升的，校长所在学校管理工作的持续改进是领导力建设的重要源泉。校长行为作为一种实践活动置身于学校场域中，不可避免地会遇到具体的行动问题，学校内部各类因素都可能会对校长行为进行牵制。从学校内部加以探究，有效的领导行为是领导者、被领导者及特定的组织环境综合作用的产物，也就是说，学校组织环境的支撑、中层领导和教师团队的支持是影响校长教学改革领导工作有效开展的最直接的外在因素。围绕这些因素改良学校内部环境、创造良好的学校场域有助于校长教学改革领导力的发挥与塑造。

（一）营造优质的学校组织生态

优质的组织生态是学校进行有效管理的前提，也是校长带领学校持续改革的动力所在。打造优质组织生态应从学校组织结构和组织文化两个方面的改进入手，组织结构是通过结构安排将学校内不同成员的活动关系联系起来，组织文化则通过价值观来影响组织成员的行为，二者相辅相成，直接影响学校组织的整体活力和运作能力。

1. 建构科学、适切的组织架构体系

任何一个社会组织都是由许多要素部门按照一定的形式组合而成的，通过对组织要素确定相互关系，从而使之有序化的过程，组织内部各个要素的连接方式和连接框架就是组织的结构。学校作为一个相对独立的社会组织系统，同样有其稳定的结构和功能，没有组织结构就无从开展组织管理活动，更谈不上实现学校的教学与管理目标。

我国目前中小学的组织结构大多是依据上级主管部门的要求和管理而设置，是按照职能和权力划分的，一般采用的是直线型、由上而下的层级式组织模式，有着鲜明的"科学管理思想"和"科层组织理论"的特征。学校的整个系统中设置不同水平的决策层，每一位管理者对其直接下属有直接职权。组织构成中校长处于层次的最高端，下面依次是各职能处室、备课教研组、教师个体。处于组织下端的教师个体只是被动接受学校管理者的指令，而不参与学校的决策和管理。这种模式组织层级多，职权明

晰，管理相对单一，优点较多，但是弊端也较明显。随着知识经济飞速发展、教育理念不断创新，传统组织模式开始无法实现新的功能要求，必然要顺应时代而变化发展，适时进行调整和变革。

学校组织结构变革不是一时兴起，需要我们不断探索，循序渐进，审慎规划，稳妥实施。如果组织选择的形式不恰当，或者由于某种原因而不能根据环境的变化相应调整组织结构，学校教育教学改革就有很可能陷入很大的麻烦。因此，学校组织结构变革，应重点把握以下几个方面：第一，对学校现行组织样态进行有效性诊断。有效的学校管理离不开有效的组织，应对新环境，学校管理有效性不高的原因主要是党政不分、机构臃肿、管理层次过多、岗位职责不健全、规章制度体系不完善及执行不得力等等。此时应对学校结构安排进行分析和评估，根据实际需求对学校组织的运作模式进行适当的调整，提升学校组织结构的灵活性。良好的学校组织机构的设置必须遵循目标一致、分工协作、职责分明、职权责利统一和效率的原则。依上述原则，可以从下述几项标准去衡量组织有效性：有否直接明确的权和职责线路；有否顺利、连续的工作流程以及全部管理活动的自然结合；每一职能部门能否有效地发挥作用，是否具有明确而切实可行的职责线路，既无重复又无职责间的缺口；是否利于传递和协调信息，组织内各个阶层能否向上、向下、横向的顺畅传递；是不是定期对每一职能部门的工作进行评价，评价的标准是否在适合于组织模式的基础上确定；组织中的每个人是否都有良好的士气和高度的工作满足等。同时，有效的学校组织机构除了基本功能机构外，至少还应包括决策指挥机构、执行机构、监督反馈机构。我们不妨用这些标准去审视一下自己学校组织状况，抓住需要改进的关键，作出相应的优化创新，不断探索建构科学、适切的组织体系。第二，把握组织结构改进的操作原则。学校组织结构设计的基本目的是为了完成学校的工作计划、任务，实现学校的目标、价值，为学校管理、行为等提供有效的支撑与保障。组织结构改进应围绕组织目标、管理与组织成员成长问题的协调解决，在操作过程中要遵循三个有利于，即有利于学生发展、有利于学校发展、有利于教师发展。具体要把握以下几个重点：强调优化组合三个要素，即资源、人事和职权；实现多元参与，教师群体、学生群体、学校领导群体合力改进；在机构安排上应淡化非教育性因素，彰显教育性；宜采取渐进式改革，大处着想、小处着手，从微小处进行调整，循序改进。第三，借鉴改革先行学校的经验做法。近年来，由于管理需要，一些中小学校尝试在内部组织结构设置上进行大胆创新，产生了许多积极影响。如北京中关村四小以服务于人的发展为基本思路，创设了学生发展中心、教师发展中心、资源与信息中心、质量改进中心和校务中心等五个中心，称之为"中心制"运转；北京广渠门中学取消常见的处室而成立学生部、资源部、课程部等；河南省鹤壁市淇滨中学变单一的直线式组织结构为矩阵结构，副校长既直接统管职能处室，又分管各年级组、学科教研组。此外该校还设置了教工代表大会、女工委员会、学生自管会、家长委员会、学生校长助理等组织机构。从整体经验上看，目前我国学校组织结构的改进策略主要是简化组织层级结构，管理重心下移，增强组织结构的弹性，重视横向联系与沟通，参与决策主体多元化，强化反馈促进教师互动生成，培育非正式的学术性组织，建立"专业型"组织机构等。

2. 创设学习型组织文化

一所好的学校，校长的气质与学校的气质是相吻合的，校长作为学校组织的领导者，在塑造学校的同时也被学校的组织文化所塑造。组织文化是组织成员共享的信仰和期望，它包括准则、共同价值观、共同愿景、相处和做事的规则、同外界打交道的方式等。学校组织文化代表了组织成员群体对学校发展所持有的价值观念体系，是学校在长期的教育实践和与各种环境要素的互动过程中创造和积淀下来的态度和行为准则，引导着学校组织成员共同朝着奋斗方向努力。学校组织文化由内到外包含多个层次，其中组织价值观是核心，它对学校的发展和教育成效产生着巨大的影响。同时，组织文化的实质在于那些不以为然的无形的出乎意识之外的假定。学校组织文化的基本假定包括教育人员对教育的基本认识，对学生的基本信念，对教师职业的文化使命感等，这些都是学校组织文化根本蕴意，是学校长期的传统和文化积淀，是组织成员所抱持的潜藏信念演绎成为的一种行为自觉，是组织成员一切思维和行动的源泉，在组织文化建设中，组织价值观和基本假定的建设最为重要的。

任何一项教育教学改革都需要得到学校组织成员的认同和参与，组织成员普遍认可和遵循的具有本组织特色的价值观念、团队意识、行为规范和思维模式是教育教学改革顺利开展的前提，创设积极的组织文化氛围则是强化组织成员的内在动机的重要途径。信息化时代的到来，引发了教学方式和学习的革命。信息技术的变革带来了学习技术的变革，学校中教师的授课方式、学生的学习方式在发生着前所未有的改变。为适应当前时代发展背景，学习型组织文化可以也有必要成为组织氛围追求的目标。创设学习型组织文化应从建立共同愿景、整合组织成员共享价值理念、构建学校共同体这三个方面入手。一是建立共同愿景。愿景是组织成员设定的共同的理想远景和目标，是组织价值观的一种陈述。建立共同的愿景旨在通过目标牵引调动教职员工的积极性，从内部发力，切实增强组织成员的主人翁意识，提升责任感。共同愿景的建立源于学校成员自我发展、自我实现的需要，不是外部强加于学校或者校长强加于教职员工的，是在学校整体目标及个人愿望价值观基础上，通过充分的沟通协调而形成的，是集体的产物。二是整合组织成员共享价值理念。学校组织中，各成员的价值观念表现是多元的，不同的价值观念引导着不同的目标追求，在多元价值观念基础上形成共享的价值观念，组织会产生更强的凝聚力。因此，要把每个成员个体的背景条件和个性特征与学校的环境文化融为一体，帮助学校成员看见学校发展新的可能和局面，发现新的话题，打造共同的理想追求，并凝练出朝着既定的目标发展而共享的价值观念。三是构建学校共同体。学校作为社会组织，最终将迈向"共同体"的目标，共同体不仅是组织形式，更是组织价值观、组织文化基本假定得以实现的重要策略。学习共同体是以共同的愿景为统领，共同体的成长过程，也是组织文化不断提升的过程。打造专业化取向学习共同体，可以促进学校愿景的建构、营造自主开放、多元参与的学校组织文化氛围。专业化取向的学习共同体的理想状态是成员间相互依存且求同存异，彼此拥有兼容并包和集体探究的精神，并能够为共同体尽职尽责。而校长正是基于这样的组织氛围和组织精神下才能最大限度的发挥其影响力和引领力。

（二）提高中层管理者的执行力

校长教学改革领导力的作用对象主要包括学校决策层的领导团队、中层管理者和教师三个层面。在这三个层面中，中层管理者处于校领导班子和一线教师之间，他们的主要职责是贯彻执行校长领导层所制定的重大决策、监督和协调教师的工作。中层管理人员承担着把领导高层的意愿、教师的工作动能和学校现实环境三个发展的动力有机地连接在一起的责任，他们是学校愿景战略决策、组织方案的执行者和实践者，是确保学校内部沟通顺畅、各项决策和具体工作得以顺利落实的中坚力量。校长开展教学领导工作，试图以一己之力改变一个学校生态是不切实际的。校长的工作能力再强，领导水平再高，也绝不可能完成学校方方面面的工作，所谓孤掌难鸣、难有效果，没有强大的执行中层就不可能有真正意义的名校、名校长。因此，要保障校长教学领导的高效能，就必须抓好学校中层管理者的执行力建设。

1. 中层管理者应具备的执行能力

传统的学校管理，中层管理者应有的角色未能有效发挥，中层干部似乎仅仅作为一种上传下达的中介式的存在。现代学校管理，强调校长的领导者角色，校长主要职责是方向性的领导，学校具体的管理事务交由中层管理者执行，中层管理成为学校变革中最重要的转化通道和载体。中层干部是校长决策的坚决执行者，中层没有执行力，校长再好的思路都是空中楼阁，中层执行能力不足将直接影响校长的教学领导水平。执行力体现在中层管理者身上，不是单一的素质，不是单单指一种简单的能力，也不只是单维的变量，而是多种素质、能力的结合与表现。正确把握学校中层干部执行力的内在结构，锻炼和提高学校中层管理者的执行力，是学校教育教学改革建设的重要环节。

中层领导执行力是由多种能力组合而成的一种综合性能力，是在学校管理过程中为了完成工作目标所具备的各种能力，概况起来应包括以下几个方面：一是角色认知能力。作为中层管理者，应该对自身的岗位有清晰的角色定位，应该毫不犹豫的坚持岗位本身的属性，这样才能在工作中有其独特原则和立场。从宏观管理来看，学校的领导班子是决策层，中层干部是执行层，教职工是操作层，但是从微观管理过程来看，在这三个管理层级中，只有中层干部在具体管理中实际同时承担着决策、执行、操作层的部分职能，他们既是学校决策的执行者，又是组织职工贯彻学校决策的领导者，还是决策层与全体教职员工之间的协调者。作为中层干部，必须清醒地认识到自己在学校领导工作中是配角，在自己分管工作中又是主角的多重角色，这样的角色不仅要求中层领导从思想上到工作上有胸怀，且要求他们在自己分管的工作范围内，强化当好主角的责任感，充分发挥自己的主动能动性。现实中每个人的认知层次、水平和能力是不同的，对自身角色的认识往往会受到信息资源、岗位复杂性、个人经历阅历等因素的限制，需要通过反思、学习不断促进其增强角色和自我认知的能力，最终将岗位职责认同感内化到行为上来。二是领悟能力。执行力中的领悟能力是指作为学校中层管理者对于国家教育战略、学校目标、学校核心价值观、学校决策、工作内容的感知、理解、分析并运用的综合能力。一方面中层管理者要具备领会国家有关教育教学方面的政策法规，并掌握其精神实质的能力；另一方面要真正领悟学校的决策意图、决策过程、决策内容、决策效果，并以此作为目标来把握工作方向。学校工作是常规工作，学校的决策也是公开透明的，但是我们制定工作方案之前，应主动理清工作思路，加强对学校决策意图的理解，要善于把学校的理念内化到自己的工作中，把上级的精神、校长的战略意图、全校的工作和自己分管的工作实际紧密结合起来，把做什么、怎么做、由谁做、做到什么程度、什么时候完成等问题落到实处，以克服工作上的盲目性和被动性。三是组织协调能力。学校中层管理者应具有较强的组织协调能力，这不仅是人们追求自我提升和自我完善的内在需要，更是做好本职工作不可缺少的能力之一，也是保证学校顺利开展工作的重要前提条件。中层管理者应善于凝聚各方面的力量，妥善处理好上级、同级、下级等各种关系，调动各方面的积极性和创造性，形成一个合力，共同完成上级领导交给的工作任务，把学校的各项决策落到实处。一般来说，良好组织协调能力表现在：有效的组织能力、人际关系能力、打造团队能的力、激励下属的能力等。善用这些能力，努力创造一个良好的人际关系和团结和谐融洽的组织氛围是中层管理者提高工作效率的必要条件。四是创新能力。真正的执行力需要一种创新能力，这种创新能力是创造性执行领导决策的能力。创新能力不是行为技巧层面的能力，而是一种高阶的思维能力。它不仅能够提升个人的履职效能，更重要的是能够在制订计划、实施方案的过程中，用卓越的战略眼光、开放的心态和视野研究新问题、解决新问题，和校长一起在实际工作中思考和设计学校的未来，帮助校长进一步提升领导力，促进学校教学改革目标的实现。

2. 中层管理者如何修炼执行力

校长教育教学改革领导力的发挥，得力于学校中层管理者和教师群体的拥护和支持。中层干部是学校发展过程中的骨干力量，在学校管理中起着承上起下的作用，是校长领导活动得以全面落实的纽带与桥梁，其整体素质、精神面貌、工作绩效，直接影响学校办学水平和人才培养质量，影响着学校综合实力的高低。因此，中层管理者加强自身的综合素质和能力水平建设，切实提高执行力，是保障校长决策和学校目标的有效实现的关键所在。

（1）完成个人素质与岗位要求的匹配

每所学校都需要一支政治坚定、胸怀大局、德才兼备、业务技能强、工作作风硬的中层骨干队伍，这就要求中层干部具备政治素养、职业道德、综合素质等主体性能力。一是要有较高的政治理论水平。每一位学校中层干部都要有敏锐的政治嗅觉，有较好的政治理论水平，有自觉的政策和法制观念，要在大是大非面前不含糊，在原则问题上服从大局，能自觉遵守组织原则、执行学校的规章制度。二是要以德修身、以德服众。做官要有官德，做领导就要人品端正，作风正派，努力以道德的力量去赢得人心，凝聚力量。中层管理者应具有敬岗爱业的思想品质，具有不计较个人得失、工作任劳任怨的职业道德，应具有团结干事、共谋发展的责任意识，具有主动承担重点任务的担当意识，具有把自身行为融入到全校建设和发展的大局意识，具有直面困难、勇于成事的格局和精神。三是要具有扎实的学科专业知识和丰富的教育管理理论。中层干部的首要身份是一名优秀的教师，第一件事就是要"坚定地站在教室里"，要始终把"精通教学业务"放在工作的第一位，把教学改革作为主业，把"努力使每一个学生成为一个成功的学生"作为工作的主要任务，自觉提升自身的学习力和业务素质，并有意识的带领部门（年级或学科组）教师提高教书育人水平和教育教学质量。同时，从中层干部管理者身份出发，还应学习和较好地掌握管理学、心理学、教育学等多学科综合知识，进而主动、能动、高效地去工作。

（2）拟定个人职业生涯规划

中层领导作为学校管理的中坚力量，做好职业发展规划具有重要意义。科学合理的规划自身的职业生涯有利于提高中层管理者的工作积极性，增强其对学校组织的忠诚度，进而影响整个管理的运行效率和学校的发展。制订职业生涯规划既可以使中层管理者全方位真正地了解和审视自己，还可以找到适合自身未来的职业发展方向，以既有的成就为基础，确立人生的方向，沿着正确的职业发展路径一步步实现职业目标。中层管理者的职业生涯规划不仅是针对业务能力方面的发展规划，更是个人的全面成长计划，是实现自我价值、满足专业需求、获得专业荣誉和尊敬的奋斗策略。

职业生涯规划方案首先要基于学校的发展战略方向来制定。教师的职业规划与学校的发展密切相关，学校中层管理者应真正了解学校的整体发展规划以及学科发展脉络，正确理解学校教育教学改革战略，在学校发展战略的基础上寻找自我的价值，借助学校组织文化修正个人价值观，做到个人的职业生涯规划与组织需求的共生共赢。其次，应基于中层管理者自身的心理期望、自身特点、职业发展阶段等因素制定有针对性的职业生涯规划。要明确自己在学校管理中的位置，认真审视自身的价值，做好自我诊断。结合工作分析自己在岗位上的优势和劣势，职位之间的晋升和替代关系以及自己的工作满意度和职业成就感，根据自身的个性特征进一步确定自己未来职业道路的选择。再次，应通过计划确定中长期目标和具体的行为标准。职业生命对于每个人来说都是有限的，一味拖延只会造成时间和精力的浪费，中层管理者应制定合理有效的规划安排，激发主动投入工作的动力，养成良好的执行习惯，从而达到自我追求，实现目的。

（3）加强沟通协作，畅通执行渠道

管理的过程实际上就是沟通的过程，积极沟通是管理者的日常状态，不是可有可无的能力。学校中层干部在校长与一线教师中间具有桥梁作用，是学校重要的中枢系统，应该从我做起，及时、经常性地与其它部门、其它层级进行主动沟通协调，积极寻求方方面面的支持，切实提高执行力。

学校管理中存在很多问题都是由于沟通不力造成的，可以通过增加信任、建立相互尊重，相互激励关系得到解决。中层管理者应积极主动多做协调沟通工作，通过与校长沟通赢得支持、与教师沟通赢得理解、与同级部门沟通赢得配合，把大量的矛盾化解在萌芽状态，使工作畅通化。在沟通过程中要尊重差异的存在，站在对方的立场看问题，以团结为主来均衡各方关系。与上级的沟通和协调中，中层干部既要主动为学校发展献计献策，又要遵守自己的职责范围，既要服从大局支持校长，又要克服盲从与被动；与下级沟通协调时，应该以人为本、做好服务，换位思考、加强理解，大事要讲原则，小事要讲风格；当同级部门有困难时，则需要主动伸出援手予以支持。总之，高效的沟通协作能够增加学校向心力，有利于校长决策的顺利执行，直接关乎到全校教育教学改革的整体布局，中层管理者进一步强化意识和方法，确保学校组织内部沟通顺畅。

（三）促进教师成为有效追随者

在任何一个组织中，追随者都是决定领导者领导成效的重要变量，因为再好的领导决策都需要追随者去实现，再好的领导意图都需要追随者去贯彻。学校作为重要的教育教学组织，同样需要有效的追随者，校长要成为优秀领导者的条件就是要拥有一批优秀的教师拥护和追随他的事业。

1. 促进教师成为追随者的必要性

所谓追随者是在组织管理活动中与领导者有着相同的信仰和利益的下属，他们和领导者是在同一面旗帜下追求共同的事业，实现共同的价值观念的人员。一个领导者可以拥有很多下属但并不一定会拥有很多的追随者，提升下属的追随力是实现领导效能的关键。如前文所述，在学校组织中，校长及其领导团队是学校组织的决策层，发挥着指挥、决策作用；各科室主任、年级主任、教务主任等构成了组织的中层，强调执行、沟通的能力；而一线教师和教辅人员处于学校组织的基层，主要是落实、实施能力。领导团队、中层管理者和教师这三个层面是校长领导力直接作用的对象，在教育教学改革实践中尤其要重视教师发挥的作用。教师是教书育人的主力军，是教育教学活动的具体操作者，是学校教育目标的最终落实者。促进教师成为有效追随者，积极调动和激发其潜在能力，才能更好的发展学校。

追随指的是追随者以领导者理念为中心的行为追随，是追随者的一种能动选择性行为。教师成为校长的追随者，就是要充分相信校长教育教学改革信仰的正确性并且接受、认同校长的领导行为，热爱、服从、忠诚学校领导决策，从而对学校目标的实现产生强烈的使命感。校长通过教师的追随行为实现自己的教育理想，引导教师主动履行与学校发展目标相关的教育教学责任与义务，追随者为所感知到的共同目标而努力，并且在追求共同理想的道路上不断实现其自身的专业发展。而校长的领导力作用于教师的同时，对教师的心理和行为产生影响又会反向作用于领导行为，最终形成一个开放的循环。教师情绪的稳定性、自我效能感、对校长的喜恶程度、追随方式等都对校长领导的有效性产生作用。作为积极的追随者的教师，往往会通过及时向校长反馈真实信息，支持校长的正确决策，加强与校长信息、情感沟通，提供对学校愿景的期待和建设性意见等方式来促使校长提升自己的个人魅力和领导力。总之，没有有效的追随者就没有成功的领导者，优秀的教师追随校长实践学校愿景是推动学校教育教学改革、提升校长领导力的主要动力。因此，关注和激发教师队伍追随力，是当前学校管理工作亟待思考和解决的问题。

2. 提升教师的有效追随力

追随力对于领导力的重要性得到越来越多的承认，但有针对性地建设有效追随力却未赋予应有的重视，实践中人们往往简单的认为通过改变领导风格和领导行为就可以获得下属的广泛认同。事实上，追随力建设是一项复杂的工程，它受到整个组织内部方方面面因素的影响，除了受到领导环境、组织环境的作用外，还不可避免地与追随者个人特质、行为意愿、个人预期、权力分享等等发生关联。从追随力视角来定义教师的有效追随力，可以认为是教师在学校发展目标的指引下，通过自身努力与校长、组织互动来实现既定目标的所表现出的一种态度和能力。这其中所谓的"有效性"主要在于教师对优秀校长、学校目标做出的积极主动的、真实有效的行为反应。这种行为反应对于教师来说，也是其职业理想、职业情感、社会责任感、专业能力不断成熟提升的过程。由此，在学校领域建设有效追随力，不但要考虑教师与领导之间、教师与环境之间的互动关系，更要关注教师的能动性与创造力。

（1）夯思想之基：追随意愿的自我觉醒与生成

追随意愿是追随行为的动力支撑，如果教师缺乏对领导者及具体工作的追随意愿，要提高教师的追随行为水平就只能是一句空话。追随意愿是教师个人的主体行为，维持强烈而持久的追随意愿需要教师内心信念的觉醒。将被动的"要我追随"转变为"我要追随"，会使教师焕发出最大的工作热情、主动在教育教学工作中争取更大的成绩，会在教学过程中真正享受到学生的进步、学校的发展以及自我成长所带来的成就感和乐趣，进而使校长的领导、学校的目标的达成得到最大的支持，取得最大的成就。

追随意愿在自我驱动下生成，其前提是教师必须具有坚定的职业理想、很强的自我发展的意识、以及自觉承担学校发展的责任感，这意味着"我要追随"的自主生发的动力来自于教师对自身职业价值的认识和追求，来自于实现自我发展的精神追求。拥有深层次的信仰和共同的价值观是追随的原因所在，也是激发追随意愿的重点。一方面，教师应明确使命、增强责任意识、摆正自己的社会角色、树立正确的职场观念。对于学校而言，学生发展是一切工作的出发点与落脚点，作为教师，首要职责是教书育人，凡是有利于学生发展的规划、改革，不论其制定者和在任者是谁，都应该坚决拥护和执行。从这个角度来说，学校的有效追随力不同于其它领域，它是对学校战略目标的维护与实现，与职位和权力的影响无关。当下，在大众的视野中，教师形象失去了往昔照在身上理想化的光环，有的甚至还被外界标签化、以负面舆论进行裹挟，这些来自社会对教师职业的认知偏见给教师带来困扰，使教师压力很大。这种情况之下，广大教师更应明确自身的职业定位，认清为国育才的时代重任与使命，不断加强学习、提炼品格，提高站位，生成良好的职业理想。另一方面，应强化学校战略目标认同感，激发教师自主发展需求。学校战略目标是学校发展的共同愿景，描绘了一个能够让教师认可且富有可信度和吸引力的未来。强化学校战略目标的认同感可以帮助教师认识自身在实现学校战略目标过程中的角色定位，引导教师对目标的实现做出相应承诺，激发教师积极进行教学改进和自我主动发展，切实增强教师对学校的归属感与追随动力。这里需要注意的是，理想的教育口号往往会使教师对自身期望值无限提升，当教师对学生实际影响力与期望形成反差时，会造成教学归因偏差，最终导致教师对自身角色价值产生怀疑，弱化教师职业追求的内驱力，制约教师主动发展的要求和积极性。因此，将学校组织战略目标与教师个体自我实现目标建立起联系，更有利于教师取得优秀的工作表现，获得职业的尊严与荣誉。

（2）务行动之实：有效追随者的塑造与提升

在一个组织中，无论领导者能力有多强、素质有多高、实现目标的愿望多强烈，如果没有忠实的追随者最终只会力不从心、劳而无功；反之，如果其下属是优秀的追随者，工作就会充满更多的热情、主动性和创造性，最终形成目标同向、行动同心，和衷共济的良好局面。积极主动的追随者是从组织中成长发展起来的，实现组织目标的高水平素质能力以及在组织中与领导之间、追随者之间的有效关系是打造卓越高效的追随力的重要因素。

加强锻造自身的素质能力以充分地实现组织目标。有效的追随者会尽力发展提高自身的素质，并且为了组织目标实现的最佳效果而付诸努力。教学改革的不断深入对教师提出更高更严格的要求，仅以技术熟练水平作为教师素质的标准成为过去，教师职业定位已经由"工匠"走向了"专业"。教师在教学改革中起着至关重要的作用，他们既是课程的执行者，也是课程的创生者，这就要求教师除日常教学工作外，要积极参与有助于素质提升的学习活动，不断探索新的教学理念、掌握现代教育技术的必要手段，不断满足新课程对教师专业素质的新要求。提升现代教师的从教素质应从以下几个方面入手：一是学会反思。反思是教师专业成长的基础，教师通过对教育教学实践再认识、再思考，进而不断的提升自身的业务水平。新课程改革要求教师具有全新的教育理念、全面的教学能力、全新的教学行为，只有在教育实践中对教育教学行为不断追问，对教育教学价值不断追寻，才能够肩负起实施教学课程改革的重任。二是加强研究能力。近年来，教育科研在深化教学改革发展中的作用日益明显，将教育科研与校本实践紧密相连能够有效的提高学校教育教学质量，促进教师的专业发展。中小学教师在校本研修的过程中，以教育教学中的实际问题作为研究对象，深度思考问题的解决途径并施以可操作性的解决方案，通过问题的解决不断更新自身教学观念、改善教学行为，提升教学水平。三是注重创新力的培育。创新教育是素质教育的灵魂，创新力是学生重要的核心素养。要培养学生的创新能力，教师自身必须是创新型教师，一个思维保守、教法陈旧的教师很难培养出创新型的人才。在现实教学环境中，传统的教学理念和方式已经成为培养学生创新精神的枷锁，中小学教师的创新能力还远不能适应培养学生创新学习的要求。面对新的形势，教师必须进一步重视创新力对于教师，学生课程与教学的意义与价值，勇于打破常规的思维模式和不合时宜的思维习惯，积极树立创新意识、培养创新精神，加强学习与反思，切实提高创新能力。

增进追随者与领导者的互动以提升追随行为效能。追随者与领导者原本就是相互平衡、彼此作用的关系，增进追随者与领导者的互动有助于双方在信任、依赖的氛围中最大限度的发挥潜能。在学校情境中，教师作为追随者与校长的互动主要存在两种样态，一种是任务型的互动，是校长与全体教师之间基于组织机构和各种规范基础之上的互动，另一种是非正式型的互动，通过建立双方感情、信任关系所实现的互动。不论哪种类型互动都深刻体现着追随者和领导者两种角色的不可分割性，改善互动关系需要教师和校长双方的共同努力。因此，校长应在管理过程中怀着信任和欣赏的态度努力发现教师的优点，唤醒教师内心深处的成长需求，尊重教师个人发展目标，激发教师的担当精神，并为其提供相应的追随条件；而作为追随者的教师则应明确自身在学校组织、领导活动中的主体性地位和重要责任，深入理解组织目标和校长的个人目标，敢于认识并弥补校长的弱点和局限性，积极适应校长的领导风格，及时向领导汇报工作情况和发展变化，主动提供自身的价值并参与学校愿景的修正，要在互动过程中最大限度的发挥对校长和组织影响作用，切实履行好追随职能。

构建追随者团队以形成有效的追随合力。构建追随者团队是希望突破追随者个人能力的限制，在一定环境下，通过追随者之间高度积极、自觉的合作，达成观点、方向的一致，发挥团队核心凝聚力和创造力，实现共同目标。教师卓越高效的追随力最终的体现在于教师的教学改进，我们不能仅仅聚焦于个别教学成绩突出的具备有效追随力的教师，而忽略了教师群体的发展，应为教师提供协同探究、互相帮助的合作机会，作为一个集体来共同进步。教师作为追随者形成的团队也是专业的教学团队，在这个团队中教师拥有共同的目标承诺，围绕共同的目标展开彼此的互动合作，群策群力、开展教学改革与教学方法探索，在形成强有力的追随行为的同时，共同成就一支优质高效的专业人才队伍。面对日益复杂的教学活动时，为了应对学生思考方式和课堂教学方法的改变，教师通过不同形式建立了合作关系，比如传统的教研组和年级组，或者师徒制、同伴制等，校本课题研究组、学习社群等，旨在互动过程中提升自己课堂教学的创造性，从而提高教学质量和学生成绩。这些合作关系比较注重知识领域、技能方法的互动，缺乏精神层面深度交流，大大降低了教学持续改进的动力。教师作为追随者的团队所建立的教学合作关系则更加强调共同的价值规范和目标理念，拥有共同追随目标的合作互动能使教师更有教学改进积极性和自觉性，能帮助校长实现更加有效的教学领导。

三、社会：提供校长教学改革领导力的支持

学校不是一个完全独立的组织，它处于特定社会环境和关系网络的子系统中，学校开展的内部活动势必会受到社会大环境的影响。在推进学校教育教学改革中，学校管理环境、校长领导作用、课程变革与教师专业发展等等都依赖于社会的支持。开展促进教育发展的社会支持行动，创建

一个有力、有效的外部社会支持系统有助于校长教学改革领导力的充分发挥，有助于学校改革中实际问题的顺利解决，有助于提高学校教育教学质量水平和教育满意度。

（一）创设良好的社会舆论氛围

社会舆论作为一种集合意识，对学校教育教学活动的影响作用正在日益扩大，而它的价值也正逐渐被教育界所认识并得到认同。营造良好的社会舆论氛围，发挥社会舆论的正向引导作用，已经成为扎实推进教育改革的的现实需要和关键动力。当前，推进教育教学改革存在着诸多现实压力，受社会转型的冲击与多元化教育需求的影响，各种教育意见、观点的摩擦和对立，使学校教育一度成为社会争议和矛盾的集中地。充分发挥教育宣传的作用，正确把握好、引导好教育宣传的舆论导向，创造更加宽松、和谐的舆论氛围，对学校发展以及改进校长领导实践、提升校长领导力有着积极的促进作用。

1. 正确认识社会舆论

在教育教学改革的实践中，舆论对校长和教师的社会心理和价值取向有很大的影响。如果外部舆论是一个理解、宽容、合作的环境，校长往往能够放开手脚进行大刀阔斧的改革，而教师的主动性和创造性也更容易发挥出来。相反，如果舆论表现的咄咄逼人，就会削弱教师改革热情，也会使校长对外界舆论产生抵触情绪。舆论的正负作用严重干扰着教育者行为的有效性，使学校的发展受到牵制和压力，如何应对社会舆论的引导应予以重视。事实上，作为一个教育者，我们应该始终以符合教育规律的质量标准来衡量自身的教育行为，而不是被所谓的舆论所左右。我们应该从坚持教育规律的角度对舆论有一个清晰、批判性的认识，科学分析不同类型、内容的社会舆论背后隐含的价值立场和利益诉求，批判性地选择舆论中的合理的认知部分，减少不利因素的消极效应，避免教育改革过程中的短视行为，避免在舆论风潮上盲目仓促的决策，保持与社会舆论的良性互动。

2. 培育良好的社会舆论环境

一直以来，教育发展都是社会舆论比较关切的问题，但是局限于公众对教育的整体认识水平，社会各界未能予以最大程度的理解和支持。加强教育宣传，增进不同认识主体之间的对话与交流，普及现代教育理念，引导教育价值取向，营造更易于教育发展和校长发展的舆论氛围，有助于学校教学改革的有效推进和学校教育目标的有效实现。

培育良好的社会舆论环境可以从以下几个方面入手：一是宣传社会与学校合作的必要性，营造社会各界支持学校持续改进的和谐氛围。人们的传统思想总是把学校视为接受教育的独立系统，认为教育的发展仅与政府行为、教育系统内部改进有关。事实上，教育振兴，全民有责，教育与每个人的生活息息相关，与国运兴衰紧密相连，社会公众不应只是教育的旁观者，而是应着眼于国家战略，共同承担起教育发展的责任。社会各界应提供必要的智慧支持、资金和资源投入以及有效的监督，最大限度地理解和支持新时期的教育教学改革与学校改进。二是进一步在全社会大力弘扬尊师重教的良好风气，提升公众教育认识水平，营造一种重视校长领导、支持校长工作的健康舆论氛围。目前社会各界对教育教学改革的必要性、重要性、紧迫性认识不足，对校长引领教学改革的作用也没有给予应有的重视。如何合理地引导舆论，从社会舆论中获得改革动力和发展智慧成为亟待解决的现实问题。一方面要通过典型报道塑造先进形象，大力宣传优秀中小学校长无私奉献服务社会、当内行办实事的先进事迹，弘扬中小学校长的高尚品德，引导公众尊重中小学校长的劳动创造，增强对教学改革的理解和认同，进而激发全社会参与教育改革和发展的热情。另一方面要适度向社会公开教育信息，尽可能使学校决策透明化，加强公众对教育的信任度，鼓励全社会指导教育改革的规划、参与教育教学改革过程、分享改革成就，促进公众在正确认知的基础上形成正面的社会舆论。三是加强与媒体的紧密联系，形成多点发力的宣传格局，营造良好舆论环境、提升舆论宣传效果。我国目前教育宣传工作主要利用两类平台，一个是以报纸报刊、广播、户外、通信、电视为主体的传统媒体，一个是以互联网为基础的新媒体，两种媒体优势互补、相得益彰。随着信息技术的迅速发展，在做好传统媒体的基础上，应充分利用网络平台，尤其是博客、微信等社交媒体。通过文字、照片、微视频等形式，立体展现学校工作动态，采取专题、专访等形式针对教育教学改革活动进行全方位、多渠道、多角度、多层次的宣传报道，努力营造有利于促进教学改革创新，支持校长专业发展的良好舆论氛围。[①]

（二）引导社会力量参与学校建设

在今天，人们已经普遍认识到，要解决教育教学改革过程中的各种问题，提高办学水平，仅凭教育行政部门和学校的力量远远不够，教育的成功在一定程度上还依赖于社会力量的参与和帮助。与社会的方方面面建立起广泛的联系，构建良好的合作伙伴关系，充分发挥学生家长、社会公众和社会组织的重要作用，有助于学校管理工作的顺利推进和校长领导效能的提升。

1. 吸引广大社会资本，争取办学资源

兴办教育需要大量财物的投入，学校资源不足是普遍存在的问题。我国中小学教育经费主要由国家拨款，基建设备基本依靠国家财政承担，虽然政府教育投入正在逐年增长，但单单依赖这种传统的投入方式，只能使学校停留在"有一分钱就花一分钱"的状态，远远不能满足教育事业加快发展的需要。因此，必须调动社会力量支持的热情、拓宽筹资渠道，为教育系统进一步发展提供保障。

鼓励社会力量以各种方式赞助中小学发展。社会力量在我国教育事业建设中有着重要地位，针对我国目前教育经费存在社会投入占比较低的问题，各级政府正在积极探索通过政府补贴、政府购买服务、基金奖励、捐资激励、土地划拨、税费减免等利好政策的制定来引导社会力量加大教育投入，在政策鼓励下社会投入积极性大幅提升。社会投入的供给对象可以来自方方面面，包括企业、基金会、校友、学生家长以及社会名流或关心教育的社会各届人士等。学校争取支持时应根据实际情况选择合适的对象和方式以求获得最理想的效果。目前在社会投入领域中，企业是主力军。由于人才培养质量决定着未来企业中劳动者的素质，企业捐赠的活跃度相对较高，企业投入最容易成为长期的、稳定的经济来源，是学校争取资源

---

① 骆正林. 社会舆论对教育改革与发展的支持模式 [J]. 教育发展研究，2014（7）.

的重要对象。企业向教育投入一般采取资金投和实物投入两种形式，向学校捐赠教学设备是比较流行的做法，这种形式往往可以宣传企业形象或者为产品做广告，但是作为学校，则更欢迎企业的资金投入。我国政府对于学校教学的基建投入是能够保障的，而学校特色教学项目资金仍然较为短缺，企业向教育投入形式的选择不当往往会加剧教育投入不足与资源相对浪费之间矛盾。因此，在争取企业支援时学校应加强沟通合作，使其以最有效的方式投入学校建设。基金会财力雄厚，是社会投入的重要来源，能够资助教育系统的大型项目。但是目前教育基金会多偏向于高校和经济不发达地区，对中小学的作用大部分停留在助学、扶优和基础建设层面，对开展教学改革实验尚未体现明显价值。而且很多基金会对资助项目都有完整的审核程序，申请手续比较烦琐，小项目不容易获准立项，这些限制严重削弱了学校向其争取投资的意识。可见，中小学在争取社会支持方面还有很多工作要做，有很大潜力可以挖掘。

提高社会投入的使用效益。来自社会的筹资具有不稳定性，资金数额具有不确定性，如果不能未雨绸缪、合理规划、统筹安排，往往会使学校工作陷入被动。一方面，学校应立足自身特点、校长能力和外在环境规划筹资路径，尽可能寻找外部稳定资源。另一方面，学校特色不同，发展短板也有一定差异，应根据学校阶段目标、任务，合理优化支出结构。除了改善必要办学条件以外，应加大对教学改革、课堂改革、教材建设的支出力度，确保公用经费、教学改革试验、学校实验室建设等方面的投入。同时，学校应设立筹资办公室专门处理筹资事宜，制定筹资计划、研究筹资技巧，加强与长期合作的企业、基金会、捐赠者建立联系，减少筹资风险。

2. 与高校进行合作，争取智力支持

高校与中小学合作是时代背景下教育发展的一大亮点，是教育教学改革的现实需要。教育教学改革的紧迫性和复杂性要求中小学除了要争取社会资金的支持外，还要争取专业力量的智力支持。教学改革的开展给学校带来诸多挑战，由于缺乏有力的技术支持和课程实施的专业知识，使得许多学校的发展面临困境。具有前瞻性和发展眼光的中小学校长意识到有限的教师力量、有限的业余时间很难使学校在实践困境中突围，他们开始积极寻求专业力量的支持以提升学校的办学水平和教学质量。高校以其理论优势、资源优势、信息优势成为中小学最佳外部合作伙伴，加强双方系统而持续的协作，能够帮助其诊断和解决学校所处的发展阶段存在的发展问题，实现学校改进。高校与中小学合作致力于提高学校管理水平、完善学校的管理制度、改善校园文化建设、校本课程开发、指导教师专业成长等多个方面，通过一定的途径来引领、推动中小学的发展、促进学校教学改革目标的有效实现。

助力中小学校长领导力的提升是高校与中小学合作的重中之重。高校专业团队在学校改革中扮演协助者的角色，并不能代替学校、教师的具体工作，学校的改革实践还是要由学校去具体实施。关注学校自身能力的建构，着力培养校长领导力和教师领导者，才能使学校具备持续改革的能力。一方面，高校专业人员通过参与学校制定教学改革规划，提升校长决策和领导能力。高校作为外部力量参与学校规划有助于学校对自身的优势、劣势和发展潜力有更清晰的认识，通过深入了解学校的情境、文化，反复研讨、上下沟通，能够帮助学校领导层相互理解、凝聚发展共识。这个获得发展共识的过程既是领导层建立信任、逐渐深入合作的过程，也是校长提高履职能力的过程，更是校长及其领导团队提高领导者素养的过程。另一方面，高校为校长搭建专业学习社群。高校与中小学的伙伴合作往往是一所或几所大学同时与几个中小学进行合作，高校就由此可以组成跨校的专业学习网络，校长可以在高校专家引领下通过理论学习、专家辅导、考察研讨等方式拓展专业知识，如政策解读、教学策略、人事管理、课堂管理、领导发展等知识内容的建构。同时，这种学习网络的建立能够打破学校原有孤立的状态，有助于不同学校的校长为了共同的教改目标，通过彼此分享经验和问题、不断反思自己的教学领导理念，从而促进领导力的提升、推动学校教学改革。

3. 加强家校合作，争取家长的理解与配合

家校合作并不是一个新鲜话题，一直以来，家长和社区资源都被学校看作是参与教育的重要力量。随着时代进步，学校的发展越来越多的受

到家庭的影响，学校教育离不开家长的支持，没有家长的理解与配合，学校教学改革不仅难以实施，而且会遭遇来自家长的阻力。建立新型家校关系、打造良好的教育生态已然成为顺应教育发展规律的迫切之举。为此，学校应进一步协调好与家长的关系，积极构建家校共育共同体，争取家长的理解与配合，团结校长办学的合作力量，赢得教育教学改革的战略主动，为素质教育发展注入活力。

利用家校合作推进学校发展，首先要建立信任环境。传统家校合作计划性比较差，合作活动比较随意、缺乏连续性，单向灌输多、彼此配合少，这些问题使家长对学校黏性不大，容易缺乏信任感。一旦信任度较低，当矛盾出现时家长就会怀疑学校的一切做法，问题就会被任意放大。比如学校有时因为教师生病或特殊因素更换班主任或科任教师，一些家长就会产生不满情绪，质疑代班、代课教师的能力，要求学校反复多次调配教师，严重干扰了学校正常管理秩序。学校处于被怀疑的状态，校长生活在一个不被信任的环境，不但日常工作会受到影响，学校和校长、教师的持续改进也会受到冲击，而学生的发展甚至会出现家庭教育与学校教育效能的抵消。信任度是家校深度合作的基础，是家长支援学校的前提，而在信任度基础上衍射的社会影响力更是促进学校发展、校长领导力提升的重要资源。因此，学校必须加强与学生家长的互动协调，教师要深入学生家中去，家长要参与到学校管理和教学改革中来，实现彼此真正认识与交流。家长只有对学校工作了解越多，才会对办学理念的认可度越高，随之产生的信任度、满意度才会越高。其次，学校要开放办学，吸引家长协同育人。在家校合作中，学校作为教育专门机构应起到主导作用，学校拥有大量教育专职人员按照教育规律从事教育工作，具备引导家长为学生创造理想教育环境的能力。学校应主动加大开放办学力度，提升家校共育水平。一方面，学校应培育家长正确的教育观念，向家长普及素质教育相关理念、开放学校课堂，让家长及时了解学校实行课程改革的情况、了解教学内容和教学方法的转变、了解学生的成长阶段特点以及教育策略，引领家长配合学校对学生施以科学的教育；另一方面，学校应适当给予家长参与空间和机会，充分发挥家长资源的价值。如参与学校教学规划、参与学校层面和班级层面决策、参与教学改革任务、参与学校监督、协助学校解决具体问题等等。总之，学校邀请家长参与学校教育活动，是家校合作的重要途径和实现形式，家长适时的角色入位能够促进家长的教育思想与学校保持一致，能够有效推动学校教育资源的优化，对学校管理和教学改革有着重要作用。另外，家校合作应利用新媒体畅通学校与家长的双向交流渠道。通过QQ群、微信群建立家校共育平台，学校应着重关注家长向学校反映的各种情况和需求以及对学校、教师、校长行为的期待，并将合理正当要求转化为学校不断发展的动力。

（三）开展来自社会的第三方监督

随着教育改革的不断深入，学校的发展、校长的办学行为都需要全方位全过程的的监督与指导。委托第三方机构开展学校评估认定和监测工作，不仅是一种实现外部监督的新渠道，也是社会参与学校管理的一种新形式。第三方评估为中小学管理提供的科学决策和合理化建议，对于中小学校改进教育教学行为、提升校长领导力、提高办学质量和素质教育的有效落实具有重要价值。

从管理学的角度来说，监督必须由第三者进行，否则就是不彻底的。然而中小学现行监督体系始终是教育系统内部的自我管理、自我监督、自我评价，仍然处于由政府控制的体制内督导评估为主导的局面。2014年国务院在各地政策落实情况督查工作中首次引入"第三方评估"，推进教育第三方评估成为大势所趋。2015年，教育部发布《关于深入推进教育管办评分离，促进政府职能转变的若干意见》，明确"委托专业机构和社会组织开展教育评价纳入政府购买服务范围。"2017年，国务院印发《国家教育事业发展"十三五"规划》，规划提出，到2020年"基本实现管办评分离，形成政府依法管理、学校依法自主办学、社会各界依法参与和监督的格局"。在政府职能转变和购买服务的推动下，开展第三方教育监督评估的探索开始逐步增多。2020年2月，中共中央办公厅、国务院办公厅印发了《关于深化新时代教育督导体制机制改革的意见》明确了"督政、督学、评估监测"三位一体的工作重点，提出要"积极探索建立各级教育督导机构通过政府购买服务方式、委托第三方评估监测机构和社会组织开展教育评估监测的工作机制"。加快社会专业评价机构建设、健全监督机制，形成第三方评估新格局，为改善教育管理、优化教育决策、指导教育工作提供科学依据，成为重要且迫切的任务。

实现中小学第三方评估需要大量社会专业机构的参与，但现实状况是我国目前社会评估机构处于发展阶段，成熟的第三方评估机构为数不多，机构的发展参差不齐，大多数机构存在许多问题和困难，质量往往无法满足学校评价的需要。为解决这些实际问题、保证教育评价效果，充分发挥第三方评价机构的作用和功能，我们需要从以下几个方面着手进行建设：一要建立教育评估第三方机构资质标准和行业规范。为加强第三方教育评估机构的权威性和专业性，有必要针对质量、理念、技术方法、专业人才、制度建设、经验积累等方面建立标准要求，对相关机构进行相应的资质审查和标准认证，要求获取正式资质后方可从事教育有关的评估活动。二是确保第三方评估的独立性。独立性是确保评估结论客观性、真实性的前提，应给予足够重视。第三方评估机构是以赋权评估的方式去参与评估的，在赋权的过程中政府和学校未能给予实质性的权力和权限是导致评估机构的独立性不足的主要原因。因此，应以法规、政策的方式确保第三方评估机构的合法性和重要性，明确教育第三方评估机构的工作职责与权力范围，建立健全管、办、评分离的工作机制。强调采用公开、公平、公正的原则，客观、理性地开展评估工作。三是提高第三方评估的专业性。评估是一项专业性很强、技术含量高的专门化教育研究活动，评估人员的素质能力直接影响第三方评估的专业性。一方面应不断优化机构内部评估人员结构、构建多元化的第三方评估主体，努力汇集大量不同领域的资深专家，如科研机构、高等院校、大众传媒、公众代表等，使整个评价具备开阔的视野、活跃的思维、开放的格局。另一方面应不断提高评估人员专业技能。学校评价范畴极为宽泛，涵盖了教育教学、组织管理的方方面面，这就要求评价人员要具备较高的专业素质和专业技能。评估人员应持续加强对专业理论知识、专业实践能力、专业评估素养等方面的学习，积极了解教育发展趋势和前沿动态，懂得教学改革技术，熟悉评估所需资料和工具，切实提高自身评价能力，保障评价的有效性。

综上，建立健全教育督导制度体系，探索第三方机构参与中小学评估的渠道、路径和方法，对于学校教育教学质量的提升有着重要意义。目前教育第三方的评估能力还没有达到理论上的程度，应在实践探索中对其不断进行审视，针对存在问题深入研究，努力提供更加专业性的支持。

参考文献

一、中文参考文献

［1］杜占元．面向2030的教育改革与发展［J］．教育研究，2016（11）．

［2］杨宗凯．高校"互联网+教育"的推进路径与实践探索［J］．中国大学教学，2018（12）．

［3］刘月霞，郭华．深度学习：走向核心素养［M］．北京：教育科学出版社，2018.

［4］杨向东．核心素养与［1］苏霍姆林斯基选集（第四卷）［M］．北京：教育科学出版社，2001.

［5］石中英．谈谈校长的价值领导力［J］．中小学管理，2007（07）．

［6］陈建华．中小学发展规划［M］．北京：北京大学出版社，2013.

［7］王铁军．校长领导力修炼［M］．上海：华东师范大学出版社，2010.

［8］赵汀阳．坏世界研究——作为第一哲学的政治哲学［M］．北京：中国人民大学出版社，2009.

［9］杨明全．革新的课程实践者——教师参与课程变革研究［M］．上海：上海科技教育出版社，2003.

［10］王越明．有效教学始于校长课程领导的提升［J］．中国教育学刊，2010（3）．

［11］褚宏启，刘景．校长教学领导力的提升——从"大校长"该不该进"小课堂"谈开去［J］．中小学管理，2010（3）．

［12］张国骥，赖阳春．中小学校长管理制度研究［M］．长沙：湖南师范大学出版社，2010．

［13］赵红娟．中小学校长领导力研究——以河南省内乡县为例［D］．桂林：广西师范大学，2018．

［14］褚宏启．中小学校长培训课程的改革路径［J］．教师教育研究，2009（6）．

［15］［美］托马斯·J·萨乔万尼著，张虹译，冯大鸣校．校长学：一种反思性的实践观［M］．上海：上海教育出版社，2004．

［16］褚宏启．教育行政专业化与教育行政职能转变［J］．人民教育，2005（21）．

［17］赵茜．校长教学领导力研究［M］．北京：北京师范大学出版社，2018．

［18］［美］韦恩·K，霍伊，塞西尔·G．米斯克尔．范国睿主译．教育管理学：理论·研究·实践［M］．北京：教育科学出版社，2007．

［19］余文森．核心素养导向的课堂教学［M］．上海：上海教育出版社，2017．

［20］何玲，黎加厚．促进学生深度学习［J］．现代教学，2005（5）．

［21］杜成宪，郑金洲．大辞海·教育卷［M］．上海：上海辞书出版社，2014．

［22］张娜．联合国教科文组织的核心素养研究及其启示［J］．教育导刊（上半月），2015（7）．

［23］刘新阳，裴新宁．教育变革期的政策机遇与挑战——欧盟"核心素养"的实施与评价［J］．全球教育展望，2014（4）．

［24］辛涛，姜宇，王烨辉．基于学生核心素养的课程体系建构［J］．北京师范大学学报（社会科学版），2014（1）．

［25］牛超，刘玉振．试论地理核心素养的内涵、特征及其培养策略［J］．天津师范大学学报（基础教育版）．2015（4）．

［26］窦桂梅，胡兰．基于学生核心素养发展的"1+X课程"建构与实

施［J］．课程·教材·教法，2015（1）．

［27］刘晟，魏锐，周平艳等．21世纪核心素养教育的课程、教学与评价［J］．华东师范大学学报（教育科学版），2016（3）．

［28］曾明星等．从MOOC到SPOC：一种深度学习模式建构［J］．中国电化教育，2015（11）．

［29］张琪．e-Learning环境中大学生自我效能感与深度学习的相关性研究［J］．电化教育研究，2015（04）．

［30］孙妍妍，祝智庭．以深度学习培养21世纪技能——美国《为了生活和工作的学习：在21世纪发展可迁移的知识与技能》的启示［J］．现代远程教育研究，2018（3）．

［31］马云鹏．深度学习视域下的课堂变革［J］．全球教育展望，2018（10）．

［32］安富海．促进深度学习的课堂教学策略研究［J］．课程·教材·教法，2014（11）．

［33］卜彩丽．深度学习视域下翻转课堂教学理论与实践研究［D］．西安：陕西师范大学，2018．

［34］徐新民．中小学校长教学领导力的内涵及提升路径［J］．教育理论与实践，2018（5）．

［35］林传鼎．心理学词典［Z］．南昌：江西科学技术出版社，1986．

［36］朱永新．教育全面发展的三个维度［J］．课程教材教学研究（中教研究）．2009（11）．

［37］孙绵涛．教育管理学［M］．北京：人民教育出版社，2006．

［38］郭振杨．中小学校长学校管理反思能力问题研究［D］．长春：东北师范大学，2010．

［39］杨学东．浅谈化学教学的课前反思［J］．内蒙古教育，2012（7）．

［40］蒋晓敏．做一名反思型校长［J］．广东教育（综合版），2014（6）．

［41］张克富. 中学校长专业发展之实践反思个案研究［D］. 大连：辽宁师范大学，2009.

［42］郑雪，易法建，傅荣. 心理学［M］. 北京：高等教育出版社，1999.

［43］熊川武. 学校管理心理学［M］. 上海：华东师范大学出版社，1996.

［44］项红专，刘海洋. 学校愿景管理：意涵、价值及模式构建［J］. 教育科学研究，2019（09）.

［45］吉标. 制度视野中的教学改革［M］. 北京：中国社会科学出版社，2015.

［46］张俊华. 教育领导学［M］. 上海：华东师范大学出版社，2012.

［47］于维涛. 校长专业发展支持服务体系建设研究：以农村中小学为中心［M］. 北京：北京师范大学出版社，2018.

［48］赵同祥. 中小学校长职级制研究［D］. 长春：东北师范大学，2013.

［49］于川. 中小学校长任职资格制度研究［D］. 长春：东北师范大学，2018.

［50］石新妹. 中小学校管理力及其内部结构关系研究［D］. 石家庄：河北师范大学，2019.

［51］张波. 校长专业化、职业化及其制度保障［J］. 教学与管理，2009（1）.

［52］顾秀林. 走向"教育家型"校长：政策视野中我国"校长形象"的演变［J］. 江苏教育，2019（6）.

［53］林卫民. 校长领导力的困境及其突破［J］. 人民教育，2019（1）.

［54］吴康宁. 教育改革成功的基础［J］. 教育研究，2012（1）.

［55］张新平. 中小学校长角色的政策定性：领导与管理专业人员——从"校长是履行学校领导与管理工作职责的专业人员"说开去［J］. 中小

学管理，2017（3）.

〔56〕郭垒，徐丽丽. 中小学校长培训专业化：政策研究的视角〔J〕. 教师教育研究，2018（3）.

〔57〕张丽文，郭凤敏，曲琳. 指向教师专业发展的学校组织变革〔J〕. 现代教育管理，2020（3）.

〔58〕秦琴. 学校执行力的影响因素及其提升策略〔J〕. 教学与管理，2011（11）.

〔59〕周波. 教师精准培训：内涵、理念、特征与意义〔J〕. 继续教育研究，2018（4）.

〔60〕王宇. "互联网+"时代下中小学教师远程培训模式研究〔J〕. 中小学教师培训，2018（2）.

〔61〕楼朝辉. 校长领导力"密码"〔J〕. 人民教育，2019（8）.

〔62〕艾兴，赵瑞雪. 构建融合中国传统教育管理文化的校长领导力〔J〕. 教学与管理，2019（5）.

〔63〕万恒. 校长领导力的本质与自我修炼〔J〕. 人民教育，2018（6）.

〔64〕赵瑞雪，艾兴. 传统文化融入中小学校长领导力——山东省两所传统文化实验基地校校长的个案研究〔J〕. 中小学教师培训，2019（9）.

二、英文参考文献

〔1〕Marton F，Saljo R. On Qualitative Differences In Learning：I-Outcome and Process 〔J〕.British Journal of Educational Psycology，1976（46）.

〔2〕Biggs，J，B. Individual differences in the study process and the quality of learning outcomes〔J〕.Higher Education，1979（8）.

〔3〕Entwistle N. Promoting deep learning through teaching and assessment：Conceptual frameworks and educational contexts 〔J〕.Higher Education Academy，2000（5）.

［4］Leithwood，K. Poplin，M（1992）.The move toward transformational Lead ship. Education Leadership.49（5）.

［5］Edmonds，R.（1979）.Effective schools for the urban poor. Educational leadership，37.

［6］Hallinger，P.（2003）.Leading educational change：Reflection on the practice of instructional and transformational leadership. Cambridge Journal of Education，33（3）.

［7］Mark，H .M.Printy.S.M.（2003）.Principal leadership and school performance； An integration of transformational and instructional leadership. Educational Administration Quarterly，39（3）.